2025
개정판
박문각 자격증

KB196612

# SMAT

## Module Ⓐ
## 비즈니스 커뮤니케이션

김화연 편저

서비스 사례로
실무능력
UP

제12판

유튜브
동영상 제공
▶

+ 특별 미니북

MAT
Management Ability Test
경영능력시험
공 식 교 재

SMAT
Module Ⓐ
핵심용어

박문각

## Preface
# 이 책의 **머리말**

기업은 고객을 '대체 불가능한 기업의 자산'으로 인식하고 고객 중심 경영을 도입하여 서비스 품질을 높이기 위한 노력에 집중하고 있다. 하지만 현재 기업들이 수행하는 고객 만족 경영은 새로운 전환이 필요하다. 직원의 희생과 헌신을 기반으로 하여 기업과 고객의 혜택과 만족이 증가되는 고객 만족 경영은 절대 지속 가능하지 못하다. 올바른 고객 만족 경영은 '기업 – 고객 – 종업원' 모두가 본질적인 목표를 달성할 수 있는 구조를 만들어 지속적으로 진정한 성장을 유도하는 것이다. 올바른 고객 만족 경영으로의 새로운 전환을 위해서는 서비스 혁신이 필요하다.

현대의 거대 서비스 기업은 더 이상 소규모 점포의 운영 방식이나 한두 명의 영웅적인 서비스 수행자에 의한 서비스 향상을 기대할 수 없다. 이들은 서비스의 대량 생산 시스템을 통해 규모의 경제를 추구해야 한다. 이를 달성하기 위해서는 고객 만족 경영에 대한 올바른 방향을 인식하고 목표를 달성할 수 있는 지속 가능형 고객 만족 경영 체계와 전략을 수립해야 한다. 또한 서비스에 대한 과학적 접근 방법들을 이해하고 활용하여 서비스를 개선하고 지속적으로 혁신해야 한다.

SMAT(서비스경영자격)는 이러한 환경 변화에 대처하고, 고객 만족 경영에 대한 올바른 인식과 전문성을 가진 체계적인 서비스를 구축할 수 있도록 서비스 직무의 현업 지식 및 역량을 평가하는 서비스 실무형 자격시험이다. 서비스 현장에서 실무 경력과 직무에 걸맞은 역량을 측정하기 위하여 모듈 A 비즈니스 커뮤니케이션, 모듈 B 서비스 마케팅·세일즈, 모듈 C 서비스 운영전략으로 구분하여 시험을 실시한다.

모듈 A의 목표는 고객 접점에서 올바른 비즈니스 매너와 이미지를 바탕으로, 고객 심리를 이해하고 소통할 수 있는 현장 커뮤니케이션 실무자를 양성하는 것이다. 모듈 B는 서비스 현장에서 CRM 및 상담 역량을 바탕으로 서비스 유통 관리 및 코칭, 멘토링을 통해 세일즈를 높일 수 있는 서비스 마케팅 관리자를 양성하는 것이다. 모듈 C의 목표는 서비스 현장에서 CSM 및 HRM에 대한 이해를 바탕으로, 우수한 서비스 프로세스를 설계하고 공급·수요를 관리할 수 있는 서비스 운영전략 관리자를 양성하는 것이다.

자격은 1급(컨설턴트), 2급(관리자), 3급(실무자)으로 구분되어 있는데, 1급은 A, B, C 3개 모듈을 모두 취득하여야 하고, 2급은 A와 B 또는 A와 C 2개 모듈을 취득하여야 하며, 3급은 A 1개 모듈만 취득하면 된다. 1급은 전문가 수준의 서비스 경영 능력을 가지고 있으며, 고객 만족 및 서비스 경영 전략 책임자로서 필요한 능력을 갖춘 최고급 수준의 서비스 운영전략 관리자이다. 2급은 준전문가 수준의 서비스 경영 능력을 가지고 있으며, 각 사업 부문 및 사업장의 실무 책임자로서 필요한 능력을 갖춘 고급 수준의 서비스 마케팅 관리자이다. 3급은 해당 산업 종사자 수준의 서비스 경영 능력을 가지고 있으며, 실무자 범위 내에서 대고객 서비스 업무를 수행할 기본 능력을 갖춘 중상급 수준의 서비스 실무자이다.

본서는 SMAT(서비스경영자격) 시험을 주관하는 한국생산성본부의 인증을 받은 공식 교재로 가장 신뢰도 높은 교재이다. SMAT의 자격 종목별 출제 범위에 맞춰 수험생들의 이해를 높일 수 있도록 시험과 관련된 중요 내용을 명료하게 정리하였다. 또한 체계적인 서비스 전문가의 양성이라는 목적을 달성하기 위하여 서비스의 이론 체계와 실무를 함께 구성하였다. 이와 함께 다양한 예상 문제와 모의고사도 수록하여 수험생들의 실력을 객관적으로 평가하고 합격을 앞당길 수 있도록 하였다. SMAT 시험은 일반형, O/X형, 연결형, 사례형, 통합형의 다양한 유형이 출제된다. 따라서 이러한 출제 유형에 대비하기 위하여 여러 유형의 예상 문제를 수록하였다. 특히 사례형, 통합형 문제는 서비스 사례를 바탕으로 출제되어 현장에 적용할 수 있는 다양한 실무 능력을 검증할 수 있도록 하였다.

저자는 본 교재가 서비스경영자격시험을 준비하는 수험생에게 실질적인 학습의 길잡이가 될 수 있기를 기대하며, 고객 만족에 대한 새로운 인식을 갖고 저마다의 목표를 향해 발전해 나갈 수 있기를 기대한다. 끝으로 본 교재의 출판을 위하여 많은 도움을 주신 모든 분들께 감사의 마음을 전하며, 완성도 높은 교재가 될 수 있도록 도와주신 박문각과 한국생산성본부에 진심으로 감사드린다.

저자 김화연 드림

## Guide
# SMAT 시험 ①

> 서비스 산업의 전문가를 양성하는
> 실무형 국가공인 자격시험입니다

국내 '**최초**'
서비스 경영 분야
**국가공인 자격**

국내 '**최대**'
자격 주관기관인
**한국생산성본부**
시행

국내 '**최다**'
서비스 자격분야
**응시인원**

- 산업계 및 교육계에서 서비스 산업의 핵심 인재 역량을 위한 실무형 국가공인 자격
- 학점 인정 및 고교생활기록부 등재 가능
- NCS에 의거하여 개발된 자격시험으로, 직무분야 중심의 출제를 통한 높은 실무 활용성

### 시험 안내

| 구분 | 정기 시험 | 상시 시험 |
|---|---|---|
| 접수 방법 | KPC자격 홈페이지(https://license.kpc.or.kr) | 전국의 각 지역센터(28개) |
| 시행 | 연 8회<br>(짝수달 둘째 주 토요일 및 5월/11월 넷째 주 토요일) | 월 1회 |
| 인원 | 개인 및 단체(2인 이상) | 기관 및 학교 단위 단체(30인 이상) |
| 응시료 | 1개 Module 20,000원     2개 Module 36,000원     3개 Module 50,000원<br>(인터넷 결제 수수료 1,000원 별도) | |
| 시험 시간 | • 모듈별 70분간 진행<br>• Module A: 09:00∼10:10(70분)   Module B: 10:30∼11:40(70분)   Module C: 12:00∼13:10(70분) | |
| 문제 형식 | • PBT 방식<br>• 모듈별 50문항으로 5개 유형(일반형, O/X유형, 연결형, 사례형, 통합형)으로 객관식<br>• 각 문항당 2점 | |
| 합격 기준 | 100점 만점 총 70점 이상 합격 | |

## 2025년 정기 시험 일정

| 회차 | 시험일 | 온라인 원서 접수 | 방문 접수 | 수험표 공고 | 합격자공고 |
|------|--------|------------------|-----------|-------------|-------------|
| 제1회 | 2. 8. | 1. 2. ~ 1. 8. | 1. 8. ~ 1. 8. | 1. 24. ~ 2. 8. | 2. 27. ~ 3. 6. |
| 제2회 | 4. 12. | 3. 6. ~ 3. 12. | 3. 12. ~ 3. 12. | 4. 2. ~ 4. 12. | 5. 1. ~ 5. 8. |
| 제3회 | 5. 24. | 4. 17. ~ 4. 23. | 4. 23. ~ 4. 23. | 5. 14. ~ 5. 24. | 6. 13. ~ 6. 20. |
| 제4회 | 6. 14. | 5. 8. ~ 5. 14. | 5. 14. ~ 5. 14. | 6. 3. ~ 6. 14. | 7. 3. ~ 7. 10. |
| 제5회 | 8. 9. | 7. 3. ~ 7. 9. | 7. 9. ~ 7. 9. | 7. 30. ~ 8. 9. | 8. 28. ~ 9. 4. |
| 제6회 | 10. 18. | 9. 11. ~ 9. 17. | 9. 17. ~ 9. 17. | 9. 30. ~ 10. 18. | 11. 6. ~ 11. 13. |
| 제7회 | 11. 22. | 10. 16. ~ 10. 22. | 10. 22. ~ 10. 22. | 11. 12. ~ 11. 22. | 12. 12. ~ 12. 19. |
| 제8회 | 12. 13. | 11. 6. ~ 11. 12. | 11. 12. ~ 11. 12. | 12. 3. ~ 12. 13. | 26. 1. 1. ~ 26. 1. 8. |

💬 위 일정은 사정에 따라 변경될 수 있으니, 사전에 반드시 KPC자격 홈페이지(https://license.kpc.or.kr/)에서 확인하시기 바랍니다.
💬 방문 접수는 온라인 원서 접수 기간 내 해당 지역센터에 문의 바랍니다.

## 학점 인정 및 고교생활기록부 등재

| 등급 | 학점 | 전공필수 학점으로 인정되는 전공 | |
|------|------|------------------|-----------|
| | | 전문학사 | 학사 |
| 1급(컨설턴트) | 10학점 | 경영, 관광경영 | 경영학, 관광경영학, 호텔경영학 |
| 2급(관리자) | 6학점 | 경영, 관광경영 | – |

위에 언급된 전공 외에는 일반선택 학점으로 인정

* 고등학교 재학 중 자격 취득 시, 고교생활기록부에 등재 가능

## Guide
# SMAT 시험 ②

**시험 구조**

Module A　비즈니스 커뮤니케이션
고객 접점에서 올바른 비즈니스 매너와 이미지를 바탕으로, 고객심리를 이해하고 고객과 소통할 수 있는 현장 커뮤니케이션 실무자 양성

Module B　서비스 마케팅·세일즈
서비스 현장에서 CRM 및 상담 역량을 바탕으로, 서비스 유통관리 및 코칭·멘토링을 통해 세일즈를 높일 수 있는 서비스 마케팅 관리자 양성

Module C　서비스 운영전략
서비스 현장에서 CSM 및 HRM에 대한 이해를 바탕으로, 우수한 서비스 프로세스를 설계하고 공급·수요를 관리할 수 있는 서비스 운영전략 관리자 양성

**자격 등급 기준**

**3급 실무자**
A
1개 Module 취득
"서비스 산업 신입사원"

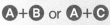
**2급 관리자**
A+B or A+C
2개 Module 취득
"직무별 특성화 인재"

**1급 컨설턴트**
A+B+C
3개 Module 취득
"프로페셔널, 전문가"

## 출제 범위

| 모듈 | 과목 | 출제 범위 |
|---|---|---|
| **Module A**<br>비즈니스<br>커뮤니케이션 | **비즈니스 매너/에티켓\*\*\*** | 매너와 에티켓의 이해, 비즈니스 응대, 전화 응대 매너, 글로벌 매너 등 |
| | **이미지 메이킹\*\*\*** | 이미지의 개념, 이미지 메이킹 주요 이론, 상황별 이미지 메이킹, 인상/<br>표정 및 상황별 제스처, Voice 이미지 등 |
| | 고객 심리의 이해 | 고객에 대한 이해, 고객 분류 및 계층론, 고객 심리의 이해, 고객의 성격<br>유형에 대한 이해, 고객의 구매 의사 결정 과정 등 |
| | 고객 커뮤니케이션 | 커뮤니케이션의 이해, 효과적인 커뮤니케이션 기법/스킬, 감성 커뮤니<br>케이션, 설득과 협상 등 |
| | 회의 기획/의전 실무 | 회의 운영 기획/실무, 의전 운영 기획/실무, 프레젠테이션, MICE의 이해<br>등 |
| **Module B**<br>서비스<br>마케팅·<br>세일즈 | **서비스 세일즈 및<br>고객 상담\*\*\*** | 서비스 세일즈의 이해, 서비스 세일즈 전략 분석, 고객 상담 전략, 고객<br>유형별 상담 기법, MOT 분석 및 관리 등 |
| | 고객관계관리(CRM) | 고객 관계 이해, 고객 획득-유지-충성-이탈-회복 프로세스, CRM<br>시스템, 고객 접점 및 고객 경험 관리, 고객 포트폴리오 관리 등 |
| | **VOC 분석/관리 및<br>컴플레인 처리\*\*\*** | VOC 관리 시스템 이해, VOC 분석/관리법 습득, 컴플레인 개념 이해,<br>컴플레인 대응 원칙 숙지, 컴플레인 해결 방법 익히기 등 |
| | 서비스 유통 관리 | 서비스 구매 과정의 물리적 환경, 서비스 유통 채널 유형, 서비스 유통<br>시간/장소 관리, 전자적 유통 경로 관리, 서비스 채널 관리 전략 등 |
| | 코칭/교육 훈련 및 멘토<br>링/동기 부여 | 성인 학습의 이해, 교육 훈련의 종류 및 방법, 서비스 코칭의 이해/실행,<br>정서적 노동의 이해 및 동기 부여, 서비스 멘토링 실행 등 |
| **Module C**<br>서비스<br>운영전략 | 서비스 산업 개론 | 유형별 서비스의 이해, 서비스업의 특성 이해, 서비스 경제 시대 이해,<br>서비스 패러독스, 서비스 비즈니스 모델 이해 등 |
| | **서비스 프로세스 설계 및<br>품질 관리\*\*\*** | 서비스 품질 측정 모형 이해, 서비스 GAP 진단, 서비스 R&D 분석, 서비<br>스 프로세스 모델링, 서비스 프로세스 개선 방안 수립 등 |
| | 서비스 공급 및 수요 관리 | 서비스 수요 예측 기법 이해, 대기 행렬 모형, 서비스 가격/수율 관리, 서<br>비스 고객 기대 관리, 서비스 공급 능력 계획 수립 등 |
| | 서비스 인적자원관리 | 인적자원관리의 이해, 서비스 인력 선발, 직무 분석/평가 및 보상, 노사<br>관계 관리, 서비스 인력 노동 생산성 제고 등 |
| | **고객만족경영 전략\*\*\*** | 경영 전략 주요 이론, 서비스 지향 조직 이해, 고객 만족의 평가 지표<br>분석, 고객만족도 향상 전략 수립 등 |

* ★★★: 각 모듈별로 중요도가 높은 과목
* 과목별 10문항(10% 이내에서 변동 가능)으로 총 50문항

## Guide
# SMAT 시험 ③

문제 유형

5가지 유형     과목별 10문항 (±10% 내외 변동 가능)     총 50문항

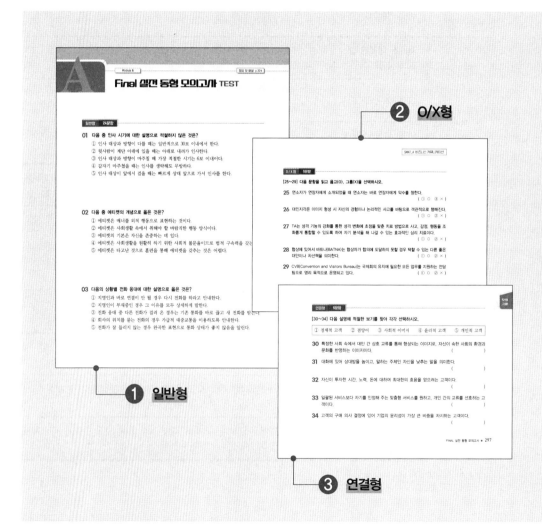

❶ **일반형** 5지선다 객관식 유형

❷ **O/X형** 주어진 문장의 옳고 그름을 판단하는 유형

❸ **연결형** 각 설명에 적절한 용어를 보기에서 찾는 유형

❹ **사례형** 제시된 비즈니스 사례를 바탕으로 1개의 문제를 푸는 5지선다 객관식 유형

❺ **통합형** 제시된 비즈니스 사례를 바탕으로 2개의 문제를 푸는 5지선다 객관식 유형

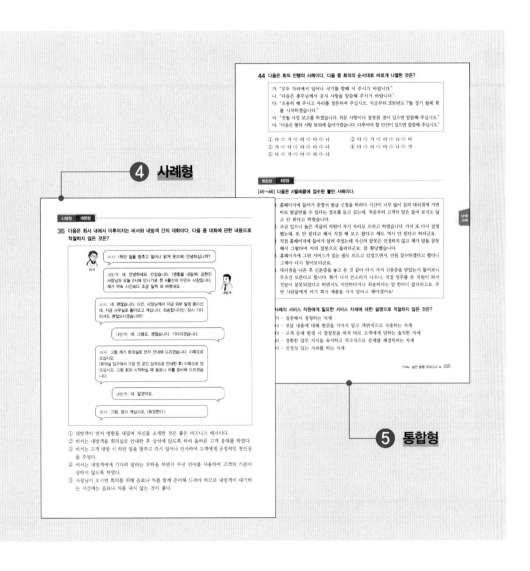

**44** 다음은 회의 진행의 사례이다. 다음 중 회의의 순서대로 바르게 나열한 것은?

가. "모두 자리에서 일어나 국기를 향해 서 주시기 바랍니다."
나. "다음은 총무님께서 공지 사항을 말씀해 주시기 바랍니다."
다. "조용히 해 주시고 자리를 정돈하여 주십시오. 지금부터 2016년도 7월 정기 월례 회의를 시작하겠습니다."
라. "전월 사업 보고를 하겠습니다. 의문 사항이나 잘못된 점이 있으면 말씀해 주십시오."
마. "다음은 협의 사항 토의에 들어가겠습니다. 다루어야 할 안건이 있으면 말씀해 주십시오."

① 다 ⇨ 가 ⇨ 라 ⇨ 마 ⇨ 나
② 다 ⇨ 가 ⇨ 라 ⇨ 나 ⇨ 마
③ 가 ⇨ 다 ⇨ 라 ⇨ 마 ⇨ 나
④ 다 ⇨ 라 ⇨ 마 ⇨ 나 ⇨ 가
⑤ 다 ⇨ 가 ⇨ 마 ⇨ 라 ⇨ 나

**통합형** 6문항

[45~46] 다음은 A텔레콤에 접수된 불만 사례이다.

ㄱ. 휴대폰지에 들어가 증명서 발급 신청을 하려다 시간이 너무 많이 걸려 대리점에 가면 바로 발급받을 수 있다는 정보를 듣고 갔는데, 처음부터 고객의 말은 들어 보지도 않고 안 된다고 하였습니다.
ㄴ. 조금 있으니 높은 직급의 직원이 자기 자리로 오라고 하였습니다. 가서 또 다시 설명했는데, 또 안 된다고 해서 직접 해 보고 왔다고 해도 역시 안 된다고 하더군요.
ㄷ. 직접 휴대폰지에 들어가 알려 주었는데 자신의 잘못은 인정하지 않고 제가 말을 잘못해서 그랬다며 저의 잘못으로 돌리더군요. 참 황당했습니다.
ㄹ. 휴대폰지에 그런 서비스가 있는 줄도 모르고 있었으며, 민원 접수했다고 했더니 그제야 다시 찾아보더군요.
ㅁ. 대리점을 나온 후 신분증을 놓고 온 것 같아 다시 가서 신분증을 받았는지 물어보니 무조건 모른다고 합니다. 화가 나서 큰소리가 나오니, 직접 업무를 본 직원이 와서 전달이 잘못되었다고 하면서도 미안하다거나 죄송하다는 말 한마디 없더라고요. 주변 사람들에게 여기 회사 제품을 사지 말라고 해야겠어요!

사례의 서비스 직원에게 필요한 서비스 자세에 대한 설명으로 적절하지 않은 것은?

ㄱ - 집중해서 경청하는 자세
ㄴ - 전달 내용에 대해 편견을 가지지 않고 객관적으로 수용하는 자세
ㄷ - 고객 문제 발생 시 잘잘못을 따져 바로 고객에게 말하는 솔직한 자세
ㄹ - 정확한 업무 지식을 숙지하고 적극적으로 문제를 해결하려는 자세
ㅁ - 진정성 있는 사과를 하는 자세

FINAL 실전 통합 모의고사 ● 305

**사례형** 10문항

**35** 다음은 회사 내에서 이루어지는 비서와 내방객 간의 대화이다. 다음 중 대화에 관한 내용으로 적절하지 않은 것은?

> 비서: (하던 일을 멈추고 일어나 밝게 웃으며) 안녕하십니까?
>
> 내방객: 네, 안녕하세요. 반갑습니다. (명함을 내밀며) 김현진 사장님과 오늘 2시에 만나기로 한 S생산의 이민수 사장입니다. 제가 약속 시간보다 조금 일찍 와 버렸네요.
>
> 비서: 네, 괜찮습니다. 다만, 사장님께서 지금 외부 일정 중이신데, 지금 사무실로 돌아오고 계십니다. 최송합니다만, 잠시 기다리셔도 괜찮으시겠습니까?
>
> 내방객: 네, 그럼요. 괜찮습니다. 기다리겠습니다.
>
> 비서: 그럼 제가 회의실로 먼저 모시겠습니다. 이쪽으로 오십시오. (회의실 입구에서 가장 먼 곳인 상석으로 안내한 후) 이쪽으로 앉으십시오. 그럼 회의 시작하실 때 음료나 차를 준비해 드리겠습니다.
>
> 내방객: 네, 알겠어요.
>
> 비서: 그럼, 잠시 계십시오. (퇴장한다.)

① 내방객이 먼저 명함을 내밀며 자신을 소개한 것은 좋은 비즈니스 매너이다.
② 비서는 내방객을 회의실로 안내한 후 상석에 앉도록 하여 올바른 고객 응대를 하였다.
③ 비서는 고객 내방 시 하던 일을 멈추고 즉시 일어나 인사하여 고객에게 긍정적인 첫인상을 주었다.
④ 비서는 내방객에게 기다려 달라는 부탁을 하면서 쿠션 언어를 사용하여 고객의 기분이 상하지 않도록 하였다.
⑤ 사장님이 오시면 회의를 위해 음료나 차를 함께 준비해 드려야 하므로 내방객이 대기하는 시간에는 음료나 차를 내지 않는 것이 좋다.

❹ **사례형**

❺ **통합형**

## How to use
# 이 책의 **구성과 특징**

**1**

본격적인 학습에 앞서 수험의 강약을 조절하고 전략적인 학습을 할 수 있도록 하였습니다.

**2**

실제 시험에 빈번히 출제되는 내용을 분석하여 ★, ★★, ★★★로 중요도를 표시하였습니다.

**3**

본문과 관련된 내용을 알아두기로 정리하여 배경지식을 넓힐 수 있도록 구성하였습니다.

---

Module A                                    Service Management Ability Test

# A / CHAPTER 01 매너와 에티켓

### 출제 & 학습 포인트                    ★★★ 최빈출  ★★ 빈출  ★ 읽수

**출제포인트**

1장 매너와 에티켓에서는 매너와 관련된 다양한 용어의 개념과 직장 내 호칭의 출제 빈도가 높습니다.

**학습포인트**

**1** 매너와 관련된 다양한 용어의 개념을 묻는 문제가 출제되므로 매너와 에티켓, 예의범절, 서비스 매너의 정의와 차이점을 구분해서 그 개념을 정확히 학습합니다.

**2** 일반적인 예의범절과 차이가 있는 비즈니스 네티켓의 개념과 네트워크상 지켜야 할 예의범절을 내용을 학습합니다.

**3** 사용 빈도가 점점 증가하는 이메일과 SNS 네티켓에 대한 문제의 출제 빈도가 높아지는 추세이므로 해당 상황에서의 네티켓을 학습합니다.

**4** 직장 매너에서는 직장 내 호칭의 출제 빈도가 높고, 내용 중 압존법, 틀리기 쉬운 호칭의 경우를 중심으로 학습합니다.

---

**1** 매너 ★★★

**(1) 매너의 개념**

① 매너는 수행해야 하는 일을 일정 양식에 근거하여 행하는 세세한 방법으로 상대를 향한 마음을 형식화한 것이다.

② 매너의 기본은 상대를 존중하고 배려하는 것으로 타인을 존중하는 것이다.

③ 매너는 에티켓을 ...

**(2) 매너의 목적**

| 원활한 인간관계 형성 | |
| 긍정적인 이미지 형성 | |
| 자기 관리를 통한 자긍심 형성 | |

---

SMAT_A 비즈니스 커뮤니케이션

**알아두기**

매너의 어원
• manner는 Manuarius라는 라틴어에서 유래하였다.
• Manuarius는 Manus와 Arius의 복합어이다. Manus는 영어의 Hand(손)이라는 뜻 외에도 사람의 행동, 습관 등의 의미를 내포하고, Arius는 More at manual, More by manual(행동을 취하는 방법, 방식)을 의미한다.

**2** 에티켓 ★★★

(1) 에티켓은 사회생활을 원활히 하기 위한 사회적 불문율이다.

(2) 에티켓은 사회생활의 모든 경우와 장소에서 취해야 할 바람직한 행동 양식이다.

(3) 에티켓은 법적 구속력을 갖고 있지는 않지만 사회생활을 부드럽게 하고 쾌적한 기분을 갖게 하기 위해 지켜야 할 규범적 성격을 가진다.

(4) 상대방에 대한 존중을 바탕으로 여럿이 함께하는 문화를 바람직하게 유지하기 위한 사회적 약속이며, 질서이다.

(5) 매너의 기본으로 에티켓도 지키지 않는 사람에게 매너를 기대할 수 없다.

**알아두기**

에티켓의 어원
• '공공을 위한 안내판, 입간판'의 의미이다. 고대 프랑스어의 동사 estiquer(붙이다)를 어원으로 궁전 화단의 아름다운 꽃을 해치지 말라'는 의미의 입간판을 붙인 것에서 유래한다는 설이 있다.
• '나무 말뚝에 붙인 표지' ⇨ '포실(팻지)'의 의미가 되고, '상대방의 신분에 따라 달리지는 편지 형식' ⇨ '궁중의 각종 예법'을 가리키는 말로 변화하였다.
• 프랑스어에서는 19세기 말의 부르주아 사교계의 관례(usage) 및 예의범절(civilite)이 오늘날 프랑스 에티켓의 기초가 되었고, 국가 간의 외교 의례를 프랑스어로 프로토콜(protocole)이라 지칭한다.

**3** 예의범절 ★★★

**(1) 예의범절의 개념**

① 사전적 의미로 예의범절은 일상생활에서 갖추어야 할 모든 예의와 절차를 의미한다.

② 에티켓과 매너가 합해진 동양적인 개념으로 개인과 집단에서 지켜야 할 기본적인 규범이다.

③ 남을 대할 때의 마음가짐이나 태도, 배려를 표현하는 것이다.

④ 예의범절은 유교의 사상적 생활을 수용하며 발전하였고, 유교 도덕 사상의 기본인 삼강오륜(三綱五倫)에 근간을 두고 발전하였다.

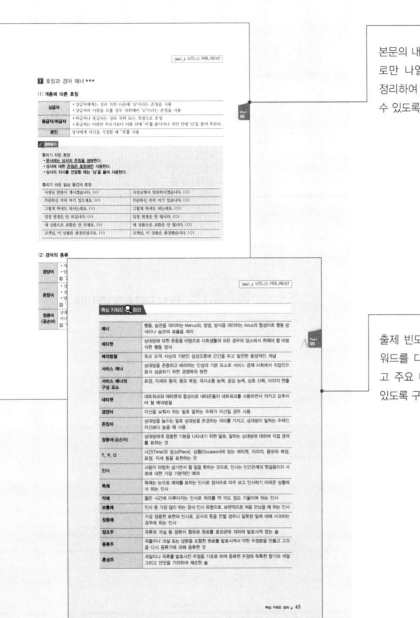

**4**

본문의 내용을 단순히 줄글로만 나열하지 않고 표로 정리하여 명료하게 정리할 수 있도록 하였습니다.

**5**

출제 빈도가 높은 핵심 키워드를 다시 한 번 정리하고 주요 내용을 점검할 수 있도록 구성하였습니다.

## How to use
# 이 책의 **구성과 특징**

**6**

핵심 내용을 제대로 이해했
는지 스스로 점검할 수 있
도록 파트별로 실제 시험과
동일하게 일반형, O/X형, 연
결형, 사례형, 통합형 예상
문제를 수록하였습니다.

---

**A**   **01**   Module A   **실전 예상 문제 TEST**

**일반형**

**01** 다음 중 일반적으로 전언 메모에 기록해야 할 내용으로 적절하지 않은 것은?
① 상대방의 연락처
② 전화를 받은 날짜와 시간
③ 전화한 사람의 회사와 부서
④ 전화한 사람의 직급과 이름
⑤ 나이, 학력, 개인사 등 상세한 프로필 조사 내용

**02** 다음 중 초대 에티켓에 관한 내용으로 옳지 않은 것은?
① 가정에 초대받은 경우에는 선물을 준비하는 것이 좋다.
② 참석자들 간의 관계나 친분을 고려하여 초대할 사람을 선정한다.
③ 초대받은 날일 가능한 한 일찍 도착하여 초대자의 음식 준비를 돕는다.
④ 해외 출장 시 현지인에게 초대받은 경우 한국 전통 물품을 선물하는 것이 좋다.
⑤ 서양에서는 식당에 초대받은 것보다 가정에 초대받는 것을 더 큰 대접으로 여긴다.

**03** 다음 중 매너의 개념에 대한 설명으로 옳지 않은 것은?
① 매너의 기본은 상대방을 존중하는 데 있다.
② 매너는 에
③ 매너는 타
④ 에티켓을
⑤ 매너는 사

**04** 휴대 전화 사
① 상대방 휴
② 상담이나
③ 상대방이
④ 급한 경우
⑤ 상대방이

64 ● PART 01 비즈니스 매너

---

**A**   Module A   정답 및 풀이 p.374   **Final 실전 동형 모의고사 TEST**

**일반형**   **24문항**

**01** 다음 중 인사 시기에 대한 설명으로 적절하지 않은 것은?
① 인사 대상과 방향이 다를 때는 일반적으로 30보 이내에서 한다.
② 윗사람이 계단 아래에 있을 때는 아래로 내려가 인사한다.
③ 인사 대상과 방향이 마주칠 때 가장 적절한 시기는 6보 이내이다.
④ 갑자기 마주쳤을 때는 인사를 생략해도 무방하다.
⑤ 인사 대상이 앞에서 걸음을 뗄 때는 빠르게 상대 앞으로 가서 인사를 한다.

**02** 다음 중 에티켓의 개념으로 옳은 것은?
① 에티켓은 매너를 외적 행동으로 표현하는 것이다.
② 에티켓은 사회생활 속에서 취해야 할 바람직한 행동 양식이다.
③ 에티켓의 기본은 자신을 존중하는 데 있다.
④ 에티켓은 사회생활을 원활히 하기 위한 사회적 불문율이므로 법적 구속력을 갖는다.
⑤ 에티켓은 타고난 것으로 훈련을 통해 에티켓을 갖추는 것은 어렵다.

**03** 다음의 상황별 전화 응대에 대한 설명으로 옳은 것은?
① 지명인이 바로 연결이 안 될 경우 다시 전화를 하라고 안내한다.
② 지명인이 부재중인 경우 그 이유를 모두 상세하게 말한다.
③ 전화 응대 중 다른 전화가 걸려 온 경우는 기존 통화를 바로 끊고 새 전화를 받는다.
④ 회사의 위치를 묻는 전화의 경우 가급적 대중교통을 이용하도록 안내한다.
⑤ 전화가 잘 들리지 않는 경우 완곡한 표현으로 통화 상태가 좋지 않음을 알린다.

290 ● 비즈니스 커뮤니케이션

---

**7**

실전에 완벽 대비할 수 있
도록 출제 가능성이 높은
문제들로 전 범위 모의고사
를 별도로 구성하였습니다.

## 정답 및 해설

Module A

**PART 01** 실전 예상 문제 | p.63 |

| 01 ⑤ | 02 ⑤ | 03 ④ | 04 ① | 05 ③ | 06 ① | 07 ① | 08 ④ | 09 ③ | 10 ① |
|---|---|---|---|---|---|---|---|---|---|
| 11 ⑤ | 12 ④ | 13 ① | 14 ② | 15 ④ | 16 ① | 17 ④ | 18 ④ | 19 ③ | 20 ④ |
| 21 ④ | 22 ④ | 23 ④ | 24 ① | 25 ② | 26 ④ | 27 ③ | 28 ④ | 29 ① | 30 ② |
| 31 ④ | 32 ② | 33 ③ | 34 ② | 35 ④ | 36 ⑤ | 37 ④ | 38 ① | 39 ④ | 40 ⑤ |
| 41 ② | 42 ④ | 43 ④ | 44 ④ | 45 ③ | 46 ② | 47 ① | | | |

**01** ⑤ 선언 예모에는 전화받은 상황에 대해 자세한 정보를 기입해야 하지만 나이나 학력과 같은 개인 정보는 기입하지 않는다.

**02** ⑤ 초대를 받은 당일에는 초대한 사람이 준비할 수 있도록 일찍 도착하지 않는다.

**03** ④ 에티켓은 사회생활의 모든 경우와 장소에서 취해야 할 바람직한 행동의 규범으로 매너의 기본 단계이다. 에티켓도 지키지 않는 사람에게 매너를 기대할 수 없다.

**04** ② 상담이나 회의 시에는 반드시 끄거나 무음으로 전환한다.
① 상대방이 전화를 받지 않을 때에는 빨리 끊고 메시지를 보내도록 한다.
③ 급한 경우 문자 메시지로 연락하되 발신자의 이름을 반드시 적어 보낸다.
⑤ 상대방이 휴대 전화를 받을 때 반드시 통화 가능 여부를 확인하고, 통화한다.

**05** ③ 인사는 우리나라의 경우보다 허리를 더 많이 굽히고, 이때 상대방의 얼굴을 보아서는 안 된다. 허리 숙이는 정도는 상대방과 비슷하게 하되 상대방보다 먼저 허리를 펴서는 안 된다.

**06** ① 명함을 받을 때 인사와 함께 자신의 소속과 이름을 말한다.

**07** ① 전화를 받을 때 왼손으로 받는다.
③ 동시에 명함을 주고받을 때에는 오른손으로 주고 왼손으로 받는다.
④ 앉아서 대화를 나누다가 명함을 교환할 때도 일어서서 건네는 것이 원칙이다.
⑤ 앉아서 대화를 나누는 동안 받아 두었던 명함을 테이블 위에 놓고 이야기하는 것은 상대방을 정확히 인지하는 데 도움이 된다.

**08** ① 수신한 메일은 하루 안에 회신해 주어야 한다.
② 상대방에게 주요한 정보라 생각되면 발송 전 상대방의 의사를 먼저 묻고 보낸다.
③ 내용은 간단, 명확하게 표현하되 반드시 일부 인사는 서두에 하는 것이 좋다.
⑤ 마지막 마무리는 배려에 대한 감사와 평안을 기원하는 문구로 마무리하는 것이 중요하다.

**09** ③ 업무 시간 중이라도 항상 상대방에게 통화 가능 여부를 물어봐야 한다.

**10** ① 항을 꽂은 후 일어나 영정 앞에서 잠깐 묵념을 한 후 두 번 절한다.
② 조의금은 문상을 마친 후 호상소에 접수하거나 부의함에 직접 넣는 것이 예의이다.
④ 정신적으로 힘든 때 말을 너무 많이 시키지 않는다.
⑤ 영정 앞에서 절할 때 남자는 오른손이 위로, 여자는 왼손이 위로 가야 한다.

**11** ⑤ 시선은 상대의 발끝에 두거나 자신의 발끝에서 1.5m 정도 앞에 둔다.

**12** ④ 손이 더러울 경우에는 양해를 구한 후 닦고 하거나, 인사로 대신한다.
① 원칙적으로 오른손으로 한다.
② 매너는 상황과 상대에 따라 유연하게 변할 수 있는 행동 양식 및 태도이다. 국가 원수나 왕족, 성직자의 악수 시에는 허리를 살짝 굽힌다.
⑤ 악수를 할 때 장갑은 벗어야 하지만, 여성의 경우 드레스와 함께 연출하는 장갑은 벗지 않아도 된다.

**13** ① 90도 인사는 의례에 필요한 인사법으로 종교적 행사나 관혼상제 등에서 행해지는 특수한 인사이다. 간혹 정중한 인사라고 하면 90도 인사라고 생각하는데 이것은 잘못된 생각이다.

**17** ④ 에 앉는 것은 예의에 어긋난다.
② 음식을 주문할 때는 너무 비싸거나 싼 음식을 주문하지 않고 중간 가격의 음식이나 초청자와 비슷한 가격의 음식을 주문한다.
④ 식사 중에 너무 큰소리를 내거나 너무 크게 웃는 것은 삼가도록 한다.
⑤ 테이블에서 화장을 고치는 것은 매너에 어긋나므로 화장실을 이용한다.

**20** ④ 기본적으로 상사와 가까운 자리나 오른쪽이 상석이다.

**21** ④ ① 안내할 때는 고객보다 2~3보 정도 비스듬히 앞서서 안내한다.
② 고객이 잘 따라오는지 확인하며 고객의 걸음속도에 맞춰 걷는다.
③ 남녀가 계단을 올라갈 때는 남자가 먼저 올라가고 내려올 때는 여자가 앞서 내려간다.
⑤ 안내할 때는 몸을 조금 비켜선 자세에서 시선 걸음으로 손님이 잘 따라오는지 확인하며 걷는다.

**22** ④ 예의범절은 차별적이어야 하며, 공동체의 이익을 위해 자신의 본성을 다스려야 한다.

**23** ④ ① 인사는 가장 기본적인 예의이므로 외적으로 표현되면 자신의 이미지를 긍정적으로 높인다.
② 인사는 자신의 인격과 교양을 외적으로 나타내는 것이다.
③ 서비스 면에서 인사는 고객에 대한 환영과 봉사 정신의 표현이다.
⑤ 인사는 시간과 장소, 상황을 고려하여 하는 것이 바람직하다.

**28** ④ 집안의 제사는 통사가 아니므로 명상시로서 한다. (통사: 상가집에서의 예법, 초우, 재우, 삼우제까지의 기간)

**29** ① 네티켓은 가상 공간에서 올바른 공동체를 형성하기 위해 필요한 개념이다.

**30** ② 에티켓은 대인 관계에 있어 서로 간에 지켜야 할 합리적인 행동 기준이고, 매너는 그 행동 방식으로 표출한 것이라 할 수 있다.

**31** ④ 참석자들이 자신의 취향에 맞는 요리나 와인 등을 가지고 와 함께 즐기는 파티는 포틀럭 파티(potluck party)이다.

**32** ② 식사를 할 때에는 여유를 가지고 상대방과 대화를 하며, 가급적 종교, 정치와 같은 어렵거나 민감한 주제는 피하는 것이 좋다.

**33** ③ 네트워크와 에티켓의 합성어로 네티즌들이 네트워크를 사용하면서 지키고 갖추어야 할 예의범절을 네티켓이라 한다.

**34** ② 매너를 행할 때에는 시간과 장소, 다양한 상황을 고려해야 한다.

**35** ④ 입춘법은 문상의 주체가 화자보다 높지만, 청자보다 낮은 경우에 청자보다 낮게 말하는 어법이다.

**36** ⑤ 말하는 상대방이나 화제에 등장하는 인물 및 그 사람의 행위를 높이는 말이다.

**37** ④ 자신을 낮추서 하는 말로 상대방을 높여 주는 말이다.

**38** ① 회사명 혹은 소속, 이름 등을 밝히며 전화를 받는 것이 비즈니스 전화 응대의 기본이다.

310 • 비즈니스 커뮤니케이션

정답 및 해설 • 311

---

### ❽
빠르게 정답을 확인할 수 있도록 정답을 한데 모았습니다.

### ❾
각 문항이 정답이 되는 이유에 대해 간단명료하게 정리하여 쉽게 이해할 수 있도록 하였습니다.

## How to use
# 이 책의 **학습 방법**

### PART **01**
### 비즈니스 매너 및 에티켓

1. 매너와 에티켓, 예의범절의 개념
2. 인사의 개념 및 상황별 인사
3. 안내 매너
4. 상황별 전화 응대
5. 호칭 매너
6. 상석의 기준

'Part 01 비즈니스 매너 및 에티켓'에서는 먼저 매너와 에티켓, 예의범절, 인사 등 비즈니스 응대에 필요한 다양한 개념을 정확히 정리해야 합니다. 개념을 정확히 정리한 후에는 비즈니스 응대 상황에 필요한 자세를 알아야 합니다. 예를 들어 상황에 따른 인사법, 악수 시 자세, 장소별 상석 및 안내 방법, 상황별 전화 응대 방법 등입니다. 상황에 따른 비즈니스 매너를 정확히 알고 있어야 고객 응대를 제대로 수행할 수 있습니다.

### PART **02**
### 이미지 메이킹

1. 이미지와 이미지 메이킹의 개념
2. 이미지 형성 관련 효과
3. 서비스맨의 용모 복장
4. 첫인상의 특징
5. 이미지 메이킹 6단계
6. 좋은 목소리 만들기

'Part 02 이미지 메이킹'에서는 이미지, 이미지 메이킹의 개념과 특성을 정확히 정리하고, 이를 관리하는 방법을 학습해야 합니다. 특히 이미지 형성에 있어서 첫인상은 매우 중요한 부분을 차지하므로, 첫인상의 특징은 특히 잘 숙지해야 합니다. 이와 함께 이미지 형성에 영향을 주는 다양한 효과도 알아야 고객에게 호감을 주는 이미지를 제대로 형성할 수 있습니다. 이미지 형성에 있어 용모 복장도 많은 영향을 미치므로 서비스맨이 갖추어야 할 용모 복장의 기준을 알고 연출할 수 있어야 합니다.

## PART 03
## 고객 심리의 이해

1 고객의 개념
2 고객의 분류
3 고객의 기본 심리
4 고객 기대에 미치는 영향 요인
5 매슬로우 욕구 5단계
6 사고형/감정형 고객의 단서
7 대안 평가에 관여하는 요인
8 관여도

'Part 03 고객 심리의 이해'의 학습 목표는 고객 만족을 위해 고객을 제대로 이해하고 그에 맞는 서비스를 할 수 있는 기본 역량을 향상시키는 것입니다. 따라서 먼저 고객의 기본 심리를 이해하고, 점점 커지는 고객의 기대를 알고 있어야 그에 맞는 서비스를 할 수 있습니다. 그리고 고객은 기업과의 관계에 따라 다양한 유형으로 분류할 수 있고, 성격이나 행동 유형에 따라 다른 모습을 나타내므로 각각의 특징을 알고 그에 맞는 서비스를 해야 합니다.

## PART 04
## 고객 커뮤니케이션

1 커뮤니케이션 관련 이론
2 효과적인 주장을 위한 AREA 법칙
3 말하기 스킬
4 효과적인 경청의 방법
5 커뮤니케이션 과정의 기본 요소
6 커뮤니케이션 오류의 원인
7 감성 커뮤니케이션 스킬
8 설득의 6가지 기술

'Part 04 고객 커뮤니케이션'에서는 커뮤니케이션의 기본 요소와 유형을 학습한 후, 커뮤니케이션 과정 중 발생하는 오류의 원인과 커뮤니케이션에 영향을 미치는 다양한 이론을 알아야 합니다. 이를 바탕으로 말하기 스킬과 효과적인 경청의 방법을 숙지해야 합니다. 기본적인 말하기, 경청하는 방법과 함께 최근 중요성이 강조되는 감성 커뮤니케이션의 구성 요소와 요소별 스킬을 향상시킬 수 있는 방법에 대해 알아 두어야 합니다. 그리고 설득의 기술과 효과적인 주장을 할 수 있는 법칙도 출제 빈도가 매우 높으니 정확히 숙지해야 합니다.

## PART 05
## 회의 기획 및 의전 실무

1 MICE 산업의 특징
2 포상 관광의 개념
3 회의의 종류
4 회의 개최지 선정 시 고려 사항
5 의전의 5R 요소
6 발표 시 음성 전달 능력

'Part 05 회의 기획 및 의전 실무'에서는 우선 회의와 의전의 개념을 정리합니다. 회의는 다양한 기능과 원칙이 있고, 의전 역시 중요한 5R 요소가 있는데 이를 바탕으로 회의와 의전을 준비하고 수행해야 합니다. 그리고 회의를 개최하기 위해서는 회의 개최지와 회의실을 선정해야 하는데 이때 고려해야 할 여러 가지 사항들을 학습합니다. 넓은 의미에서 비즈니스 관광의 범위에 들어가는 MICE 산업은 고부가가치산업으로써 그 특징을 잘 정리하고, MICE의 4가지 산업의 개념을 학습합니다. 특히 포상 관광의 특징은 출제 빈도가 높으니 잘 숙지해야 합니다.

Contents
# 이 책의 **차례**

## 비즈니스 매너 및 에티켓

## 이미지 메이킹

## 고객 심리의 이해

# 고객 커뮤니케이션

# 회의 기획 및 의전 실무

# 실전 동형 모의고사

비즈니스 매너와
에티켓

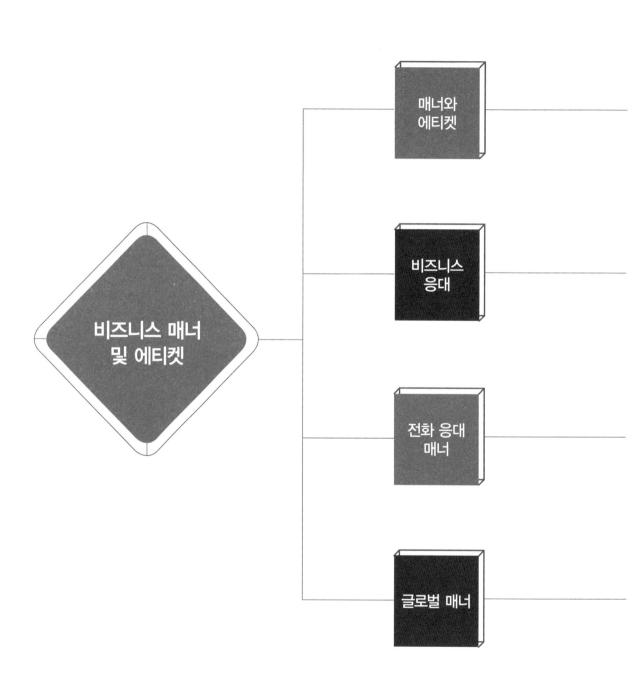

주요 개념 정리
- 매너 ★★★
- 에티켓 ★★★
- 예의범절 ★★★
- 비즈니스 네티켓 ★

호칭과 경어 매너 ★★★

인사 매너
- 인사의 의미 ★★★
- 인사의 종류 ★★★

비즈니스 매너
- 소개의 순서 ★★
- 악수의 순서 ★★
- 명함 교환 방법 ★★

안내하기
- 상석의 기준 ★★★
- 계단과 엘리베이터에서의 안내 ★★★
- 문에서의 안내 ★★★

전화 응대 개념
- 전화 응대의 특징 ★★
- 전화 응대의 3가지 기본 원칙 ★

전화 응대 자세
- 전화 응대의 기본자세 ★
- 상황별 전화 응대 ★★★
- 전언 메모의 내용 ★★★

국가별 매너
- 국가별 매너의 차이 ★
- 나라마다 쓰임이 다른 제스처 ★
  (Body Language)

레스토랑 이용 매너
- 주문 ★
- 식사 매너의 기본 ★★

팁 매너
- 팁의 관례 ★★

# 매너와 에티켓

## 출제 & 학습 포인트

### 출제포인트
1장 매너와 에티켓에서는 매너와 관련된 다양한 용어의 개념과 직장 내 호칭의 출제 빈도가 높습니다.

### 학습포인트

**1** 매너와 관련된 다양한 용어의 개념을 묻는 문제가 출제되므로 매너와 에티켓, 예의범절, 서비스 매너의 정의와 차이점을 구분해서 그 개념을 정확히 학습합니다.

**2** 일반적인 예의범절과 차이가 있는 비즈니스 네티켓의 개념과 네트워크상 지켜야 할 예의범절을 내용을 학습합니다.

**3** 사용 빈도가 점점 증가하는 이메일과 SNS 네티켓에 대한 문제의 출제 빈도가 높아지는 추세이므로 해당 상황에서의 네티켓을 학습합니다.

**4** 직장 매너에서는 직장 내 호칭의 출제 빈도가 높고, 내용 중 압존법, 틀리기 쉬운 호칭의 경우를 중심으로 학습합니다.

## 1 매너 ★★★

### (1) 매너의 개념

① 매너는 수행해야 하는 일을 위해 행동하는 구체적인 **방식(way)**으로, 타인을 향한 배려의 언행을 형식화한 것이다.

② 매너의 기본은 **상대방**을 존중하는 데 있으며, 상대방에게 불편이나 폐를 끼치지 않도록 배려함으로써 타인을 편안하게 하는 행동 방식이다.

③ 매너는 에티켓을 **외적 행동**으로 **표현**하는 것이다.

### (2) 매너의 목적

| 원활한 인간관계 형성 | • 상대방을 배려하고 편안하게 하는 행동 방식<br>• 원활한 인간관계를 형성하여 우호적인 관계로 발전 |
|---|---|
| 긍정적인 이미지 형성 | • 상대방을 배려하는 행동을 외적으로 표현하는 것<br>• 타인에게 호감을 주는 긍정적인 이미지 형성 |
| 자기 관리를 통한<br>자긍심 형성 | • 타인을 존중하는 행동을 지속적으로 표현하고자 하는 노력을 기울이는 것<br>• 인간관계에 대한 자신감이 생기고 자기 자신을 존중하는 마음 형성 |

> **🖋 알아두기**
>
> 매너의 어원
> - manner는 Manuarius라는 라틴어에서 유래하였다.
> - Manuarius는 Manus와 Arius의 복합어이다. Manus는 영어의 Hand(손)이라는 뜻 외에도 사람의 행동, 습관 등의 의미를 내포하고, Arius는 More at manual, More by manual(행동을 취하는 방법, 방식)을 의미한다.

## 2 에티켓 ★★★

(1) 에티켓은 사회생활을 원활히 하기 위한 사회적 불문율이다.

(2) 에티켓은 사회생활의 모든 경우와 장소에서 취해야 할 바람직한 행동 양식이다.

(3) 에티켓은 법적 구속력을 갖고 있지는 않지만 사회생활을 부드럽게 하고 쾌적한 기분을 갖게 하기 위해 지켜야 할 규범적 성격을 가진다.

(4) 상대방에 대한 존중을 바탕으로 여럿이 함께하는 문화를 바람직하게 유지하기 위한 사회적 약속이며 질서이다.

(5) 매너의 기본으로 에티켓도 지키지 않는 사람에게 매너를 기대할 수 없다.

> **🖋 알아두기**
>
> 에티켓의 어원
> - '공공을 위한 안내판, 입간판'의 의미이다. 고대 프랑스어의 동사 estiquer(붙이다)를 어원으로 '궁전 화단의 아름다운 꽃을 해치지 말라'는 의미의 입간판을 붙인 것에서 유래했다는 설이 있다.
> - '나무 말뚝에 붙인 표지' ⇨ '표찰(標札)'의 의미가 되고, '상대방의 신분에 따라 달라지는 편지 형식' ⇨ '궁중의 각종 예법을 가리키는 말'로 변화하였다.
> - 프랑스에서는 19세기 말의 부르주아 사교계의 관례(usage) 및 예의범절(civilité)이 오늘날 프랑스 에티켓의 기초가 되었고, 국가 간의 외교 의례를 프랑스어로 프로토콜(protocole)이라 지칭한다.

## 3 예의범절 ★★★

### (1) 예의범절의 개념

① 사전적 의미로 예의범절은 일상생활에서 갖추어야 할 모든 예의와 절차를 의미한다.

② 에티켓과 매너가 합해진 동양적인 개념으로 개인과 집단에서 지켜야 할 기본적인 규범이다.

③ 남을 대할 때의 마음가짐이나 태도, 배려를 표현하는 것이다.

④ 예의범절은 유교의 사상적 성향을 수용하며 발전하였고, 유교 도덕 사상의 기본인 삼강오륜(三綱五倫)에 근간을 두고 발전하였다.

## (2) 예의범절의 목적

| 상호 편의 | 관습과 습관을 준수함으로써 상호 간에 편의를 도모하여 합리적인 생활을 영위하기 위함이다. |
|---|---|
| 공동체의 이익 | 예의범절은 자발적이어야 하며, 공동체의 이익을 위하여 자기의 본성을 다스리고 자아를 발전시키는 자신과의 싸움이다. |

### 🖐 예의범절과 에티켓, 매너의 비교 ★★★

| 동양적 개념 | 예의범절 | 예의범절은 에티켓과 매너가 합해진 동양적인 개념 |
|---|---|---|
| 서양적 개념 | 에티켓 | 다른 사람과 만났을 때의 질서에 관한 것 |
| | 매너 | 상대방을 존중하는 행동 양식을 의미 |

# 4 서비스 매너

## (1) 서비스 매너의 개념

① 서비스 매너는 서비스 경제 사회에서 직업인이 갖춰야 할 기본매너로써 **성공을 위한 경쟁력의 원천**이 된다.

② 고객과의 접점에서 이루어지는 모든 서비스 절차를 전달하는 서비스 제공자의 태도이다.

③ 서비스 매너는 고객을 이해하고, 고객의 요구를 정확히 파악하여 대처하는 서비스 능력이다.

④ 고품질의 서비스를 제공할 수 있도록 서비스에 관한 이해와 지식, 신뢰감을 심어 줄 수 있는 **서비스 매너의 수행 능력을 배양**해야 한다.

## (2) 서비스 매너의 구성 요소

① 고객에게 호감을 줄 수 있는 표정

② 고객에게 신뢰감을 줄 수 있는 바른 자세와 동작

③ 단정한 용모와 복장

④ 호감을 줄 수 있는 말씨와 의사소통 능력

⑤ 고객의 입장을 충분히 이해하는 역지사지(易地思之)의 자세

⑥ 고객을 이해하는 마음을 표현하는 공감 능력

⑦ 고객과의 상호 신뢰

# 5 비즈니스 네티켓 ★

네티켓은 네트워크(Network)와 에티켓(Etiquette)의 합성어로 가상공간에서 올바른 공동체를 형성하기 위해 네트워크상 지켜야 할 예의범절이다.

① 네티즌의 기본 자세

　　㉠ 인권, 타인의 사생활, 개인 정보, 지적재산권을 존중한다.

　　㉡ 건전한 정보만을 취급하고, 바이러스 유포, 해킹, 음란물 공유 등의 불법 행동은 하지 않는다.

© 가급적 실명을 사용하며, 바른 언어를 사용한다.

② 토론 시 자신의 감정을 절제하고, 다른 사람의 실수를 이해하며, 용서한다.

⑩ 자신이 속한 곳의 문화와 규율에 맞게 행동한다.

② 네티켓의 유형

| | |
|---|---|
| 이메일 네티켓 | • 글의 제목이 내용과 일치하도록 하고, 용건은 간단히 한다.<br>• 발송 시 발신자를 명확히 표시하고, 수신자의 주소가 정확한지 확인한다.<br>• 수신한 메일은 24시간 이내에 빠르게 답변하도록 한다.<br>• 유머 및 정보성 메일은 발송 전에 상대방의 의사를 먼저 물어본다.<br>• 영어 대문자로만 쓰는 일은 금물이다.<br>• 내용이 많을 경우는 첨부파일로 보낸다.<br>• 지나친 약어 및 속어 사용은 명확한 의미 전달을 방해하므로 지양한다. |
| 자료실, 게시판<br>네티켓 | • 다운 전 항상 바이러스 체크를 하고 다운 시 자료 제공자에게 감사의 표현을 한다.<br>• 자료 제공자를 정확히 밝히고, 동일한 글을 여러 번 올리지 않는다. |
| 채팅, SNS<br>네티켓 | • 채팅 시 '~님'이라는 호칭을 사용하고, 대화의 시작과 종료 시에는 인사를 한다.<br>• 인터넷상의 대화 상대를 함부로 직접 만나지 않도록 한다.<br>• 긍정적인 반응을 보이고, 함께 공감해 줄 수 있어야 한다.<br>• 불평불만이나 부정적인 글을 전파하는 것을 자제한다.<br>• 정치, 종교, 돈 등과 같은 민감한 이슈로 논쟁하는 것을 삼가고, 다양한 의견을 포용할 줄 알아야 한다. |

### 🖉 알아두기

휴대전화 매너
• 상대방 휴대전화가 꺼진 것을 확인하고 끊는다.
• 상담이나 회의 시에는 전원을 꺼두거나 무음으로 한다.
• 급한 경우에 문자 메시지로 연락할 때는 발신자의 이름을 적어 보낸다.
• 상대방이 전화를 받을 때에도 통화 가능한 상황인지 확인하고 통화한다.

## 6 직장 매너

### (1) 출근 시 매너

① 출근은 15~30분 정도 일찍 할 수 있도록 여유 있게 준비한다.

② 출근 시 복장은 조직의 이미지를 고려하여 단정하고, 업무 효율성을 높일 수 있는 차림으로 한다.

③ 출근 시 밝은 표정과 목소리로 직원들에게 아침 인사를 하여 밝은 분위기를 조성하고, 좋은 이미지를 줄 수 있도록 한다.

④ 지각이나 결근 시, 업무 시작 시간 전에 상사, 선배, 동료 등에게 사유를 보고하고, 동료에게 협조를 요청하여 업무에 지장이 되지 않도록 한다.

## (2) 근무 중 매너

① 조직의 **규정을 잘 이해하고, 준수해야** 한다.

② 근무 중 개인적인 업무나 잡담, 타인에게 불쾌감을 주는 행동은 삼가도록 한다.

③ 점심시간이나 근무 시간은 정해진 시간을 준수한다.

④ 문서의 정리, 분류, 보관을 철저히 하고, 공동 물품은 사용 후 항상 제자리에 두어 다른 사람에게 피해를 주지 않도록 한다.

⑤ 외출이나 조퇴를 할 때에는 행선지, 업무 내용, 복귀 시간 등에 대해 반드시 상사의 허가를 받고 그에 따라 행동한다.

⑥ 자리를 비우기 전에 업무에 지장이 되지 않도록 자신의 업무 처리를 정확하게 하고, 복귀 시 부재중 발생한 업무에 대해 확인한다.

## (3) 퇴근 시 매너

① 그날 해야 하는 업무는 가급적 마무리를 하고, 처리하지 못한 일은 상사에게 보고하여 지시를 받는다.

② 상사보다 먼저 퇴근할 경우 상사에게 양해를 구하고, "먼저 퇴근하겠습니다."라는 말과 함께 예의 바르게 인사하고 퇴근한다.

③ 동료들이 일하고 있는데 근무 시간이 종료되자마자 바로 퇴근하는 것보다는 뭔가 도울 일이 없는지 물어보고 행동한다.

④ 퇴근 시 주변을 깨끗하게 정리하고, 문단속이나 전자 기기 소등 등을 철저하게 점검한다.

## (4) 직장 내 구성원 간의 매너

| | |
|---|---|
| 상급자에<br>대한 매너 | • 상사에게 신뢰를 받으려면 조직에 대한 애정을 가지고, 조직의 문화를 이해하며, 상사를 존경하는 마음을 가져야 한다.<br>• 업무 지시 사항을 정확하게 받아 신속하게 처리하고, 진행 상황에 대해 보고한다.<br>• 상사가 호출할 때는 항상 밝은 목소리로 대답하고, 대화 시 바른 말을 사용한다.<br>• 상사가 말을 할 때 끼어들거나 말참견을 하지 않는다.<br>• 상사 앞에서 흐트러진 모습을 보이지 않도록 하고 항상 언행을 주의한다. |
| 하급자에<br>대한 매너 | • 상사는 부하 직원의 모범이 되도록 솔선수범해야 한다.<br>• 부하 직원의 인격을 존중하는 태도를 가지고 있어야 한다.<br>• 부하 직원들을 공평하게 대해야 한다.<br>• 직원을 편안하게 대하여 직원이 최대한 창의력을 발휘할 수 있는 분위기를 조성하도록 한다.<br>• 직원의 잘못을 타이를 때에는 둘만의 장소에서 감정을 자제하고, 이성적으로 말해야 한다.<br>• 개인적인 업무를 직원에게 시키거나 자신의 잘못을 전가해서는 안 된다.<br>• "수고했어", "잘했어" 등 칭찬과 격려의 말을 적극적으로 해 주어 직원의 자긍심을 높이고, 업무 역량이 향상되도록 이끈다. |

## 7 호칭과 경어 매너 ★★★

### (1) 계층에 따른 호칭

| 상급자 | • 상급자에게는 성과 직위 다음에 '님'이라는 존칭을 사용<br>• 상급자의 이름을 모를 경우 직위에만 '님'이라는 존칭을 사용 |
|---|---|
| 동급자/하급자 | • 하급자나 동급자는 성과 직위 또는 직명으로 호칭<br>• 동급자는 이름만 부르기보다 이름 뒤에 '씨'를 붙이거나 직위 뒤에 '님'을 붙여 부른다. |
| 본인 | 상사에게 자신을 지칭할 때 '저'를 사용 |

✎ **알아두기**

틀리기 쉬운 호칭

• <u>문서에는 상사의 존칭을 생략</u>한다.
• 상사에 대한 <u>존칭은 호칭에만</u> 사용한다.
• 상사의 지시를 전달할 때는 '님'을 붙여 사용한다.

틀리기 쉬운 일상 물건의 호칭

| | |
|---|---|
| 사장님 말씀이 계시겠습니다. (×) | 사장님께서 말씀하시겠습니다. (○) |
| 주문하신 커피 여기 있으세요. (×) | 주문하신 커피 여기 있습니다. (○) |
| 그렇게 하셔도 되시는데요. (×) | 그렇게 하셔도 되는데요. (○) |
| 일정 변경은 안 되십니다. (×) | 일정 변경은 안 됩니다. (○) |
| 새 상품으로 교환은 안 되세요. (×) | 새 상품으로 교환은 안 됩니다. (○) |
| 고객님, 이 상품은 품절되셨구요. (×) | 고객님, 이 상품은 품절됐습니다. (○) |

### (2) 경어의 종류

| 겸양어 | • 자신을 낮춰서 하는 말로 상대방을 높여 주는 의미를 가진다.<br>• 말하는 주체가 자신일 경우 겸양어를 사용한다.<br>예 "<u>제가</u> 금방 가겠습니다." |
|---|---|
| 존칭어 | • 상대방을 높이는 말로 상대방을 존경하는 의미를 가진다.<br>• 상대방이 말하는 주체인 자신보다 높을 때 사용한다.<br>• 말하는 상대방이나 화제에 등장하는 인물, 그 사람의 행위 등을 높이는 말이다.<br>예 "선생님<u>께서</u> <u>말씀하셨습니다</u>." |
| 정중어<br>(공손어) | 상대방에게 정중한 기분을 나타내기 위한 말로, 말하는 상대방에 대하여 직접 경의를 표하는 것이다.<br>예 "나중에 전화 <u>드리겠습니다</u>." |

✎ **알아두기**

**압존법**

높여야 할 대상이지만 듣는 이가 더 높을 때 그 공대를 줄이는 어법으로, 현재는 가정과 사제 간에는 사용하고, 기타 관계에서는 사용하지 않는다.

예 "할아버지, 아버지가 아직 안 왔습니다."

**서양의 호칭과 경칭**

- Majesty : 왕족
- The Honorable : 귀족이나 주요 공직자
- Sir : 상대방에게 경의를 나타내는 칭호로 나이나 지위가 비슷한 경우에는 사용하지 않음.
- Esquire(ESQ) : 편지의 수취인
- Dr. : 전문직업인이나 인문과학분야에서 박사학위를 취득한 사람
- Excellency : 외교관에 대한 경칭
- Mistress(Mrs.) : 결혼한 부인의 이름 앞에 붙이는 경칭

### 출제 & 학습 포인트

#### 출제포인트

2장 비즈니스 응대에서는 인사 매너와 다양한 장소에서의 안내하기에 대한 문제의 출제 빈도가 높습니다.

#### 학습포인트

**1** 인사 매너는 인사의 개념과 함께 인사의 기본 자세, 인사 시기, 상황에 맞는 인사 등 인사 매너의 전반적인 내용이 모두 출제되오니 해당 내용을 정확하게 학습합니다.

**2** 공수 자세는 보기에서 정답을 선택하는 연결형 문제로 자주 출제되오니 개념과 방법, 유의 사항에 대해 학습합니다.

**3** 소개와 악수 매너는 점점 출제 빈도는 낮아지고 있으나, 소개와 악수의 순서 및 유의 사항과 관련된 문제는 꾸준히 출제되고 있으니 정확히 학습합니다.

**4** 상황과 장소에 따른 상석은 출제 빈도가 높은 부분으로, 기본적인 상석의 기준과 함께 다양한 교통 수단과 장소에서의 상석의 위치를 학습합니다.

**5** 복도와 계단/에스컬레이터, 엘리베이터, 다양한 문에서 안내하는 방법은 출제 빈도가 높으니 정확하게 학습합니다.

**6** 조문 매너는 조문 시 유의 사항의 출제 빈도가 높으므로, 정확히 학습합니다.

## 1 인사 매너 ★★★

### (1) 의미 ★★★

① 인사(人事)는 사람 인(人)과 일 사(事)로 이루어진 단어로, 상대방과 마주 대하거나 헤어질 때에 예를 표하는 것 또는 그러한 말이나 행동을 뜻한다.

② 인간관계의 첫걸음으로, 서로에 대한 가장 기본적인 예의이다.

③ 사회생활에서 서로의 마음을 열게 하는 효과적인 방법이다.

④ 자신의 인격과 교양을 외적으로 나타내는 것으로 자신의 이미지를 긍정적으로 높인다.

⑤ 상대에 대한 감사와 존경을 표현하는 것이다.

⑥ 서비스 맨에게 인사는 고객에 대한 환영과 봉사 정신의 표현이다.

## (2) 6대 포인트

① 인사는 내가 먼저 한다.

② 밝은 표정으로 한다.

③ 상대방의 얼굴을 보며 한다.

④ 밝은 목소리로 분명하게 인사말을 한다.

⑤ 진심에서 우러나오는 인사를 한다.

⑥ 인사는 시간과 장소, 상황을 고려해서 한다.

> **참고** T.P.O : Time(시간), Place(장소), Occasion(상황)

## (3) 기본 자세

| 표정 | 밝고 부드러운 미소를 짓는다. |
|---|---|
| 시선 | 상대의 눈이나 미간을 부드럽게 바라본다. |
| 머리 – 가슴 – 허리 – 다리 | 자연스럽게 곧게 펴서 일직선이 되도록 한다. |
| 어깨 | 힘을 빼고 자연스럽게 내린다. |

| 손 | 남자는 주먹을 가볍게 쥐어 바지 재봉선에, 여자는 오른손을 위로 하여 공수 자세를 취한다. |
|---|---|
| 무릎 | 곧게 펴고 무릎을 붙인다. |
| 발 | 발뒤꿈치는 붙이고, 발의 앞쪽은 남자는 30도, 여자는 15도 정도 살짝 벌린다. |

## (4) 순서

| 1단계 | 인사 전, 후에는 상대방을 바라본다. |
|---|---|
| 2단계 | 먼저 허리부터 숙이고, 이때 등과 목은 일직선이 되도록 한다. |
| 3단계 | 시선은 상대의 발끝에 두거나 자신의 발끝에서 1.5m 정도 거리에 둔다. |
| 4단계 | 숙인 상태에서 잠시 멈춘다. |
| 5단계 | 상체를 올리는데 굽힐 때보다 천천히 들어 올린다. |
| 6단계 | 다시 상대를 바라보며 인사말을 한다. |

## (5) 시기 ★★

① 인사 대상과 방향이 다를 때는 일반적으로 30보 이내에서 한다.

② 인사 대상과 방향이 마주칠 때의 가장 적절한 시기는 6보 이내이다.

③ 갑자기 **마주쳤을 때는** 즉시 해야 한다.

④ 인사 대상이 바로 앞에서 걸을 때는 빠르게 상대 앞으로 가서 기본 자세를 취하고 인사를 한다.

⑤ 계단 아래에 윗사람이 있을 때는 빨리 아래로 내려가 상대 앞에서 정중하게 인사한다.

**알아두기**

잘못된 인사

- 고개만 끄덕이는 인사
- 동작 없이 말로만 하는 인사
- 상대방을 쳐다보지 않고 하는 인사
- 형식적인 인사
- 계단 위에서 윗사람에게 하는 인사
- 뛰어가면서 하는 인사
- 무표정한 인사
- 인사말이 분명치 않고 어물어물하며 하는 인사
- 아무 말도 하지 않는 인사

## (6) 종류 - 인사의 종류와 상황에 맞는 인사 ★★★

| | | |
|---|---|---|
| **목례** | 방법 | • **눈으로 예의를 표하는 인사이다.**<br>• 상체를 숙이지 않고 가볍게 머리만 숙여서 인사한다. |
| | 상황 | • 실내나 복도에서 자주 마주치는 경우<br>• 양손에 무거운 짐을 들고 있는 경우<br>• 모르는 사람과 마주칠 경우<br>• 통화 중일 경우 |
| **약례** | 방법 | • **허리를 15도 정도 살짝 숙여서 인사**하고, 시선은 자신의 발끝에서 2.5m 정도 거리를 둔다.<br>• 짧은 시간에 이루어지는 인사이므로, 반드시 미소를 보내는 것을 잊지 말아야 한다. |
| | 상황 | • 실내나 통로, 엘리베이터 안과 같이 협소한 공간<br>• 화장실과 같은 개인적인 공간<br>• 상사나 손님을 여러 차례 만나는 경우<br>• 손아랫사람에게 인사하는 경우<br>• 동료나 친한 사람과 만나는 경우 |
| **보통례** | 방법 | • 인사 중 가장 많이 하는 인사로, 상대에 대한 정식 인사이다.<br>• **허리를 30도 정도 숙여서 인사**하고, 시선은 자신의 발끝에서 2.0m 정도 거리를 둔다.<br>• 인사말을 같이 해야 하며, 허리를 너무 빨리 세우면 가벼운 인사의 느낌이 들기 때문에 주의해야 한다. |
| | 상황 | • 손님이나 상사를 만나거나 헤어지는 경우<br>• 보편적으로 처음 만나 인사하는 경우<br>• 상사에게 보고하거나 지시를 받을 경우 |
| **정중례** | 방법 | • **허리를 45도 정도 살짝 숙여서 인사**하고, 시선은 자신의 발끝에서 1.5m 정도 거리를 둔다.<br>• 가장 정중한 표현이므로 가벼운 표정이나 입을 벌리고 웃는 행동은 삼가는 것이 좋다. |
| | 상황 | • 감사의 뜻을 전할 경우<br>• 잘못된 일에 대해 사과하는 경우<br>• 면접이나 공식 석상에서 처음 인사하는 경우<br>• VIP 고객이나 직장의 CEO를 맞이할 경우 |

👆 인사 모습과 인사말

| 구분 | 약례 | 보통례 | 정중례 |
|---|---|---|---|
| 모습 | | | |
| 인사말 | • 예, 알겠습니다.<br>• 잠깐만 기다려 주십시오. | • 안녕하십니까? 어서 오십시오.<br>• 안녕히 가십시오. | • 정말 감사합니다.<br>• 죄송합니다. |

## 2 공수(拱手)

### (1) 개념

① 의식 행사 또는 어른 앞에서 **두 손을 앞으로 맞잡는 공손한 자세**로, 모든 행동의 시작을 의미한다.

② 성별과 행사의 성격에 맞게 하는 것이 중요하다.

③ 왼쪽은 동(東)쪽이고 동(東)이 양(陽)이기 때문에 양(陽)인 남자는 왼손을 위로 하고, 오른쪽은 서(西)쪽이고 서(西)가 음(陰)이기 때문에 음(陰)인 여자는 오른손을 위로 한다.

④ 제사는 흉사가 아니므로 평상시의 공수 자세를 취한다. 제사는 조상을 받드는 길(吉)한 일이므로 흉사시의 공수를 하면 안 된다.

### (2) 동작

| 1단계 | 엄지손가락은 엇갈려 깍지를 끼고, 네 손가락을 모아서 포갠다. |
|---|---|
| 2단계 | • 평상시 남자는 왼손, 여자는 오른손이 위로 가도록 한다.<br>• 흉사(예 초상집, 영결식)에는 반대로 한다. |
| 3단계 | • 손은 자연스럽게 내려 엄지가 배꼽에 닿도록 한다.<br>• 소매가 긴 예복을 입었을 때에는 팔뚝이 수평이 되도록 한다. |
| 4단계 | • 어깨가 한쪽으로 기울어지지 않도록 주의하며, 배에 힘을 주고 허리를 일직선으로 편다.<br>• 앉을 때는 남자는 두 다리의 중앙이나 아랫배, 여자는 오른쪽 다리 또는 무릎 위에 놓는다.<br>• 여자가 짧은 치마를 입었을 때는 공수한 손을 두 다리의 중앙에 얹거나 치마 위를 지그시 누른다. |

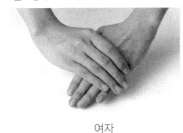 공수 자세

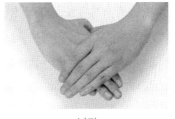

| 여자 | 남자 |

### 3 소개 매너

#### (1) 의미

① 소개는 사교의 시작으로, 사회생활을 영위하고 상호 관계를 형성하는 역할을 한다.

② 사람을 처음 만났을 때 첫인상은 매우 중요한 역할을 하므로, 사회생활에서 소개에 대한 올바른 매너는 기본이라 할 수 있다.

#### (2) 순서 ★★

| 선(먼저 소개) | 후(뒤에 소개) |
| --- | --- |
| 손아랫사람을 | 손윗사람에게 |
| 연소자를 | 연장자에게 |
| 지위가 낮은 사람을 | 지위가 높은 사람에게 |
| 남성을 | 여성에게 |
| 미혼인 사람을 | 기혼인 사람에게 |
| 집안사람을 | 손님에게 |
| 회사 사람을 | 외부 고객에게 |

#### (3) 방법

| 1단계 | 소개받는 사람이나 소개되는 사람 모두 일어난다. |
| --- | --- |
| 2단계 | 소개자의 소속, 직책, 성명 등을 간단하게 설명한다. |
| 3단계 | 소개 후 악수나 간단한 목례 시에 미소 띤 얼굴을 한다. |

#### (4) 소개 시 유의 사항

① 소개 시에 소개받는 사람이나 소개되는 사람 모두 일어나는 것이 원칙이다. 단, 환자나 노령인 사람은 일어나지 않아도 된다.

② 여성이 남성을 소개받을 때는 반드시 일어날 필요는 없다. 하지만 파티를 주최한 호스티스인 경우에는 일어나는 것이 원칙이다.

③ 연장자가 소개를 받고 악수 대신 간단히 인사를 하면 연소자도 이에 따른다.

④ 연소자가 연장자에게 소개되었을 때 연장자가 악수를 청하기 전에 손을 내밀어서는 안 된다.

⑤ 부부를 소개받았을 경우 동성 간에는 악수를, 이성 간에는 간단한 목례를 한다.

⑥ 직위와 성별 등이 혼합된 다수의 사람이 있을 때는 각자 소개하는 것이 효과적이다.

⑦ 한 사람을 여러 사람에게 소개해야 할 경우, 한 사람을 여러 사람에게 먼저 소개한 후 여러 사람을 한 사람에게 소개한다.

⑧ 기혼 여성에게 남성을 소개하는 것이 원칙이나 대통령, 왕족, 성직자 등은 예외이다.

## 4 악수 매너

### (1) 의미

① 악수는 비즈니스를 하는 사람들 사이에 **친근한 정을 표현하는 것**으로, 관계 형성의 첫 도구이다.

② 경건한 마음으로 해야 하며, 바른 자세로 밝은 미소와 함께하는 것이 중요하다.

③ 서양에서 악수를 사양하는 것은 결례에 해당되므로, 악수를 통해 호의적인 관계를 형성하도록 한다.

### (2) 순서 ★★

| 선(손을 내밈) | 후(손을 잡음) |
| --- | --- |
| 여성이 | 남성에게 |
| 손윗사람이 | 손아랫사람에게 |
| 선배가 | 후배에게 |
| 기혼자가 | 미혼자에게 |
| 상급자가 | 하급자에게 |

### (3) 방법

① 원칙적으로 **오른손으로** 한다. 부상 등의 이유로 오른손으로 할 수 없는 상황이라면 양해를 얻고 사양하는 것도 방법이다.

② **적당한 거리를** 유지한다.

③ 상대방의 눈을 보며, 가벼운 미소와 함께 손을 잡는다.

④ 손은 적당한 힘으로 잡고, 2~3번 상하로 가볍게 흔든다.

👆 악수의 5대 원칙

미소, 눈맞춤, 적당한 힘, 적당한 거리, 오른손

### (4) 악수 시 유의 사항

① 당당한 자세로 허리를 곧게 펴고 악수한다.

② 국가 원수, 왕족, 성직자 등은 소개와 함께 머리를 숙여 인사를 하고, 악수를 청할 때는 허리를 숙여 악수한다.

③ 상대방이 악수를 청할 때 남성은 반드시 일어나야 하지만, 여성은 앉아서 해도 무방하다.

④ 악수할 때 장갑은 벗어야 하지만, 여성의 경우 드레스와 함께 연출하는 장갑은 벗지 않아도 된다.

⑤ 손이 더러울 경우에는 양해를 구한 후 닦고 하거나, 인사로 대신한다.

#### ✏ 알아두기

잘못된 악수 예절
- 손을 너무 꽉 쥐거나 반대로 너무 힘없이 쥐는 경우
- 악수를 하면서 손가락으로 장난을 치는 경우
- 양손을 맞잡거나 지나친 스킨십을 같이하는 경우
- 악수를 한 채로 계속 말하는 경우
- 악수를 하면서 손을 너무 심하게 흔드는 경우

## 5 명함 매너

### (1) 의미

① 명함은 프랑스 루이 14세 때 생겨, 루이 15세 때에는 현재와 같은 동판 인쇄 명함을 사교상의 목적으로 사용했다고 한다.

② 고대 중국에서는 지인의 집을 방문했을 때 지인이 부재 시 자기 이름을 써 놓고 오는 관습이 있었고, 이것에서 명함이 유래되었다고 한다.

③ 명함은 상대방에게 자신의 소속과, 성명을 알리고 증명하는 역할을 한다.

#### 👆 명함의 종류

| 사교용<br>명함 | • 조문, 병문안이나 선물, 꽃, 소개장을 보내는 경우와 같이 사교상의 목적으로 사용하는 명함<br>• 성명과 주소만을 기입 |
|---|---|
| 업무용<br>명함 | • 사업상 고객을 만났을 때, 자신의 정보를 알리기 위해 제공하는 명함<br>• 성명과 회사 주소, 직위 등을 기입 |

### (2) 명함 교환 순서

| 선(주는 사람) | 후(받는 사람) |
|---|---|
| 아랫사람이 | 윗사람에게 |
| 소개의 대상이 | 소개를 들은 사람에게 |
| 방문자가 | 상대방에게 |

## (3) 명함 교환 방법 ★★

| 명함을 줄 때 | • 명함은 선 자세로 교환하는 것이 예의이다.<br>• 왼손을 받쳐서 오른손으로 주거나 두 손으로 공손히 주는 것이 예의이다.<br>• 상반신을 약간 기울이며 정중하게 인사를 하고, 소속과 이름을 정확히 말한다.<br>• 자신의 이름을 상대방이 바르게 볼 수 있도록 한다. |
|---|---|
| 명함을 받을 때 | • 명함을 받을 때 일어서서 두 손으로 받는다.<br>• 명함을 받으면 반드시 자신의 명함을 주어야 한다.<br>• 명함이 없는 경우 정중히 사과하고, 상대의 의견을 물어 상대가 원할 경우 종이에 적어 준다.<br>• 명함을 받자마자 바로 집어넣는 것은 실례이다.<br>• 상대의 명함을 확인하고, 읽기 어려운 글자가 있으면 그 자리에서 물어본다.<br>• 명함을 받은 후 대화가 이어질 경우 테이블 위에 올려놓고 직위와 이름을 기억하며 대화를 해야 하고, 대화가 끝난 후 명함집에 잘 보관한다.<br>• 상대방과의 만남이 끝난 후 명함 상단에 날짜와 특기 사항을 기록해 상대방을 기억하도록 한다. |

## (4) 명함 교환 시 유의 사항

① 명함은 여유 있게 준비하여 명함집에 잘 보관하고 소중하게 다루어야 한다.

② 남성은 가슴 포켓 또는 양복 상의 명함 주머니에, 여성은 핸드백에 넣어 둔다.

③ 방문자가 상대방에게 먼저 건네지만 고객이 방문하였을 경우에는 직원이 고객에게 먼저 명함을 건넨다.

④ 명함은 가슴과 허리 사이의 위치에서 주고받는다.

⑤ 한 손으로 명함을 주면서 다른 손으로 명함을 받는 동시 교환은 부득이한 경우가 아니면 실례이다. 상대방과 동시에 명함을 교환할 경우 오른손으로 건네고 왼손으로 받은 후 바로 나머지 손으로 받쳐 든다.

👆 명함 주고받는 모습　　　　　　　👆 동시에 명함을 교환하는 경우

Part
01

매너에 어긋나는 명함 교환
• 명함을 여기저기 찾는 행위
• 뒷주머니에서 보관 상태가 좋지 않은 명함을 건네는 행위
• 명함을 아무 데나 방치하거나 테이블 위에 그냥 두는 행위
• 상대가 보는 앞에서 명함에 낙서를 하거나 훼손하는 행위
• 명함을 거꾸로 건네는 행위
• 상대에게 이름을 말하거나 자기소개를 하지 않고 명함만 건네는 행위
• 명함으로 부채질을 하거나 장난치는 행위

## 6 일상생활 매너

### (1) 보행 시 매너 ★★★

① 길을 걷거나 횡단보도를 걸어갈 때 우측 보행을 한다.

② 보행 시 상급자나 여성, 연장자는 길 안쪽으로 걷고, 안내자는 바깥쪽으로 걸어가며 안내한다.

③ 보행 시 이동에 불편함이 없는지 잘 살피고, 가는 방향에 대해서도 알려 주며 안내한다.

④ 보행 시 인원에 따라 서열별로 이동을 한다. 아랫사람은 윗사람 왼쪽에서 걷고, 3명 이상 걸을 때에는 윗사람이 가운데에 서서 걷는다.

⑤ 홀수일 경우 중앙에 윗사람이 위치하여 걷고, 짝수일 경우 중앙의 오른쪽에 서서 걷는다.

⑥ 앞뒤로 보행 시 윗사람이 앞에서 걷는다.

👆 보행 시 서열

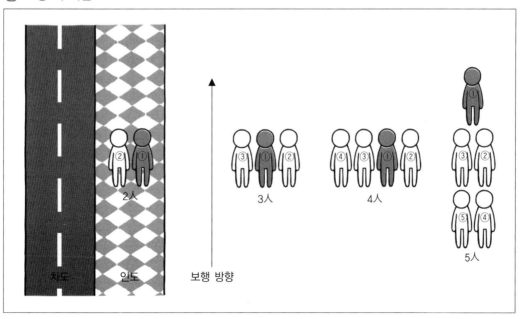

### (2) 자동차 탑승 매너 ★★★

① 양쪽 문을 모두 열 수 있는 경우, 윗사람과 여성이 먼저 탑승하고 난 후에 아랫사람이 탑승하고, 내릴 때에는 아랫사람이 먼저 내려 윗사람과 여성의 하차를 돕는다.

② 우측통행으로 문을 열 수 있는 경우, 아랫사람이 먼저 안쪽으로 탑승하고, 윗사람이 운전기사의 대각선 자리에 탑승한다.

③ 윗사람이 타고 내릴 때에는 문을 열어 드리고, 차에 탄 후 가볍게 고개를 숙여 인사한다.

④ 운전사가 따로 있을 경우 운전사의 대각선 뒷좌석이 최상석이고, 운전기사 옆이 말석이다. 차주가 운전을 하는 경우 운전석 옆 좌석에 나란히 앉는 것이 매너이고, 운전석의 뒷좌석이 말석이다.

⑤ 여성이 스커트를 입고 있을 경우 뒷자석 가운데 자리에 앉는 것은 피한다.

차량 탑승 시 고객 응대 자세

자동차에서의 상석

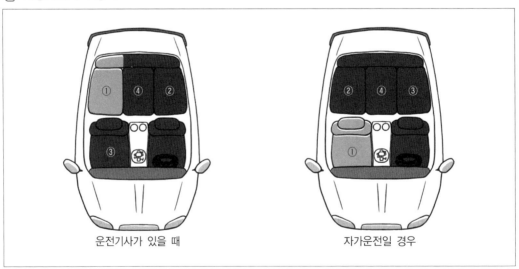

운전기사가 있을 때      자가운전일 경우

\* 행정자치부, 「정부의전편람」에 따름.

### (3) 열차 탑승 매너

① 열차의 출발 시간을 지킬 수 있도록 여유 있게 탑승한다.

② 타인에게 피해가 가지 않도록 자신의 짐을 잘 정리한다.

③ 출입구나 통로에 서서 타인의 통행을 방해하지 않는다.

④ 열차에서 상석의 순서는 열차의 진행 방향으로의 창가, 맞은편 창가, 진행 방향으로 통로 좌석, 맞은편 통로 좌석 순이다.

👆 열차에서의 상석

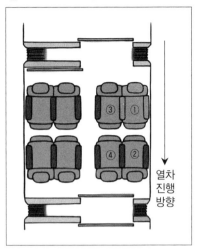

열차 진행 방향

### (4) 비행기 탑승 매너

① 비행기 이용 시 공항에 미리 도착하여 여유 있게 탑승한다.

② 모든 승객의 원활한 탑승을 위하여 각자의 탑승 순서에 맞게 탑승한다. 일반적으로 노약자와 어린이, 객실 후방 승객들이 먼저 탑승하게 된다.

③ 선반에 짐을 넣을 때는 겹쳐서 놓지 않고, 다른 승객의 짐과 섞이지 않도록 잘 정리한다.

④ 기내에서는 가급적 이동을 삼가고, 좌석에 앉아 있을 때에는 안전을 위하여 안전벨트를 착용하도록 한다.

⑤ 안전한 비행을 위하여 이착륙 시 또는 전자 기기의 사용 등에 대해 안내한다.

⑥ 비행기에서의 상석은 창가 좌석이고, 통로 쪽 좌석이 차석이며 가운데 좌석이 말석이다.

👆 비행기에서의 상석

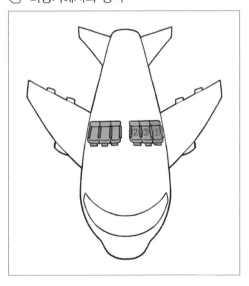

### (5) 호텔 이용 매너

① 호텔 체크인(check-in) 시간, 체크아웃(check-out) 시간을 확인하고 준수한다.

② 해외 호텔 이용 시 팁 문화를 이해하고, 서비스 이용 시 팁을 지불한다. 보통 벨 맨(bell man)에게 안내를 받거나, 객실 청소를 했을 경우 1달러 정도를 지불한다.

③ 다른 투숙객에게 피해를 주는 행동을 삼간다. 소음을 내거나 음식 냄새를 풍기는 것, 실내 슬리퍼와 잠옷 차림으로 다니는 등의 행동은 하지 않는다.

④ 욕실 바닥에 배수구가 없는 곳이 있으므로 샤워 커튼을 욕조 안으로 오게 해서 밖에 물이 흐르지 않도록 한다.

⑤ 객실 내 미니바(minibar)를 사용했을 경우 계산서에 사용 물품을 표시하고, 체크아웃 시에 계산한다.

⑥ 객실 내 비품을 기념으로 가지고 가지 않는다.

## 7 안내하기 ★★★

### (1) 복도에서 안내하기 ★★★

① 안내할 때는 손님보다 2~3보가량 비스듬히 앞서서 안내한다.

② 몸을 조금 비켜선 자세로 사선 걸음으로 걸으며 손님이 잘 따라오는지를 확인한다.

③ 손가락은 펴서 가지런히 붙여 방향을 안내한다.

④ 시선은 항상 얼굴과 함께 움직인다.

⑤ 손님과의 거리를 확인하면서 걷고, 모퉁이를 돌 때에는 방향을 잘 안내한다.

### (2) 계단/에스컬레이터에서 안내하기 ★★★

① 계단과 에스컬레이터를 오를 때는 고객보다 한두 계단 뒤에서 안내하며 올라가고, 내려올 때는 고객보다 한두 계단 앞서 안내하며 내려온다.

② 스커트 차림의 여성을 안내할 경우에 계단을 올라갈 때는 남자가 먼저 올라가고, 내려올 때는 여자가 앞서 내려간다.

③ 계단을 오를 경우 고객이 잘 따라올 수 있도록 속도를 조절한다.

④ 계단을 이용하는 다른 고객을 위하여 한 방향으로 이동하며 안내한다.

🖐 여성 고객일 경우 계단에서의 안내

오를 때          내려갈 때

### (3) 엘리베이터에서 안내하기 ★★★

① 엘리베이터를 탈 때에는 미리 행선 층을 알려 주는 것이 매너이다.

② 상석은 들어가 좌측이고, 손님이 중앙에 선 경우 그 주위에 선다.

③ 탑승자가 많은 경우 서로 자리와 탑승을 배려하고, 내릴 때는 주위 사람들에게 양해를 구하고 내린다.

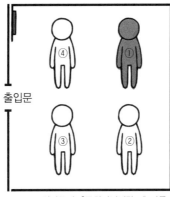

\* 국회사무처, 「국회의전편람」에 따름.

🖐 상황에 따른 탑승 순서

| | |
|---|---|
| 승무원이 없을 때 | 버튼을 조작하기 위하여 손님보다 먼저 타고, 내릴 때는 안전하게 버튼을 누른 상태에서 손님을 먼저 내리게 한다. |
| 승무원이 있을 때 | 손님보다 나중에 타고, 내릴 때는 손님보다 먼저 내린다. |
| 목적지를 잘 알고 있는 상사/ 여성과 동행 시 | 상사 또는 여성이 먼저 타고 내린다. |
| 탑승자가 많은 경우 | 문 앞에 있는 아랫사람은 먼저 내릴 수 있다. |

## (4) 문에서 안내하기 ★★

| 당겨서 여는 문 | 안내자가 문을 당겨 열고 서서 고객이 먼저 통과하도록 안내한다. |
|---|---|
| 밀고 들어가는 문 | 안내자가 먼저 통과한 후, 문 옆에 서서 문을 잡고 고객을 통과시키도록 한다. |
| 수동 회전문 | 손님을 먼저 들어가게 하고 손님의 걸음 속도에 맞추어 뒤에서 문을 밀어 준다. |
| 미닫이 문 | 들어갈 때와 나올 때 모두 안내자가 먼저 들어가고 나온다. |

🖐 문에서의 안내

| 당겨서 여는 문(pull) | 밀어서 여는 문(push) | 회전문 |

## (5) 응접실에서 안내하기

① 응접실에 도착하면 "이곳입니다."라고 말하고 들어간다.

② 손님의 직위와 중요도에 따라 상석과 하석을 고려하여 안내한다.

🖐 응접실에서의 상석          🖐 상석으로의 안내

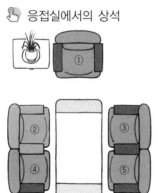

### (6) 시각장애인 안내

① 안내자의 팔꿈치를 잡도록 하고, 반 보 정도 앞서 걷도록 한다.

② 턱이나 계단 등 보행에 장애가 될 만한 요소가 있는 경우 미리 알려 주는 등 세심한 배려를 하여야 한다.

Part
01

#### ✏ 알아두기

**상황과 장소에 따른 상석 ★★★**

| 상석의 개념 | • 가장 편한 자리<br>• 상석의 방향은 동서남북을 기준으로 북쪽이 상석<br>• 의전 기준의 기본은 오른쪽이 상석 |
|---|---|
| 기본적인 상석의 기준 | • 상석은 입구에서 먼 곳<br>• 경치가 좋은 자리나 그림이 보이는 곳<br>• 비좁지 않고 넉넉한 곳<br>• 소음이 적은 곳 등 심리적으로 안정을 줄 수 있는 곳<br>• 상사의 자리가 정해져 있는 경우, 상사와 가까운 자리나 오른쪽이 상석<br>• 레스토랑에서 웨이터가 먼저 의자를 빼 주는 자리 |

## 8 방문객 응대 매너

### (1) 방문객 맞이 방법

① 고객 방문 시 하던 일을 멈추고 신속하게 응대에 임한다.

② 밝고 예의 바른 자세로 인사하고 방문객의 성함과 용건을 확인한다.

③ 선약이 된 방문객은 인사를 한 후 바로 약속된 상황대로 안내한다.

④ 선약이 되어 있지 않은 방문객은 고객의 용건을 확인하고 보고한 후 신속히 안내한다. 면담 여부는 상사나 해당 부서와 협의 후 지시에 따르도록 한다.

⑤ 방문객이 만나고자 하는 사람이 늦거나 부재중일 경우에는 바로 응대하지 못하는 상황에 대해 죄송함을 전하고 면담이 가능한 시간이나 상황에 대한 정보를 알려 주도록 한다.

⑥ 부득이하게 면담이 5분 이상 지체될 경우 방문객이 편히 기다릴 수 있도록 자리를 마련하고, 기다리는 것이 지루하지 않도록 음료나 책, 잡지 등의 볼거리를 제공한다.

⑦ 방문객이 짐이 있거나 몸이 불편한 경우 빨리 도움을 드린다. 상담이 필요한 경우 응접실로 안내하고 자리에 앉아 편안한 상태가 되도록 돕는다.

👆 방문객 응대 시 자세

👆 방문객을 기다리게 할 경우 응대 자세

## (2) 차 응대 매너

① 차를 준비하는 사람은 다양한 차 종류를 구비하도록 하고, 차를 내기 전에 찻잔과 도구, 손의 청결 상태를 확인하도록 한다.

② 차는 가급적 면담이 시작되기 전에 내도록 하고, 면담 도중에 낼 때는 대화에 방해가 되지 않도록 한다.

③ 차는 계절과 날씨, 방문객의 기호에 맞추어 내도록 하고, 중요한 방문객의 경우 미리 기호를 확인하여 구비해 놓도록 한다.

④ 차의 온도는 70도~80도가 적당하고, 찻잔의 70~80% 정도를 채운다. 차가운 차는 얼음과 함께 시원하게 준비한다.

⑤ 준비한 차는 쟁반에 올려 가지고 가서 차받침을 잡고 낸다. 이때 가볍게 목례를 하고, 내방객부터 차를 드린다.

⑥ 여러 명의 내방객이 방문했을 때는 내방객의 직급, 연장자, 상석, 오른쪽 방향순으로 차를 낸다.

⑦ 찻잔은 손님의 오른쪽 무릎 앞, 테이블 끝에서 5~10cm 안쪽에 놓고, 찻잔 손잡이는 고객의 오른쪽에 오도록 한다.

⑧ 차를 내고 나올 때는 가볍게 목례를 하고 등을 보이지 않도록 서너 걸음 뒤로 물러선 후 돌아서 나온다.

⑨ 면담이 길어지는 경우 음료를 권하고 다시 내도록 한다.

### 차 응대 시

① 차는 쟁반에 받쳐서 준비     ② 차 응대 시 잔을 오른쪽에 위치     ③ 차 응대 후 가볍게 목례 후 퇴장

### (3) 전송 매너

① 마지막 인상도 매우 중요하므로 내방객을 끝까지 성심성의껏 응대한다.

② 내방객이 돌아갈 때 내방객이 맡긴 짐이나 외투를 잘 전달한다.

③ 정중한 태도로 입구까지 안내하고 밝은 표정으로 "찾아와 주셔서 감사합니다."라는 감사의 인사를 한다.

④ 필요한 경우 주차장이나 운전기사에게 미리 연락하여 차량을 준비해 놓도록 한다.

### 9 조문 매너

### (1) 순서

| 입장 | 장례식장에 도착하면 외투나 모자는 미리 벗어 둔다. |
|---|---|
| 호상소 | 조객록에 자신의 이름을 적는다. |
| 상주와 인사 | 상주와 가볍게 목례를 하고, 영정 앞에 무릎을 꿇고 앉는다. |
| 분향/헌화 | • 분향: 향에 불을 붙이고, 왼손으로 가볍게 흔들어 끈다. 이때 입으로 불을 끄지 않도록 하고, 두 손으로 향로에 향을 꽂는다.<br>• 헌화: 헌화를 할 경우, 꽃을 가슴 앞쪽에 들고 영정 앞으로 가서 천천히 놓은 후 묵념 또는 기도를 한다. |
| 재배 | 일어서서 잠깐 영정 앞에 묵념을 한 후 두 번 절한다. |
| 상주에게 조문 | • 분향을 한 경우: 영정에서 물러나 상주에게 절을 한 번 하고, 무릎을 굽혀 앉은 다음 위로의 말을 건넨다.<br>• 헌화를 한 경우: 상주 앞으로 와서 인사를 한 다음 위로의 말을 건넨다. |
| 부의금 전달 | • 부의금을 전달하거나 부의함에 넣는다.<br>• 최근 조문 순서의 간소화로 호상소에 방문하여 조객록 작성 시 부의금을 넣기도 한다. |

🖐️ 문상 시 절하는 법

남성

여성

## (2) 복장 ★

| 남성 | • 검정 양복이 기본으로, 감색이나 회색 양복도 무난하다.<br>• 셔츠는 반드시 흰색으로 입고, 넥타이, 구두는 검정으로 한다.<br>• 근래에는 복장이 단정하면 격식에 구애받지 않는다. |
|---|---|
| 여성 | • 검정 상의와 하의를 입는다.<br>• 검정 스타킹과 구두를 신고, 가방도 검정으로 통일한다.<br>• 지나친 색조 화장과 향수는 피한다. |

## (3) 조문 시 유의 사항 ★★

① 가까운 친지나 친구가 상을 당했을 때는 **빨리 가서 장례 준비를 함께**하는 것이 좋다.

② 반가운 친지나 친구를 만나더라도 큰 목소리로 말하거나, 웃고 떠들지 않는다.

③ 정신적으로 힘든 유족에게 말을 너무 많이 시키지 않는다.

④ 궂은일은 돕되, 장례 절차 등에 대해서는 간섭하지 않는다.

⑤ 조의금은 문상을 마친 후 호상소에 접수하거나 부의함에 직접 넣고, 상주에게 직접 건네는 것은 결례이다.

⑥ 조의금은 형편에 맞게 성의를 표하는 정도로 한다.

⑦ 지나친 음주나 도박 등은 삼간다.

⑧ 고인의 사망 원인이나 경위 등을 자세히 묻는 것은 유족의 마음을 불편하게 할 수 있으므로 삼간다.

⑨ 업무상의 조문일 경우 너무 이른 시간이나 늦은 시간은 피하는 것이 좋다.

## 🔟 방문 매너

### (1) 가정 방문 매너

① 아무리 가까운 사이라도 사전 약속을 하고 방문한다.

② 주말 식사 시간에는 초대받은 경우 외에는 방문하는 것을 삼간다.

③ 첫 방문의 경우 너무 오랜 시간 머물지 않는다. 서양에서는 첫 방문의 경우 15~20분을 넘지 않도록 한다.

④ 방문을 받은 사람은 되도록 빠른 시일 내 답방하는 것이 원칙이고, 부부가 방문을 했을 때는 역시 부부가 답방하는 것이 예의이다.

⑤ 방문의 분위기를 부드럽게 하기 위하여 부담이 되지 않는 조그만 선물을 준비하는 것이 좋다.

⑥ 해외 출장 시 현지인에게 초대를 받으면 한국 전통의 물품을 선물하면 좋다.

⑦ 손님 초대 시 참석자들 간의 관계나 친분을 고려하여 초대할 사람을 선정한다.

⑧ 서양에서는 식당에 초대받는 것보다 가정에 초대받는 것을 더 큰 대접으로 여긴다.

⑨ 초대자가 손님 맞을 준비를 잘 마무리할 수 있도록 약간 늦게 도착한다.

### (2) 업무상 방문 매너

① 사전 약속을 정하고 방문 당일 확인 전화 후 방문한다.

② 방문 시간은 오후 3~4시가 적당하며, 방문하기로 약속한 사람이 방문해야 한다.

③ 약속 시간보다 여유 있게 도착하여 용모 복장 등을 점검한다.

④ 사무실에 들어가서 방문처, 방문자의 이름을 알리고 본인의 명함을 내놓는다.

⑤ 응접실로 안내를 받으면 출입구에서 가까운 말석에 앉아 기다리고, 상대가 들어와 상석을 권하면 옮겨 앉는다.

⑥ 차나 음료는 상대가 권하면 마시고, 감사 인사를 표한다.

⑦ 만나자마자 본론으로 들어가기보다는 분위기를 부드럽게 할 수 있는 인사말과 안부를 묻는다.

⑧ 사무실은 업무 공간이므로 너무 오래 머물지 않도록 하고, 용건은 간결하고 명확하게 전달하고 상대의 말을 경청한다.

# 03 전화 응대 매너

## 출제 & 학습 포인트

### 출제포인트
3장 전화 응대 매너에서는 전화 응대의 기본 자세와 다양한 상황별 전화 응대의 출제 빈도가 높습니다.

### 학습포인트
1 전화를 걸 때와 받을 때 기본적으로 지켜야 할 자세에 대해 학습합니다.
2 각 상황별 전화 응대에서 유의해야 할 사항을 정확하게 학습합니다.
3 지명인과의 전화 연결이 어려울 경우 남겨야 할 메모의 내용을 학습합니다.

## 1 전화 응대의 특징과 유의 사항 ★

### (1) 보이지 않는 커뮤니케이션
① 전화는 시각적 요소를 배제하고 자신의 의사를 전달해야 하므로 많은 어려움이 있다.
② 음색과 음성의 크기, 톤, 속도, 말투, 억양 등의 청각적인 요인을 잘 활용해야 한다.
③ 상대방이 앞에 있는 것처럼 표정이나 자세, 태도에도 신경을 써야 한다.

### (2) 기업의 첫 이미지
① 고객은 직원의 전화 응대를 통해 그 기업의 서비스 질과 신뢰성을 판단한다.
② 나의 전화 응대에 의해 고객이 우리 기업과 관계를 형성할 수 있다는 사명감을 가지고 항상 밝고 친절한 목소리로 응대를 한다.

### (3) 예고 없이 찾아오는 고객
① 언제 어떤 고객의 전화가 올지 예상할 수 없으므로 고객을 제대로 파악하고 적절한 응대를 하는 데 어려움이 따르며 시간도 많이 소요된다.
② 고객에 대한 정보를 신속히 파악할 수 있도록 다양한 노하우를 축적한다.
③ 당황스러운 상황에서도 의연함을 잃지 않도록 감정 조절을 한다.

### (4) 비용 발생
① 고객이 먼저 전화했을 때 비용이 발생하게 되는데 고객은 항상 소요된 비용만큼의 서비스를 받으려고 하기 때문에 신속하고 정확한 서비스를 하여야 한다.
② 통화는 간결하게 하고, 길어질 경우에는 전화를 끊고 상담원이 다시 걸도록 한다.

### (5) 일방적인 오해 발생

① 커뮤니케이션의 가장 큰 요소인 시각적 요소가 없이 내용을 전달해야 하기 때문에 제대로 전달하지 못하면 서로 오해를 하여 문제가 발생할 수 있다.

② 용건을 확인하고 반드시 복창하도록 한다.

## 2 전화 응대의 기본 자세 ★

| | |
|---|---|
| 목소리 | • 미소 띤 얼굴로 대화한다.<br>• 말씨는 분명하고 정중하게 하고, 음성의 높낮이와 속도에 유념한다.<br>• 전화를 통한 목소리는 평소보다 낮은 톤으로 들리므로 대면 응대 시의 목소리 톤보다 조금 높여서 말한다. |
| 상황 확인 | • 전화 통화를 할 수 없거나 중요한 일을 하고 있는 상황일 수 있으므로 **상대방의 상황을 확인**한다.<br>• 부득이하게 이른 시간이나 늦은 시간에 전화를 걸 때에는 상대방에게 정중하게 양해를 구하고 통화 가능 여부를 확인한다. |
| 준비 사항 | • **전달할 내용을 간단히 정리하고 전화 응대를 시작**한다.<br>• 책상 위에 항상 메모할 준비를 해 놓는다.<br>• 가급적 유선전화로 통화하고, 긴급한 일 외에 개인휴대전화 통화는 자제한다. |
| 용건 전달 | • **용건은 간단히 통화**한다.<br>• 통화 연결할 때나 관련 내용을 확인할 때 상대방을 너무 오래 기다리게 하지 않는다.<br>• 전화 통화 시 주위 사람들에게 방해가 되지 않도록 조용히 이야기한다. |
| 종료 시 | • **밝고 명랑한 목소리로 끝인사**를 하고, 상대방이 먼저 전화를 끊은 것을 확인한 후 수화기를 내려놓는다.<br>• 전화를 끊을 때에는 먼저 전화를 건 쪽이 먼저 끊는 것이 맞으나, 상사나 고객일 경우는 상대방이 먼저 끊은 것을 확인하고 수화기를 내려놓는 것이 예의이다. |

## 3 전화 걸 때 매너 ★

### (1) 전화 걸기 전

① 전화를 걸어도 되는 상황인지를 먼저 생각해 본다.

> **참고** T.P.O[Time(시간), Place(장소), Occasion(상황)]를 고려한다.

② 상대방의 전화번호, 소속, 직급, 이름 등을 미리 확인한다.

③ 전달할 내용을 육하원칙에 의거하여 일목요연하게 정리한다.

④ 비즈니스 전화는 오전 9시부터 오후 6시 이내에 통화하는 것이 좋으며, 업무시간 중에도 통화 가능 여부를 확인한다.

### (2) 전화 걸기

① 전화번호를 정확하게 누른다.

② **상대방이 전화를 받으면 자신을 밝히고 상대방을 확인한다.**

③ 찾는 사람이 아니면 정중하게 연결을 부탁한다.

④ 상대방과 간단히 인사말을 한 후 용건에 대해 간단히 전달한다.

⑤ 용건이 끝나면 내용이 잘 전달되었는지 확인하고 정리한다.

⑥ 마무리 인사 후 상대방이 먼저 끊은 것을 확인한 후에 수화기를 내려놓는다.

⑦ 통화 상대와 연결이 안 되었을 경우 후속 조치를 취한다.

## ④ 전화받을 때의 매너

### (1) 전화 받기 전

① 전화기 사용 방법을 숙지한다.

② 전화를 받고 전달할 인사말과 소속 등을 준비한다.

③ 메모 도구를 준비한다.

### (2) 전화 받기

① **전화벨이 3번 울리기 전에 수화기를 신속하게 들어 간단한 인사와 소속 및 이름을 밝힌다.**

② 부득이하게 늦게 받았을 때에는 정중하게 사과의 말을 전한다.

③ 상대방을 확인한 후 인사한다.

④ 용건을 들으며 요점을 메모한다.

⑤ 상대방이 용건을 다 말하면 통화 내용을 요약, 복창한다.

⑥ 용무와 어울리는 마지막 인사를 한다.

⑦ 상대방이 전화를 끊은 후 조용히 수화기를 내려놓는다.

⑧ 담당자가 아닌 경우 용건을 확인한 후에 다음 담당자에게 정확히 인계한다.

⑨ 전달해 줄 내용은 메모한 후 즉시 전달하여 누락되거나 실수하는 일이 없도록 한다.

## ⑤ 상황별 전화 응대 ★★★

### (1) 전화 연결을 요청하는 경우

① 지명인을 확인하고 연결한다.

② 연결할 때에는 연결음이 상대방에게 들리지 않도록 홀드 버튼을 누르거나 송화구를 손으로 막은 다음 연결한다.

③ 연결 중 끊어질 경우를 대비해서 상대방에게 지명인의 직통 번호를 알려 준다. 이때 지명인의 개인 번호를 알려 줘서는 안 된다.

④ 연결이 되면 기다려 달라는 양해의 말을 전달하고, 감사 표시 후 조용히 수화기를 내려놓는다.

### (2) 지명인과 바로 연결해 줄 수 없는 경우

① 지명인이 바로 전화를 받을 수 없는 상황을 알려 주고, 기다릴 것인지에 대한 여부를 묻는다.

② 지명인의 업무가 길어질 예정이라면 상대방에게 상황에 대해 양해를 구하고, 다시 전화하거나 이쪽에서 전화를 해야 할지에 대한 의향을 물어본다.

③ 전화를 걸어야 하는 상황이라면 메모를 정확히 해서 지명인에게 바로 전달해야 한다.

### (3) 지명인이 부재중이라 연결해 줄 수 없는 경우

① 부재중인 사유와 언제 돌아올 예정인지에 대해 알려 준다.

② 전화한 용건에 대해 묻고 메모를 남겨 놓을 건지에 대한 여부를 묻는다.

③ 메모를 남겨 놓기 원하면 정확히 메모하여 지명인에게 가능한 한 빨리 전달한다.

④ 추후 다시 연락을 할 것인지, 이쪽에서 해야 할지에 대한 의향을 물어본다.

⑤ 부재중인 이유에 대해 지명인의 개인적인 사유에 대해서는 말하지 않는다.

⑥ "나중에 다시 하세요."와 같은 표현은 삼간다.

### (4) 전화를 걸었을 때 찾는 사람이 부재중일 경우

① 지명인이 언제 돌아올 예정인지를 확인한다.

② 다시 전화할 것인지, 지명인이 전화해 줄 것인지를 정한다.

③ 메모를 정확히 남기고, 전화 받은 사람의 이름을 확인한다.

### (5) 전화가 잘 들리지 않는 경우

① 전화 상태가 좋지 않음을 알리고, 다시 통화할 수 있도록 한다.

② 전화를 먼저 건 쪽에서 다시 하는 것이 맞으나, 상대방이 상사이거나 고객일 경우 연락처를 알고 있다면 내가 다시 거는 것이 바람직하다.

③ "뭐라고요?", "잘 안 들리는데요."와 같은 표현은 쓰지 않도록 하고, "좀 멀게 들립니다."와 같은 완곡한 표현을 사용한다.

### (6) 전화 응대 중에 다른 전화가 걸려 온 경우

① 먼저 응대 중인 고객에게 양해 말씀을 드리고, 전화를 받는다.

② 긴급한 용건이 아닌 경우, 양해를 구한 후 먼저 응대 중인 전화를 끊은 후 연락을 한다.

### (7) 회사의 위치를 묻는 경우

① 상대방이 현재 있는 위치와 이용할 교통편을 묻는다.

② 전화 건 사람의 위치에서 전후좌우로 방향을 정확히 안내한다.

③ 되도록 간단히, 중심이 되는 길이나 지하철 출구, 건물을 이용하여 알려 준다.

④ 상황에 따라 약도를 핸드폰이나 팩스, 이메일로 전송하도록 한다.

> 🖋 **알아두기**
>
> 전언 메모의 내용 ★★★
> - 전화를 받은 날짜와 시간, 전화받은 사람의 소속과 이름
> - 전달받을 사람의 부서와 이름
> - 전화 건 사람의 회사, 부서 및 직급, 이름, 연락처
> - 전달할 내용은 When / Where / Who / What / Why / How로 정확히 메모
> - 차후 연락할 방법(상대방이 다시 걸 예정인지, 담당자가 걸어 주어야 할 것인지의 여부)
>
> 전화 응대의 3 : 3 : 3 기법
> - 전화가 3번 울리기 전에 받는다.
> - 전화 내용은 3분 이내로 한다.
> - 전화는 상대방이 끊은 후 3초 후에 내려놓는다.

### (8) 전화 응대 시 피해야 할 자세

① 두 대의 전화를 동시에 받는 경우

② 바르지 않은 자세로 전화 응대하는 경우

③ 음식을 입에 넣은 상태로 전화 응대하는 경우

④ 다른 일을 하면 전화 응대를 하는 경우

> 🖋 **알아두기**
>
> 휴대 전화 사용 매너
> - 상대방의 통화 가능 여부를 확인하고 통화한다.
> - 너무 이른 시간이나 늦은 시간의 전화는 자제한다.
> - 다중 시설이나 상담, 회의 시에는 반드시 끄거나 무음으로 전환한다.
> - 상대방이 전화를 받지 않을 때에는 빨리 끊고, 급한 용무일 경우 메시지를 보내도록 한다.
> - 문자 메시지로 연락할 때 글은 짧고 명확하게 쓰고, 발신자의 이름을 반드시 적어 보낸다.
> - 운전 중에는 위험하므로 반드시 핸즈프리를 사용하도록 한다.
> - 일반 전화 매너와 마찬가지로 상대방 휴대 전화가 꺼진 것을 확인하고 끊는다.

# 글로벌 매너

## 출제 & 학습 포인트

★★★ 최빈출   ★★ 빈출   ★ 필수

### 출제포인트

4장 글로벌 매너는 1장 비즈니스 매너/에티켓과 2장 비즈니스 응대에 비해 출제 빈도가 높지는 않지만, 국가별 매너와 레스토랑 이용 시 지켜야 할 매너는 꾸준히 출제됩니다.

### 학습포인트

1. 국가별 매너는 각 국가의 대표적인 매너와 다른 국가와 구별되는 특징 위주로 학습합니다.

2. 레스토랑 이용 매너는 식사 매너의 기본 자세를 중심으로 학습합니다.

3. 최근 팁 매너의 출제 빈도가 높아지고 있으므로, 팁의 관례에 대해 학습합니다.

## 1 국가별 매너의 이해

### (1) 일본 ★

예의 바르고 친절하며 질서를 잘 지키는 민족이다. 상대방에 대한 배려를 많이 하는 국가이고, 인내, 예절, 겸손을 커다란 미덕으로 여기며 이를 대단히 중요하게 생각한다.

| | |
|---|---|
| 비즈니스 매너 | • 시간을 잘 지키는 것을 최대의 미덕으로 여겨 **약속 시각을 엄수**한다.<br>• 누구에게나 경어를 사용하는 것이 일반화되어 있다.<br>• 일본에서는 명함을 매우 소중하게 여기고 명함을 주고받는 일이 흔하므로 명함을 넉넉하게 준비하도록 한다.<br>• 인사는 우리나라보다 허리를 더 많이 굽히고, 굽힐 때 상대방의 얼굴을 보아서는 안된다. 허리를 숙이는 정도는 상대방과 비슷하게 하되 상대방보다 먼저 허리를 펴서는 안 된다.<br>• 일본인이 **집으로 초대하는 것은 상당한 호의의 표현**이므로 선물을 준비하는 것이 기본이다. 짝을 이루는 것이 행운을 가져온다고 생각하므로 선물은 짝으로 준비하는 것이 좋다.<br>• 계단이나 에스컬레이터, 복도 등에서는 왼쪽으로 서거나 걷는다.<br>• 방석에 앉을 때는 무릎을 꿇는 게 맞지만, 주인이 "편히 앉으세요."라고 하면 남자는 '책상다리'로, 여자는 다리를 옆으로 내밀고 앉으면 된다. |

| 식사 매너 | • 대개 일본 사람들은 식당이나 술집 등에서 비용을 각자 낸다.<br>• 젓가락만 사용해서 식사하고, 밥그릇은 왼손으로 들고 먹는다.<br>• 각자 개인용 그릇인 '앞 접시'에 음식을 덜어서 먹고, 남기지 않는다.<br>• 좌석의 상석은 문의 반대쪽 안쪽이다. 주빈을 중심으로 윗사람이 좌우에 앉으며, 주인은 주빈의 반대쪽, 문 쪽에 앉는다.<br>• 밥을 더 먹고 싶을 때는 한술 정도의 밥을 남기고 청하는 것이 예의이다.<br>• 술을 따르거나 받을 때 한국과는 다르게 한 손으로 받거나 따라도 된다.<br>• 술이 조금 남아 있을 때 첨잔하는 것을 미덕으로 여긴다. |
| --- | --- |
| 금기 사항 | • 등 뒤에서 손뼉을 치지 않는다.<br>• 화합을 중요시하므로 'No'라는 대답은 피하는 것이 좋다.<br>• 선물은 흰 종이로 포장하지 않고 흰 꽃도 선물해서는 안 된다.<br>• 선물은 짝으로 주는 것이 좋으나 4개는 불행을 가져온다고 생각하므로 선물하지 않는다.<br>• 칼은 단절을 의미하므로 선물하지 않는다.<br>• 개인의 신상에 대한 질문은 하지 않는다. |

## (2) 중국 ★

중국은 넓은 영토와 오랜 역사, 많은 인구의 나라로 자부심이 강하고, 대륙적인 기질을 가지고 있으며, 개인보다는 집단의 조화를 중시하는 상호 협동적인 삶의 철학을 가지고 있다.

| 비즈니스 매너 | • 중국인들은 상담 시 히든카드를 잘 내놓지 않는다. 이들과의 협상 시에는 시간적인 여유를 갖고 인내하며 이들의 거래 습관에 적응해야 한다.<br>• 협정은 상호 이해에 기초해야 하며 서면에 의한 표현은 그렇게 중요한 것이 아니고 융통성이 있어야 한다고 생각한다.<br>• 개인적인 우정과 신뢰를 매우 중요시한다.<br>• 선물은 빨간색이 좋고, 선뜻 받지 않으므로 여러 번 권해야 한다.<br>• 선물은 되도록 실용적인 것으로 한다. |
| --- | --- |
| 식사 매너 | • 음식이 남아야 충분히 준비한 것으로 간주되므로 음식을 약간 남기는 것이 예의이다.<br>• 준비한 음식에 적어도 한 번씩 손을 대는 것이 예의이다.<br>• 호스트가 건배를 청하기 전에 먼저 건배 제의를 하는 것을 삼간다.<br>• 공용 스푼이나 젓가락을 이용하여 개인 접시에 덜어 먹는다.<br>• 손님이 있는 경우에는 미리 음식, 좌석을 예약하는 것이 좋으며 주문 시 생선을 반드시 포함시키도록 한다.<br>• 차 문화가 발달한 나라로 상대방의 잔이 빌 경우 계속 따라 주는 것이 예의이다.<br>• 계산은 테이블에서 직접 하고 팁은 없다.<br>• 음주와 흡연을 사교의 한 수단으로 여기는 경향이 있으므로 담배를 피우지 않더라도 일단 받아 주는 것을 상대에 대한 호의로 받아들인다. |
| 금기 사항 | • 청색과 백색은 장례식과 연관된 색이므로 피하는 것이 좋다.<br>• 가급적 벽시계나 탁상시계는 삼가는 것이 좋다. 시계를 뜻하는 종(鍾)의 발음이 끝을 나타내는 종(終)의 발음과 비슷하기 때문이다.<br>• 외국 화폐나 기념주화는 선물하지 않는다.<br>• '장수'의 의미를 가진 거북이의 발음이 중국 욕설과 비슷하므로 선물하지 않는다.<br>• 손수건은 슬픔과 눈물을 상징하므로 주지 않는다. |

### (3) 미국

① 유럽의 가치관을 기초로 하여 좀 더 **개방적이고 자유주의적인 문화**이다.

② 식사 시 개인 접시를 사용하고 먹을 만큼 공용 스푼으로 덜어서 먹는다.

③ 식사할 때 소리를 내면서 먹는 것은 큰 실례이다.

④ 대화할 때 상대방과 시선을 마주하는 것(eye-contact)을 중요하게 여긴다.

⑤ 팁 문화가 발달한 나라이므로 잊지 않고 상황에 맞게 지불한다.

⑥ 식사 도중 코를 푸는 것은 실례가 아니지만, 기침이나 재채기를 하는 것은 실례이므로 입을 가리고 하고, 반드시 "excuse me."라고 말한다.

⑦ 대화 없이 식사만 하는 것을 대단한 결례로 생각한다.

### (4) 영국

① 영국은 신사의 나라라고 불릴 정도로 **전통과 질서, 복장 등이 까다롭다.**

② 문을 열고 들어가거나 나올 때 항상 뒤를 돌아보고 사람이 있으면 문을 잡아 주어야 한다.

③ 코를 푸는 행동은 예의에 어긋나는 것은 아니지만, 재채기는 입을 다물고 최대한 조용히 한다.

④ 여성을 존중하는 문화로 엘리베이터를 타거나 대중교통 이용 시 여성이 먼저 타도록 배려한다.

⑤ 공식 만찬에서는 여왕을 위한 건배를 하는데, 그 전에 담배를 피워서는 안 된다.

⑥ 실내에서 우산을 펴는 것과 사다리 밑을 지나가는 것을 불길한 징조로 생각하므로 조심해야 한다.

### (5) 프랑스

① 프랑스인의 90%가 가톨릭 신자로 정통 구교를 믿고 있으며, 낙천적이고 다혈질이어서 쉽게 흥분하는 편이다.

② 18세기까지만 해도 유럽의 중심으로 자리를 잡고 있었고, 영국과 독일에 대해 우월의식과 열등의식이 복합되어 있으므로 이를 자극하는 화제는 피한다.

③ 남녀평등 사상이 강하여, 여성의 사회 참여가 활발하다.

④ 친한 사이에는 뺨에 가볍게 키스를 하기도 한다.

⑤ 프랑스인들은 외국인이 영어보다 프랑스어를 사용하는 것을 좋아한다.

⑥ 프랑스에서 남의 물건을 허락 없이 만지는 것은 대단히 실례가 된다. 상품을 고를 때에도 직원의 허락을 받고 손을 대야 한다.

⑦ 세계 최고 수준의 음식과 와인을 먹는 나라라는 자부심이 강하므로 테이블 매너를 잘 지켜야 한다.

⑧ 식사 시간에 즐겁게 대화 나누는 것을 중요하게 생각한다. 식사가 3~5시간 정도 지속되는 경우가 많으므로, 프랑스 요리와 와인에 대한 상식을 가지고 있는 것이 좋다.

⑨ 프라이버시를 대단히 중시하므로 사적인 질문이나 종교, 정치와 같은 무거운 주제는 피한다.

### (6) 이탈리아

① 이탈리아는 90% 이상이 로마 가톨릭으로 국민들 대부분이 강한 보수성을 띠고 있는 것이 특징이다.

② 지역적 특색이 강하기 때문에 고향과 가족 간의 결속이 강하다.

③ 외면을 중시하는 경향이 상당히 강하여 옷차림을 매우 중요하게 생각한다.

④ 처음 만났을 때는 악수를 하고, 조금 더 알게 되면 악수 대신에 포옹과 함께 뺨에 키스를 하며 인사한다.

⑤ 이탈리아인들의 몸동작은 지나칠 정도로 크고 다양하다. 그들과 함께 화려한 제스처를 쓰며 대화하는 것이 상대방을 편하게 하는 방법이다.

⑥ 이탈리아인들은 직함을 자주 사용하고 이름 없이 직함만 사용하기도 하므로 호칭을 적당히 잘 쓰는 것이 예의이다.

⑦ 이탈리아인들은 낮잠을 자는 습관이 있으므로 4시 이후의 방문은 삼간다.

⑧ 프랑스와 관련된 화제는 좋아하지 않으므로 유의한다.

## 2 나라마다 쓰임이 다른 제스처(Body Language)

| | | | |
|---|---|---|---|
| (그림) | 손바닥을 아래로 하여 손짓하는 행위<br>• 중동, 극동 지역: 오라는 의미<br>• 서구 지역: 가라는 의미 | (그림) | 손바닥을 펴서 흔드는 행위<br>• 한국, 유럽: 안녕<br>• 그리스: 당신의 일이 잘되지 않기를 바람. |
| (그림) | 손가락으로 링 모양을 만드는 사인<br>• 한국, 일본: 돈<br>• 프랑스 남부: 무가치함.<br>• 미국, 서유럽: OK<br>• 브라질, 남미: 음란하고 외설적인 의미 | (그림) | 주먹을 쥐고 엄지손가락을 위로 올리는 행위<br>• 미국: 매우 좋음.<br>• 호주: 무례한 행위<br>• 그리스: '닥쳐'라는 의미<br>• 러시아: '동성연애자'라는 의미 |
| (그림) | 손바닥을 바깥으로 한 V자 사인<br>• 유럽: 승리<br>• 그리스: 욕설의 한 종류 | (그림) | 합장<br>• 태국, 기타 불교 국가: 인사<br>• 핀란드: 거만함의 표시 |
| (그림) | 손등을 바깥으로 한 V자 사인<br>• 영국, 프랑스: '꺼져 버려'라는 의미<br>• 그리스: 승리 | (그림)<br>끄덕<br>끄덕 | 머리를 위아래로 끄덕이는 행위<br>• 대부분의 국가: 긍정의 뜻(yes)<br>• 불가리아, 그리스: 부정의 뜻(no) |

## 3 레스토랑 이용 매너

### (1) 예약 매너

① 레스토랑 이용 시에는 모임에 맞는 자리를 확보하고 즐거운 식사를 하기 위해서 반드시 **사전에 예약**을 해 두는 것이 좋다.

② 예약 시 **이름, 연락처, 일시, 인원, 식사의 목적**(예 생일, 환갑 등)을 미리 알려 준다.

③ 고급 레스토랑의 경우 정장이 필수인 곳도 있으므로 미리 확인한다.

④ 예약한 시간은 반드시 지키고, 늦어지거나 예약을 변경해야 할 경우에는 미리 연락한다.

### (2) 도착과 착석 매너

① 도착하면 입구에서 예약자명을 확인하고 자리를 안내받도록 한다.

② 예약을 했다고 해서 마음대로 들어가 아무 자리에나 앉는 것은 예의에 어긋난다.

③ 안내받은 자리가 마음에 들지 않을 경우에는 정중하게 다른 자리를 부탁한다.

④ 매니저나 직원이 안내 후 처음 빼 주는 자리가 상석이므로 그날의 주빈이 그 자리에 앉도록 한다.

⑤ 여성이 앉는 좌석을 빼 주는 것은 훌륭한 매너가 된다.

⑥ 착석하고 나서 화장실을 가는 것은 실례이므로 입장하기 전에 갔다 오도록 한다.

### (3) 주문 매너

① 식사 시의 모든 행동은 손님을 초대한 사람을 중심으로 이루어진다.

② **주문은 여성과 초대 손님이 먼저 하고, 남성을 동반한 여성은 남성에게 주문한 요리를 알려 주어 남성이 직원에게 주문**하는 것이 매너이다.

③ 초대를 받은 경우에는 지나치게 비싸거나 싼 음식을 주문하는 것은 피한다. 중간이나 중상 정도 가격의 음식을 주문하는 것이 무난하다.

④ 음식의 종류를 모르거나 특별히 먹고 싶은 것이 없다면 직원에게 물어보고 주문하는 것도 좋은 방법이다.

### (4) 식사 매너의 기본 ★★

① 팔꿈치를 올리거나 다리를 꼬는 것은 금물이다.

② 여유를 가지고 대화하며, **어렵거나 민감한 주제는 가급적 피하는 것이 좋다.**

③ 식사 중에 너무 큰소리를 내거나 크게 웃는 것은 삼가도록 한다.

④ 직원을 부를 때는 오른손을 가볍게 들고, 나이프나 포크로 무언가를 가리키지 않는다.

⑤ **테이블에서 화장을 고치는 것은 매너에 어긋나므로 화장실을 이용**한다.

⑥ 여성의 경우 립스틱 자국이 물 잔이나 와인 잔에 남지 않도록 한다.

## (5) 기물 사용법

| | |
|---|---|
| **냅킨** | • 주빈이 먼저 펴면 함께 편다.<br>• 식사 중 자리를 뜰 때는 의자 위에 올려놓고 간다.<br>• 식사를 마친 후에는 적절히 접어 테이블 위에 올려놓는다.<br>• 두 겹으로 접어 무릎 위에 놓고, 가장자리를 사용한다.<br>• 음식을 먹다가 입을 닦거나 핑거볼 사용 후 손의 물기를 닦을 때 사용한다. |
| **나이프/포크** | • 바깥쪽부터 안쪽으로 차례대로 사용한다.<br>• 나이프는 오른손으로, 포크는 왼손으로 사용한다.<br>• 음식을 자른 뒤 나이프를 접시에 걸쳐 두고, 포크를 오른손에 바꿔 들고 먹어도 괜찮다.<br>• 식사 중일 때는 테두리에 'ㅅ' 자형으로 놓고, 식사가 끝나면 오른쪽에 비스듬히 나란히 놓는다.<br>• 나이프 날은 자기 쪽으로 하고, 포크는 등이 위쪽으로 향하게 놓는다. |

## 4 서양식 테이블 매너

### (1) 식사의 종류

| | |
|---|---|
| **조식(Breakfast)** | • 미국식 조식(American Breakfast) : 계란 요리와 주스, 토스트, 커피를 위시해서 핫케이크, 프렌치토스트, 콘플레이크, 오트밀(Oat Meal), 햄, 베이컨, 소시지, 감자튀김 등을 자기 기호에 맞게 선택하여 먹는 식사<br>• 유럽식 조식(Continental Breakfast) : 빵과 커피, 우유 또는 주스 정도로 간단히 하는 식사<br>• 비엔나식 조식(Vienna Breakfast) : 비엔나식 조식은 계란 요리와 롤빵(Roll Bread) 그리고 커피 정도로 먹는 식사<br>• 영국식 조식 : 미국식 조식과 같으나 생선 요리가 포함되는 아침 식사 |
| **브런치(Brunch)** | 현대 사회의 도시 생활인이 주로 이용하는 식사 형태로 아침과 점심의 중간에 먹는 식사 |
| **점심(Lunch; Luncheon)** | 아침과 저녁 사이에 하는 식사 |
| **애프터눈 티 (Afternoon Tea)** | 밀크 티(Milk Tea)와 시나몬 토스트(Cinnamon toast) 또는 멜바 토스트(Melba toast)를 점심과 저녁 사이에 간식으로 먹는 것 |
| **저녁(Dinner)** | • 질 좋은 음식을 충분한 시간적 여유를 가지고 즐길 수 있는 식사<br>• 보통 저녁 식사 메뉴는 4~5코스에서 5~6코스로 구성 |
| **만찬(Supper)** | 본래 만찬은 격식 높은 정식 만찬(Formal Dinner)을 의미하였으나 시대의 변화에 따라 최근에는 저녁 늦게 먹는 간단한 밤참의 의미로 사용 |

### (2) 파티의 종류

① 디너 파티(dinner party) : 저녁 시간 풀 코스(Full course)의 만찬이 제공되는 파티

② 가든 파티(garden party) : 정원과 같은 야외에서 간단한 식사와 음료가 제공되는 파티

③ 칵테일 파티(cocktail party) : 공적 또는 사적 사교모임(개회식, 오프닝 행사 등) 시 열리는 스탠딩 파티 형식의 연회, 리셉션을 의미한다.

④ 포틀럭 파티(potluck party) : 참석자들이 자신의 취향에 맞는 요리나 와인 등을 가지고 와 함께 즐기는 파티

⑤ 티 파티(tea party) : 각종 차와 과자 등을 차려 놓고 손님들을 초대하는 소규모의 파티

**Part 01**

## (3) 정찬 메뉴의 순서 ★

① 전채 요리(Appetizer; Hors d'oeuvre) ⇨ 수프(Soup; Potage) ⇨ 생선(Fish, Poisson) ⇨ 고기(Meat, Entree) ⇨ 샐러드(Salad; Salade) ⇨ 디저트(Sweet, Entrements) ⇨ 음료(Beverage)

② 영미인들은 샐러드를 고기 요리와 같이 먹거나 그 전에 먹는 반면, 프랑스 사람들은 고기 요리가 끝난 다음에 먹는다.

## (4) 정찬 메뉴 코스에 따른 매너

① 전채 요리(Appetizer; Hors d'oeuvre)
  ㉠ 식사 순서에서 제일 먼저 제공되는 요리로서 영어로는 'Appetizer', 불어로는 'Hors d'oeuvre'라고 한다.
  ㉡ 식욕을 촉진시키기 위해 식사 전에 소량으로 가볍게 먹는 요리이다.
  ㉢ 모양이 좋고, 맛이 있어야 하며, 특히 자극적인 짠맛이나 신맛이 있어 위액의 분비를 왕성하게 하고, 분량이 적어야 한다.
  ㉣ 세계 4대 전채 요리는 푸아그라(거위 간), 캐비어, 달팽이 요리, 트뤼플(송로버섯)이다.

② 수프(Soup; Potage)
  ㉠ 수프의 종류는 맑은 국물 상태의 맑은 수프(Clear Soup; Potage Claire)와 걸쭉한 상태의 진한 스프(Thick Soup; Potage Lie)로 나뉜다.
  ㉡ 수프를 먹을 때에는 소리를 내지 않고 먹는다.
  ㉢ 빵을 수프에 넣어 먹는 것은 정식 매너가 아니다.
  ㉣ 수프가 손잡이가 달려 있는 컵에 담겨 나오는 경우에는 들고 마셔도 괜찮다.
  ㉤ 먼저 수프를 한두 번 정도 떠먹어 본 뒤에 소금과 후추를 뿌린다.

③ 빵
  ㉠ 자신의 왼쪽에 있는 빵 접시를 사용한다.
  ㉡ 빵은 손으로 잘라 먹고, 버터나 잼이 발라져 있는 빵은 나이프를 사용한다.
  ㉢ 만찬용 빵은 롤(Roll), 하드롤(Hardroll), 라이 브레드(Rye Bread) 등이고, 버터만 발라 먹는다.
  ㉣ 토스트나 크루아상, 브리오슈 등은 조식용 빵이므로 만찬회 석상에서 요구하는 것이 아니다.

④ 생선 요리(Fish; Poisson)

　㉠ 격식 있는 정식(Full Course)이 아닌 경우 생선 코스가 생략되는 경우가 많거나, 주요리 (Main Dish)로 제공되기도 한다.

　㉡ 생선과 함께 제공되는 레몬은 생선 위에 놓고 포크로 짓이겨 즙을 낸다.

　㉢ 조각으로 나온 레몬은 손으로 짜면 된다.

　㉣ 생선은 뒤집지 않는다.

　㉤ 에스카르고(식용 달팽이)도 생선 요리이다.

⑤ 고기(Meat, Entree)

　㉠ '주요리'라고도 하고, 쇠고기, 돼지고기, 양고기, 송아지 고기, 가금류 등이 있다.

　㉡ 고기 요리는 잘라 가며 먹는 것이 음식의 맛을 제대로 즐길 수 있다.

🖐 스테이크 굽는 정도

| 구분 | 굽는 정도 | 조리 시간 |
|---|---|---|
| Rare | 스테이크 속이 따뜻할 정도로 겉 부분만 살짝 익혀, 자르면 속에서 피가 흐르도록 굽는다. | 약 2~3분 |
| Medium Rare | Rare보다는 좀 더 익히며 Medium보다는 좀 덜 익힌 것으로, 역시 자르면 피가 보이도록 해야 한다. | 약 3~4분 |
| Medium | Rare와 Well-done의 절반 정도를 익히는 것이며, 자르면 붉은색이 되어야 한다. | 약 5~6분 |
| Medium Well-done | 거의 익히는데, 자르면 가운데 부분에만 약간 붉은색이 있어야 한다. | 약 8~9분 |
| Well-done | 속까지 완전히 익히는 것이다. | 약 10~12분 |

⑥ 샐러드(Salad; Salade)

　㉠ 샐러드에 사용되는 소스를 특별히 드레싱이라 부른다.

　㉡ 드레싱은 주로 야채 샐러드에 혼합하거나 곁들여서 제공하는데 맛과 풍미를 더하여 음식의 가치를 돋보이게 하며, 소화를 돕는 역할을 한다.

⑦ 디저트(Dessert)

　㉠ 디저트는 식사를 마무리하는 단계에서 입안을 개운하게 해 주는 목적으로 쿠키나 케이크, 과일류 등이 나온다.

　㉡ 디저트용 과자는 달콤하고 부드러워야 한다.

　㉢ 수분이 많은 과일은 스푼으로 먹는다.

⑧ 음료(Beverage) : 모든 식사가 끝나면 마지막 코스에 원하는 음료를 주문하게 되는데 커피 또는 차를 주문할 수 있다.

## 5 음료의 이해

### (1) 개념

① 음료란 크게 알코올성 음료(Alcoholic Beverage; Hard Drink)와 비알코올성 음료(Non-Alcoholic Beverage; Soft Drink)로 구분된다.

② 알코올성 음료는 일반적으로 술을 의미하고, 비알코올성 음료는 청량음료, 영양 음료, 기호음료를 의미한다.

### (2) 알코올 음료의 분류

| 양조주<br>(Fermented Liquor) | 곡류와 과실 등 당분이 함유된 원료를 효모균에 의하여 발효시켜 얻는 술 |
|---|---|
| 증류주<br>(Distilled Liquor) | • 곡물이나 과실 또는 당분을 포함한 원료를 발효시켜서 약한 주정분을 만들고 그것을 다시 증류기에 의해 증류한 것<br>• 알코올 도수는 35~60%<br>• 칵테일을 만들 때 베이스가 되는 술 |
| 혼성주<br>(Liqueur) | 과일이나 곡류를 발효시킨 주정을 기초로 하여 증류한 주정에 독특한 향기와 색깔 그리고 단맛을 가미하여 제조한 술 |

### (3) 식사 용도에 따른 알코올성 음료의 분류 ★

| | |
|---|---|
| 식전주 | • 식전주는 식사 전에 식욕 증진을 도와주는 술로, 타액과 위액의 분비를 활발하게 만드는 자극적인 것이 좋다.<br>• 식사 전에 취하지 않도록 적은 양을 마신다.<br>• 차갑게 준비되는 경우가 많으므로 글라스의 목 부분을 잡고 마신다.<br>• 식전주의 종류로는 달지 않은 샴페인(Champagne), 쉐리(Sherry), 칵테일(Cocktail) 등이 있다.<br>• 식전 칵테일(Aperitif Cocktail)은 단맛보다는 쓴맛이 강한 것을 주로 이용한다. 마티니(Martini)와 맨해튼(Manhattan)이 대표적인 칵테일이다. |
| 식중주 | • 식중주는 식사 중에 마시는 술로, 와인이 대표적이다.<br>• 와인을 선택할 때에는 요리와의 조화를 고려해서 선택해야 한다. |
| 식후주 | • 식후주는 식사 후에 입가심이나 소화를 촉진시키기 위해 마시는 술이다.<br>• 대개 알코올 도수가 높고 달콤한 술을 많이 선택한다.<br>• 남성들은 브랜디(Brandy), 여성들은 달콤한 맛의 리큐어(Liqueur)를 즐긴다.<br>• 식후 칵테일(After Dinner Cocktail)은 브랜디(Brandy)나 리큐어(Liqueur)를 주재료로 사용한 칵테일로 브랜디 알렉산더(Brandy Alexander), 글래스 호퍼(Grass hopper) 등이 대표적이다.<br>• **브랜디의 종류**: 코냑, 알마냑, 칼바도스 |

## 6 팁(Tip) 매너

### (1) 팁의 개념

① 팁이란 제공받는 서비스에 대한 조그만 감사의 표시이다.

② 미주 지역이나 유럽은 서비스에 대한 대가로 지불하는 것이라기보다 습관이 되어 있다.

③ 팁의 어원은 'To Insure Promptness'로, '신속함을 보장한다'라는 뜻을 지닌다.

④ 팁을 줄 때 가장 중요한 것은 적절성으로 **팁을 주는 장소나 금액 등을 고려해야** 한다.

### (2) 팁의 관례 ★★

① 보통 15% 정도가 적당하나 **서비스의 질에 따라 가감할 수 있다**. 그러나 평균보다 팁을 많이 주는 것은 어리석게 보일 수 있고, 적게 주면 모욕하는 것과 같으므로 적절하게 준다.

② 서비스가 더 좋아야 된다고 느끼는 경우에는 팁을 관례보다 적게 주어도 되고, 그 이유를 엄격하고 조용하게 설명한다.

③ 팁을 주지 않아도 되는 경우는 기본 서비스 산업에 종사하는 사람, 사업주, 명백하게 냉담하고 무례한 직원의 경우이다.

## 핵심 키워드 정리

| | |
|---|---|
| **매너** | 행동, 습관을 의미하는 Manus와, 방법, 방식을 의미하는 Arius의 합성어로 행동 방식이나 습관의 표출을 의미 |
| **에티켓** | 상대방에 대한 존중을 바탕으로 사회생활의 모든 경우와 장소에서 취해야 할 바람직한 행동 양식 |
| **예의범절** | 유교 도덕 사상의 기본인 삼강오륜에 근간을 두고 발전한 동양적인 개념 |
| **서비스 매너** | 상대방을 존중하고 배려하는 인성의 기본 요소로 서비스 경제 사회에서 직업인으로서 성공하기 위한 경쟁력의 원천 |
| **서비스 매너의 구성 요소** | 표정, 자세와 동작, 용모 복장, 의사소통 능력, 공감 능력, 상호 신뢰, 이미지 연출 |
| **네티켓** | 네트워크와 에티켓의 합성어로 네티즌들이 네트워크를 사용하면서 지키고 갖추어야 할 예의범절 |
| **겸양어** | 자신을 낮춰서 하는 말로 말하는 주체가 자신일 경우 사용 |
| **존칭어** | 상대방을 높이는 말로 상대방을 존경하는 의미를 가지고, 상대방이 말하는 주체인 자신보다 높을 때 사용 |
| **정중어(공손어)** | 상대방에게 정중한 기분을 나타내기 위한 말로, 말하는 상대방에 대하여 직접 경의를 표하는 것 |
| **T, P, O** | 시간(Time)과 장소(Place), 상황(Occasion)에 맞는 에티켓, 이미지, 용모와 복장, 표정, 자세 등을 표현하는 것 |
| **인사** | 사람이 마땅히 섬기면서 할 일을 뜻하는 것으로, 인사는 인간관계의 첫걸음이자 서로에 대한 가장 기본적인 예의 |
| **목례** | 목례는 눈으로 예의를 표하는 인사로 정식으로 마주 보고 인사하기 어려운 상황에서 하는 인사 |
| **약례** | 짧은 시간에 이루어지는 인사로 허리를 약 15도 정도 기울이며 하는 인사 |
| **보통례** | 인사 중 가장 많이 하는 정식 인사 유형으로, 보편적으로 처음 만났을 때 하는 인사 |
| **정중례** | 가장 정중한 표현의 인사로, 감사의 뜻을 전할 경우나 잘못된 일에 대해 사과하는 경우에 하는 인사 |
| **양조주** | 곡류와 과실 등 당분이 함유된 원료를 효모균에 의하여 발효시켜 얻는 술 |
| **증류주** | 곡물이나 과실 또는 당분을 포함한 원료를 발효시켜서 약한 주정분을 만들고 그것을 다시 증류기에 의해 증류한 것 |
| **혼성주** | 과일이나 곡류를 발효시킨 주정을 기초로 하여 증류한 주정에 독특한 향기와 색깔 그리고 단맛을 가미하여 제조한 술 |

# 실전 예상 문제 TEST

**01** 다음 중 일반적으로 전언 메모에 기록해야 할 내용으로 적절하지 않은 것은?

① 상대방의 연락처

② 전화를 받은 날짜와 시간

③ 전화한 사람의 회사와 부서

④ 전화한 사람의 직급과 이름

⑤ 나이, 학력, 개인사 등 상세한 프로필 조사 내용

**02** 다음 중 초대 에티켓에 관한 내용으로 옳지 않은 것은?

① 가정에 초대받은 경우에는 선물을 준비하는 것이 좋다.

② 참석자들 간의 관계나 친분을 고려하여 초대할 사람을 선정한다.

③ 초대받은 당일 가능한 한 일찍 도착하여 초대자의 음식 준비를 돕는다.

④ 해외 출장 시 현지인에게 초대받은 경우 한국 전통 물품을 선물하는 것이 좋다.

⑤ 서양에서는 식당에 초대받는 것보다 가정에 초대받는 것을 더 큰 대접으로 여긴다.

**03** 다음 중 매너의 개념에 대한 설명으로 옳지 않은 것은?

① 매너의 기본은 상대방을 존중하는 데 있다.

② 매너는 에티켓을 외적으로 표현하는 것이다.

③ 매너는 타인을 향한 배려의 언행을 형식화한 것이다.

④ 에티켓을 지키지 않는 사람에게도 매너를 기대할 수 있다.

⑤ 매너는 사람이 수행해야 하는 일을 위해 행동하는 구체적인 방식이다.

**04** 휴대 전화 사용 매너에 대한 설명으로 올바른 것은?

① 상대방 휴대 전화가 꺼진 것을 확인하고 끊는다.

② 상담이나 회의 시에도 전화를 받아야 하므로 소리를 켜둔다.

③ 상대방이 전화를 받을 때까지 기다리며 계속 신호를 보낸다.

④ 급한 경우에 문자 메시지로 연락할 때는 발신자의 이름을 생략해도 된다.

⑤ 상대방이 휴대 전화를 받을 때는 통화 가능 상황이므로 따로 확인하지 않는다.

**05** 다음 중 일본의 비즈니스 매너에 대한 설명으로 옳지 않은 것은?

① 개인의 신상에 대한 질문은 결례이다.

② 누구에게나 경어를 사용하는 것이 일반화되어 있다.

③ 허리를 굽혀 인사할 때 상대방보다 낮은 높이로 한다.

④ 시간을 잘 지키는 것을 최대의 미덕으로 여기므로 약속 시간을 엄수한다.

⑤ 짝을 이루는 것이 행운을 가져온다고 생각하므로 선물은 짝으로 준비하는 것이 좋다.

**06** 다음 중 전화 응대 비즈니스 매너에 대한 설명으로 적절하지 않은 것은?

① 전화를 받을 때 상대방의 신원을 정확히 알 수 없으므로 자기소개 없이 인사만 한다.

② 전화를 건 사람은 본인의 소속을 밝히고 용건을 말한다.

③ 자리에 없는 직원의 개인적인 사정을 자세히 얘기하는 것은 적절치 않다.

④ 회사의 위치를 묻는 경우 현재 위치와 이용할 교통수단을 확인하고 안내한다.

⑤ 불특정 고객이 전화 연결을 요청하는 경우, 지명인의 휴대 전화번호를 알려줘서는 안 된다.

**07** 다음 중 올바른 명함 수수법으로 가장 적절한 것은?

① 명함은 고객의 입장에서 바로 볼 수 있도록 건넨다.

② 명함은 한 손으로 건네도 예의에 어긋나지 않는다.

③ 동시에 명함을 주고받을 때에는 왼손으로 주고 오른손으로 받는다.

④ 앉아서 대화를 나누다가 명함을 교환할 때는 앉은 채로 건네는 것이 원칙이다.

⑤ 앉아서 대화를 나누는 동안 받아 두었던 명함을 테이블 위에 놓고 대화하는 것은 실례다.

**08** 이메일 네티켓 중에 가장 적절한 것은?

① 수신한 메일은 가능한 일주일 내에 회신해 주어야 한다.

② 상대방에게 주요한 정보라 생각되면 수시로 보내주는 것이 예의이다.

③ 내용은 간단, 명확하게 표현하되 반드시 안부 인사는 내용 말미에 하는 것이 좋다.

④ 상대방 호칭 시에 직급에 '님'을 붙이되 직급이 없어도 이름에 '님'을 붙여 예우해야 한다.

⑤ 마지막 마무리는 기업의 홍보 문구로 마무리하는 것이 중요하다.

**09** 다음 중 전화 응대의 기본 자세로 옳지 않은 것은?

① 책상 위에 항상 메모할 준비를 해 놓는다.

② 상대방을 확인하고 첫인사를 밝고 정중하게 한다.

③ 업무 시간 중에는 상대방에게 통화 가능 여부를 확인할 필요가 없다.

④ 용건은 간단히 통화하며, 전달 내용을 미리 정리하고 전화 응대를 시작한다.

⑤ 얼굴을 보지 않고 나누는 대화이지만 자세를 바르게 하고 마주 대화하는 것처럼 응대한다.

**10** 다음 중 올바른 조문 매너로 가장 적절한 것은?

① 향에 불을 붙이고, 왼손으로 가볍게 흔들어 끈다.

② 향을 꽂은 후 일어나 영정 앞에서 잠깐 묵념을 한 후 한 번 절한다.

③ 조의금은 문상을 마친 후 직접 상주에게 전하는 것이 예의이다.

④ 유족에게는 가급적 말을 많이 하여 위로하는 것이 좋다.

⑤ 영정 앞에 절할 때 남자는 왼손이 위로, 여자는 오른손이 위로 가게 한다.

**11** 다음 중 인사의 방법으로 적절하지 않은 것은?

① 숙인 상태에서 잠시 멈춘다.

② 인사 전, 후에는 상대방을 바라본다.

③ 상체를 올릴 때에는 굽힐 때보다 천천히 올린다.

④ 먼저 허리부터 숙이고, 이때 등과 목은 일직선이 되도록 한다.

⑤ 시선은 자신의 발끝에 두거나 자신의 발끝에서 2.5m 정도 거리에 둔다.

**12** 다음 중 악수의 방법으로 적절한 것은?

① 손이 더러울 경우에는 양해를 구하고 악수를 한다.

② 오른손이 더러울 경우 왼손으로 한다.

③ 허리는 어떤 경우에도 곧게 펴고 악수를 한다.

④ 상대방의 눈을 보며, 가벼운 미소와 함께 손을 잡는다.

⑤ 여성의 경우 드레스와 함께 연출하는 장갑은 반드시 벗고 한다.

**13** 다음 중 인사의 종류에 대한 설명으로 옳지 않은 것은?

① 정중한 인사는 90도 인사로 깊이 사죄할 때만 하는 인사이다.

② 90도 인사는 의례에 필요한 인사로 종교적 행사 때 행하는 인사이다.

③ 정중한 인사는 45도 인사로 정중함을 표현하며 VIP 고객을 배웅할 때 하는 인사이다.

④ 30도 인사는 보통 인사법으로 평상시 어느 장소, 어느 상황에서나 가장 일반적으로 행하는 인사이다.

⑤ 15도 약례인 경우는 가까운 동료나 친구, 선후배, 상대방을 두 번 이상 만났을 때 하는 인사로 적당하다.

**14** 다음 중 글로벌 매너로 옳지 않은 것은?

① 태국인들은 물건을 건넬 때 반드시 오른손을 사용하며 머리를 신성시한다.

② 빨간색으로 이름을 쓰는 것은 한국, 미국 모두 금기시되어 있다.

③ 중국인들은 개인적인 우정과 신뢰를 중요시하며, 음주와 흡연을 사교의 수단으로 생각한다.

④ 러시아인들은 금요일이나 월요일에 만나는 것을 피하고, 손가락으로 사람이나 물건을 가리키는 것은 무례한 행동으로 여긴다.

⑤ 미국인들 사이에 있어서 양복 차림에 흰 양말은 매우 촌스럽게 생각하므로 양말은 바지 색깔에 맞춰서 신어야 한다.

**15** 다음 중 승강기 이용 시의 기본 에티켓으로 적절하지 않은 것은?

① 엘리베이터 내에서 업무 내용에 대해 설명하는 것은 좋지 않다.

② 다른 사람들과 함께 승강기를 탑승할 때 상급자, 연장자, 여성이 먼저 타고 내린다.

③ 고객 안내 시 엘리베이터 안에 승무원이 있을 경우 승강기를 탈 때에 손님이 먼저 타고, 내릴 때에는 손님보다 먼저 내린다.

④ 승무원이 있을 경우 버튼 앞에 서면 고객을 위해 버튼을 눌러 주고, 내릴 때에는 먼저 내린다.

⑤ 승강기에 사람이 많을 때에는 버튼을 누르려고 무리하기보다는, 버튼 앞 사람에게 정중히 부탁한다.

**16** 다음 중 중국의 비즈니스 매너로 옳지 않은 것은?

① 선물은 빨간색을 좋아한다.
② 개인적인 감정과 신뢰 관계를 매우 중요시한다.
③ 되도록 사치품보다는 실용적인 것을 선물한다.
④ 상호 존중을 중요시하며 서면에 의한 표현을 매우 엄격하게 여긴다.
⑤ 중국인들은 자신의 속마음을 쉽게 드러내지 않으므로 이들과 협상 시에는 여유를 가지고 임해야 한다.

**17** 다음 중 전화 응대 시 전화를 받을 때의 행동으로 적절하지 않은 것은?

① 메모를 위해 펜과 종이를 준비한다.
② 전화받는 사람의 음성이 그 회사에 대한 첫인상이라고 해도 과언이 아니다.
③ 용건은 간단히 통화하고, 정확하게 메모한다.
④ 전화가 들리지 않더라도 다시 한 번 말해 달라는 것은 예의가 아니다.
⑤ 상대방이 전화를 끊은 뒤 수화기를 내려놓는 것이 예의이다.

**18** 다음 중 인사 시 기본 자세에 대한 설명으로 적절하지 않은 것은?

① 밝은 목소리와 표정으로 분명한 인사말과 함께한다.
② 인사는 인간관계의 첫걸음으로 서로에 대한 가장 기본적인 예의이다.
③ 상대의 눈이나 미간을 부드럽게 바라본다.
④ 인사는 아랫사람이 먼저 한다.
⑤ 발뒤꿈치는 붙이고, 발의 앞쪽은 살짝 벌린다.

**19** 다음 중 식사 시 알아야 할 에티켓으로 가장 적절한 것은?

① 미리 예약을 한 경우에는 바로 들어가서 편한 자리에 앉는다.
② 음식을 주문할 때는 초청자의 체면을 생각해서 비싼 음식을 주문한다.
③ 주문은 여성과 초대 손님이 먼저 하고, 남성을 동반한 여성은 남성에게 주문한 요리를 알려 주고 남성이 직원에게 주문하는 것이 매너이다.
④ 식사 중에는 화기애애한 분위를 위해 큰소리로 웃어도 괜찮다.
⑤ 테이블에서 화장을 가볍게 고치는 것은 매너에 어긋나지 않는다.

68 ● PART 01 비즈니스 매너 및 에티켓

**20** 다음 중 상석의 기준으로 적절하지 않은 것은?

① 소음이 적은 곳 등 심리적으로 안정을 줄 수 있는 곳
② 출입구에서 먼 곳
③ 경치가 좋은 자리나 그림이 보이는 곳
④ 상사와 가까운 자리나 왼쪽
⑤ 레스토랑에서 웨이터가 먼저 의자를 빼 주는 자리

**21** 다음 중 고객을 안내할 때 올바른 매너는?

① 안내할 때는 고객보다 2~3보 정도 비스듬히 뒤에 서서 안내한다.
② 빠르게 고객을 안내해야 하므로 빠르게 걷는다.
③ 남녀가 계단을 올라갈 때는 남자가 먼저 올라가고, 먼저 내려온다.
④ 손님과의 거리를 확보하며 걷고, 모퉁이를 돌 때에는 방향을 잘 안내한다.
⑤ 안내할 때는 정면을 계속 응시하면서 바른 자세로 걷는다.

**22** 다음 중 예의범절에 대한 설명으로 옳지 않은 것은?

① 일상생활에서 갖추어야 할 모든 예의와 절차를 의미한다.
② 타인에 대한 마음가짐이나 태도를 의미하기도 한다.
③ 에티켓은 예의범절의 서양적인 개념이라고 할 수 있다.
④ 예의범절은 공동체의 이익을 위해 반강제적으로 이루어져야 한다.
⑤ 동양적인 개념으로 개인과 집단에서 지켜야 할 기본적인 규범이다.

**23** 다음 중 인사 매너에 대한 설명으로 옳은 것은?

① 인사는 가장 기본적인 예의이므로 이미지와는 무관하다.
② 인사는 외적인 표현으로 자신의 인격과는 무관하다.
③ 서비스 맨에게 인사는 고객에 대한 환영만을 의미한다.
④ 사회생활에서 서로의 마음을 열게 하는 효과적인 방법이다.
⑤ 인사는 시간과 장소, 상황에 상관없이 항상 하는 것이 바람직하다.

**24** 다음 중 상석에 대한 설명으로 옳지 않은 것은?

① 의전 기준의 기본은 오른쪽이 상석이다.

② 상석의 방향은 동서남북을 기준으로 북쪽이다.

③ 손님의 직위와 중요도를 고려하여 자리를 안내한다.

④ 기차에서는 열차 진행방향의 창가 좌석이 최상석이다.

⑤ 자동차의 경우 차주가 운전을 하는 경우 운전석의 뒷자석이 최상석이다.

**25** 조문 시 유의해야 할 사항 중 가장 바람직한 행동은?

① 바쁠 경우에는 평상시 복장으로 조문해도 무방하다.

② 정신적으로 힘든 유족들에게 너무 말을 많이 시키지 않는다.

③ 조의금은 문상을 마친 후 상주에게 직접 전하는 것이 예의이다.

④ 분위기를 밝게 하기 위해 큰 소리로 말하고 웃으며 대화해야 한다.

⑤ 발 벗고 나서 일을 돕고 장례절차나 예식에 대해 조언해 주는 것이 좋다.

**26** 다음 중 소개 매너에 대한 설명으로 적절하지 않은 것은?

① 연소자를 연장자에게 소개한다.

② 손아랫사람을 손윗사람에게 소개한다.

③ 이성 간에는 남성을 여성에게 소개한다.

④ 외부 고객을 자신의 회사 사람에게 소개한다.

⑤ 지위가 낮은 사람을 높은 사람에게 소개한다.

**27** 다음의 다양한 호칭과 경어 매너 중 옳지 않은 것은?

① 상급자의 이름을 모를 경우 직위에만 '님'이라는 존칭을 사용한다.

② 상급자에게 말할 때는 자신을 낮춰 '저'라고 지칭한다.

③ 동급자인 경우 직위 뒤에 '님'을 붙여 부른다.

④ 문서에는 상사의 존칭인 '님'을 생략한다.

⑤ '말씀'이라는 단어를 사용할 때는 "사장님 말씀이 계시겠습니다."라고 표현한다.

**O / X 형**

[28~32] 다음 문항을 읽고 옳고(O), 그름(X)을 선택하시오.

**28** 공수 자세는 평상시에 남자는 왼손이 위로, 여자는 오른손이 위로 가도록 두 손을 포개어 잡는 것을 말한다. 집안의 제사는 흉사이므로 반대로 손을 잡는 것이 예법에 맞다. ( ① O  ② X )

**29** 네티켓이란 네트워크와 에티켓의 합성어로 네트워크상 지켜야 할 예의범절을 의미한다.
( ① O  ② X )

**30** 매너는 대인 관계에 있어 서로 간에 지켜야 할 합리적인 행동 기준이고, 에티켓은 이것을 행동 방식으로 표출한 것이라 할 수 있다. ( ① O  ② X )

**31** 칵테일 파티는 참석자들이 자신의 취향에 맞는 요리나 와인 등을 가지고 와 함께 즐기는 파티를 의미한다. ( ① O  ② X )

**32** 식사를 할 때에는 여유를 가지고 상대방과 대화하며, 종교나 정치 등 다소 어렵거나 민감한 주제를 가지고 깊은 대화를 하는 것이 좋다. ( ① O  ② X )

**연결형**

[33~37] 다음 설명에 알맞은 것을 보기에서 각각 골라 넣으시오.

| ① 압존법 | ② TPO | ③ 네티켓 | ④ 겸양어 | ⑤ 존칭어 |
| --- | --- | --- | --- | --- |

**33** 네트워크와 에티켓의 합성어로 네티즌들이 네트워크를 사용하면서 지키고 갖추어야 할 예의범절이다. ( )

**34** 다양한 상황에서 시간과 장소, 경우에 맞게 매너를 행해야 하는 것을 의미한다.
( )

**35** 높여야 할 대상이지만 듣는 이가 더 높을 때 공대를 줄이는 어법이다. ( )

**36** 상대방을 높이는 말로 상대방을 존경하는 의미를 가지고 있으며, 상대방이 말하는 주체인 자신보다 높을 때 사용하는 경어이다. ( )

**37** 자신을 낮춰서 하는 말로 말하는 주체가 자신일 경우 사용하는 경어이다. ( )

**38** 다음 사례에서 두 사람의 전화 응대 비즈니스 매너를 해석한 것으로 적절하지 않은 것은?

> 김철수 씨는 출근 시간이 십여 분 정도 지난 시각에 아직 출근하지 않은 옆자리의 동료 전화를 대신 받게 되었다.

김철수

> 김철수 : (A) 여보세요.

> 전화 : (B) 아, 네. 수고하십니다. ○○건설이죠? 김영식 씨 계십니까?

전화

> 김철수 : (C) 아, 네. ○○건설은 맞습니다만 김영식 씨는 아직 출근 전입니다. 아마 곧 출근할 것 같습니다만…

> 전화 : 네. 그렇군요.

> 김철수 : (D) 용건을 말씀해 주시면 제가 메모를 남기거나 자리에 도착하는 대로 전화 드리라고 전하겠습니다. 괜찮으시겠습니까?

> 전화 : (E) 네. 며칠 전에 메일을 보내 주셔서 그 건으로 연락드렸습니다. 저는 ○○상사에 근무하는 ○○○ 대리입니다. 말씀을 전해 주시면 감사하겠습니다.

① (A) - 비즈니스 전화를 받을 때 가장 무난한 인사법으로 응대하였다.

② (B) - 전화 통화하고자 하는 상대를 확인하고자 하였으나, 본인의 소속을 밝히지 않아서 적절한 응대가 아니다.

③ (C) - 동료가 지각을 한 인상을 주는 방식으로 전달하는 것은 비즈니스 관계에서는 적절치 않다. 자리를 비웠다고 이야기하는 편이 좋다.

④ (D) - 상대에게 정중히 메모나 연락처 등을 질문하며 적절히 응대하였다.

⑤ (E) - 전화를 건 용건과 소속을 밝히고 메모를 전해 주는 것에 대한 감사를 전하여 예의를 갖추었다.

**39** 다음은 각 상황에 따른 고객과의 전화 통화 내용이다. 응답 내용으로 적절하지 못한 것은?

---

① 전화를 바꾸어 줄 때
"잠시만 기다려 주시겠습니까? … 고객님, 죄송하지만 통화가 길어지는 것 같은데요. 제가 메모해서 통화가 끝나는 대로 전해드리도록 하겠습니다."

② 전화가 들리지 않을 때
"고객님, 잘 안 들리는데요, 크게 말씀해 주시겠습니까?"

③ 전화가 잘못 걸려 왔을 때
"실례하지만 몇 번으로 전화하셨습니까? … 어쩌지요? 이곳은 구매부가 아니라 자재부입니다. 제가 구매부로 돌려드리겠습니다."

④ 항의 전화를 받았을 때
"고객님! 정말 죄송합니다. 착오가 있었던 것 같습니다. 불편을 드려 죄송합니다. 당장 조사해서 신속히 답변을 드리겠습니다. 감사합니다."

⑤ 잠시 통화를 중단할 때
"네! 확인해 드리겠습니다. 죄송하지만 잠시만 기다려 주시겠습니까? 기다리시게 해서 죄송합니다. … 네! 오랫동안 기다리셨습니다."

---

① 전화를 바꾸어 줄 때
② 전화가 들리지 않을 때
③ 전화가 잘못 걸려 왔을 때
④ 항의 전화를 받았을 때
⑤ 잠시 통화를 중단할 때

**40** 다음 고객과의 명함 교환 사례에서 적절하지 못한 행위를 고르면?

세일즈맨

세일즈맨 : 안녕하세요, 반갑습니다. 저는 A사의 이민우 대리입니다. (미리 준비한 명함을 상대방이 볼 수 있도록 두 손으로 공손히 건넨다.)

잠재 고객 : 저는 B상사의 김철수 과장입니다. 여기 제 명함입니다.

잠재 고객

세일즈맨 : 아! 김철수 과장님! 시간을 내어 주셔서 감사합니다. (일어서서 두 손으로 공손히 받고 상대방의 직함과 이름을 불러 준다.)

잠재 고객 : 그럼 편하게 앉으셔서 용건을 말씀해 보세요!

세일즈맨 : (앉은 후에 바로 받은 명함에 면담 일시를 기록하고 테이블 앞에 가지런히 놓는다.) 김철수 과장님! 성함을 보니, 저의 지인 이름과 같아서 매우 반갑네요! 오래 기억할 것 같습니다.

① 명함을 받을 때는 반드시 일어서서 두 손으로 받는다.
② 명함을 받자마자 바로 자신의 명함집에 집어넣는 것은 실례이다.
③ 명함을 건넬 때에는 자신의 이름과 회사를 소개하며 건네야 한다.
④ 명함을 받으면 반드시 상대방의 이름과 직책을 반가운 모습으로 불러 준다.
⑤ 명함을 받으면 받은 즉시 상대방 명함 오른쪽 위에 면담 일시를 기록해 놓는 것이 예의이다.

**41** 다음 세일즈맨이 고객과 상담하기까지의 과정 중 예의와 매너에 어긋나는 것은?

> 오늘 아침 새로운 고객 발굴을 위해 선정한 잠재 고객을 만나기 위해 자신감을 가지고 잠재 고객사에 전화를 걸었다.
>
> 먼저 나의 하루 방문 일정 때문에 오늘 언제 시간이 나시는지 잠재 고객에게 먼저 물어보지 않고 오후 2시 40분 정도에 방문하면 어떻겠냐고 정중히 물었다.
>
> 잠재 고객은 흔쾌히 승낙해 주었고 나는 상담에 필요한 자료들을 준비해 약속 시간 10분 전에 잠재 고객사의 상담실에 미리 도착하여 상담실 입구에서 가장 가까운 테이블을 확보하였다. 그리고 상담실 입구가 보이는 쪽에 내가 앉고 고객의 자리는 나의 앞 좌석으로 정했다. 그리고 상담에 필요한 명함과 제안서, 샘플 등을 꺼내 두었다.

① 고객이 앉을 좌석은 전망이 보이고 비교적 조용한 곳이 좋다.
② 상담 테이블은 입구에서 가장 가까운 쪽으로 정하는 것이 예의이다.
③ 상담 시간 10분 전에 도착하여 상담 준비를 철저히 하는 것이 예의이다.
④ 고객 방문 시에는 반드시 가방에 제안서, 샘플, 카탈로그, 명함 등을 지참하고 방문하여야 한다.
⑤ 상담 시간은 고객에게 맡기기보다는 내가 분 단위로 약속 시간을 정하고 정중히 물어보는 것이 효과적이다.

**42** 다음 서비스맨이 고객과 인사를 하는 상황에서 예의에 어긋나는 행동을 고르면?

> 계단을 내려가다가 앞서 가는 고객을 보게 되어 빨리 내려가 고객 앞에서 정중하게 인사를 하게 되었다. 고객과 6보 이내의 적절한 간격을 두고, 밝고 부드러운 미소를 지으며 상대의 눈을 부드럽게 바라보았다. 어깨는 힘을 빼고 자연스럽게 내린 상태에서 머리, 가슴, 허리, 다리, 무릎은 자연스럽게 곧게 펴서 일직선이 되도록 하였다.
>
> 허리부터 숙이고, 등과 목은 일직선이 되도록 한 상태에서 시선은 나의 발끝에서 1.5m 정도 거리를 두었다. 허리를 숙인 상태에서 잠시 멈추고, 상체를 올리는데 굽힐 때보다 약간 빠르게 올렸다. 그리고 고객을 바라보면서 밝은 목소리로 분명하게 인사말을 하였다.

① 계단 아래에 윗사람이 있을 때는 빨리 아래로 내려가 정중하게 인사한다.
② 표정은 밝고 부드러운 미소를 짓는다.
③ 상대의 눈이나 미간을 부드럽게 바라본다.
④ 허리를 숙이고, 시선은 상대 발끝에 두거나 자신의 발끝에서 1.5m 정도 거리를 둔다.
⑤ 허리를 숙인 상태에서 바로 올리는데 굽힐 때보다 약간 빨리 올린다.

**43** 다음 고객과의 식사 사례에서 옳지 못한 식사 매너를 고르면?

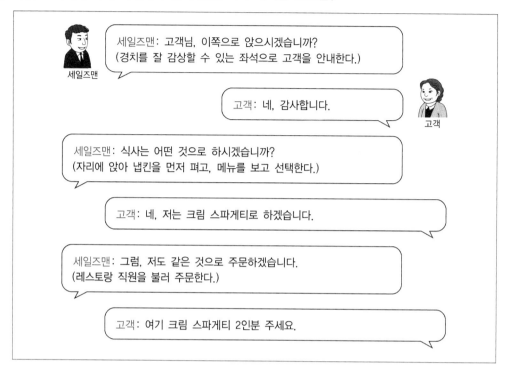

① 상석의 기준은 입구에서 먼 곳이나 경치가 좋은 자리, 그림이 보이는 곳이다.
② 주문은 여성과 초대 손님이 먼저 한다.
③ 주문은 중간이나 중상 정도 가격의 음식을 주문하는 것이 무난하다.
④ 냅킨은 자리에 앉으면 바로 펴는 것이 식사의 시작을 알리는 것이다.
⑤ 남성이나 초대를 한 사람이 직원에게 주문하는 것이 매너이다.

**44** 다음 사례에서 고객과의 미팅을 위한 레스토랑 이용 시 적절하지 않은 행동은?

---

① 예약 매너

나는 고객과 식사 약속을 하고 조용하고 전망이 좋은 곳을 부탁해 미리 예약했다. 예약 시간 전에 먼저 도착해서 고객을 맞이하였다.

② 도착과 착석 매너

착석하고 나서 화장실에 가는 것은 실례이므로 미리 화장실을 다녀와 예약 테이블을 확인했다. 상석을 확인하고 건너편 자리에 착석한 후, 고객이 들어오는 입구를 주시하며 맞을 준비를 했다.

③ 주문 매너

식사 시 모든 행동은 고객을 중심으로 이루어지도록 예의를 갖추었다.
주문은 고객보다 먼저하여 고객이 편안히 따라 주문하도록 유도했다.

④ 식사 매너

식사 중 너무 큰 소리를 내거나 웃는 것을 삼가고, 직원을 부를 때는 오른손을 가볍게 들어 호출했다.

⑤ 기물 사용 매너

나이프와 포크는 바깥쪽부터 안쪽으로 차례로 사용하고, 나이프는 오른손, 포크는 왼손을 사용했다.

---

① 예약 매너
② 도착과 착석 매너
③ 주문 매너
④ 식사 매너
⑤ 기물 사용 매너

**45** 다음 사례에서 고객이 방문하였을 때 상황별로 갖추어야 할 안내 매너로 적절하지 않은 것은?

> 오늘은 중요 고객사 김길동 과장이 11시에 본사를 방문하는 날이다.
>
> ① 정문에서의 안내
>   10시 50분에 정문에서 대기하고 통과하는 차량을 확인한 후 주차 안내를 도운 다음 문을 열어 주고 정중하게 인사하며 자기소개를 한다.
>
> ② 복도에서의 안내
>   고객이 따라오는지 거리를 확인하면서 고객보다 2~3보가량 비스듬히 앞서서 걸으며 접견실 입구로 안내했다.
>
> ③ 계단에서의 안내
>   계단을 오를 때 남성 고객이므로 고객보다 한두 계단 앞서 안내하며 올라가고, 계단을 내려올 때 고객보다 한두 계단 뒤에서 내려왔다.
>
> ④ 문에서의 안내
>   당겨서 여는 문에서는 먼저 당겨 열고 서서 고객이 먼저 통과하도록 안내하였고, 밀고 들어가는 문에서는 안내자가 먼저 통과한 후 문을 잡고 고객을 통과하였다.
>
> ⑤ 접견실에서의 안내
>   접견실에 도착해서 "이곳입니다."라고 말하고, 전망이 좋은 상석으로 고객을 안내하였다.

① 정문에서의 안내
② 복도에서의 안내
③ 계단에서의 안내
④ 문에서의 안내
⑤ 접견실에서의 안내

**통합형**

[46~47] 다음은 고객 유치를 위해 신규 가입자에 한해서 상품권을 증정하는 홍보 활동을 시행하고 있는 A통신사의 상황이다.

- 치열한 경쟁을 하고 있는 이동 통신 업계에서는 대부분 대고객 Promotion으로 상품권 증정을 택하고 있다.
- A통신사에서도 타사 고객을 끌어들이기 위해 신규 고객으로 등록하게 되면 백화점 상품권을 주는 홍보 활동을 펼치고 있다.
- 신규 가입한 지 1개월이 넘도록 상품권을 받지 못한 고객에게 무작정 기다려 달라고 요청하는 것은 명분이 희석되고 있음을 감지했다.

**46** 다음 중 접점에서 서비스 직원이 보여야 하는 응대법으로 적절한 것은?

① 불만이 있으시면 고객 센터에 직접 항의하시기 바랍니다.
② 제가 본사 해당 부서에 문의하여 1시간 내로 진행 상황을 있는 그대로 알려드리도록 하겠습니다.
③ 핸드폰으로 전달되니까 혹시 누락됐는지 먼저 살펴봐 주시기 바랍니다.
④ 지점에서는 권한이 없으니 본점 담당 부서로 문의해 보시기 바랍니다.
⑤ 약속한 상품권은 분명히 전달될 예정이니까 조금만 더 기다려 주십시오.

**47** 다음 중 접점에서 서비스 직원이 가져야 하는 서비스 매너로 적절하지 않은 것은?

① 신규 고객은 기업에 대한 정보가 부족해 기대가 낮아 응대하기 쉽다.
② 신뢰감을 줄 수 있도록 상품을 잘 소개한다.
③ 호감 가는 첫인상을 줄 수 있도록 한다.
④ 문제 해결을 위해 적극적으로 응대한다.
⑤ 고객과의 상호 신뢰는 나의 성공을 위한 경쟁력의 원천임을 인식한다.

Part

# 02

## 이미지 메이킹

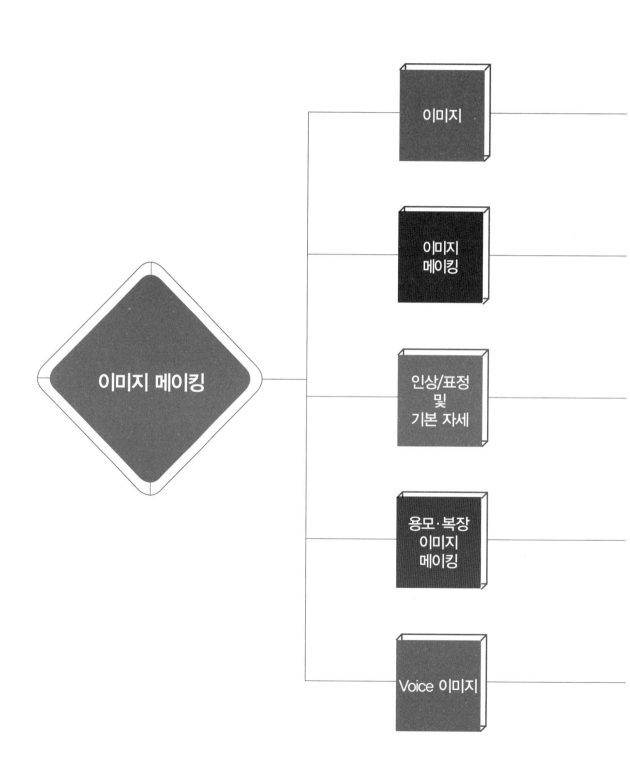

이미지

이미지
메이킹

인상/표정
및
기본 자세

용모·복장
이미지
메이킹

Voice 이미지

이미지 메이킹

이미지의 이해 ── 이미지의 속성 ★★★
── 이미지 관리 과정 ★★
── 지각의 개념 ★★

이미지 메이킹의 이해 ── 이미지 메이킹의 개념 ★★★
── 이미지 메이킹의 6단계 ★★

이미지 형성 관련 효과 ★★★

첫인상 ── 첫인상의 특징 ★★★

표정 연출 ── 표정의 개념 ★★
── 표정에 대한 해석 ★★

바른 자세 ── 방향 안내 동작 ★★
── 삼점법 ★
── 물건 수수 자세 ★★

용모 복장의 이해 ★

여성의 용모 복장 ★★★

직업별 용모 복장 ── 공공 기관, 서비스업 용모 복장 ★★★
── 유니폼 착용 ★★★

목소리(Voice) ── 목소리의 중요성 ★
── 음성의 구성 요소 ★

좋은 목소리 만들기 ★★★

# 이미지

**출제포인트**

1장 이미지에서는 이미지의 개념과 이미지 관리 과정이 주로 출제됩니다.

**학습포인트**

**1** 이미지의 개념은 주로 이미지 속성과 통합되어 출제되므로 전체적으로 학습합니다.

**2** 이미지의 형성 과정 중 지각 과정에 대한 특성 부분의 출제 빈도가 높으므로, 지각의 4가지 특성을 잘 구분하여 학습합니다.

**3** 이미지의 관리 과정을 순서는 2장 이미지 메이킹의 이해 부분에 기술되어 있는 이미지 메이킹의 6단계 와 연계해서 학습합니다.

## **1** 이미지의 이해

### (1) 이미지의 개념

① 라틴어 'imago'에서 유래된 것으로 이는 '모방하다'라는 뜻을 지닌 라틴어 'imitari'와 관련이 있다.

② 마음속에 그려지는 **사물의 감각적 영상, 또는 심상을 의미**한다.

③ 개인이 어떠한 대상에 대해 가지는 선입견이나 개념, 일련의 신념, 아이디어 및 인상의 총체를 말한다.

### (2) 이미지의 속성 ★★★

① 개인의 지각적 요소와 감정적인 요소가 결합되어 나타나는 이미지는 객관적인 것이라기보다 는 **주관적인 것**이라고 할 수 있을 것이다.

② 이미지란 무형적인 것으로 기대했던 것을 현실적으로 경험할 때 또는 일련의 자극 내용을 차 별적으로 인식함으로써 형성되는 것으로 **직접적인 경험 없이도 형성**된다.

③ 이미지는 인간이나 사물 등에 품고 있는 정서성을 동반하는 주관적인 평가이기 때문에 개념을 명확하게 정의 내려 연구하기에는 많은 문제점이 있다.

④ 이미지는 개인이나 조직의 행동, 언어, 사고방식, 태도 등 시각적인 요소 이외의 **수많은 감각 에 의한 이미지도 포함**된다.

⑤ 이미지는 비록 비과학적인 개념 규정이라는 한계성을 가지고 있으나, 우리의 인식 체계와 행동의 동기 유인 측면에 있어 매우 중요한 역할을 한다.

⑥ 이미지는 학습(경험)이나 정보에 의해 변용된다.

⑦ 이미지는 본질적으로 인간의 커뮤니케이션 행위에 의해 형성, 수정, 변화되어 간다.

⑧ 형성된 이미지는 행동경향을 어느 정도 규정하는 역할을 하고, 특히 정보를 받아들이는 경우에는 여과 기능을 발휘한다.

⑨ 최근 인터넷 기반 기업이 증가하면서 기존의 기업 이미지, 제품 이미지 등의 중요성이 증가하고 있다.

### (3) 이미지의 분류

| 외적 이미지 | 용모, 복장, 표정, 얼굴, 체형, 신체 등 표면적으로 드러나는 이미지를 말하며, 이는 직접 경험을 통해 형상화되는 것이다. |
|---|---|
| 내적 이미지 | 인간의 심리적, 정신적, 정서적인 특성들이 고유하고 독특하게 형성되어 있는 상태로서 심성, 생각, 습관, 감정, 지식 등의 유기적인 결합체를 의미한다. |
| 사회적 이미지 | 특정한 사회 속에서 대인 간 상호 교류를 통해 형성되는 이미지로, 자신이 속한 사회의 환경과 문화를 반영한다. 매너, 에티켓, 리더십, 행동, 태도, 자세, 신뢰 형성, 사회적 지위 등을 통해 형성된 이미지이다. |

### (4) 이미지(Image)의 구성 요소

| I | intelligence | 지적 이미지 |
|---|---|---|
| M | mask | 표정 이미지 |
| A | attitude | 태도 이미지 |
| G | grooming | 복장 이미지 |
| E | emotion | 감성 이미지 |
| V | voice | 음성 이미지 |

### (5) 이미지 형성 과정 ★

| 지각 과정 | • 인간이 환경에 대해 의미를 부여하는 과정으로 주관적이며 선택적으로 이루어져 동일한 대상에 대해 다른 이미지를 부여한다.<br>• 지각은 타인의 성격, 욕구, 감정, 의지, 사고 등의 인지를 말한다. |
|---|---|
| 사고 과정 | • 지각하는 대상에 대한 의미 부여, 평가, 추론 등 지각 대상에 대한 모든 정보를 획득하고 해석하는 과정이다.<br>• 과거와 관련된 기억과 현재의 지각이라는 투입 요소가 혼합되어 개인의 이미지를 형성한다.<br>• 타인에게서 얻은 모든 지각적 사실을 바탕으로 파악된 것을 이미지라 한다. |
| 감정 과정 | • 지각과 사고 이전의 감정에 의해 반응하는 과정이다.<br>• 감정적 반응은 이미지 형성의 확장 효과를 가져온다.<br>• 이미지는 이성적 과정보다 감정적 과정을 거쳐 형성된다. |

## (6) 이미지 관리 과정 ★★

| 1단계 | 이미지 점검하기 | 자신의 이미지를 객관적으로 바라보고 자신의 장점과 단점의 이미지를 정확히 파악한다. |
|---|---|---|
| 2단계 | 이미지 콘셉트 정하기 | 자신이 희망하는 이미지를 정한다. |
| 3단계 | 좋은 이미지 만들기 | 자신이 희망하는 이미지를 형성하기 위하여 자신의 장점을 강화하고 단점을 보완한다. |
| 4단계 | 이미지 내면화하기 | 일시적인 이미지가 아니라 진실된 이미지가 되도록 노력한다. |

# 2 대인지각 이미지

## (1) 지각(知覺, Perception) ★★

① 소비자가 각 개인의 욕구나 가치, 경험, 기대를 바탕으로 다양한 경로(감각기관)를 통해서 들어오는 자극을 해석하고 조직화하는 과정이다.

② 자극은 인간의 감각기관으로 유입되지만, 자료의 양이 너무 많으므로 '주의'라는 한정된 시스템을 통하여 필요한 자극만을 처리할 수 있는 정보로 변환시킨다. 이러한 처리 가능한 정보를 조직화하는 것이 지각이다.

### 🖐 지각의 특성 ★★★

| 주관성 | 개인의 사고 체계의 차이로 인하여 소비자들은 같은 상품에 대해 다르게 지각하게 된다. 소비자는 자기의 사고 체계, 감정, 신념에 부합하는 정보를 더 잘 받아들인다. |
|---|---|
| 선택성 | 모든 자극을 받아들일 수 없기 때문에 관심이 있는 자극만을 지각하려고 한다. 지각의 과부하, 선별적 감지, 지각적 방어 작용이 지각의 선택성을 결정한다. |
| 일시성 | 자극의 대부분은 오래 기억 속에 남아 있지 않는다. 일시적인 장시간의 광고보다 일정한 간격으로 반복되는 광고가 더 오래 지각될 수 있다. |
| 총합성 | 소비자는 감각기관으로 들어오는 자극을 총합하여 지각한다. 기업의 광고, 로고, 디자인 등 개별적인 자극을 통합하여 기업 전체의 이미지로 지각한다. |

## ⑵ 대인지각 이미지의 의미

① 대인지각 이미지는 타인을 만났을 때 느끼게 되는 타인의 성격, 욕구, 감정, 외모, 음성 이미지를 인지하는 것이다.

② 대인지각 이미지 형성 시 자신의 경험이나 사고를 바탕으로 타인을 평가하고, 지각의 대상과의 상호 작용에 의해 대인지각 이미지를 형성한다.

### 🖐 대인지각 이미지 형성의 방해 요인

| 고정관념 | 고정된 견해와 사고로 타인의 이미지를 형성하는 것이다. |
|---|---|
| 암묵적 편견 | 자신이 편견을 가지고 있지 않다고 믿음에도 불구하고, 타인을 향해 무의식적으로 작동되는 편향적 태도이다. |
| 후광 효과 | 타인의 매력적인 특성이 다른 특성을 평가하는 데 전반적인 영향을 미치게 된다. |
| 자기완성적 예언 | 타인에 대해 가지고 있는 기대에 따라 무조건적으로 받아들이려는 태도를 말한다. |
| 귀인 오류 | 타인의 말과 행동을 관찰하여 그 내면에 있는 태도와 의미를 추측하여 판단하는 것이다. |
| 자기합리화 | 죄책감 또는 자책감에서 벗어나기 위해 그럴듯한 이유를 들어 자신의 선택이나 입장을 정당화하는 것이다. |

Part 02

# 이미지 메이킹

## 출제 & 학습 포인트

### 출제포인트
2장 이미지 메이킹에서는 이미지 메이킹의 개념과 이미지 형성과 관련한 효과에 대한 문제의 출제 빈도가 높습니다.

### 학습포인트
**1** 이미지 메이킹의 개념은 기출문제의 보기로 자주 활용되었으므로 정확하게 학습합니다.

**2** 이미지와 이미지 메이킹의 차이를 정확히 구분하여 학습합니다.

**3** 이미지 형성과 관련한 효과는 모든 내용이 출제되었으므로 개념을 명확히 이해해야 하며, 특히 사례형 문제로 자주 출제되므로 실제 사례에서 어떻게 연관되어 나타나는지 학습합니다.

## **1** 이미지 메이킹의 이해

### (1) 이미지 메이킹의 개념 ★★★
① 이미지 메이킹이란 개인이 추구하는 목표를 이루기 위해 자기 이미지를 통합적으로 관리하는 행위이다.
② 자신이 속한 사회적 지위에 맞게 내적 이미지와 외적 이미지를 최상의 모습으로 만들어 가는 것을 의미하는 것으로 자기 향상을 위한 개인의 노력을 통칭하는 것이다.
③ 외모를 개선시켜서 내면의 자신감을 이끌어 낸다는 것으로, 외적 이미지를 강화해서 긍정적인 내적 이미지를 끌어내는 시너지 효과를 일으키는 것이다.
④ 이미지 메이킹은 겉만 치장하는 것이 아니고 자신의 본질과 내면의 능력, 장점을 훌륭하게 표현하는 일이다.

### (2) 이미지 메이킹의 의의 ★
① 이미지 메이킹은 나다운 나(참자아)를 찾아 정체성을 확립할 수 있다.
② 주관적 자아와 객관적 자아의 인식 차이를 제거, 축소하여 객관적인 자아상을 확보할 수 있다.
③ 현실적 자아를 이상적 자아로 끌어올려 사회에서 개인의 행복과 삶의 질을 긍정적으로 향상시킬 수 있다.
④ 이미지 메이킹을 통해 열등감을 극복하고 자신감을 향상시킬 수 있다.
⑤ 자신이 속한 사회에서 대인 관계 능력이 향상된다.

## (3) 이미지 메이킹의 6단계 ★★

| 1단계 자신을 알라<br>(Know yourself) | 자신에 대하여 정확히 파악하여 장점을 살리고 단점은 보완해 나간다. |
|---|---|
| 2단계 자신의 모델을 선정하라<br>(Model yourself) | 이미지 형성의 목표를 수립하여 추구해 나갈 방안을 구체화한다. 자신이 선택한 모델을 모방하는 과정을 통해 자신의 개성이 드러날 수 있도록 노력한다. |
| 3단계 자신을 계발하라<br>(Develop yourself) | 자신만이 가진 개성이나 장점을 더욱 가치 있게 만들어 상대방이 긍정적인 관심을 갖도록 한다. 장점 강화 전략, 단점 보완 전략, 벤치마킹 전략 등이 있다. |
| 4단계 자신을 포장하라<br>(Package yourself) | 자신의 개성을 살린 자신의 이미지를 상황과 대상에 맞도록 표현하는 것이 이미지 포장이다. 복장이나 화장 등 외형적인 것부터 교양이나 언어 구사력과 같은 내면적인 것을 포장할 수 있어야 한다. |
| 5단계 자신을 팔아라<br>(Market yourself) | 자신을 살 수 있는 상대방을 만나 첫 만남에서 자신의 가치를 인식시키고 높은 평가를 받을 수 있도록 이미지 형성 요소를 종합적으로 적절히 사용한다. 서비스맨은 자신의 서비스를 명품화해야 한다. |
| 6단계 자신에게 진실하라<br>(Be yourself) | 상대방을 만나는 동안 진실한 마음으로 대하여 신뢰 관계를 형성하여야 한다. |

## 2 이미지 형성과 관련한 효과 ★★★

| 초두 효과 | • 처음 제시된 정보가 나중에 제시된 정보보다 기억에 훨씬 더 큰 영향을 주는 현상을 의미한다.<br>• 만남에서 첫인상이 중요한 것은 먼저 제시된 정보가 나중에 들어온 정보보다 전반적인 인상 형성에 강력한 영향을 미치기 때문이다.<br>• 첫인상이 나쁘면 나중에 아무리 잘해도 긍정적인 이미지로 바꾸기 어렵다는 것을 설명하는 효과이다. |
|---|---|
| 최근 효과 | • 초두 효과와 반대의 의미로 시간적인 흐름에서 가장 마지막에 제시된 정보가 인상 판단에 중요한 역할을 한다는 것이다.<br>• 인간의 기억력은 한계가 있기 때문에 과거의 정보보다 최근에 입력된 정보에 더 많은 영향을 받기 때문이다. |
| 후광 효과 | • 어떤 대상이나 사람에 대한 일반적인 견해가 그 대상이나 사람의 구체적인 특성을 평가하는 데 영향을 미치는 현상이다.<br>• 광배 효과(光背效果)라고도 하며, 어떤 사람이 갖고 있는 한 가지 장점이나 매력 때문에 다른 특성들도 좋게 평가되는 것이다.<br>• 처음 만났을 때 호감이 간다면 그 사람은 매력적이고 지적이고 관대하다는 등의 평가를 받는다.<br>• 매력적인 사람이 못생긴 사람에 비해 거의 모든 영역(대인관계, 자신감, 적극성, 지적 능력, 성실성)에서 유리한 평가를 받는다. |

| 악마 효과 | • 후광 효과와 반대의 의미로, 외모로 모든 것을 평가하여 다른 모습을 보기도 전에 부정적으로 판단해 버리는 현상을 말한다.<br>• '마른 사람은 성격이 예민할 것이다.' 등과 같이 편견이 이미지 형성에 영향을 미치는 효과이다. |
|---|---|
| 부정성 효과 | • 부정적인 특징이 긍정적인 특징보다 인상 형성에 더 강력하게 작용하는 것을 말한다.<br>• 사람들은 타인의 인상을 평가할 때 긍정적인 정보보다 부정적인 것에 더 큰 비중을 두고 인상을 평가한다. |
| 맥락 효과 | • 맥락 효과는 **처음에 인지된 이미지가 이후 형성되는 이미지의 판단 기준**이 되고, 전반적인 맥락을 제공하여 인상 형성에 영향을 주게 되는 효과를 말한다.<br>• 처음에 긍정적인 정보가 들어오면 같은 대상의 다른 정보가 들어왔을 때 긍정적인 방향으로 생각하려는 경향이 생기게 된다.<br>• 온화한 사람이 머리가 좋으면 지혜로운 사람으로 보이고, 이기적인 사람이 머리가 좋으면 교활한 것으로 해석되기도 한다. |
| 빈발 효과 | • 첫인상이 좋지 않게 형성되었다고 할지라도, 반복해서 제시되는 행동이나 태도가 첫인상과는 달리 진지하고 솔직하다면 점차 좋은 인상으로 바뀌는 현상을 말한다.<br>• 첫인상이 나빴더라도 시간을 가지고 지속적으로 긍정적인 모습을 보여 자신의 이미지를 변화시킬 수 있다. |
| 호감 득실<br>효과 | • 자신을 처음부터 계속 좋아해 주던 사람보다 자신을 싫어하다가 좋아하는 사람을 더 좋아하게 되고, 반대로 자신을 처음부터 계속 싫어하던 사람보다 자신을 좋아하다가 싫어하는 사람을 더 싫어하게 된다는 이론이다.<br>• 상대방이 자신을 싫어하다가 좋아하게 되면 자신이 이득을 얻은 것 같아 더 좋아지고, 좋아하다가 싫어하게 되면 많은 것을 잃은 것 같아 더 싫어지는 것이다. |
| 현저성 효과 | • 두드러진 특징이 인상 형성에 큰 몫을 차지하는 심리 현상으로, 현저성 편향(salience bias) 또는 독특성 효과라고도 한다.<br>• 일반적으로 사물 또는 사람을 볼 때 전체의 모습을 보지 않고 눈길을 끄는 것을 먼저 본 다음 그때 받은 인상만으로 전체적인 사물 또는 사람의 속내까지 판단하게 되는 현상이다. |

✎ **알아두기**

퍼스널 브랜딩(Personal Branding)
• 퍼스널 브랜딩은 자신을 브랜드화하여 특정 분야에 대해서 먼저 자신을 떠올릴 수 있도록 만드는 과정
• 개인이 가지고 있는 꿈, 가치관, 비전, 장점, 능력 등을 분석하여 개인의 포지션과 목표를 정하고 차별화시켜 경력이나 자기계발 등의 지침이 되도록 하는 과정
• 이미지 메이킹보다 적극적이고 목표지향적인 개념

# 인상/표정 및 기본 자세

## 출제 & 학습 포인트

★★★ 최빈출    ★★ 빈출    ★ 필수

### 출제포인트

3장 인상/표정 및 기본 자세에서는 **첫인상의 특징과 표정의 개념, 방향을 안내할 때의 동작에 대한 문제**의 출제 빈도가 높습니다.

### 학습포인트

1 첫인상의 특징은 주로 O, X 문제와 보기에서 정답을 선택하는 연결형 문제로 출제되므로 각 특징의 개념을 정확히 학습합니다.

2 표정의 개념은 의사소통 시 표정의 역할을 중심으로 학습하고, 다양한 표정으로 상대방이 해석하는 내용을 학습합니다.

3 방향 안내 동작은 방향 안내 시 표정과 시선, 손의 위치 등을 학습합니다.

## 1 첫인상

### (1) 첫인상의 개념

① 첫인상은 첫눈에 느껴지는 인상으로, 인상은 이미지(Image)라고도 하며 다른 사람에게 비추어지는 자신의 모습을 말한다.

② 첫인상은 처음 만난 지 2~10초 내에 결정되고, 전체 이미지 구성에 강력한 영향을 끼친다.

③ 사람을 처음 만나서 받은 이미지는 머릿속에 남아 쉽게 사라지지 않는다.

④ 한 번 결정된 좋지 않은 **첫인상을 바꾸는 데는 많은 노력과 시간이** 소모되므로 첫인상의 관리는 매우 중요하다.

### (2) 첫인상의 특징 ★★★

| | |
|---|---|
| 신속성 | 첫인상이 전달되는 시간은 2초 내지 3초로 **순간적으로 각인**된다. |
| 일회성 | 처음 한 번에 전달되고 각인되어진 정보는 평생 기억에 남으며 변화되기 어렵다. |
| 일방성 | 첫인상은 보이는 모습만을 통해, **평가하는 사람의 판단과 가치관에 따라 일방적으로** 인식되고 형성된다. |
| 연관성 | 첫인상은 개인의 연상을 통해 형성되므로 불확실하다. 실제 인물과 다른 사람을 떠올리거나 평소 머릿속에 인지되어 있던 정보와 혼동하여 첫인상으로 입력될 수 있다. |
| 영향력 | 첫인상은 머릿속에 오래 남으며 좋지 않은 첫인상을 바꾸는 데에는 많은 시간과 노력이 필요하다. |

✎ **알아두기**

첫인상 관련 법칙과 효과
- **콘크리트 법칙**: 처음 이미지가 단단히 굳어 버린다는 의미로, 한번 결정된 좋지 않은 첫인상을 바꾸는 데 많은 노력과 시간이 소모된다.
- **수면자 효과**: 신뢰성이 낮은 출처의 정보를 시간이 지남에 따라 믿게 되거나, 신뢰성이 높은 출처의 정보가 오히려 잘 기억에 남지 않는 경우를 말하며, 잘못 제시된 정보도 시간이 흐르면 잊히는 현상이다.

### (3) 첫인상의 결정 요인

미국 캘리포니아대학 심리학과 명예교수이자 심리학자인 앨버트 메라비안(Albert Mehrabian, 1939~)은 상대방에 대한 인상이나 호감을 결정하는 데 말보다 비언어적 요소인 시각과 청각에 의해 더 큰 영향을 받는다고 하였다. 효과적인 소통에 있어 목소리는 38%, 보디랭귀지는 55%의 영향을 미치는 반면, 말하는 내용은 겨우 7%만 작용한다고 했다.

👆 메라비안의 법칙

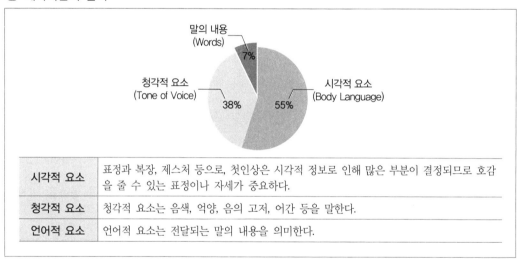

| | |
|---|---|
| **시각적 요소** | 표정과 복장, 제스처 등으로, 첫인상은 시각적 정보로 인해 많은 부분이 결정되므로 호감을 줄 수 있는 표정이나 자세가 중요하다. |
| **청각적 요소** | 청각적 요소는 음색, 억양, 음의 고저, 어간 등을 말한다. |
| **언어적 요소** | 언어적 요소는 전달되는 말의 내용을 의미한다. |

### (4) 좋은 첫인상 만들기

① 밝고 호감을 주는 표정을 짓는다.

② 활기차고 자신감 있는 모습과 자세를 유지한다.

③ 항상 자신이 구축하고자 하는 이미지를 생각하고 관리한다.

④ 만나는 사람 모두에게 최선을 다한다.

⑤ 깔끔하고 상황에 맞는 용모 복장을 연출한다.

⑥ 상대방과 자연스럽게 시선을 맞춘다.

⑦ 상대방을 존중하고 배려하는 모습을 보인다.

## 2 표정 연출

### (1) 표정의 개념 ★★

① 표정은 **내면의 어떠한 의미가 얼굴로 표출**되는 것으로 우리의 감정이 가장 극명하게 반영되는 부분이다. 의사소통에 있어서 표정으로도 자신의 마음을 표현할 수 있고 말하는 사람의 마음을 읽을 수도 있다.

② 많은 학자들은 얼굴의 표정이 바뀌면 그 사람의 감정도 실제로 바뀐다고 한다. 의도적으로 밝고 건강한 표정을 하고 있으면 실제로 감정도 밝고 건강하게 된다는 것이다.

③ 표정은 나의 마음과 심리 상태를 표출하는 것으로 상대에게 심리적 영향을 미친다. 좋은 이미지와 밝은 표정의 사람과 대화를 나눌 때는 같이 표정이 밝아지게 된다.

### (2) 표정 연습의 필요성

① 운동을 할 때도 그 효과를 높이기 위해서 준비 운동이 필요하듯이 좋은 표정을 만들기 위해서도 얼굴 근육을 풀어 주는 준비 운동이 필요하다.

② 좋은 표정을 유지하기란 생각보다 쉽지 않으므로 다양한 표정 연출을 위해 꾸준한 연습이 필요하다.

③ 좋은 표정을 위해서는 밝고 긍정적인 생각이 선행되어야 하므로 밝고 활기찬 마음과 여유 있는 마음을 갖도록 노력해야 한다.

### (3) 밝은 표정의 효과

| | |
|---|---|
| 건강 증진 효과 | 웃는 근육을 많이 사용하게 되면 과학적으로 건강에 유익한 영향을 준다. |
| 감정 이입 효과 | 나의 밝고 환한 웃는 표정을 보면 타인도 기분이 좋아지게 된다. |
| 마인드 컨트롤 효과 | 밝고 환한 표정을 지으면 실제로 기분이 좋아지게 된다. |
| 신바람 효과 | 웃는 모습으로 생활을 하면 기분 좋게 일을 할 수 있다. |
| 실적 향상 효과 | 즐겁게 일을 하다 보면 업무가 효율적으로 진행되어 능률이 오르게 된다. |
| 호감 형성 효과 | 표정은 상대가 보고 느끼며 판단하는 것으로 웃는 표정은 나에 대한 좋은 이미지를 형성하게 한다. |

### (4) 눈의 표정(시선 처리)

① 눈은 마음의 창이라고 하며, 사람의 눈을 보면 그 사람의 진실을 알 수 있고, 본심을 가장 단적으로 표현하는 커뮤니케이션 수단이 되기도 한다.

② 사람들의 내면세계는 눈빛과 눈동자의 움직임, 눈길의 방향, 눈을 맞추는 자세와 시간 등을 통해 겉으로 표현되기도 한다.

③ 사람들은 상대방과 처음 만났을 때 눈을 제일 먼저 본다고 하고, 대화를 할 때에도 주로 눈빛을 보면서 상대방의 마음을 읽고 대화를 계속 이어 간다.

④ 대화를 나눌 때 시선을 피하거나 주위를 두리번거리는 사람은 상대방에게 불쾌감을 주며 신뢰감을 형성하지 못하게 된다.

| | |
|---|---|
| 호감을 주는<br>시선 처리 | • 대화 시 부드러운 시선으로 자연스럽게 상대방과 눈을 맞춘다.<br>• 자연스러운 눈 맞춤을 위해서는 상대와 눈을 맞추던 시선을 눈이나 미간, 콧등 사이를 번갈아 본다.<br>• 대화의 상황에 따라 눈의 크기를 조절한다. |
| 피해야 할<br>눈의 표정 | • 두리번거리거나 침착하지 못한 시선<br>• 눈을 너무 자주 깜빡이는 것<br>• 상대방을 아래위로 훑어보는 시선<br>• 눈을 곁눈질하는 시선<br>• 상대방을 뚫어지게 응시하는 시선<br>• 위로 치켜뜨거나 아래로 뜨는 시선 |

### (5) 표정에 대한 상대방의 해석 ★★

| 나의 표정 | 상대방의 해석 |
|---|---|
| 환하게 미소 짓는다. | 반가움, 호감 등의 긍정 |
| 곁눈질로 본다. | 불만, 의심, 두려운 마음 상태 |
| 미소를 갑작스럽게 멈춘다. | 말 또는 행동에 대한 불쾌함 |
| 특별한 반응 없이 무표정을 유지한다. | 거부, 귀찮음 |
| 눈을 마주치지 않는다. | 거부, 부담감, 숨기는 느낌, 집중하지 않는 상태 |
| 눈을 크게 뜨고 계속 바라본다. | 흥미, 관심 |
| 위아래로 훑어본다. | 불신, 경멸 |
| 잠깐 미소를 짓다가 다시 무표정을 유지한다. | 자기에게 유리한 무언가를 계산하고 있음. |
| 눈살을 찌푸린다. | 거절, 반대 |
| 눈을 치켜뜨고 본다. | 거부, 항의 |
| 눈을 내리뜨고 본다. | 거만한 자세, 상대를 무시하는 표현 |

### 3 바른 자세

### (1) 바른 자세의 중요성

① 올바른 자세는 상대방에게 **신뢰감을 주어 자신에 대한 긍정적인 이미지를 형성하는 데 중요한 역할**을 한다.

② 바른 자세는 자신감 있고 당당한 인상과 함께 기품 있고 안정된 분위기를 연출한다.

③ 대화 내용과 상황에 따른 적절한 자세는 전달하고자 하는 내용을 좀 더 명확하게 전달할 수 있게 해 주고, 상대에 대한 예의를 표현하는 것이다.

④ 바른 자세는 자신의 건강에도 좋은 효과가 있다. 바른 자세는 몸이 안정되어 피로감을 줄일 수 있기 때문이다.

## (2) 서 있는 자세

① 등과 가슴을 곧게 펴고, 허리와 가슴은 일직선이 되도록 한다.

② 아랫배에 힘을 주어 단전을 단단하게 한다.

③ 표정은 밝게 한다.

④ 시선은 상대방의 얼굴을 바라보고, 턱은 살짝 당긴다.

⑤ 여성은 오른손이 위로, 남성은 왼손이 위로 가게 한다.

⑥ 발꿈치는 붙이고 발의 앞은 살짝 벌려 V자형으로 한다.

⑦ 몸이 한쪽으로 기울어지지 않도록 몸의 균형을 유지한다.

⑧ 남성의 경우 일반적으로 바지 재봉선 옆에 손을 내려 차렷 자세를 유지하지만, 고객을 응대하는 업무를 하는 경우에는 왼손을 위로하여 공손함을 표한다.

## (3) 걷는 자세

① 등을 곧게 세운다.

② 가슴은 쫙 펴고, 어깨의 힘을 뺀다.

③ 시선은 정면을 향하도록 하고, 턱은 가볍게 당긴다.

④ 무릎은 곧게 펴고 배에 힘을 주어 당기며 몸의 중심을 허리에 둔다.

⑤ 손은 가볍게 주먹을 쥐고 양팔은 자연스럽게 흔들어 준다.

⑥ 무릎 부분이 스치는 느낌이 들고 벌어지지 않도록 걷는다.

⑦ 일직선으로 걷는다.

⑧ 발뒤꿈치 ⇨ 발바닥 ⇨ 발끝의 순서로 지면에 닿게 걷는다.

⑨ 손에 물건을 들고 걸을 때에는 몸의 균형을 유지하고 걷는다.

## (4) 앉은 자세

① 앉을 의자 옆에 바른 자세로 선다.

② 앉을 의자가 흔들리지 않도록 위쪽을 손으로 가볍게 잡는다.

③ 의자의 반대쪽 발을 의자의 앞쪽으로 내딛는다.

④ 의자 쪽의 발을 의자에 앉을 때에 놓는 위치에 둔다.

⑤ 의자 반대쪽의 발을 의자에 내민 발과 가지런히 당겨 붙이고 손은 등받이에서 뗀다.

⑥ 여자의 경우 오른손으로 치마의 뒤폭을 정리하여 앉는다.

⑦ 여성은 두 손을 무릎 위에 나란히 놓고 무릎을 붙여서 한쪽 방향으로 모은다.

⑧ 남성은 두 손을 무릎 위에 나란히 놓고 다리는 약간 벌려 앉는다.

⑨ 등과 등받이 사이는 주먹이 하나 들어갈 정도로 간격을 두고 깊숙이 앉는다.

⑩ 고개는 반듯하게 들고 턱은 당긴다.

바르게 앉은 자세

### (5) 방향 안내 동작 ★★

① 밝은 표정과 상냥한 음성으로 대화한다.

② 시선은 상대방의 눈을 먼저 보고, 가리키는 방향을 손과 함께 본 후 다시 상대방의 눈을 본다 (**삼점법 : 상대의 눈 ⇨ 지시 방향 ⇨ 상대의 눈**).

③ 손가락을 모으고 손목이 꺾이지 않도록 가리키는 방향을 유지한다.

④ 손바닥이나 손등이 정면으로 보이지 않도록 45도 각도로 눕혀서 가리킨다.

⑤ **오른쪽을 가리킬 때에는 오른손을, 왼쪽을 가리킬 때에는 왼손을 사용한다.**

⑥ **상대방의 입장에서 구체적이고 정확하게 위치를 안내한다.**

⑦ 한 손가락이나 고갯짓으로 지시하거나 상대방을 보지 않고 안내하는 무례한 행동은 피한다.

안내 시 손 동작

방향 안내 자세

방향 안내 시 고객과 시선 맞추며 안내

⑹ **물건 수수 자세 ★★**

① 물건을 건넬 때에는 가슴과 허리 사이의 위치에서 주고받도록 한다.

② 반드시 양손으로 건네고 받는다.

③ 작은 물건을 주고받을 때에는 한 손을 다른 한 손으로 받쳐서 공손히 건네도록 한다.

④ 받는 사람의 입장을 고려하여 전달한다(글자의 방향이 상대방을 향하도록 하고, 펜 등은 바로 사용하기 편하도록 건넨다).

👆 작은 물건 수수 시 자세　　👆 큰 물건 수수 시 자세　　👆 메모지를 전달할 때의 자세

# 용모 · 복장 이미지 메이킹

## 출제 & 학습 포인트

★★★ 최빈출   ★★ 빈출   ★ 필수

### 출제포인트
4장 용모 · 복장 이미지 메이킹에서는 남성과 여성의 용모 복장과 직업별 용모 복장의 특징에 대한 문제의 출제 빈도가 높습니다.

### 학습포인트
1 남성과 여성의 용모 복장을 갖출 시 복장과 헤어, 액세서리 등 여러 부분에서 유의해야 할 사항을 학습합니다.

2 직업별 용모 복장에서는 특히 서비스업 직원의 용모 복장의 기준과 유니폼 착용 시 유의 사항을 정확히 학습합니다.

3 퍼스널 컬러의 개념은 O, X 문제와 연결형 문제에 주로 출제되므로 개념을 정확히 이해하고 학습합니다.

## 1 용모 복장의 이해 ★

### (1) 용모 복장의 중요성
① 용모 복장은 자신의 내면을 겉으로 표현하는 것으로, 자신에 대한 존경뿐만 아니라 상대에 대한 존경까지도 나타낸다.

② 용모와 복장은 첫인상에 영향을 미칠 수 있으며, 단정한 용모 복장은 타인과의 신뢰 형성과 업무 성과도 좌우된다.

③ 단정한 용모 복장은 본인에게 자신감을 갖게 하고 상쾌한 기분으로 업무에 임할 수 있는 자세를 만들어 자신의 삶에 긍정적인 영향을 끼치게 된다.

### (2) 용모 복장의 기본 3요소

| | |
|---|---|
| 청결 | 머리부터 발끝까지 깨끗이 하고, 복장은 깨끗하고 구김이 없도록 하여 착용해야 한다. |
| 품격 | 용모 복장은 이미지 형성에 중요한 역할을 하므로 자신의 마음가짐이나 태도를 품위 있게 표현해야 한다. |
| 조화 | 용모 복장은 시간과 장소, 상황에 맞게 갖추어야 한다. |

## 2 남성의 용모 복장

### (1) 용모

① 남성의 용모는 청결함이 기본이고, 머리와 수염은 깔끔하게 정리한다.

② 머리는 이마와 귀가 보이도록 하고, 뒷머리가 셔츠 깃을 덮지 않도록 한다.

③ 남성은 체향을 잘 관리해야 한다(입 냄새, 땀 냄새 등).

④ 헤어 손질 용품(헤어왁스, 젤 등)으로 단정하게 마무리하고, 화려한 색의 염색은 피하도록 한다.

👆 남성의 헤어          👆 남성 정장과 셔츠 착용          👆 남성 정장 바지 길이

### (2) 슈트

① 남성 복장은 정장이 기본으로, 자신의 체형에 딱 맞는 사이즈를 선택한다.

② 남성 정장의 컬러는 감색, 회색(짙은 회색), 검정이 기본이고, 큰 체크무늬나 밝은 원색은 피하는 것이 좋다.

③ 정장의 단추는 투 버튼 자켓은 위의 단추, 쓰리 버튼 자켓은 위 2개나 가운데를 채운다.

④ 바지 길이는 구두의 등을 살짝 덮어 주름이 1~2번 정도 생기고, 양말이 보이지 않는 정도가 적당하다.

### (3) 셔츠

① 드레스 셔츠는 긴팔이 기본이고, 반팔은 피하도록 한다.

② 드레스 셔츠는 흰색이 기본이며 엷은 핑크나 회색, 베이지색 셔츠는 괜찮지만, 짙은 색의 셔츠는 슈트와 어울리지 않아 연출이 어렵다.

③ 드레스 셔츠 안에는 속옷을 입지 않는다(감이 얇은 여름용 셔츠는 예외).

④ 드레스 셔츠의 깃과 소매는 슈트보다 1~1.5cm 정도 나오도록 입는다.

### (4) 넥타이

① 남성은 넥타이로 자신의 개성을 표현한다.

② 넥타이의 색은 슈트와 같은 계열이 무난하고 성실해 보인다.

③ 넥타이는 모임의 성격이나 역할에 따라 변화 있게 연출할 수 있다.

④ 넥타이의 길이는 끝이 벨트 버클에 오도록 한다.

### (5) 액세서리와 소품

① 양말은 정장 바지의 색보다 짙은 색으로 착용한다.

② 화려한 액세서리(안경, 시계 등)는 피한다.

③ 정장에 어울리는 구두와 벨트는 검정색이 기본이고, 세무 타입이나 금속성 디자인의 구두는 피한다.

④ 벨트와 서스펜더는 함께 착용하지 않는다.

⑤ 지갑은 반지갑보다 정장 윗주머니에 넣을 수 있는 크기의 지갑을 사용하는 것이 좋다.

## 3 여성의 용모 복장 ★★★

### (1) 용모

① 정장 차림에 노 메이크업(no makeup)은 실례이다.

② 밝고 건강하게 보이도록 자연스러운 메이크업을 하고, 너무 진한 메이크업은 피한다.

③ 립스틱이나 매니큐어의 색은 빨간색이나 어두운 색은 피한다.

④ 메이크업을 고칠 때는 공공장소를 피해 화장실이나 개인 공간을 이용한다.

⑤ 헤어는 청결함과 단정함이 기본이다.

⑥ 머리는 깔끔한 인상을 줄 수 있도록 이마와 귀를 덮지 않도록 한다.

⑦ 긴 머리는 업무에 지장을 줄 수 있으므로 단정하게 묶는 것이 좋다.

⑧ 화려한 색의 염색은 피하도록 한다.

👆 서비스 직원의 헤어 연출 – 긴 머리

### (2) 정장

① 여성의 복장은 일하기 편하고, 세련미를 나타내는 것이 핵심이다.

② **체형에 맞는 스타일을 선택**하여 개성을 살린다.

③ 여성 정장의 색은 검은색, 회색, 베이지색, 감색, 파스텔 톤 등이 적당하다.

④ 체형을 지나치게 드러나는 타이트한 옷이나 노출이 심한 옷은 삼간다.

⑤ **정장에 어울리는 단정한 구두를 착용**한다.

⑥ 스타킹은 살색이 기본이지만, 옷과 어울리게 하기 위해 회색이나 검은색의 착용은 괜찮다.

⑦ 스타킹은 손상에 대비해 예비용을 준비하는 것이 좋다.

### (3) 액세서리

① 지나치게 크고 화려한 액세서리는 삼간다.

② 작은 보석이 박히거나 심플한 디자인의 반지나 귀걸이 등을 착용한다.

③ 향수는 은은한 향을 소량 뿌린다.

④ 핸드백은 정장, 구두와 어울리는 색과 스타일을 선택한다.

⑤ 핸드백 속의 소지품은 잘 정리해서 가지고 다닌다.

⑥ 정장에 어울리는 단정한 구두를 착용하고, 업무에 방해를 주는 너무 높은 굽은 피한다.

여성의 액세서리 착용
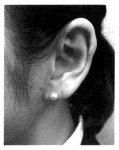

여성의 정장과 셔츠 착용

**알아두기**

올바른 향수 사용법
• 향수는 아래에서 위로, 안쪽에서 바깥쪽으로 퍼지는 특성이 있으므로, 바지나 스커트의 밑단이나 자켓 안쪽에 뿌린다.
• 땀이 많이 나는 부분인 머리나 겨드랑이 등에는 뿌리지 않는다.
• 향수는 개인의 취향에 맞게 사용하는 것이지만, 여름에는 시원한 느낌이 나는 아쿠아 계열의 제품, 겨울에는 약간 달콤한 플로럴 부케 향을 사용하는 것이 좋다.
• 향수는 휘발성 제품이므로 발향되고 나면 다시 뿌려 향을 지속한다.
• 향수는 직사광선을 피해 서늘한 곳이나 냉장고에 보관하고, 유통기한이 지난 제품은 버린다.

## 4 직업별 용모 복장

| | | |
|---|---|---|
| **공공 기관, 서비스업 ★★★** | 이미지 | • **단정하고 편안한 이미지를 연출**하는 것이 좋고, 너무 유행을 따르거나 반대로 유행에 뒤떨어진 스타일은 피해야 한다.<br>• 다양한 고객을 응대할 수 있도록 **부담 없고 깔끔한 스타일을 연출**한다. |
| | 코디네이션 | • 정장의 색상은 베이지, 감색, 회색 등이 무난하고, 셔츠는 아이보리, 연한 핑크, 스카이블루 등 밝은 색이 좋다.<br>• 배려 있고 여유로워 보이도록 연출하고 싶다면 로맨틱 스타일이 좋지만 지나치게 여성스러움을 표현하는 것은 피한다.<br>• 넥타이는 곡선 패턴의 유기적인 무늬가 좋다.<br>• 재킷과 바지 등 기본 스타일로 빈틈 없어 보이되, 부드럽게 연출한다.<br>• 액세서리는 단순한 것으로 1~2개 정도 착용하고, 지나친 화장은 피한다. |
| **금융직 종사자** | 이미지 | • 금융업이라는 특성상 고객과의 신뢰감이 매우 중요하므로, 고객에게 신뢰감과 함께 차분함, 여유로운 모습을 보여 주도록 한다.<br>• 정확하고 안정적인 금융 지식을 전달할 수 있다는 인상을 주도록 단정하면서도 세련된 느낌을 연출한다. |
| | 코디네이션 | • 지나친 장식이 있는 것보다 디테일이 절제된 스타일의 깔끔한 정장을 선택한다.<br>• 감색이나 베이지색의 슈트가 알맞고, 캐주얼한 차림일 때도 단정하고 깔끔하게 연출한다.<br>• 새미 정장을 착용할 때는 셔츠와 팬츠, 셔츠와 스커트로 단정한 느낌을 주도록 한다. |
| **세일즈맨** | 이미지 | • 주로 고객을 만나는 직업으로 부드럽고 친절한 이미지가 좋으며, 상품에 대한 신뢰감을 줄 수 있는 이미지 연출이 필요하다.<br>• 적극적이고 활동적인 느낌의 인상을 풍기도록 하고 약간 중성적인 느낌을 주는 것이 좋다.<br>• 다양한 고객을 만나는 직업이기 때문에 고객의 성별, 연령, 상황 등에 맞게 스타일을 만드는 것이 중요하다. |
| | 코디네이션 | • 정장의 색은 남색, 회색, 갈색 등이 좋고, 활동적인 이미지를 주는 것이 좋다.<br>• 남성의 넥타이는 재킷과 조화를 이루도록 하고, 만남의 목적에 따라 넥타이를 다르게 착용해야 한다.<br>• 여성의 경우 전문성과 여성성을 강조하는 것이 좋다. 여성을 상대할 경우 직선의 느낌이 나는 스타일, H라인의 치마나 바지 정장 등을 입는 것이 좋고, 남성을 상대할 경우 여성스러운 블라우스를 착용하여 부드러움을 표현하는 것도 좋다. 단, 너무 여성성을 강조하여 전문성과 신뢰성을 잃지 않도록 유의한다. |
| **일반 사무직** | 이미지 | 깔끔하고 성실한 인상으로 빈틈없이 보이면서도 딱딱하지 않고 부드러우며 친절한 이미지를 연출한다. |
| | 코디네이션 | • 베이지 컬러와 블랙을 활용하여 약간 보수적인 스타일을 연출한다.<br>• 보통 대부분의 시간 동안 사무실에서 근무하므로 환경의 변화가 별로 없다. 따라서 복장으로 분위기를 변화시킬 수 있도록 여성의 경우에는 블라우스, 남성의 경우에는 넥타이로 포인트를 주는 것이 좋다.<br>• 앉아서 일하는 시간이 많으므로 업무 효율성을 위하여 구김이 적고 활동하기 편한 복장이 좋다. |

| 광고 기획,<br>홍보, 디자인<br>종사자 | 이미지 | • 창의성과 아이디어가 중요시되는 직종이므로 개성 있고 세련된 이미지의 옷차림이 좋다.<br>• 디자인과 컬러, 소재 등이 트랜드에 맞고 자신만의 개성을 표현하는 것이 좋다. |
|---|---|---|
| | 코디네이션 | • 소재보다는 색채가 중요하고 독특하고 화려한 패턴으로 자신의 개성을 표현한다.<br>• 유행에 따르는 옷차림이 좋지만 프레젠테이션을 할 때나 업체를 방문할 때는 예의를 갖추며 자신을 표현할 수 있는 자신감 넘치는 옷차림을 한다. |
| 유니폼 ★★★ | 이미지 | 유니폼은 **회사에 대한 소속감과 동료 의식**을 갖게 하고, 동시에 **자부심과 프로 의식**을 가지게 한다. 따라서 회사의 이미지를 고려하여 유니폼은 항상 **단정하게 규정에 맞게 착용**한다. |
| | 코디네이션 | • 항상 청결을 유지해야 하고 구김 없이 착용한다.<br>• 명찰이나 신분증은 정위치에 부착해야 하고, 주머니에 볼펜 이외의 것은 넣지 않는다.<br>• 스커트 길이는 너무 짧지 않게 무릎 바로 위 길이 정도로 한다.<br>• 단추가 떨어지지 않았는지 옷에 구멍이나 이상은 없는지 점검한다.<br>• 개인적인 액세서리는 가능한 피하도록 한다.<br>• 소매와 바지를 접어 입지 않는다.<br>• 개인의 취향에 따라 길이나 형태를 변형하여 입지 않는다.<br>• 유니폼 블라우스나 셔츠의 속이 비치지 않도록 주의한다. |

## 5 퍼스널 컬러

### (1) 퍼스널 컬러의 개념

① 퍼스널 컬러(personal color)란 자신이 가지고 있는 신체색과 조화를 이루어 생기가 돌고 활기차 보이도록 하는 개개인의 컬러를 의미한다.

② 미국, 일본, 유럽 등에서는 4계절의 이미지에 비유하여 신체색을 분류하는 방법을 활용하고 있다. 즉 봄, 여름, 가을, 겨울의 이미지에서 보이는 색채를 이용하여 개인의 개성 있는 이미지를 연출한다.

③ 컬러 진단(color creation)은 주로 퍼스널 컬러에서 개인의 피부, 머리카락, 눈동자 등의 색과 이미지에 따라 어울리는 색채 계열을 찾아 의상이나 헤어 컬러링, 메이크업을 하는 데 응용할 수 있다.

④ 퍼스널 컬러는 컬러 드레이핑이나 컬러 칩, 자가 진단법으로 진단한다.

⑤ 색은 먼저 색상에서 따뜻함과 차가움을 분류하고, 두 번째로 톤에서 소프트와 하드로 분류한다. 따뜻한 톤은 봄과 가을의 색이고 차가운 톤은 여름과 겨울의 색, 소프트는 봄과 여름의 유형이고, 하드는 가을과 겨울의 유형으로 분류할 수 있다.

## (2) 퍼스널 컬러 분류

| 색상 | Warm | 봄과 가을 |
|---|---|---|
| | Cool | 여름과 겨울 |
| 톤 | Soft | 봄과 여름 |
| | Hard | 가을과 겨울 |

### ① Cool & Warm Color

| Warm Color | • **봄과 가을**이 이에 속한다.<br>• **따뜻한 색은 노란색과 황색을 기본 바탕으로** 한다.<br>• 비교적 선명한 톤과 짙은 톤이 주를 이루어 풍요롭고 생동감을 주는 이미지를 전달한다.<br>• 대표적인 색상은 레드, 오렌지, 엘로우, 엘로우그린, 그린, 올리브그린, 카키, 피치, 브라운 등의 색이다. |
|---|---|
| Cool Color | • **여름과 겨울**이 이에 속한다.<br>• 차가운 색은 모든 계열의 색에 **푸른색, 흰색, 검은색을 기본 바탕으로** 하는 색이다.<br>• 흰빛을 가진 부드러운 톤과 짙고 선명한 톤이 주를 이루어 정적이면서도 모던한 이미지와 깨끗하고 부드러운 이미지를 준다.<br>• 대표적인 색으로는 블루, 바이올렛, 마젠다, 핑크, 와인, 레드, 네이비블루, 아쿠아블루, 그레이 등이 있다. |

### ② 사계절 분류

| 봄 타입 | • 온화하고 부드러운 것이 특징이고 **따뜻한 톤**을 지니고 있다.<br>• 피부색은 맑은 노란빛의 매끄러운 크림색의 투명한 피부를 가지고 있다.<br>• 머리색은 황갈색, 담황색, 엘로우브론디, 허니, 골든브라운 등이고, 눈동자색은 옅은 색, 파스텔색, 골드빛을 지니고 있다.<br>• 이미지는 젊고 발랄하며 따뜻하고 투명한 이미지를 가지고 있다. |
|---|---|
| 여름 타입 | • **희고 푸른빛을 지닌 차갑고 부드러운 파스텔 톤**으로 푸른빛이 돌며 얇은 피부를 가지고 있어 쉽게 붉은색으로 된다.<br>• 머리색은 갈색과 검정이 주를 이루지만, 짙은 색보다는 밝은 회갈색이고, 눈동자색은 비교적 밝고, 회갈색이거나 붉은 빛이 도는 로즈브라운을 지니고 있다.<br>• 부드러운 파스텔 톤이 잘 어울리며, 청아하고 신선한 차가운 이미지와 귀족적인 우아한 이미지를 가지고 있다. |
| 가을 타입 | • 피부색은 **따뜻한 황색 톤을 지니고 봄색보다는 짙은 색**을 띠고 있으며, 피부가 햇볕에 잘 타서 기미나 잡티가 잘 생기고 윤기가 없다.<br>• 깊고 풍부한 색으로 엘로우베이지를 기본으로 차분한 중간 톤과 어두운 톤이 주를 이루고 있다.<br>• 머리색은 어둡고 짙은 적갈색, 검정 등이고, 눈동자색은 어두운 붉은 색을 지닌 브라운, 올리브그린 빛을 띤다.<br>• 전체적으로 따뜻하고, 부드러우며 자연스러운 이미지를 가지고 있어서 친근감을 가질 수 있다. |
| 겨울 타입 | • 피부색은 **붉은 기운이 도는 투명한 피부이거나 차가운 색으로 푸르스름한 톤**을 지니고 있다. 다른 계절에 비해 유난히 희고 푸른빛의 창백한 피부를 지니고 있다.<br>• 선명하고 강한 색으로 블루베이스의 차가운 톤이며 피부색, 머리색, 눈동자 색의 차이가 밝고 강하다.<br>• 머리색은 블루블랙, 어두운 검정이고, 눈동자색은 검정색, 여름 타입에 비해 더욱 강하고 선명하다.<br>• 이미지는 강하고 맑으며, 차가운 느낌의 도시적인 이미지가 있다. |

# Voice 이미지

## 출제 & 학습 포인트

★★★ 최빈출　★★ 빈출　★ 필수

### 출제포인트
1~2장에 비해 출제 빈도는 높지 않지만, 목소리의 중요성과 좋은 목소리 만드는 방법에 대한 문제의 출제 빈도가 높습니다.

### 학습포인트
① 목소리의 중요성에서는 목소리의 역할과 음성의 구성 요소별 특징을 학습합니다.
② 좋은 목소리를 만들 수 있는 다양한 방법을 학습하고, 특히 좋은 목소리를 위한 관리 방법을 학습합니다.

## 1 목소리(Voice)

### (1) 목소리의 중요성 ★

① 목소리는 외모와 함께 **사람의 인상에 영향을 주는 주요 변수**일 뿐만 아니라 사람의 마음을 움직여 여러 인간관계를 보다 깊게 연결시켜 주기도 한다.

② 사람의 타고난 음성의 질은 바꿀 수 없지만 **음성의 분위기는 훈련을 통해 바꿀 수 있다.** 음성은 그 사람의 감정을 반영하는 것으로 상황에 맞는 감정을 음성에 넣을 수 있도록 노력하면 음성의 결은 다듬어질 수 있다.

③ 사람의 목소리는 각인각색(各人各色)으로 다르고 특색이 있어 목소리만으로도 그 사람의 성격이나 인격 또는 직업까지도 알 수 있다.

### (2) 음성의 구성 요소 ★

| 음질 | • 목소리가 **맑고 깨끗한지, 답답하고 탁한지에 대한 정도**로, 음질이 탁하면 듣는 이에게 불쾌감을 줄 수도 있고, 스피치에 흥미를 주지 못하게 된다.<br>• 음질이 좋지 않은 사람은 유음 'ㄹ'의 연습이 필요하다. |
|---|---|
| 음량 | • 음량은 목소리의 크고 작음을 말하는 것으로, 풍부한 음량은 스피치에 있어서 매우 중요한 부분이다.<br>• 음량이 약하면 갈라지거나 쉰 음을 낼 수 있기 때문에 복식 호흡과 고성 발성의 연습이 필요하다. |
| 음폭 | • 소리의 높낮이를 말하는 것으로 사용할 수 있는 음역의 정도를 의미한다.<br>• 음폭이 넓으면 맑고 선명하고 힘이 있는 소리가 나온다.<br>• 음폭이 좁은 사람은 파열음 'ㄱ, ㄲ, ㅋ, ㄷ, ㄸ, ㅂ, ㅃ, ㅍ'의 연습이 필요하다. |
| 음색 | • 음색이란 음질의 색으로 **듣기 좋고 나쁨을 구별하는 것**이다. 음색이 나쁘면 부정적인 이미지가 생겨 스피치에 좋지 않은 영향을 미치게 된다.<br>• 음색을 좋게 하려면 어미 처리에 많은 연습을 해야 한다. |

### (3) 좋은 목소리

① 선천적으로 타고난 목소리가 제일 좋은 목소리

② 건강한 목소리

③ 톤(음조)이 낮으면서 떨림이 없는 소리

④ 자신 있고 당당하며 씩씩하게 내는 소리

⑤ 다양한 감정을 표현할 수 있는 음색을 갖춘 소리

## 2 목소리 훈련

### (1) 복식 호흡

① 복식 호흡이란 숨을 깊게 충분히 들이쉬고 내쉬는 호흡법으로 흉식 호흡에 비해 횡격막이 더욱 아래로 내려가, 가슴속 공간이 더 넓어지고 폐는 산소를 더 많이 채우게 된다.

② 복식 호흡으로 숨을 천천히 내쉴 때는 횡격막이 최대한 폐 쪽으로 올라가 이산화탄소를 충분히 방출시키게 된다.

③ 흉식 호흡의 경우 1분에 16~20회 정도, 복식 호흡의 경우 5~10회 정도 호흡한다.

④ 들숨은 코로 짧게, 날숨은 입으로 길게 내쉬며 가슴, 어깨, 목, 얼굴 근육의 긴장을 푼다.

⑤ 규칙적으로 들숨 3초, 날숨 6초씩 매일 복식 호흡한다. 하루에 3번, 한 번에 3분씩, 4주 이상 연습하면 호흡이 안정되고 목소리가 차분해진다.

⑥ 처음엔 1분에 10회 정도, 익숙해지면 1분에 6~8회 정도 호흡한다.

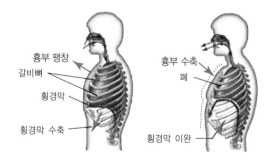

## (2) 복식 호흡 방법

| 1단계 | 한 손은 배 위에, 다른 손은 가슴 위에 올려놓고 흉식 호흡인지 또는 복식 호흡인지 자신의 호흡을 확인한다. |
|---|---|
| 2단계 | 코를 통해 깊게 숨을 들이마시면서 아랫배를 최대한 내민다. |
| 3단계 | 숨을 최대한 들이마신 상태에서 1초 정도 숨을 멈춘다. |
| 4단계 | 입을 약간 벌려 '후―' 하고 소리를 내듯 숨을 내쉬면서 배를 완전히 수축시킨다. |
| 5단계 | 다시 천천히 위 단계를 반복하여 호흡한다. |

## (3) 발음 훈련

정확한 발음을 위해서는 혀와 입 주위 근육을 풀어 주어 혀와 아래턱의 움직임을 부드럽게 해야 한다.

| 혀 운동 | • 혀를 입 밖으로 길게 뺐다가 집어넣는 운동을 반복한다.<br>• 혀를 목구멍 쪽으로 말아 감았다가 혀 밑으로 말아 감기를 반복한다.<br>• 혀에 힘을 빼고 "똑딱똑딱" 시계 초침 소리를 내고 혀를 움직여 오른쪽 왼쪽 번갈아 가며 반복한다. |
|---|---|
| 입술 운동 | • 입술을 앞으로 쭉 내밀었다가 옆으로 잡아당긴다.<br>• 입 모양을 정확하게 만들면서 아―에―이―오―우 소리 내어 발음한다.<br>• 입 모양을 정확하게 만들면서 가―게―기―고―구 소리 내어 발음한다. |
| 턱 운동 | 아래턱을 상하좌우로 움직여 근육을 풀어 주고, '아-에-이-오-우' 소리 내어 발음한다. |

### 정확한 발음을 위한 입술 운동

'아'  '에'  '이'  '오'  '우'

### 알아두기

발음 연습 시 주의 사항
• 발음 전 입술을 상하좌우로 움직인다.
• 발음할 때 가능한 한 입을 크게 벌린다.
• 한 번은 강하게, 한 번은 약하게 반복하여 발음한다.
• 처음에는 천천히 정확하게 발음하고, 연습하면서 점차 속도를 빠르게 한다.

발음 연습하기
- 칠월 칠일은 평창 친구 친정 칠순 잔칫날
- 저기 저 뜀틀이 뛸 뜀틀인가 내가 안 뛸 뜀틀인가.
- 저기 있는 말말뚝이 말 맬 만한 말말뚝이냐, 말 못 맬 만한 말말뚝이냐.
- 한양양장점 옆 한영양장점, 한영양장점 옆 한양양장점
- 저기 저분은 박 법학박사이고, 여기 이분은 백 법학박사이다.
- 신진 샹송 가수의 신춘 샹송 쇼
- 서울특별시 특허허가과 허가과장 허과장
- 내가 그린 기린 그림은 긴 기린 그림이고, 니가 그린 기린 그림은 안 긴 기린 그림이다.

## (4) 음의 고저(高低) 훈련

① 음의 높고 낮음에 따라 내용의 전달력은 다르다. 내용에서 핵심이 되는 단어를 강하게 소리 내는 것으로 상대방에게 내용의 요점을 자연스럽고 정확하게 전달할 수 있다.

> 예 • 한낮엔 가을볕이 <u>따가웠지만</u> 그야말로 <u>쾌청한</u> 주말이었습니다.
> • 일요일인 내일은 가끔 구름이 <u>많겠</u>는데요.

② 강조하는 단어를 순서대로 바꿔 가며 말하는 훈련을 하여 강약 조절을 자연스럽게 익힌다.

> 예 • <u>꽃에</u> 햇빛이 필요하듯이 인간에게는 미소가 필요하다.
> • 꽃에 <u>햇빛이</u> 필요하듯이 인간에게는 미소가 필요하다.
> • 꽃에 햇빛이 <u>필요하듯이</u> 인간에게는 미소가 필요하다.
> • 꽃에 햇빛이 필요하듯이 <u>인간에게는</u> 미소가 필요하다.
> • 꽃에 햇빛이 필요하듯이 인간에게는 <u>미소가</u> 필요하다.
> • 꽃에 햇빛이 필요하듯이 인간에게는 미소가 <u>필요하다.</u>

## 3 목소리 관리법 ★★★

## (1) 좋은 목소리 만들기

① 등을 곧게 펴고 가슴을 올려 자세를 바르게 하고, 다리는 꼬지 않고 배에 힘을 주어 말한다.

② 항상 밝은 생각으로 긍정적인 말을 하고, 밝은 목소리로 생동감 있게 말하여 상대가 유쾌한 기분이 들도록 한다.

③ 정확한 내용을 전달하기 위해서 발음을 분명하게 한다. 특히 발음을 정확하게 하기 위해서는 모음을 정확하게 발음해야 한다.

④ 속도는 상대방에 맞게 적당히 조절해야 하고, 내용에 따라 끊어서 말하거나 중요한 내용 전에 는 조금 쉬어 상대방을 집중시킨다.

⑤ 작은 목소리, 콧소리, 딱딱한 목소리 등 자신의 목소리의 결점을 파악하고 교정하는 연습을 꾸준히 한다.

⑥ 말하고자 하는 내용에 맞는 제스처를 적절히 사용한다. 적절한 제스처는 내용의 전달력을 향 상시킨다.

⑦ 상대방과의 대화 시 상대의 눈을 보고 고개를 끄덕이는 등의 경청하는 모습은 상대로 하여금 대화에 더 집중하게 만들어 커뮤니케이션을 원활하게 한다.

## (2) 음성을 관리한다.

① 목에 무리를 줄 수 있는 잦은 흡연이나 음주를 피하고, 피로하지 않게 관리한다.

② 성대의 피로를 풀고 에너지를 보충하기 위하여 잠을 충분히 잔다.

③ 목에 좋은 따뜻한 차나 물을 자주 마시고, 탄산음료나 카페인 음료를 피한다.

④ 감기 기운이나 몸에 이상이 있는 경우 가능한 한 말을 하지 않는다.

⑤ 속삭이듯 너무 작은 소리나 큰 소리를 내지 않도록 하고, 헛기침은 성대에 무리를 주므로 삼간다.

⑥ 건강한 몸에서 좋은 목소리가 나오므로 운동을 꾸준히 한다.

⑦ 밤에 음식을 섭취하고 누우면 위산이 역류하여 식도에 무리를 주므로 야식을 삼간다.

## (3) 제스처를 적절히 활용한다.

① 말하고자 하는 내용에 맞는 제스처는 그 내용의 전달력을 향상시킨다.

② 상대방과의 대화 시 상대의 눈을 보고 고개를 끄덕이는 등의 경청하는 모습은 상대로 하여금 대화에 더 집중하게 만들어 커뮤니케이션을 원활하게 한다.

## 4 목소리 결점 극복 방법

| | | |
|---|---|---|
| 작은 목소리 | 원인 | • 작은 목소리는 소극적인 인상을 주어 부정적인 이미지로 나타날 수 있다.<br>• 작은 목소리의 원인은 성대가 진동을 하지 않기 때문인데 호흡이 성대를 진동시키지 못하고 그대로 빠져나가기 때문이다. |
| | 극복 방법 | • 입을 반쯤 벌린 상태에서 손으로 입을 막고 소리를 내어 본다. 이때 입과 코로 호흡이 새나가지 않도록 주의한다.<br>• 짧은 발음으로 호흡을 조절한다.<br>• 손가락 끝으로 턱을 누르고 턱 아래 근육을 손가락 위쪽으로 되민다. |
| 콧소리가 나는 목소리 | 원인 | • 목 안쪽의 공간이 좁아 호흡이 입 밖으로 빠져나가지 않고 코로 빠져나간다.<br>• 호흡이 원활하게 빠져나가지 않고 코에 걸리면 콧소리가 나게 된다. |
| | 극복 방법 | • 목에 힘을 뺀다.<br>• 탁구공을 입에 물고 탁구공이 진동할 때까지 힘을 빼고 입술 주변을 진동시킨다는 생각으로 호흡을 자연스럽게 내쉰다. |
| 딱딱한 목소리 | 원인 | • 딱딱한 목소리는 감정 표현이 서툴러 차가운 인상을 줄 수 있다.<br>• 이러한 사람은 턱을 빠르게 움직이는 경향이 있다.<br>• 한 발음씩 정확히 발음하는 것도 좋지만, 너무 정확하게 끊어 말하면 더 딱딱해 보이므로 주의한다. |
| | 극복 방법 | • 턱을 움직이지 않고 발음하도록 한다.<br>• 젓가락을 양 입의 옆쪽으로 몰아 넣고 발음한다.<br>• 턱은 움직이지 않고 입술과 혀만 움직여서 발음하도록 연습한다. |

# 핵심 키워드 정리

| | |
|---|---|
| 이미지 | 어떤 대상에서 연상되는 느낌을 의미하며, 그 대상에 갖게 되는 일련의 신념 및 인상의 총체 |
| 외적 이미지 | 용모, 복장, 표정 등 표면적으로 드러나는 이미지로, 직접 경험을 통해 형상화되는 것 |
| 내적 이미지 | 인간의 심리적, 정신적, 정서적인 특성들이 고유하고 독특하게 형성되어 있는 상태로서 심성, 생각, 습관, 감정, 지식 등의 유기적인 결합체를 의미 |
| 사회적 이미지 | 특정한 사회 속에서 대인 간 상호 교류를 통해 형성되는 이미지로, 자신이 속한 사회의 환경과 문화를 반영하며, 매너, 에티켓, 리더십, 행동, 태도, 자세, 신뢰 형성, 사회적 지위 등을 통해 형성된 이미지 |
| 메라비안의 법칙 | 상대방으로부터 전달되는 정보량은 언어적 요소가 7%, 청각적 요소가 38%, 시각적 요소가 55%를 차지한다는 내용의 법칙 |
| 초두 효과 | • 먼저 제시된 정보가 나중에 들어온 정보보다 전반적인 인상 형성에 강력한 영향을 미친다는 효과<br>• 첫인상이 나쁘면 나중에 아무리 잘해도 긍정적인 이미지로 바꾸기 어렵다는 것을 설명함. |
| 후광 효과 | 어떤 사람이 갖고 있는 한 가지 장점이나 매력 때문에 다른 특성들도 좋게 평가되는 것을 설명하는 효과 |
| 최근 효과 | 시간적인 흐름에서 가장 마지막에 제시된 정보, 즉 최근에 받은 이미지가 인상 판단에 중요한 역할을 한다는 것을 설명하는 효과 |
| 부정성 효과 | 부정적인 특징이 긍정적인 특징보다 인상 형성에 더 강력하게 작용하는 것을 설명하는 효과 |
| 맥락 효과 | 처음에 인지된 이미지가 이후 형성되는 이미지의 판단 기준이 되고, 전반적인 맥락을 제공하여 인상 형성에 영향을 주게 되는 것을 설명하는 효과 |
| 호감 득실 이론 | 자신을 처음부터 계속 좋아해 주던 사람보다 자신을 싫어하다가 좋아하는 사람을 더 좋아하게 되고 반대로 자신을 처음부터 계속 싫어하던 사람보다 자신을 좋아하다가 싫어하는 사람을 더 싫어하게 된다는 이론 |
| 빈발 효과 | 첫인상이 좋지 않게 형성되었다고 할지라도 반복해서 제시되는 행동이나 태도가 첫인상과는 달리 진지하고 솔직하게 되면 점차 좋은 인상으로 바뀌는 현상 |
| 악마 효과 | 후광 효과와 반대의 의미로, 보이는 외모로 모든 것을 평가하여 다른 모습을 보기도 전에 부정적으로 판단해 버리는 현상. '마른 사람은 성격이 예민할 것이다.' 등과 같이 편견이 이미지 형성에 영향을 미치는 효과 |
| 이미지 메이킹 | 개인이 추구하는 목표를 이루기 위해 자기 이미지를 통합적으로 관리하는 행위로, 자신이 속한 사회적 지위에 맞게 내적 이미지와 외적 이미지를 최상의 모습으로 만들어 가는 것을 의미 |
| 삼점법 | 방향 안내 동작을 할 때 시선은 상대방의 눈을 먼저 보고, 가리키는 방향을 손과 함께 본 후 다시 상대방의 눈을 보는 방법 |
| 복식 호흡 | 숨을 깊게 충분히 들이쉬고 내쉬는 호흡법으로, 흉식 호흡에 비해 횡경막이 더욱 아래로 내려가 가슴속 공간이 더 넓어지고 폐는 산소를 더 많이 채우게 되는 호흡법 |

# PART 02 실전 예상 문제 TEST

**01** 목소리에 대한 설명으로 가장 적절하지 않은 것은?

① 좋은 목소리는 떨림이 없거나 적고, 또렷하게 들린다.

② 목소리가 작을 때는 복식 호흡을 통해 호흡량을 크게 하면 좋다.

③ 사람의 타고난 음성의 질은 음성의 분위기와 마찬가지로 훈련을 통해 바꿀 수 있다.

④ 목소리는 외모와 함께 사람의 인상과 이미지를 만드는 주요 요소이다.

⑤ 말을 하다가 잠시 공백을 두면 상대의 집중도를 높이고 핵심을 강조할 수 있다.

**02** 다음 중 대인지각에 대한 설명으로 적절하지 않은 것은?

① 대인지각은 논리적이기보다는 자신의 경험이나 사고를 바탕으로 주관적으로 행해진다.

② 대인지각은 지각의 대상과의 상호 작용에 의해 이미지를 형성한다.

③ 대인지각은 타인을 향해 무의식적으로 작용되는 편향적 태도에 영향을 받는다.

④ 지각의 대상의 매력적인 특성이 다른 특성을 평가하는 데 영향을 미친다.

⑤ 지각의 대상의 말과 행동을 관찰하여 그 내면의 의미를 객관적으로 판단한다.

**03** 다음 중 이미지에 대한 설명으로 적절한 것은?

① 일반적으로 이미지라고 하면 시각적인 측면만을 의미한다.

② 이미지는 어떠한 대상에 대한 지각적 요소와 감정적 요소가 결합되어 나타나므로 객관적이다.

③ 최근 인터넷 기반 기업이 증가하면서 기존의 기업 이미지, 제품 이미지 등의 중요성이 감소되고 있다.

④ 이미지는 학습이나 경험을 통해 얻어지는 정보나 커뮤니케이션 등에 의해 형성되거나 수정, 변화될 수 있다.

⑤ 이미지는 추상적인 것으로 인해 대상에 대한 특정 태도를 취하게 되는 것이므로 직접적인 경험만으로 형성될 수 있다.

**04** 다음 중 상황별 제스처에 관한 설명으로 적절하지 않은 것은?

① 손가락으로 링을 표시한 사인은 미국과 유럽에서 OK 사인과 같다.

② 고객이 상담 도중 계속 시계를 보는 것은 시간이 없고, 바쁘다는 신호이다.

③ 고객을 안내할 경우 몸을 30도 정도 비스듬히 하여 고객이 따라오는지 자주 확인하며 걷도록 한다.

④ 고객과의 이야기 도중 고객이 양 손바닥을 하늘을 향하게 하여 어깨를 으쓱하는 행동은 '잘 모르겠다.'라는 의미이다.

⑤ 악수할 때에 한쪽 손은 악수를 하고 한쪽 손은 바지 주머니에 넣는 것은 상대방을 배려하여 한 손을 숨기는 행동이다.

**05** 다음 중 첫인상에 대한 설명으로 적절하지 않은 것은?

① 첫인상이 좋을 경우 후광 효과로 인해 다른 분야에서도 좋은 평가를 받는다.

② 메라비안의 법칙에 따르면 시각적 요소가 이미지에 가장 큰 영향을 미친다.

③ 전체 이미지 구성에 강력한 영향을 미친다.

④ 첫인상이 좋지 않았더라도 조금만 노력하면 바꿀 수 있다.

⑤ 첫인상은 평가하는 사람의 판단과 가치관에 따라 일방적으로 형성된다.

**06** 다음 중 이미지 메이킹의 효과로 적절하지 않은 것은?

① 자아 존중감이 향상된다.

② 주관적인 자아상을 확립할 수 있다.

③ 궁극적으로 대인 관계 능력 향상의 효과가 있다.

④ 이미지 메이킹은 나다운 나를 찾아 정체성을 확립할 수 있다.

⑤ 개인의 행복과 삶의 질을 향상시키는 데 직접 기여한다.

**07** 다음 중 향수의 사용법으로 적절하지 않은 것은?

① 바지나 스커트의 밑단이나 자켓 안쪽에 뿌린다.

② 향수는 직사광선을 피해 서늘한 곳이나 냉장고에 보관한다.

③ 향수는 유통 기한이 없으므로 끝까지 잘 사용하는 것이 좋다.

④ 땀이 많이 나는 부분인 머리나 겨드랑이 등에는 뿌리지 않는다.

⑤ 향수는 휘발성 제품이므로 발향이 다 되고 나면 다시 뿌려 향을 지속한다.

**08** 다음 중 서비스인의 유니폼에 대한 설명으로 옳지 않은 것은?

① 개인적인 액세서리 사용은 포인트, 강조를 위해 바람직하다.

② 유니폼은 항상 청결한 상태를 유지하고, 구김이 가지 않도록 한다.

③ 명찰이나 신분증은 정위치에 부착한다.

④ 스커트 길이는 너무 짧지 않게 무릎 바로 위 길이 정도로 한다.

⑤ 유니폼을 개인의 취향에 따라 변형하지 않는다.

**09** 다음 중 좋은 목소리를 만드는 방법으로 적절하지 않은 것은?

① 발음을 정확하게 한다.

② 항상 밝은 생각으로 긍정적인 말을 한다.

③ 좋은 목소리가 나올 때까지 계속 말을 한다.

④ 목에 좋은 따뜻한 차나 물을 자주 마신다.

⑤ 등을 곧게 펴고 가슴을 올리며 배에 힘을 주어 말한다.

**10** 다음 중 이미지의 형성 과정에 대한 설명으로 적절하지 않은 것은?

① 이미지는 과거와 상관없는 현재 모습 자체이다.

② 이미지의 형성 과정은 이성적 과정보다 감성적 과정을 거쳐 형성된다.

③ 이미지는 지극히 주관적이며 같은 대상에 대한 이미지는 각자 다르게 받아들인다.

④ 이미지의 형성은 선택적으로 이루어져 같은 대상에 대해서도 다른 이미지를 부여한다.

⑤ 개인적 차이는 있지만 이미지는 감성적 판단을 바탕으로 형성된다.

**11** 다음 중 호감을 주는 시선 처리로 옳지 않은 것은?

① 대화할 때 상대방을 자연스럽게 응시한다.

② 대화의 상황에 따라 눈의 크기를 조절한다.

③ 대화의 주제나 내용에 따라서 표정을 달리한다.

④ 대화를 나눌 때 시선을 피하거나 주위를 두리번거리지 않는다.

⑤ 상대에 대한 존중의 표시로 상대의 눈에서 시선을 떼지 않는다.

**12** 다음에서 설명하는 것은 무엇인가?

> 자신을 처음부터 계속 좋아해 주는 사람보다는 자신에게 부정적이다가 긍정적으로 변한 사람을 더 좋아하게 된다는 이론

① 기대 이론
② 호감 득실 이론
③ ERG 이론
④ 강화 이론
⑤ 인지 부조화 이론

**13** 다음 중 비즈니스 시 여성의 올바른 패션 이미지 연출로 옳지 않은 것은?

① 핸드백 속의 소지품을 항상 잘 정돈한다.
② 핸드백은 정장과 구두의 색과 어울리도록 한다.
③ 향수는 자극적인 향보다는 은은한 향이 날 수 있도록 소량을 뿌린다.
④ 자신을 어필하기 위해 큰 보석이 박히거나 화려한 디자인의 반지나 귀걸이를 착용한다.
⑤ 정장에 어울리는 단정한 구두를 착용하고 업무 진행에 방해를 주는 굽이 너무 높은 것은 피한다.

**14** 다음 중 표정과 그 중요성에 대한 설명으로 옳지 않은 것은?

① 표정에 따라 상대방에게 호감을 줄 수도, 적대감을 줄 수 있다.
② 표정을 통해 상대의 마음을 읽을 수 없기 때문에 의중을 물어야 한다.
③ 표정은 심리 상태를 대변하는 표현의 한 방법으로 상대에게도 심리적 영향을 미친다.
④ 중요한 미팅 전에 좋은 표정을 만들기 위해서는 얼굴 근육을 풀어 주는 준비 운동이 필요하다.
⑤ 평소에 짓는 표정은 자신의 내면을 표현하는 거울로, 항상 내면을 밝고 긍정적으로 생각함으로써 호감을 주는 표정을 만들 수 있다.

**15** 다음 중 이미지 관리 과정의 4단계에 적합한 것은 무엇인가?

① 이미지 콘셉트 정하기 ⇨ 좋은 이미지 만들기 ⇨ 이미지 점검하기 ⇨ 이미지 내면화하기
② 이미지 콘셉트 정하기 ⇨ 이미지 점검하기 ⇨ 좋은 이미지 만들기 ⇨ 이미지 내면화하기
③ 이미지 점검하기 ⇨ 이미지 콘셉트 정하기 ⇨ 이미지 내면화하기 ⇨ 좋은 이미지 만들기
④ 이미지 점검하기 ⇨ 좋은 이미지 만들기 ⇨ 이미지 콘셉트 정하기 ⇨ 이미지 내면화하기
⑤ 이미지 점검하기 ⇨ 이미지 콘셉트 정하기 ⇨ 좋은 이미지 만들기 ⇨ 이미지 내면화하기

**16** 다음 중 이미지 메이킹의 6단계에 속하지 않는 것은?

① 상대를 파악하라.　　　　　　② 자신의 모델을 선정하라.
③ 자신을 계발하라.　　　　　　④ 자신을 연출하라.
⑤ 자신을 팔아라.

**17** 다음은 메라비안의 법칙(Law of Mehrabian)을 나타낸 그래프이다. ( ) 안에 적절한 것은?

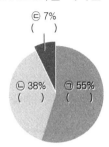

ⓒ 7%
( )

ⓑ 38%
( )

ⓐ 55%
( )

|  | ㉠ | ㉡ | ㉢ |
|---|---|---|---|
| ① | 시각적 요소 | 언어적 요소 | 청각적 요소 |
| ② | 시각적 요소 | 청각적 요소 | 언어적 요소 |
| ③ | 언어적 요소 | 청각적 요소 | 시각적 요소 |
| ④ | 언어적 요소 | 시각적 요소 | 청각적 요소 |
| ⑤ | 청각적 요소 | 언어적 요소 | 시각적 요소 |

**18** 다음 중 서비스인의 바람직한 자세에 대한 설명으로 적절하지 않은 것은?

① 앉을 때 등과 등받이 사이는 주먹이 하나 들어갈 정도로 간격을 두고 깊숙이 앉는다.
② 걸을 때 손은 가볍게 주먹을 쥐고 양팔은 자연스럽게 흔들어 준다.
③ 방향 안내 시 상대방의 입장에서 구체적이고 정확하게 위치를 안내한다.
④ 물건을 건넬 때는 가슴과 허리 사이의 위치에서 주고받도록 한다.
⑤ 걸을 때 시선은 정면을 향하도록 하고, 턱은 살짝 들어 당당한 느낌을 준다.

**19** 다음 중 이미지의 개념 및 속성에 대한 설명으로 옳지 않은 것은?

① 이미지는 객관적인 것이라기보다는 주관적인 것이라고 할 수 있다.
② 이미지는 마음속에 그려지는 사물의 감각적 영상, 또는 심상이다.
③ 이미지에는 시각적인 요소 이외의 수많은 감각에 의한 이미지도 포함된다.
④ 이미지는 실체의 한 부분이지만 대표성을 갖는다.
⑤ 이미지는 인식 체계와 행동의 동기 유인 측면에 있어 매우 중요한 역할을 한다.

**20** 다음 중 방향 안내 동작으로 적절한 것은?

① 가리키는 방향을 손과 함께 본 후 다시 상대방의 눈을 본다.
② 손바닥이나 손등이 정면으로 보이지 않도록 45도 각도로 눕혀서 가리킨다.
③ 직원의 입장에서 구체적이고 정확하게 위치를 안내한다.
④ 손목을 사용하여 가리키는 방향을 안내한다.
⑤ 방향을 가리킬 때에는 항상 오른손을 사용한다.

**21** 다음 중 서비스 전문가로서 자신을 연출할 때 피해야 하는 상황을 고르면?

① 서비스 전문가는 가능하면 앞머리로 이마나 눈을 가리지 않는 것이 좋다.
② 트랜드에 민감해야 하는 것이 서비스 전문가이므로 제복이나 유니폼을 입더라도 트랜드에 맞게 액세서리 등으로 개인의 개성을 연출하는 것이 좋다.
③ 머리는 빗질을 하거나 헤어 제품을 사용하여 흘러내리는 머리가 없도록 고정하고 단정한 모양을 유지하는 것이 좋다.
④ 유니폼이나 개인 슈트를 입더라도 흰색 양말보다 양복색과 같은 양말을 착용하여 구두 끝까지 전체 흐름을 같이하는 것이 좋다.
⑤ 옷과 구두의 색상과 조화를 이루는 것이 좋으며 스타킹도 무난한 것으로 고르되 무늬나 화려한 색상의 것은 피하는 것이 좋다.

**22** 다음 중 서비스 전문가에게 있어 중요한 Voice 연출에 해당되지 않는 사항을 고르면?

① 항상 밝고 분명한 목소리로 응대하며, 발음을 정확하게 하도록 한다.
② 말끝을 흐리지 않도록 노력하며 상대방이 알아듣기 쉬운 용어를 사용한다.
③ 말의 속도 조절에 유념하여 강조할 부분에 있어서는 반드시 악센트를 가하는 것이 좋다.
④ 요죠체보다 다까체를 사용하는 것이 좋으며, 경어 사용에 신경을 쓰는 것이 좋다.
⑤ 쿠션 언어를 사용하면 대화가 자칫 길어질 수 있으므로 명확한 발음으로 필요한 내용을 전달하는 것 외에는 많은 언어를 사용하지 않는 것이 좋다.

**23** 다음 중 첫인상의 특징에 대한 설명으로 적절하지 않은 것은?

① 신속성                    ② 통합성
③ 연관성                    ④ 일회성
⑤ 일방성

**24** 다음 중 올바른 Voice 이미지 연출 방법에 대한 설명으로 적절하지 않은 것은?

① 장·단음을 분명하게 발음한다.

② 천천히 또박또박 발음하도록 한다.

③ 모음에 따라 입 모양을 다르게 해야 한다.

④ 숨을 들이마신 후에 말하면 목소리가 더 풍성해진다.

⑤ 말을 할 때에는 항상 강하고 힘 있게 말하여 자신감 있는 모습을 연출한다.

**25** 다음 중 목소리에 대한 설명으로 옳은 것은?

① 호흡은 흉식 호흡을 반복 연습한다.

② 콧소리가 날 때는 목에 힘을 빼 주면 좋다.

③ 발음은 최대한 정확하게 끊어서 말하는 연습을 한다.

④ 작은 목소리는 소극적인 인상을 주지만 겸손한 이미지 또한 표현할 수 있다.

⑤ 딱딱한 목소리는 감정 표현이 서툴러 보여 상대에게 순진한 인상을 줄 수 있다.

**26** 다음 중 걷는 자세에 대한 설명으로 옳지 않은 것은?

① 일직선으로 걷는다.

② 어깨의 힘을 빼고 등을 곧게 세운다.

③ 시선은 정면을 향하도록 하고 턱은 가볍게 당긴다.

④ 손은 가볍게 주먹을 쥐고 양팔은 자연스럽게 흔들어 준다.

⑤ 무릎은 곧게 펴고 배에 힘을 주어 당기며 몸의 중심을 가슴에 둔다.

**27** 지각적 방어는 지각의 특징들 중 어느 특징에 영향을 미치는가?

① 주관성                    ② 선택성

③ 일시성                    ④ 총합성

⑤ 이질성

**O / X형**

[28~32] 다음 문항을 읽고 옳고(O), 그름(X)을 선택하시오.

**28** 상황별 서비스 종사자의 제스처 중, 올바르게 앉는 자세는 등과 의자 사이에 공간을 두지 않고 등을 기대어 편안히 앉는 것이 좋다. ( ① ○    ② × )

**29** 표정 이미지 연출에 있어 시선의 처리는 상대방의 눈을 빤히 오래 집중해서 보게 되면 불편함을 느끼므로 눈과 미간, 코 사이를 번갈아 보며 대화를 자연스럽게 이어 가는 것이 좋다.
( ① ○    ② × )

**30** 이미지의 속성은 개인의 지각적 요소와 감정적인 요소가 결합되어 나타나며, 주관적이라기보다는 객관적인 성향을 띤다. ( ① ○    ② × )

**31** 초두 효과는 처음 제시된 정보가 나중에 제시된 정보보다 기억에 훨씬 더 큰 영향을 주는 현상을 의미한다. ( ① ○    ② × )

**32** 남성의 패션 연출에 있어서 양말은 정장 바지의 색보다 한 톤 옅은 색으로 착용한다.
( ① ○    ② × )

**연결형**

[33~37] 다음은 이미지 형성과 관련한 효과에 대한 설명이다. 알맞은 효과를 골라 쓰시오.

① 초두 효과    ② 맥락 효과    ③ 후광 효과    ④ 최근 효과    ⑤ 부정성 효과

**33** 처음 인지된 이미지가 이후 형성되는 이미지의 판단 기준이 되고 전반적인 기준을 제공하여 인상 형성에 영향을 주는 효과 (          )

**34** 첫인상이 나쁘면 나중에 아무리 잘해도 긍정적인 이미지로 바꾸기 어렵다. (          )

**35** 10번 좋은 일을 하고도 한 번 나쁜 행동을 했을 때 그 사람을 나쁘게 보거나 서운해하는 경우가 있다. (          )

**36** 상대방과의 커뮤니케이션을 긍정적으로 마무리하면 나에 대한 이미지를 긍정적으로 형성하게 된다. (          )

**37** 처음 만났을 때 호감이 가는 사람은 매력적이고 지적이고 관대하다는 등의 평가를 받을 가능성이 크다. (          )

**사례형**

**38** 다음은 서비스 직원 간의 대화이다. 대화 내용 중 적절하지 않은 것은?

신입 직원

선배

신입 직원 : 내일 중요한 고객과의 미팅이 있는데 어떻게 입고 가야 할지 모르겠어요.

선배 : 가지고 있는 정장은 무슨 색이야?

신입 직원 : 네, 감색이랑 회색 정장이 있어요.

선배 : 두 가지 다 괜찮네. 셔츠는 흰색이 기본이니까 알아 두고, 반팔은 입으면 안 되는 거 알고 있지? 그리고 셔츠 소매가 1.5cm 정도 보이도록 해야 깔끔해 보여. 그런데 자네 향수는 뿌리나?

신입 직원 : 아니요.

선배 : 남자들은 체향을 잘 관리해야 해. 자네한테 어울리는 향수를 잘 선택해서 손목이나 겨드랑이, 머리 등에 살짝 뿌리면 돼. 머리도 깔끔하게 넘겨서 이마와 귀가 잘 보이도록 하고.

신입 직원 : 네, 선배님.

① 남성 정장의 컬러는 감색, 회색, 검정이 무난하다.
② 드레스 셔츠는 흰색이 기본이고 반팔은 피하도록 한다.
③ 드레스 셔츠의 깃과 소매는 슈트보다 1~1.5cm 정도 보이도록 입는다.
④ 향수는 손목이나 겨드랑이, 머리 등 체향이 많이 나는 곳에 뿌린다.
⑤ 머리는 이마와 귀가 보이도록 한다.

**39** 다음은 레스토랑에서의 서비스 직원과 고객 간의 대화이다. 대화 내용 중 적절하지 않은 것은?

고객 : 화장실이 어디죠?

직원 : (밝은 표정과 상냥한 음성으로) 네, 화장실은 오른쪽에 있습니다. (손가락을 모으고 손목이 꺾이지 않도록 하여 방향을 가리킨다.)

고객 : 오른쪽이요?

직원 : 네, 고객님 쪽에서 오른쪽으로 가시면 있습니다.
(화장실 방향을 쳐다보고, 화장실이 있는 방향의 손으로 알려 준다.)

고객 : 네, 혹시 여기 물티슈 있나요?

직원 : 네, 여기 있습니다. (물티슈를 공손하게 가슴 위치에서 드린다.)

고객 : 감사합니다.

① 밝은 표정과 상냥한 음성으로 고객과 대화한다.
② 방향 안내 시 상대방의 눈을 먼저 보고, 가리키는 방향을 본 후 다시 상대방의 눈을 본다.
③ 손가락을 모으고 손목이 꺾이지 않도록 하여 방향을 유지한다.
④ 상대방의 입장에서 구체적이고 정확하게 위치를 안내한다.
⑤ 물건을 주고받을 때에는 가슴 위치에서 주고받도록 한다.

**40** 다음 사례는 고객이 서비스 직원에 대해 형성한 이미지에 관한 내용이다. 옳지 않은 것을 고르면?

고객

직원

고객 : 김 과장님, 안녕하세요?

직원 : 안녕하세요? 김 부장님, 그동안 잘 지내셨어요?

고객 : 네, 다름이 아니라 이번에 진행하는 계약 관련해서 관련 자료를 요청했었는데, 연락이 없으시더라고요.

직원 : 네? 그랬나요? 제가 자료 정리해서 보내드린 것 같은데, 못 받으셨어요?

고객 : 네, 아직 못 받았습니다.

직원 : (잠시 후 미발송 확인) 부장님, 정말 죄송합니다. 그동안 한 번도 이렇게 약속을 어긴 적이 없는데, 제가 정말 큰 실수를 했습니다.

고객 : 네, 계약 진행이 원활하지 못해서 좀 문제가 있었지만, 김 과장님께서 그동안 한 번도 약속을 어기지 않고 성실하게 일 처리를 해 주셔서 믿고 있습니다. 최대한 빨리 진행해 주세요.

직원 : 네, 이해해 주셔서 감사합니다. 신속히 처리하도록 하겠습니다.

① 이미지는 인간이 어떤 대상에 대해 갖고 있는 개념이다.
② 이미지는 일련의 자극 내용을 차별적으로 인식함으로써 형성되는 것이다.
③ 이미지는 인간이나 사물 등에 품고 있는 정서성을 동반하는 객관적인 평가이다.
④ 이미지는 인간의 인식 체계와 행동의 동기 유인 측면에 있어서 매우 중요한 역할을 한다.
⑤ 이미지는 행동 경향을 어느 정도 규정하는 역할을 하고, 정보를 받아들이는 경우에는 여과 기능을 발휘한다.

**41** 다음 사례를 읽고 이미지 형성 관련 효과 중 가장 적절한 효과를 고르면?

신입 사원

신입 사원 : 김 대리님, 어제 이 과장님께서 프레젠테이션 하시는 거 보셨어요?

김 대리

김 대리 : 못 봤어. 어떻게 하셨는데?

신입 사원 : 이해하기 쉽게 핵심을 잘 잡아서 설명하시더라고요.

김 대리 : 이 과장님 업무 능력이 뛰어나시잖아.

신입 사원 : 네, 그러신 것 같아요. 자신감도 넘치시고, 제가 잘은 모르지만 적극적이실 것 같아요.

김 대리 : 나도 같은 팀에서 근무한 적은 없지만 성실하실 것 같아. 주변 사람들에게도 관대하실 것 같고.

신입 사원 : 네, 밝은 표정으로 말씀하시는데 팀원들에게도 잘해 주실 것 같았어요. 관대하실 것 같고요.

① 초두 효과
② 후광 효과
③ 최근 효과
④ 부정성 효과
⑤ 맥락 효과

**42** 다음 사례의 상담원이 자기 향상을 위해 노력해야 하는 이미지 메이킹의 단계를 고르면?

팀장

상담원

팀장 : 영희 씨, 아까 잠깐 실시간 모니터링 해 보니까 좋아졌더라.

상담원 : 네, 감사합니다. 그런데, 이번에 승급 심사에 떨어져서 동료들한테 조금 창피하네요. 저도 이번에 승진하려고 열심히 노력했는데, 제게 분배되는 DB의 고객들이 유난히 까다로운지, 수납률이 전혀 오르지 않아서 저도 많이 힘들어요.

팀장 : 나도 영희 씨가 승진이 안 돼서 정말 안타까워. 문제가 뭐였을까?

상담원 : 전 항상 제가 할 수 있는 만큼은 다했다고 생각하는데, 제게 분배된 DB의 고객들이 유난히 민원을 많이 제기하는 것 같기도 해요.

팀장 : 그래? DB는 매월 무작위로 분배되는 것으로 아는데.

상담원 : (시큰둥하게) 글쎄요.

① 1단계 – 자신을 파악하는 단계
② 2단계 – 자신의 모델을 선정하는 단계
③ 3단계 – 자신을 계발하는 단계
④ 4단계 – 자신을 포장하는 단계
⑤ 5단계 – 자신을 파는 단계

**43** 다음 면접 채점표를 통해 A항공사가 면접자들의 어떤 점을 평가하고자 하였는지 알 수 있다. 적절하지 않은 설명은 무엇인가?

> 다음은 A항공사의 신입 사원 채용 면접관들의 채점표 중 일부이다.
> • 회사가 추구하는 밝고 편안한 이미지에 부합하는가?
> • 면접관의 질문에 자신 있게 대답하는가?
> • 목소리의 고저, 발음 등은 적절한가?
> • 표정, 몸짓 등은 적절한가?
> • 복장, 화장 등은 회사의 대외적 이미지에 부합하는가?

① 패션 이미지 연출에 대해서는 특별히 언급하고 있지 않다.
② 외모, 표정, 상황별 제스처, Voice 이미지 등의 전체적인 이미지를 평가하고자 하였다.
③ 단순한 외모뿐 아니라 목소리나 표정 등에서 보이는 이미지도 매우 중요한 요소로 판단하고 있다.
④ A항공사는 자사가 추구하는 기업 이미지를 조직 구성원들의 이미지에서도 일관되게 유지하고 싶어 한다.
⑤ A항공사는 조직 구성원의 대외적인 이미지가 고객에게 직간접적으로 중요한 영향을 미치고 있다고 판단하고 있으며 이를 면접에서도 평가하고 있다.

**44** 다음 여성 서비스 종사원의 용모 복장에 관한 설명 중 (   ) 안에 들어갈 말로 적절한 것은?

> • 복장은 일하기 편해야 하므로 체형에 맞는 스타일로 선택한다.
> • 액세서리는 지나치게 크고 화려한 것은 삼가도록 한다.
> • 헤어는 ( A )과 ( B )을 기본으로 한다.
> • 메이크업에 있어서는 밝고 건강해 보이도록 ( C ) 메이크업을 하도록 한다.
> • 향수는 지나치지 않은 은은한 향을 소량 뿌리는 것이 좋다.

| | A | B | C |
|---|---|---|---|
| ① | 청결함 | 단정함 | 자연스러운 |
| ② | 화려함 | 개성 | 자연스러운 |
| ③ | 청결함 | 단정함 | 화려한 |
| ④ | 청결함 | 어려 보이는 헤어 스타일 | 노(no) 메이크업 |
| ⑤ | 화려함 | 단정함 | 화려한 |

통합형

**[45~46] 다음은 어느 은행에서 발생한 컴플레인 접수 사례이다. 다음을 읽고 문제에 답하시오.**

저는 점심 12시경 A은행 지점을 방문했습니다. 인터넷 뱅킹, 모바일 뱅킹 비밀번호를 초기화하고, 공인인증서 오류에 대한 상담도 받고 싶었는데 콜 센터는 대기 시간이 길어 가까운 지점을 방문했습니다.

앉을 때부터 일어날 때까지 불쾌함의 연속이었습니다. 상담 내내 절 쳐다보신 횟수를 정확히 셌습니다. 4번. 제가 인터넷 뱅킹, 모바일 뱅킹 비밀번호를 분실했으니 초기화시켜 달라고 얘기를 하니, 대답도 안 하고 모니터만 보며 무언가를 하더군요. 그러더니 신분증을 달라고 하더니, 뜬금없이 비번으로 할 숫자 6자리를 누르랍니다. '아니, 초기화시켜 달랬는데 왜 숫자를 누르라고 하지?' 하고 미심쩍었는데 알고 보니 이체 비밀번호 변경이었습니다.

제가 간 이유가 무엇인지 제대로 듣지도, 묻지도 않고, 표정에 웃음기라고는 1% 없는 그런 분이 창구에 자리를 차지하고 앉아 있다니, 의문입니다.

**45** 다음 중 위 서비스 직원의 태도에 대한 설명으로 적절하지 않은 것은?

① 고객을 처음 만났을 때 해야 하는 정중한 인사가 생략되었다.
② 고객 응대 시에는 자연스럽고 부드러운 시선으로 고객과 눈을 맞춰야 한다.
③ 밝은 표정으로 호감 가는 이미지를 연출해야 한다.
④ 부드러우면서도 신중한 목소리로 서비스 내용을 전달해야 한다.
⑤ 정확한 업무 처리를 위해 자료에 집중해서 응대해야 한다.

**46** 사례에서 고객은 서비스 직원에 대해 부정적인 이미지를 형성하였다. 다음 중 이에 대한 설명으로 부적절한 것은?

① 서비스 직원의 부정적인 첫인상이 고객의 머릿속에 남아 쉽게 사라지지 않는다.
② 고객은 직원의 행동, 언어, 태도 등으로 이미지를 형성하였다.
③ 고객은 직원의 행동, 언어, 태도 등을 객관적으로 평가한다.
④ 한 번 형성되어진 이미지는 다음 행동 경향을 규정하는 역할을 한다.
⑤ 고객은 직원의 시각적인 면을 보고 이미지를 형성하는 경우가 많다.

## 고객 심리의 이해

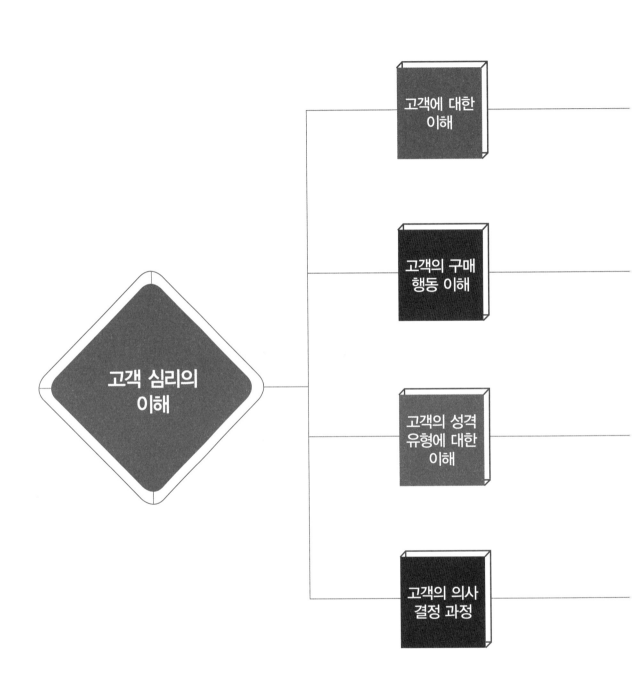

| 고객 | ── 고객의 개념 ★★★ |
|---|---|
| | ── 고객의 기본 심리 ★★★ |

고객 요구의 변화 ★★

| 고객의 기대에 대한 영향요인 ★★★ | ── 내적 요인 ★★ |
|---|---|
| | ── 외적 요인 ★★ |
| | ── 기업 요인 ★★★ |

| 고객의 분류 | ── 관계 진화 과정에 따른 분류 ★★★ |
|---|---|
| | ── 현대 마케팅 측면에서의 고객 ★★ |
| | ── 참여 관점에서의 고객 ★★★ |
| | ── 그레고리 스톤의 고객 분류 ★★★ |

사회 계층에 따른 차이 ── 사회 계층 구조의 유형 ★

| MBTI | ── MBTI의 의의 ★ |
|---|---|
| | ── MBTI의 4가지 선호 경향 ★★ |

| DISC | ── DISC의 개념 ★ |
|---|---|
| | ── 사고형과 감정형의 단서들 ★★★ |
| | ── DISC의 4가지 유형의 특징 ★ |

| 교류 분석 | ── 교류 분석의 개념 ★ |
|---|---|
| | ── 성격의 구조 분석과 자아 상태 ★ |

| 고객의 구매 결정 프로세스의 변화 | ── 전통적 구매 결정 프로세스 모델 ★ |
|---|---|
| | ── 인터넷의 활성화로 변화한 구매 결정 프로세스 모델 ★ |

| 문제 인식 단계 | ── 마케팅에서 일반적인 고객 의사 결정 과정 ★★ |
|---|---|
| | ── 매슬로우의 욕구 5단계 ★★★ |

정보 탐색 단계 ── 정보의 원천 ★

| 대안 평가 단계 | ── 대안 평가 방법 ★ |
|---|---|
| | ── 대안 평가 및 상품 선택에 관여하는 요인들 ★★★ |

| 구매 | ── 관여도 ★★★ |
|---|---|
| | ── 구매 행동의 영향 요인 ★★★ |

| 구매 후 행동 | ── 기대 불일치 이론 ★★★ |
|---|---|
| | ── 구매 후 부조화 ★★★ |

# 고객에 대한 이해

## 출제 & 학습 포인트

### 출제포인트

1장 고객에 대한 이해에서는 고객의 개념과 심리, 특징에 대한 내용으로 모든 내용이 시험에 골고루 출제됩니다.

### 학습포인트

**1** 고객의 개념은 일반적인 정의와 함께 고객을 외부와 내부로 구분한 고객의 범위를 학습합니다.

**2** 고객의 심리는 각 심리의 개념을 정확히 이해하고, 사례와 연관하여 학습합니다.

**3** 고객 요구의 변화는 용어가 비슷하므로 이를 혼동하지 않도록 정확히 학습합니다.

**4** 고객의 기대에 대한 영향 요인은 각 요인별 해당 내용을 구분하여 학습합니다.

## 1 고객

### (1) 고객의 개념 ★★★

① 고객은 顧(돌아볼 고) 客(손 객), 기업의 입장에서 볼 때 다시 와 주었으면 하는 사람들이다. 흔히, '손님'이란 용어로 표현되기도 한다.

② 일반적인 정의는 **상품과 서비스를 제공받는 사람들**로, 광의의 해석에서 고객은 기업의 상품을 습관적으로 구매하는 소비자뿐만 아니라 기업과 직간접적으로 거래하고 관계를 맺는 모든 사람들이다.

③ 고객은 **다양한 욕구**를 가지고 있으며, 많이 구매한 고객일수록 요구 사항이나 바라는 것이 많다.

④ 한 번 마음이 떠난 고객이 돌아오기는 매우 어렵지만 불만을 잘 관리하면 단골이 될 수 있다.

⑤ 외부 고객은 이익을 창출하기 위한 실질적인 고객으로, '왕'이라는 개념에서 **동반자적 입장**으로 바뀌었다.

⑥ 소비자는 구매자, 사용자, 구매 결정자의 역할을 각각 다르게 혹은 동시에 수행하기도 한다.

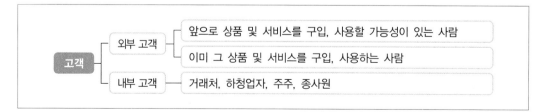

## (2) 고객의 기본 심리 ★★★

| 환영 기대 심리 | • 고객은 언제나 환영받기를 원하므로 항상 밝은 미소로 맞이해야 한다.<br>• 고객은 자신을 왕으로 대접해 주기를 바라는 것이 아니라 환영해 주고 반가워해 주었으면 하는 바람을 가지고 있다. |
|---|---|
| 독점 심리 | • 고객은 모든 서비스에 대하여 독점하고 싶은 심리가 있다.<br>• 고객의 독점 심리를 만족시키다 보면 다른 고객의 불만을 야기할 수 있으므로 모든 고객에게 공정하게 서비스 해야 한다. |
| 우월 심리 | • 고객은 서비스 직원보다 우월하다는 심리를 갖고 있다.<br>• 서비스 직원은 직업 의식을 가지고 고객의 자존심을 인정하며 자신을 낮추는 겸손한 자세가 필요하다. |
| 모방 심리 | 고객은 다른 고객을 닮고 싶은 심리를 갖고 있다. |
| 보상 심리 | • 고객은 비용을 들인 만큼 서비스를 기대한다.<br>• 다른 고객과 비교해 손해를 보고 싶지 않은 심리를 갖고 있다. |
| 자기 본위적 심리 | 고객은 각자 자신의 가치 기준을 가지고, 항상 자기 위주로 모든 상황을 판단하는 심리를 가지고 있다. |
| 존중 기대 심리 | 중요한 사람으로 인식되고, 기억해 주기를 바란다. |

### ✎ 알아두기

고객 요구, 고객 욕구, 고객 수요의 차이

| 고객 요구(Needs) | 고객이 '현재 상태와 이상적인 상태 간의 차이'를 채우고자 하는 부족의 상태<br>예 '배고프다.' ⇨ 추상적인 욕구 상태로, 욕구분석의 단계 |
|---|---|
| 고객 욕구(Wants) | 고객 요구가 발생했을 때 부족의 상태를 해결할 수 있는 대상을 발견하는 상태<br>예 '햄버거를 먹고 싶다.' ⇨ 구체적인 욕구 상태로, 필요 분석의 단계 |
| 고객 수요(Demands) | 고객이 자신의 욕구 충족을 위하여 자신의 상황을 고려하여 특정 상품이나 서비스를 구매하는 과정<br>예 'A햄버거 세트를 먹어야지.' ⇨ 고객 욕구와 구매력 분석의 단계 |

## 2 고객 요구의 변화 ★★

| 의식의 고급화 | 양적으로 풍부해지고 소비자 선택의 폭이 확산됨에 따라 고객들은 점점 인적 서비스의 질을 중요하게 생각하고, 자신의 가치에 합당한 서비스를 요구하고 있다. |
|---|---|
| 의식의 복잡화 | 고객의 유형이 복잡화되어 요구도 많아지게 됨으로써 과거에 비해 서비스의 수준은 높아지고 있지만, 그에 반해 불만 발생도 많아지고 불만 형태도 다양해지고 있다. |
| 의식의 존중화 | 요즘 고객들은 존중과 인정에 대한 욕구가 많아지면서 누구나 자신을 최고로 우대해 주기를 원한다. |
| 의식의 대등화 | 경제 성장 및 물자의 풍족으로 서로에 대한 존경, 신뢰가 떨어지면서 서로 대등한 관계를 형성하려는 상황에서 많은 갈등이 발생하고 있다. |
| 의식의 개인화 | 본인만이 특별한 고객으로 인정받고 대우받으며, 나만 특별한 고객이라고 생각하는 경향이 높아졌다. |

### 3 고객의 기대에 대한 영향 요인 ★★★

고객의 서비스에 대한 욕구와 기대는 날로 커지고 있고, 기대를 충족시켜 경쟁에서 살아남으려면 고객의 기대를 파악하고 고객 만족을 이루어 내야 한다. 서비스에 대한 고객의 기대에는 많은 요인들이 영향을 미치고 있다.

# 고객의 구매 행동 이해

## 출제 & 학습 포인트

★★★ 최빈출　★★ 빈출　★ 필수

### 출제포인트

2장 고객의 구매 행동 이해에서는 고객의 분류에 대한 문제의 출제 빈도가 높습니다.

### 학습포인트

**1** 다양한 관점에 따른 고객의 분류를 잘 구분하고, 구분된 각 고객의 의미를 정확히 학습합니다.

**2** 다양한 관점에 따른 고객의 분류 중 그레고리 스톤의 고객 분류는 최근 출제 빈도가 높으므로, 구분된 고객의 개념과 함께 사례를 정확히 학습합니다.

**3** 최근 고객의 행동 관점에서 본 서비스의 분류의 출제 빈도가 높아지고 있으므로, 구분된 서비스의 개념을 정확히 이해하고 학습합니다.

## **1** 고객의 분류

### (1) 관계 진화 과정에 따른 분류 ★★★

| | |
|---|---|
| **잠재 고객** | 기업의 제품을 구매하지 않은 사람들 중에서 향후 고객이 될 수 있는 잠재력을 가진 집단이나, 아직 기업에 관심이 없는 고객 |
| **가망 고객** | 기업에 관심을 보이는, 신규 고객이 될 가능성이 있는 고객 |
| **신규 고객** | 처음 거래를 시작한 고객 |
| **기존 고객** | 2회 이상 반복 구매를 한 고객으로 안정화 단계에 들어간 고객 |
| **충성 고객** | • 제품이나 서비스를 반복적으로 구매하고 기업과 강한 유대 관계를 형성하는 고객<br>• 기업에 관대한 자세로 교차구매와 상승구매를 하고, 적극적인 구전활동을 함. |

### (2) 현대 마케팅 측면에서의 고객 ★★

| | |
|---|---|
| **소비자** | 물건, 서비스를 최종적으로 사용하는 사람으로 구매자, 사용자, 구매 결정자의 역할을 각각 수행하거나, 또는 1인 다(多)역을 수행 |
| **구매자** | 물건을 사는 사람 |
| **구매 승인자** | 구매를 허락하고 승인하는 사람 |
| **구매 영향자** | 구매 의사 결정에 직간접적으로 영향을 미치는 사람 |

### (3) 프로세스적 측면에서의 고객

| 외부 고객 | 최종 제품의 구매자, 소비자로 기업의 상품과 서비스를 직접 구매하거나 이용 |
|---|---|
| 중간 고객 | 도매상, 소매상 |
| 내부 고객 | 동료, 상사 등 기업 내 직원으로 외부 고객이 원하는 것을 제공하는 중요한 일을 담당 |

### (4) 우호도 측면에서의 고객

| 우호형 | 이미 오래전부터 사용했던 경험의 결과로 협력적이고 우호적인 고객 |
|---|---|
| 반대형 | 브랜드, 판매점, 서비스 직원에 대하여 비판적이고, 무관심하거나 부정적인 고객 |
| 중립형 | 특별한 의견을 갖고 있지 않고, 상황이나 필요에 따라서 의견을 달리하는 고객 |

### (5) 참여 관점에서의 고객 ★★★

| 직접 고객(1차 고객) | 제품이나 서비스를 구입하는 사람 |
|---|---|
| 간접 고객 | 최종 소비자 또는 2차 소비자 |
| 내부 고객 | 회사 내부의 직원 및 주주로 외부 고객이 원하는 것을 제공하는 역할 담당 |
| 의사 결정 고객 | 직접 고객의 선택에 커다란 영향을 미치는 개인 또는 집단 |
| 의견 선도 고객 | 제품의 평판, 심사, 모니터링 등에 참여하여 의사 결정에 영향을 미치는 사람 |
| 경쟁자 | 전략이나 고객 관리 등에 중요한 인식을 심어 주는 고객 |
| 단골 고객 | 기업의 제품이나 서비스는 반복적, 지속적으로 애용하는 고객이지만, 추천할 정도의 충성도가 있지는 않은 고객 |
| 옹호 고객 | 단골 고객이면서 고객을 추천할 정도의 충성도가 있는 고객 |
| 한계 고객 | 기업의 이익 실현에 방해가 되는 고객으로 고객 명단에서 제외하거나 해약 유도를 통해 고객의 활동이나 가치를 중지시킴. |
| 체리 피커 | • 신포도 대신 체리만 골라 먹는다고 해서 붙여진 명칭으로, 기업의 상품이나 서비스를 구매하지 않으면서 자신의 실속 차리기에만 관심을 두고 있는 고객<br>• 기업의 서비스나 유통 체계의 약점을 이용해, 잠시 동안 사용하기 위해 상품이나 서비스를 주문했다가 반품하는 등의 행동을 하는 고객 |

### (6) 그레고리 스톤(Gregory Stone, 1945)의 고객 분류 ★★★

| 경제적 고객<br>(절약형 고객) | • 자신이 투자한 시간, 돈, 노력에 대해 최대의 효용을 얻으려는 고객<br>• 기업으로부터 자신이 얻을 수 있는 효용을 면밀히 조사하고 계산함.<br>• 경쟁 기업 간 정보를 비교하며 때로는 변덕스러운 모습을 보임.<br>• 경제적 고객의 상실은 서비스 품질에 대한 경보 신호를 의미함. |
|---|---|
| 윤리적 고객 | • 구매 의사 결정에 있어 기업의 윤리성이 큰 비중을 차지하는 고객<br>• 윤리적인 기업의 고객이 되는 것을 책무라고 생각함.<br>• 기업에게 깨끗하고 신뢰할 수 있는 윤리적인 사회적 이미지를 요구함.<br>• 사회적 기부 또는 환경을 위해 노력하는 이미지를 강조하는 마케팅이 필요함.<br>예 사회 공헌 활동 기업 제품만을 애용하는 고객 |

| 개인적 고객<br>(개별화 추구 고객) | • 개인 대 개인 간의 교류를 선호하는 고객<br>• 일괄된 서비스보다 자기를 인정해 주는 맞춤형 서비스를 원함.<br>• 고객 관계 관리(CRM) 등을 통한 고객 정보 활용이 선행되어야 함.<br>예 • VIP 창구에서 맞춤형 상담을 받기 원하는 고객<br>　　 • 친절한 태도를 중요하게 생각하는 고객 |
|---|---|
| 편의적 고객 | • 서비스를 받는 데 있어서 편의성을 중시하는 고객<br>• 편의를 위해서라면 추가 비용을 지불할 의사가 있음.<br>예 실시간 배달 서비스를 선호하는 고객 |

✎ 알아두기

고객의 행동 관점에서 본 서비스 상품 ★★★

| 편의 서비스<br>(convenience<br>services) | • 고객이 상품 구매를 위해 많은 노력을 기울이지 않아도 되는 것으로 잘못된 선택에 대한<br>위험도 낮아서 대체 서비스에 대한 수용도가 높은 서비스를 의미한다.<br>• 장소를 가리지 않고 편의적으로 선택하므로 단골 고객이 되기가 어렵다.<br>• 고객이 이용하기에 편하고 선택하기에 가까운 곳에 있어야 한다.<br>• 예로는 우편서비스, 편의점 등이 있다. |
|---|---|
| 선매 서비스<br>(shopping<br>services) | • 선매 서비스는 고객이 여러 상품 중 골라 사는 서비스를 의미한다.<br>• 고객이 상품을 구매하기 위하여 타 업체와 비교하고 사전 조사를 하는 노력이 필요한 것으<br>로 그 상품에 대한 신뢰성과 위험성이 인지된다.<br>• 서비스의 질적인 차이가 크기 때문에 선택에 상당한 노력을 기울이고, 탐색 비용이 많이<br>들기 때문에 한 번 선택하면 잘 바꾸지 않는다. |
| 전문 서비스<br>(specialty<br>services) | • 고객의 관여 정도가 매우 높으며 가격에 대해 비탄력적인 경우가 많다.<br>• 대표적인 예로는 가수의 콘서트 관람, 개인 변호사의 법률 상담, 의료 서비스 등이 있다. |

## 2 일반적 특성에 따른 차이

### (1) 성별에 따른 특성

| 구분 | 여성 | 남성 |
|---|---|---|
| 이미지 | 정서적, 민감성, 감정이입적, 의존적, 동정적,<br>협동적, 정적 | 공격적, 독립적, 주도적, 객관적, 지배적, 경쟁<br>적, 분석적, 동적 |
| 관점 | 관계 중시 | 조직 중시 |
| 사고 | 종합적, 수평적 사고 | 분석적, 수직적 사고 |
| 구매 행동 | 남성에 비해 타인 지향적인 구매 행위에 관심 | 자신과 관련 있는 구매 행위에 관심 |
| 가치 | 아름다운 것 우선 | 상품 구매 시 합리적인 가치 우선 |
| 흥미 | 감성적, 일상생활과 관련된 내용에 흥미 | 이론적, 업무와 관련된 내용에 흥미 |
| 정보 원천 | 직원을 통한 정보 이용 | 일반적인 정보를 직접 수집 |

### (2) 연령에 따른 특성

| 청소년층 | 외모와 새로운 것에 대한 관심, 독립심, 인정받고 싶은 욕구 |
|---|---|
| 청년층 | 생활을 즐김, 감성적, 봉사 정신, 탐구심, 모험심 |
| 중년층 | 생활에 많은 부담, 현실적 |
| 노년층 | 과거 지향적, 인생 경험이 풍부하고 삶의 가치를 중시, 보수적 |

## 3 사회 계층에 따른 차이

### (1) 사회 계층의 이해

① 일반적으로 사람들은 속해 있는 사회에서 어떤 사회 경제적 특성을 가지게 되고 그로 인해 위계가 생긴다. 그 위계가 같거나 비슷한 개인들의 집합체를 사회 계층이라고 한다.

② 사회 계층은 재산이나 수입, 직업, 교육 수준, 종교, 혈연 등 객관적 조건이 비슷한 사람들의 집단이다.

### (2) 사회 계층 간의 차이

| 구분 | 상층 | 중산층 | 하층 |
|---|---|---|---|
| 소비 취향의 특성 | 품격 지향 | 상승 지향 | 실용 지향 |
| 좋아하는 옷 | • 유행에 뒤지지 않으면서 자기 개성에 어울리는 옷<br>• 심플하고 단정한 옷 | | 입어서 편안한 옷 |
| 식생활 | 자연 식품, 건강 식품, 무공해 식품 선호 | 맛있는 음식을 찾아 다님. | 강한 맛과 푸짐한 양 중시 |
| 선호하는 레스토랑 | 고급스런 분위기의 음식점과 이국적인 음식 선호 | 가격과 분위기를 동시에 고려 | 저렴한 가격으로 온 식구가 푸짐하게 먹을 수 있는 음식 |
| 인테리어 스타일 | 고풍적이고 우아한 스타일 | 산뜻하고 심플한 스타일 | 기능적이고 저렴한 스타일 |
| 집의 크기/소유 형태 | 50평 이상의 자신의 집 소유 | 30평대 자신의 집 | 20평 미만의 주택 |

\* 『중산층의 정체성과 소비문화』, 함인희 외, 2001, p.110

## (3) 사회 계층 구조의 유형 ★

### ① 이동 가능성에 따른 계층 구조

| | |
|---|---|
| 폐쇄적 계층 구조 | • 사회에서 한 개인의 지위가 귀속적으로 결정되기 때문에 다른 계층으로 상승 또는 하강할 수 있는 기회가 극히 제한되어 있는 구조를 말한다.<br>• 고대의 노예제나 봉건 사회, 카스트제 등에서 나타나는데, 부모의 지위가 자녀의 지위로 변함없이 이어지고, 구성원 간의 혼인도 대부분 계층 내에서 이루어진다. |
| 개방형 계층 구조 | • 개인의 능력이나 노력에 따라서 다른 계층으로 상승과 하강의 기회가 열려 있는 구조를 말한다.<br>• 근대 사회와 현대 사회는 성취 지위가 지배적인데, 계층 간의 엄격한 장벽이 없어서 사회 이동이 비교적 자유롭다. |

### ② 계층 구성원의 비율에 따른 계층 구조

| | |
|---|---|
| 피라미드형 계층 구조 | • 상층에서 하층으로 갈수록 그 비율이 높아지는 피라미드 형태<br>• 소수의 상층이 다수의 하층을 지배하고 통제<br>• 전근대적인 봉건 사회가 대부분 피라미드형 계층 구조의 형태 |
| 다이아몬드형 계층 구조 | • 상층과 하층에 비해 중간층의 양적 비율이 월등히 높은 형태<br>• 산업 사회로 접어들면서 전문직, 사무직, 관료 등과 같은 직종이 늘어나면서 중간 계층의 구성원 비율이 급격히 증가<br>• 두터운 중층이 상층과 하층 사이의 완충제 역할을 하기 때문에 전체적으로 안정된 사회 모습 |
| 타원형 계층 구조 | • 위아래로 길쭉한 타원형의 구조로 중층의 비율이 하층과 상층에 비해 매우 높은 경우<br>• 정보가 모든 계층에서 활용되어, 상층과 하층의 소득 격차가 줄어들며 중층이 증가하는 계층 구조 |
| 모래시계형 계층 구조 | • 모래시계인데 윗부분이 작고 아랫부분은 큰 모양의 계층 구조<br>• 정보가 한 계층에 편중되어 정보를 활용하는 계층의 소득만 증가<br>• 뒤처지는 중층은 점점 하층으로 이동하여 중층의 비율이 줄어들어 불안정한 상태<br>• 20%의 부유층과 80%의 빈곤층으로 구성 |
| 'ㅣ'형 계층 구조 | • 모든 국민들의 계층이 다른 구조<br>• 모든 구성원이 일직선상에서 상하로 배열되는 형태로 현실에선 존재하기 어려운 계층 구조 |
| 'ㅡ'형 계층 구조 | • 모든 구성원이 같은 계층을 이루고 있어서 가로로 배열되는 형태<br>• 북한과 같은 사회주의에서 모두 똑같이 일하고 똑같이 분배하자는 목표로 생긴 계층 구조<br>• 현실적으로 존재하기 어려운 계층 구조 |

## 4 고객 가치와 라이프 스타일에 따른 차이

### (1) VALS(Values and Lifestyle Survey)

① Stanford Research Institute(SRI)는 VALS라는 조사 체계를 만들어 미국 소비자들의 라이프 스타일과 가치가 어떻게 변화하고 있는지를 정기적으로 조사하고 있다.

② 1970년대에 처음 VALS-1 프로그램을 발표한 이후 보다 객관적, 체계적으로 이해할 수 있는 VALS-2 프로그램으로 발전되었다.

### (2) VALS-2 소비자 집단의 특성

| 세분 집단 | 특성 |
|---|---|
| 실현자 (Actualizers) | • 소득 수준이 높고 자아 존중 성향이 강함.<br>• 자신을 표현해 주는 고급 상품 사용<br>• 변화에 능동적이고, 신기술, 신상품을 적극적으로 수용<br>• 다양한 분야에 폭넓은 관심이 있으나, 광고에 대해서는 회의적 |
| 충족자 (Fulfilleds) | • 교육 수준이 높고 전문직 종사자들이 많음.<br>• 책임감이 강하고, 성숙된 사고를 함.<br>• 가정을 중시하고 가족 단위로 사용하는 가정용 상품의 구매율이 높음.<br>• 교육, 여행, 건강을 중시 |
| 신뢰자 (Believers) | • 원칙 지향적이나 충족자보다 상대적으로 자원을 적게 보유<br>• 보수적, 전통 지향적, 소시민적, 애국심이 강함.<br>• 변화에 유연하지 못하고 다소 경직된 사고를 가지고 있음.<br>• 이미지나 품위 관련 상품에는 관심이 적고, 가사 문제, 노후 문제에 관심 |
| 성취자 (Achievers) | • 일 중심적, 직업과 가족으로부터 만족을 추구<br>• 과시성 소비를 하며, 남에게 보이기 위한 고가품 구매를 함.<br>• 많은 상품군에 있어 초기 수용자 역할, 종종 주요 표적 소비자층이 됨. |
| 노력자 (Strivers) | • 성취자 계층에 진입하기 위해 노력<br>• 주로 젊은 층으로 구성되어 있으며 이미지, 스타일을 중요시함.<br>• 가처분 소득은 적으나 책임감 있는 경제 생활을 함. |
| 경험자 (Experiencers) | • 운동과 다양한 사회 활동에 참여<br>• 쾌락과 즐거움을 추구하는 성향<br>• 소비 성향이 높으며 신상품을 구매하려는 성향이 높음.<br>• 유행에 민감, 충동구매의 성향이 높고, 광고에 관심이 많음. |
| 자급자 (Makers) | • 실용성, 편리성, 내구성 중시<br>• 가족, 일, 여가를 중요시하고, 외부 세계에 대한 관심이 별로 없음.<br>• 집안 꾸미기, 자동차, 가정용 공구 등의 소비가 두드러짐. |
| 분투가 (Strugglers) | • 생활의 주 관심사는 안전과 생존<br>• 가처분 소득이 가장 적으며 연령이 높음.<br>• 광고를 깊이 신뢰하며 상표 성취도가 높음.<br>• 쿠폰 사용률이 높고 바겐세일을 활용하는 편 |

\* 『호텔외식 고객행동』, 이화인 저, 2011, p.129

# 고객의 성격 유형에 대한 이해

## 출제 & 학습 포인트

### 출제포인트

3장 고객의 성격 유형에 대한 이해는 **최근 출제 빈도가 높아지고 있는 부분으로, 성격과 행동을 분류하는 이론의 특성과 유형의 문제가 주로 출제됩니다.**

### 학습포인트

**1** 고객의 성격과 행동을 분류하는 이론으로 수록되어 있는 MBTI, DISC, TA의 개념을 학습합니다.

**2** MBTI의 4가지 선호 경향에서 에너지 방향에 따라 구분되는 외향형과 내향형의 특성을 이해하고, 고객의 행동과 연관해서 학습합니다.

**3** DISC의 사고형과 감정형의 단서들을 이해하고, 고객의 행동과 연관해서 학습합니다.

**4** DISC의 4가지 유형별 특징과 대응 전략을 학습합니다.

**5** TA의 5가지 자아 상태의 특성을 학습합니다.

## **1** MBTI

### (1) MBTI의 의의 ★

① MBTI(Myers-Briggs Type Indicator)는 칼 융(Carl Jung)의 성격 유형인 심리유형론(Psychology Type Theory)을 근거로 약 75년 동안 캐서린 브룩스(Katherine C. Briggs)와 그녀의 딸 이사벨 마이어스(Isabel Briggs Myers) 그리고 손자 피터 마이어스(Peter Myers)가 3대에 걸쳐 연구 개발을 한 성격 검사 도구의 한 유형이다.

② 융의 심리 유형론은 인간 행동이 **다양성을 갖지만 아주 질서정연하고 일관된 경향이 있다는** 데서 출발하였다. 인간 행동의 다양성은 개인이 인식(Perception)하고 판단(Judgement)하는 특징이 다르기 때문이라고 보았다.

③ MBTI는 자기 보고(self report) 문항을 통해 인식하고 판단할 때 각자 선호하는 경향을 찾고, 이러한 선호 경향들이 인간의 행동에 어떠한 영향을 미치는가를 파악하여 실생활에 응용할 수 있도록 제작된 심리 검사이다. 다음의 내용들은 ㈜한국 MBTI 연구소에서 발췌하여 인용한 내용들이다.

## (2) 서비스 경영에서 MBTI적 접근의 목적

① 고객의 성격 유형이 소비 행동에 직접적인 영향을 미칠 것으로 보고 성격 유형별 구매 행동의 특성을 밝히는 것이다.

② 인식과 판단 과정에서 나타나는 사람들의 근본적인 선호성을 바탕으로 고객 각자의 성격을 예측하고 이해하여 서비스 경영에 도움을 얻고자 한다.

③ 고객의 다양한 성향에 따른 적절한 응대로 서비스의 질적 향상을 꾀하고자 한다.

④ 고객뿐 아니라 서비스 종사자로서의 자신의 성격을 이해하여 고객과의 갈등 요소를 좀 더 잘 이해하고 해결할 수 있도록 한다.

## (3) MBTI의 4가지 선호 경향 ★★

① MBTI는 네 가지의 분리된 선호 경향으로 구성되어 있다. 선호 경향이란 교육이나 환경의 영향을 받기 이전에 이미 인간에게 잠재되어 있는 선천적 심리 경향을 말한다.

② 각 개인은 자신의 기질과 성향에 따라 아래의 4가지 이분 척도에 따라 둘 중 하나의 범주에 속하게 된다.

| E | | I |
|---|---|---|
|  외향(Extraversion)<br>외부 세계의 사람이나 사물에 대하여 에너지를 사용 | 에너지 방향<br>(Energy) |  내향(Introversion)<br>내부 세계의 개념이나 아이디어에 에너지를 사용 |
| S | | N |
|  감각(Sensing)<br>오감을 통한 사실이나 사건을 더 잘 인식 | 인식 기능<br>(Information) |  직관(iNtuition)<br>사실, 사건 이면의 의미나 관계, 가능성을 더 잘 인식 |
| T | | F |
|  사고(Thinking)<br>사고를 통한 논리적 근거를 바탕으로 판단 | 판단 기능<br>(Decision Making) |  감정(Feeling)<br>개인적, 사회적 가치를 바탕으로 한 감정을 근거로 판단 |
| J | | P |
|  판단(Judging)<br>외부 세계에 대하여 빨리 판단 내리고 결정하려 함. | 생활 양식<br>(Life Style) | 인식(Perception)<br>정보 자체에 관심이 많고 새로운 변화에 적응적임. |

| 에너지 방향(Energy) ★★ | | |
|---|---|---|
| 선호 지표 | 외향형(Extraversion) | 내향형(Introversion) |
| 설명 | • 폭넓은 대인 관계를 유지한다.<br>• 사교적이고 정열적이며 활동적이다. | • 깊이 있는 대인 관계를 유지한다.<br>• 조용하고 신중하며 이해한 다음에 경험한다. |
| 대표적 표현 | • 자기 외부에 주의 집중<br>• 외부 활동과 적극성<br>• 정열적, 활동적<br>• 말로 표현<br>• 경험한 다음에 이해<br>• 쉽게 알려짐. | • 자기 내부에 주의 집중<br>• 내부 활동과 집중력<br>• 조용하고 신중<br>• 글로 표현<br>• 이해한 다음에 경험<br>• 서서히 알려짐. |
| 인식 기능(Information) | | |
| 선호 지표 | 감각형(Sensing) | 직관형(iNtuition) |
| 설명 | • 오감에 의존하며 실제의 경험을 중시한다.<br>• 지금, 현재에 초점을 맞추고 정확, 철저하게 일을 처리한다. | • 육감 내지 영감에 의존하며 미래 지향적이다.<br>• 가능성과 의미를 추구하며 신속, 비약적으로 일을 처리한다. |
| 대표적 표현 | • 지금, 현재에 초점<br>• 실제의 경험<br>• 정확, 철저한 일 처리<br>• 사실적 사건 묘사<br>• 나무를 보려는 경향<br>• 가꾸고 추수함. | • 미래 가능성에 초점<br>• 아이디어<br>• 신속, 비약적인 일 처리<br>• 비유적, 암시적 묘사<br>• 숲을 보려는 경향<br>• 씨를 뿌림. |
| 판단 기능(Decision Making) | | |
| 선호 지표 | 사고형(Thinking) | 감정형(Feeling) |
| 설명 | • 진실과 사실에 주 관심을 갖는다.<br>• 논리적이고 분석적이며 객관적으로 판단한다. | • 사람과 관계에 주 관심을 갖는다.<br>• 상황적이며 정상을 참작한 설명을 한다. |
| 대표적 표현 | • 진실, 사실에 주 관심<br>• 원리와 원칙<br>• 논거, 분석적<br>• 맞다/틀리다<br>• 규범, 기준 중시<br>• 지적 논평 | • 사람, 관계에 주 관심<br>• 의미와 영향<br>• 상황적, 포괄적<br>• 좋다/나쁘다<br>• 나에게 주는 의미 중시<br>• 우호적 협조 |
| 생활 양식(Life Style) | | |
| 선호 지표 | 판단형(Judging) | 인식형(Perceiving) |
| 설명 | • 분명한 목적과 방향이 있다.<br>• 기한을 엄수하고 철저히 사전 계획하며 체계적이다. | • 목적과 방향은 변화 가능하다.<br>• 상황에 따라 일정이 달라지고 자율적이며 융통성이 있다. |
| 대표적 표현 | • 정리 정돈과 계획<br>• 의지적 추진<br>• 신속한 결론<br>• 통제와 조정<br>• 분명한 목적의식과 방향 감각<br>• 뚜렷한 기준과 자기 의사 | • 상황에 맞추는 개방성<br>• 이해로 수용<br>• 유유자적한 과정<br>• 융통과 적응<br>• 목적과 방향은 변화할 수 있다는 개방성<br>• 재량에 따라 처리될 수 있는 포용성 |

Part
03

## (4) 16가지 조합 유형

MBTI는 4가지 지표마다 양극을 이루는 두 가지씩의 선호 경향을 조합하여 16가지의 유형을 구성하였다. 이 유형 도표는 사람들 간의 상호 작용을 쉽게 이해할 수 있도록 해 줌으로써 서로가 더 잘 알 수 있는 세상을 만드는 데 도움을 주고 있다.

| 구분 | | 감각형(S) | | 직관형(N) | |
|---|---|---|---|---|---|
| | | 사고형(T) | 감정형(F) | 감정형(F) | 사고형(T) |
| 내향형(I) | 판단형(J) | ISTJ | ISFJ | INFJ | INTJ |
| | 인식형(P) | ISTP | ISFP | INFP | INTP |
| 외향형(E) | 인식형(P) | ESTP | ESFP | ENFP | ENTP |
| | 판단형(J) | ESTJ | ESFJ | ENFJ | ENTJ |

## (5) 유형별 특징

🖐 MBTI 16가지 성격 유형 도표

### ISTJ 세상의 소금형
한 번 시작한 일은 끝까지 해내는 사람. 세부 사실을 중시하고 차분하며 안정되어 있음.

### ISFJ 임금 뒤편의 권력형
성실하고 온화하며 협조를 잘함. 책임감이 강하고 타인의 감정에 민감. 일을 실제적이고 조직적으로 이행함.

### INFJ 예언자형
사람과 관련된 뛰어난 통찰력을 가짐. 독창성이 강하고 행동과 권유로 마음을 움직여 따르게 함.

### INTJ 과학자형
전체적인 부분을 조합하여 비전을 제시하는 사람. 행동과 사고에 있어 독창적이고 독립적이며 단호함.

### ISTP 백과사전형
논리적이고 뛰어난 상황 적응력을 가짐. 조용하고 자신을 개방하지 않는 편

### ISFP 성인군자형
따뜻한 감성을 가지고 있는 겸손한 사람. 말보다는 행동으로 따뜻함을 표현

### INFP 잔다르크형
이상적인 세상을 만들어 가는 사람. 조용하고 부드럽지만 지향하는 이상에 대한 신념은 강함.

### INTP 아이디어 뱅크형
비평적인 관심을 가지고 있는 뛰어난 전략가. 조용하나 관심 분야에는 적극적으로 대화함.

### ESTP 수완 좋은 활동가형
친구, 운동, 음식 등 다양함을 선호. 관대하고 개방적이며 타협하고 적응하는 능력이 있음.

### ESFP 사교적인 유형
분위기를 고조시키는 우호적인 사람. 잘 적응하고 타협적이며 관심과 호기심이 많음.

### ENFP 스파크형
열정적으로 새로운 관계를 만드는 사람. 풍부한 상상력과 영감으로 새로운 일을 잘 시작함.

### ENTP 발명가형
풍부한 상상력을 가지고 새로운 것에 도전하는 사람. 민첩하고 자신감이 넘치며 재능이 많음.

### ESTJ 사업가형
사무적, 실용적, 현실 도모적인 일을 많이 하는 사람. 사실과 규칙을 중시하고 그에 따라 행동

### ESFJ 친선 도모형
친절과 현실감을 바탕으로 타인에게 봉사하는 사람. 참을성과 동정심, 동료애가 많음.

### ENFJ 언변 능숙형
타인의 성장을 도모하고 협동하는 사람. 새로운 아이디어에 대한 호기심과 참을성이 많고 성실

### ENTJ 지도자형
비전을 가지고 사람들을 활력적으로 이끌어 감. 계획적이고 체계적으로 목표를 추진함.

## 2 DISC

### (1) 개념 ★

① 일반적으로 사람들은 자기 나름대로의 독특한 동기 요인에 의해 선택적으로 일정한 방식으로 행동을 취하게 된다. 우리는 그것을 행동 패턴(Behavior Pattern) 또는 행동 스타일(Behavior Style)이라고 한다.

② 1928년 미국 콜롬비아 대학 심리학 교수인 윌리엄 몰턴 마스턴(William Moulton Marston) 박사는 인간은 환경을 어떻게 인식하고 또한 그 환경 속에서 자기 개인의 힘을 어떻게 인식하느냐에 따라 4가지 형태로 행동을 하게 된다고 하였다.

③ 자기 주장의 표현 정도인 사고 개방도(Assertiveness)와 감정의 표현 정도인 감정 개방도(Responsiveness)에 따라 각각 주도형, 사교형, 안정형, 신중형으로 구분하였다.

④ DISC는 인간의 행동 유형(성격)을 구성하는 핵심 4개 요소인 주도형(Dominance), 사교형(Influence), 안정형(Steadiness), 신중형(Conscientiousness)의 약자이다.

⑤ 서비스 경영에 있어서 DISC는 서비스 직무 종사자가 접점에서 고객의 성향을 빠르게 4가지 유형으로 파악하고 성향에 맞게 좋은 응대를 함으로써 고객 만족을 높일 수 있는 중요한 기반이 된다.

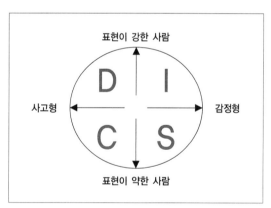

### (2) 행동 패턴의 구분

① 자기주장의 표현 정도(Assertiveness)

    ㉠ 주제에 대한 의견을 가지고 다른 사람에게 공개적으로 그들의 의견을 명확하게 표현하는 정도를 자기주장의 표현 정도, 즉 '사고 개방도'라고 부른다.

    ㉡ 강한 신념을 가지고 있다고 해서 그 사람을 자기 주장의 표현이 강한 사람이라고 하지 않는다는 데 주의해야 할 것이다.

    ㉢ 자기 주장의 표현이 강한 사람은 그들의 신념을 공개적으로 표현하고 그들의 믿음이 다른 사람에게 영향을 주도록 시도한다.

✋ '자기 주장의 표현 정도'의 단서들

| 자기 주장의 표현이 약한 사람 | 자기 주장의 표현이 강한 사람 |
| --- | --- |
| 말하는 것보다 묻는 경향이 있다. | 묻는 것보다 말하는 경향이 있다. |
| 협동심이 강하다. | 경쟁적이다. |
| 부하에게 후원적이다. | 부하에게 지시적이다. |
| 위험 회피적이다. | 위험 선호적이다. |
| 의사 결정이 느리다. | 의사 결정이 빠르다. |
| 눈을 보지 않고 대화한다. | 눈을 보면서 대화한다. |
| 천천히 말한다. | 빨리 말한다. |
| 신중하게 행동한다. | 행동이 민첩하다. |
| 말이 적다. | 말이 많다. |
| 말씨가 부드럽다. | 말씨가 강하다. |

② 감정의 표현 정도(Responsiveness) : 감정의 표현 정도(감정 개방도)는 사고형의 사람들에 비해 감정적인 사람들이 사회적 상황에 어떻게 대처하는가에 기초를 두고 있다.

✋ 사고형과 감정형의 단서들 ★★★

| 사고형인 사람들 | 감정형인 사람들 |
| --- | --- |
| 감정을 조절한다. | 감정을 나타낸다. |
| 냉철하다. | 따뜻하다. |
| 업무 지향적이다. | 인간관계 지향적이다. |
| 사업적이다. | 친근하다. |
| 제스처를 잘 사용하지 않는다. | 제스처를 잘 사용한다. |
| 정장을 즐긴다. | 자유복을 즐긴다. |
| 시간 관념이 철저하다. | 시간에 비교적 구애받지 않는다. |
| 얼굴에 감정이 나타나지 않는다. | 얼굴에 감정이 나타난다. |
| 목소리가 일정하다. | 목소리가 다양하다. |
| 말씨가 부드럽다. | 말씨가 강하다. |

## (3) 유형별 특징과 대응 전략 ★

### ① 주도형(Dominance)

| | |
|---|---|
| 특징 | • 빠른 결과를 얻기 원한다.<br>• 행동을 개시한다.<br>• 도전을 받아들인다.<br>• 결정을 빠르게 내린다.<br>• 현 상태에 대해 의문을 제기한다.<br>• 권위를 휘두른다.<br>• 곤란한 일들을 처리한다.<br>• 문제를 해결한다. |
| 강점 | • 효율적이고, 업무에 집중하며 결과 지향적이다.<br>• 주위 사람과 교류할 때 직접적이고 핵심을 간파한다.<br>• 행동이 민첩하다.<br>• 새롭고 어려운 일에 대한 도전을 좋아한다.<br>• 주위 사람에게 업무를 위임하고, 이를 관리하는 것을 선호한다.<br>• 결과에 대한 책임은 자신이 진다.<br>• 생산성을 우선시하며, 맡겨진 업무는 끝까지 완수한다. |
| 동기 부여 전략 | • 독립적으로 일할 수 있는 기회를 제공한다.<br>• 다른 사람을 감독하는 것을 허용한다.<br>• 목적 달성에 대한 의견을 제시한다.<br>• 도전하고 성공할 수 있는 기회를 제공한다. |
| 의사소통 전략 | • 명료하고 구체적으로 핵심만 간략히 제시한다.<br>• 시간을 효율적 사용한다.<br>• 일에 관한 이야기, 필요조건, 목표, 보조 자료 등을 준비한다.<br>• 의사 결정을 하기 위한 핵심적인 대안과 선택 안을 제공한다.<br>• 목표와 결과를 언급함으로써 설득한다. |

### ② 사교형(Influence)

| | |
|---|---|
| 특징 | • 사람들과 접촉한다.<br>• 좋은 인상을 준다.<br>• 의견을 뚜렷하게 개진한다.<br>• 동기 부여하는 환경을 만든다.<br>• 열정을 일으킨다.<br>• 사람들을 즐겁게 만든다.<br>• 다른 사람들을 돕고자 한다.<br>• 그룹에 참여한다. |
| 강점 | • 신속히 대응하고 친해지기 쉽고, 주위 사람의 사기를 높이고 동기를 부여한다.<br>• 자연스럽고 편안한 분위기를 만드는 능력이 있고, 함께 있으면 즐겁다.<br>• 일에 열중하고, 자신의 생각이나 포부를 자발적으로 공유한다.<br>• 적극적이고, 원대한 꿈을 갖고 있으며, 결과를 중시한다. |

| 동기 부여 전략 | • 긍정적이고 열정적인 상호 접촉 기회를 제공한다.<br>• 자율적인 토론 기회를 제공한다.<br>• 세세한 일에 대한 후속 조치를 한다.<br>• 가시화하고 인정받을 수 있는 기회를 제공한다. |
|---|---|
| 의사소통 전략 | • 감정, 직관, 기대 등을 나눈다.<br>• 친근감과 관계 형성의 시간을 확보한다.<br>• 흥미를 돋우는 의견을 나눈다.<br>• 지나치게 세부 사항은 이야기하지 않는다.<br>• 사람들에 관한 의견과 아이디어에 대해 질문한다.<br>• 그들이 중요하고, 유명한 사람이라고 느끼도록 관계를 유지하고, 격의 없이 행동한다. |

③ 신중형(Conscientiousness)

| 특징 | • 핵심 지시와 기준에 주의를 기울인다.<br>• 핵심 세부 사항에 중점을 둔다.<br>• 익숙한 상황에서 일한다.<br>• 예의 바르고 격식을 차린다.<br>• 정확성을 추구한다.<br>• 비판적 사고를 한다.<br>• 업무 수행 평가에 치밀하다.<br>• 권위에 순응한다. |
|---|---|
| 강점 | • 문제에 대해 사실과 이론에 근거한 말(approach)을 한다.<br>• 현실적인 이익을 충분히 검토한 후, 새로운 사고(견해)를 받아들인다.<br>• 다른 것으로 바꾸기 전에 현재의 사고(생각)나 방법 등을 충분히 활용하고자 한다.<br>• 주도면밀하고 보수적이며, 가장 현실성 있는 결단을 내리고자 한다.<br>• 경계심이 강하며, 자신이 안심할 수 있을 때에야 비로소 자신을 드러내며, 이때부터 강한 유대 관계를 형성한다.<br>• 문제 해결이나, 깔끔한 업무 처리에 탁월한 능력을 지니고 있다. |
| 동기 부여 전략 | • 전문성을 살릴 수 있는 기회를 제공한다.<br>• 질 높은 결과에 대해 후원한다.<br>• 논리적, 체계적 노력을 제공한다. |
| 의사소통 전략 | • 미리 준비하고 시간을 정확히 지킨다.<br>• 직접적이고 직선적으로 접근하고 일에 집중한다.<br>• 논리적이고 체계적인 접근을 지지한다.<br>• 당신이 한 제안의 장단점을 제시한다.<br>• 구체적인 것들을 제시하고, 할 수 있다고 말한 것은 반드시 이행한다.<br>• 일관된 모습을 보인다.<br>• 체계적인 실행 계획을 제시한다.<br>• '왜'에 관해 질문한다.<br>• 예측할 수 있는 구체적이고 확실한 증거를 제시한다. |

④ 안정형(Steadiness)

| 특징 | • 널리 인정된 방식으로 업무를 수행한다.<br>• 한자리에 오래 머문다.<br>• 끈기를 보인다.<br>• 전문적인 기술을 발전시켜 나간다.<br>• 업무 수행에 집중한다.<br>• 충성심을 보인다.<br>• 다른 사람의 말을 잘 듣는다.<br>• 흥분한 사람을 가라앉힌다. |
|---|---|
| 강점 | • 주위 사람에 대해 조언이나 상담 등을 적극적으로 하고, 이를 통해 그들이 성공적으로 업무 및 목표를 달성할 수 있도록 지원한다.<br>• 회사 내 그룹이나 동료에 대해 강한 신의를 나타내며, 공헌하고자 한다.<br>• 주위 사람들에 대해 깊은 신뢰와 자신감을 부여한다. |
| 동기 부여 전략 | • 상호 협조적인 관계에 대해 설명한다.<br>• 지속적이고 예측 가능한 업무 수행을 인정해 준다.<br>• 확실한 결과에 대해 협조한다. |
| 의사소통 전략 | • 사적인 이야기를 간단히 언급하여 서로에게 관심을 가질 수 있는 시간을 갖는다.<br>• 인간적으로 진정한 관심을 보인다.<br>• 진솔하고 개방적으로 공통점을 찾는다.<br>• 참을성 있게 개인적인 목표를 수립하고 성취한다.<br>• 부드럽고, 위협적이지 않게 이야기한다.<br>• 감정이나 개인적인 상처를 살핀다.<br>• 위험을 최소화하고 더 나은 이익에 대한 확신을 준다.<br>• 명확하고 구체적인 해결안을 제시한다. |

## 3 교류 분석(TA)

### (1) 개념 ★

① 교류 분석(Transactional Analysis; TA)은 1957년 미국의 정신과 의사인 에릭 번(Eric Berne) 에 의해 창안된 인간의 교류나 행동에 관한 이론 체계이자 동시에 효율적인 인간 변화를 추구 하는 치료 방법이다.

② 교류 분석은 인간 자신 또는 타인 그리고 관계의 교류를 분석하는 심리학으로서 개인의 성장 과 변화를 위한 체계적인 심리 치료법이다.

③ 교류 분석은 성격 기능의 강화를 통한 성격 변화에 초점을 맞춘 치료 방법으로 인간의 긍정성 을 확인하고, 자신이 책임을 질 수 있도록 하며, 사고, 감정, 행동을 조화롭게 통합할 수 있도록 하고 있어서 자기 분석을 해 나갈 수 있는 효과적인 심리 치료이다.

④ 교류 분석은 병원, 학교, 가정 및 결혼 관계, 그리고 산업체와 일반 사회 집단, 교육이나 산업의 현장 등에서 상담 및 심리 치료의 방법으로 폭넓게 적용될 수 있다.

### (2) 교류 분석의 목적

① 교류 분석은 자신에 대한 지각을 깊게 함으로써 **심신에 대한 자기 통제를 가능**하게 하는 것이다.

② 교류 분석은 **자율성을 높임**으로써 자신의 사고방식, 느낌 및 행동 방식에 대한 책임을 갖는 수준까지 성장하는 것이다.

③ 교류 분석은 왜곡된 인간관계에 빠지지 않고 서로 **친밀한 마음의 접촉을 경험**할 수 있도록 하는 것이다.

④ 교류 분석은 '지금 여기'에서 무엇을 어떻게 생각하고 행동하여 인간관계를 바꿀 것인가를 생각하는 것이다. 이를 위해 자아 상태와 대화(교류) 분석을 한다.

⑤ 교류 분석은 커뮤니케이션 능력을 향상시키는 도구로 활용되어 원활한 인간관계를 만들 수 있도록 하는 커뮤니케이션 기법이다.

### (3) 교류 분석의 기본적인 4가지 태도

| | |
|---|---|
| I'm OK, You're OK.<br>(자타 긍정) | 나도 주위 사람도 모두 좋다고 하는 태도로, 나도 능력 있고, 너도 능력 있다고 생각한다(지나친 낙관주의 경계 필요). |
| I'm not OK, You're OK.<br>(자기 부정, 타인 긍정) | 주위의 사람에 비해 나는 형편없다고 생각하는 태도로, 쉽게 의기소침하고 우울감, 자살 충동 등을 느낄 수 있다. |
| I'm OK, You're not OK.<br>(자기 긍정, 타인 부정) | 나는 항상 옳다고 생각하고, 자기의 실수와 잘못을 타인(사회)에게 돌리게 된다(독재, 독선). |
| I'm not OK, You're not OK.<br>(자타 부정) | 나도 형편없고 세상 사람들도 틀렸다고 생각하는 태도이다(염세주의). |

### (4) 성격의 구조 분석과 자아 상태 ★

① 자아 상태와 세 개의 마음 구조

    ㉠ 인간은 자신의 내부에 세 개의 자신을 갖고 있으며, 그것들을 자아 상태(Ego state)라고 부른다.

    ㉡ 자아 상태란 사고 및 감정과 그들에 관련한 일련의 행동 양식을 종합한 시스템(조직)이다.

② 자아 상태의 특성

| | |
|---|---|
| **비판적 어버이**<br>(Critical Parent; CP) | • CP는 자신의 가치관이나 사고방식을 옳은 것으로 치고, 양보하지 않으려 하는 부분이다.<br>• 양심이나 이상과 깊은 관련이 있고 책임감, 정의감, 도덕관, 공사를 구분하는 경향이 나타난다.<br>• CP가 지나치게 강하면 지배적인 태도, 명령적인 말씨, 칭찬하기보다는 나무라는 경향 등이 나타난다. |
| **양육적 어버이**<br>(Nurturing Parent; NP) | • NP는 친절, 동정, 관용적인 태도를 나타내는 부분이다.<br>• NP가 지나치게 강하면 간섭, 자율성 박탈, 과보호적으로 되는 것에 주의해야 한다. |
| **어른 자아 상태**<br>(Adult; A) | • A는 우리의 성격 중에서 사실에 기초해서 사물을 판단하려고 하는 부분이다.<br>• A는 지성, 이성과 깊이 관련되어 있고, 합리성, 생산성, 적응성을 가지며, 냉정한 계산에 입각해서 그 기능을 발휘한다.<br>• A가 지나치면 자기중심적이고 기계적인 인간과 같은 모습으로 나타난다. |
| **자유로운 어린이**<br>(Free Child; FC) | • FC는 자유로워서 어떤 것에도 구속되지 않는 자발적인 부분이며, 창조성의 원천이라고 할 수 있다.<br>• FC가 작용하고 있을 때는 울고 싶을 때 울고, 웃고 싶을 때 웃는 등 자연적인 감정을 솔직히 표현하는 것이 가능하다.<br>• FC가 지나치면 장소와 때를 생각하지 않고 행동하거나 무책임한 모습이 나타난다. |
| **순응하는 어린이**<br>(Adapted Child; AC) | • AC는 순종적이고 겸손한 모습을 보인다.<br>• AC는 싫은 것을 싫다고 말하지 못하며, 간단하게 타협해 버린다. 자연스러운 감정을 보이지 않으며, 자발성이 결여되고, 타인에게 의존하기 쉬운 모습을 갖는다.<br>• AC가 지나치면 우울, 원한, 죄악감, 슬픔, 자기혐오 등의 모습이 나타난다. |

# 고객의 의사 결정 과정

## 출제 & 학습 포인트

### 출제포인트

4장 고객의 의사 결정 과정에서는 마케팅에서 일반적인 고객 의사 결정 과정의 순서와 각 과정별 핵심 내용, 관여도에 대한 문제가 주로 출제됩니다.

### 학습포인트

**1** 문제 인식 단계에서는 매슬로우의 욕구 5단계 이론이 주로 출제되므로 5단계의 개념을 정확히 이해하고, 서비스 욕구의 관점을 서비스 사례와 연계하여 학습합니다.

**2** 정보 탐색 단계에서는 정보 원천의 종류와 내용을 구분하여 학습합니다.

**3** 최근 대안 평가 단계에서는 대안을 평가하고 상품 선택에 관여하는 요인들의 출제 빈도가 증가하고 있으므로 각 요인의 정의를 정확히 이해하고 학습합니다.

**4** 구매 단계에서는 관여도의 개념과 구매 행동에 영향을 미치는 상황 요인, 관여도의 수준에 따른 고객의 행동에 대해 학습합니다.

**5** 구매 후 행동 단계에서는 구매 후 부조화의 개념과 어떤 상황에서 고객이 구매 후 부조화를 경험하는지에 대한 문제가 출제되므로 이 부분을 정확하게 이해하고 학습합니다.

## 1 고객의 구매 결정 프로세스의 변화

### (1) 전통적 구매 결정 프로세스 모델(AIDMA) ★

| 주의(Attention) | • 고객들의 주의를 끌어 제품을 인지시키는 단계이다.<br>• 다양한 기업들의 TV 광고는 고객의 주의를 끌기 위한 것이라고 볼 수 있다. |
|---|---|
| 관심(Interest) | • 제품을 인지한 고객들이 제품의 장점과 단점을 파악하는 단계이다.<br>• 다른 경쟁사 제품보다 더 관심을 갖도록 하는 것이다. |
| 욕구(Desire) | • 제품을 인지하고 관심이 생겨 제품을 구매하고 싶은 욕구가 생기는 단계이다.<br>• 판매 촉진 활동이나 홍보 등으로 제품을 사용하고 싶은 욕구를 불러일으키게 만든다. |
| 기억(Memory) | • 제품에 대한 구매 의사 결정을 하는 단계이다.<br>• 제품의 장단점을 파악하여 사용하고 싶은 욕구가 생긴 후 구매 여부를 결정하도록 하는 단계이다. |
| 행동(Action) | • 제품을 구매하는 단계이다.<br>• 해당 제품에 대한 좋은 기억을 바탕으로 실제 구매라는 행동을 하는 단계이다. |

### (2) 인터넷의 활성화로 변화한 구매 결정 프로세스 모델(AISAS) ★

| | |
|---|---|
| **주의(Attention)** | 고객들의 주의를 끌어 제품을 인지시키는 단계이다. |
| **관심(Interest)** | 제품을 인지한 고객들이 제품에 대해 관심을 갖는 단계이다. |
| **검색(Search)** | 인터넷으로 해당 제품을 검색하고 경쟁사의 제품과 비교·분석하는 단계이다. |
| **행동(Action)** | 제품을 구매하는 단계로, 해당 제품에 대한 검색 결과를 바탕으로 실제 구매라는 행동을 하는 단계이다. |
| **공유(Share)** | • SNS를 통해 제품에 대한 다양한 정보를 공유하는 것이다.<br>• SNS에 올린 후기는 다른 사람들에게 해당 제품을 소개하게 되어 자연스럽게 구전 마케팅이 진행된다. |

🖐 전통적 구매 결정 프로세스 모델과 인터넷 활성화로 변화한 구매 결정 프로세스 모델

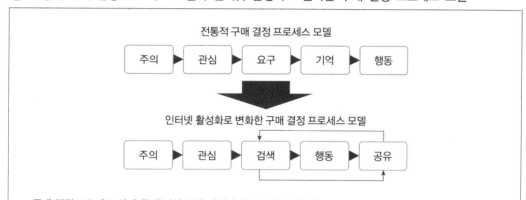

• 구매 결정 프로세스 단계 중 주의와 관심 단계까지는 동일하지만, 현대인들은 검색을 통해 제품을 비교 분석하고, 행동 후 자기의 구매 경험을 공유한다.
• 공유된 정보는 다른 사람이 새로운 제품을 구매 결정 시 검색의 자료로 활용된다.

### 2 고객의 구매의사결정 5단계

🖐 마케팅에서 일반적인 고객 의사 결정 과정 ★★

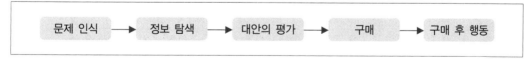

### (1) 문제 인식 단계

① 고객이 자신의 충족되지 않는 욕구를 지각하게 되거나 새로운 욕구가 생길 때 발생한다.
② 고객의 욕구가 유발되면 이를 충족시키려는 동인(drive)이 유발되고, 동인은 욕구를 행동으로 일으키는 힘인, 동기(motive)로 전환시키는 추진력으로 작용한다.
③ 욕구가 동기로 전환되면 문제 해결을 위한 행동이 발생한다.

④ 문제 인식을 야기하는 요인

| 제품 사용 상황의 변화(문제의 인식) | • 사용하던 컴퓨터가 자주 고장이 나서 새로운 컴퓨터에 대한 필요를 느낄 때<br>• 가족 구성원의 변화로 인한 욕구 충족 수준의 변화<br>• 재정적 여건의 변화<br>• 이용하던 상품의 품질 저하 |
|---|---|
| 고객 내부 요인 | • 욕구 단계의 변화에 따라 욕구 수준이 변해서 문제 인식이 발생<br>• 고객의 과거 경험이나 특성, 고객의 동기 등 고객 내부에서 발생하는 자극에 의한 요인<br>• 상표 또는 상품에 대한 신념이나 평가 등으로 나타나는 태도를 의미 |
| 고객 외부 요인 | • 타인과의 관계 또는 시각이나 후각 등에 의해 자극되어 일어나는 요인<br>• 신제품 개발과 광고 등 기업의 마케팅 활동으로 새로운 제품에 대한 필요를 느낄 때 발생하는 요인 |

⑤ 문제 인식의 과정

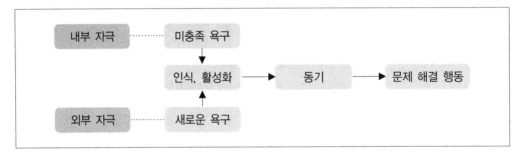

✎ 알아두기

매슬로우(Maslow)의 욕구 5단계 이론(Maslow's theory) ★★★
• 매슬로우는 인간의 동기가 작용하는 양상을 설명하기 위해 동기를 5단계(생리적 욕구, 안전 욕구, 사회적 욕구, 존경의 욕구, 자아실현의 욕구)로 구분했다.
• 각 욕구는 우성 계층(hierarchy of prepotency)의 순으로 배열되어 있으며 하위 욕구가 충족되어야만 상위 계층의 욕구가 나타난다.
• 인간의 동기를 설명하는 기본적이고 보편적인 모형을 제시했다는 점에서 큰 의의가 있다.

| 욕구 5단계 | 욕구 | 의미 | 서비스 욕구의 관점 |
|---|---|---|---|
| 1단계 | 생리적 욕구 | 의식주 등 생활의 기본적인 안정 | • 음식의 양이 충분한가<br>• 가격이 적당한가 |
| 2단계 | 안전의 욕구 | 위험, 고통, 불확실로부터의 회피 | • 유기농 식재료를 사용하는가<br>• 교환/환불이 가능한가 |
| 3단계 | 사회적 욕구 | 애정, 친화, 소속감, 만족 | • 종업원이 친절하게 대해 주는가<br>• 나의 요구에 귀를 기울여 주는가 |
| 4단계 | 존경의 욕구 | 존경, 지위, 성공, 명예 | • 종업원이 나를 존중해 주는가<br>• 나에게 관심을 가져 주는가 |
| 5단계 | 자아실현의 욕구 | 능력 발휘, 자아 성취, 자기 완성, 삶의 보람 | • 종업원이 나를 알아봐 주는가<br>• 차별화된 서비스를 제공해 주는가 |

* 한계점
  • 낮은 수준의 욕구는 만족과 중요도를 측정했을 때, 만족이 증가함에 따라 해당 욕구의 중요성이 낮아질 수 있다.
  • 개인의 욕구는 욕구가 발현되는 다양한 상황에서 끊임없이 변화하여 나타나고 때로는 각 욕구가 상호작용하거나 한 번에 두 개 이상의 욕구가 동시에 나타나기도 하는데 매슬로우의 이론은 각 욕구 간의 상호 연관성을 설명하지 못한다는 점에서 한계가 있다.

## 앨더퍼(Alderfer)의 ERG 이론
  • 인간 행동의 동기가 되는 욕구를 존재(Existence), 관계(Relatedness), 성장(Growth)으로 구분
  • ERG 이론은 욕구 단계 이론과 많은 공통점이 있지만, 근본적인 차이점 존재

### 👆 ERG 이론의 3가지 욕구

| | |
|---|---|
| 존재 욕구 | • 인간의 생명과 존재를 보장하는 데 필요한 기본적 욕구<br>• 생리적 욕구와 안전 욕구 그리고 돈과 물질에 대한 소유욕 |
| 관계 욕구 | • 주변 사람들과 의미 있는 인간관계를 형성하고 감정을 공유하고자 하는 욕구<br>• 소속감과 애정, 존경 등 대인 관계를 통하여 충족될 수 있는 영역 |
| 성장 욕구 | • 개인이 자신의 능력을 개발하여 자율과 성공을 이루려는 욕구<br>• 개인의 자아 개념과 존재의 의미를 찾으려는 욕구도 포함. |

### 👆 ERG 이론과 욕구 단계 이론과의 차이점

| 욕구 단계 이론 | ERG 이론 |
|---|---|
| • 특정 시점에 한 가지의 욕구가 지배<br>• 욕구 단계들 간의 위계가 있어 욕구의 진행이 욕구 충족과 함께 한 단계씩 상향으로 이동 | • 다양한 욕구를 동시에 경험<br>• 상하 쌍방식으로 이행 |

## 히즈버그(Herzberg)의 2요인 이론(Two-Factor Theory)
  • 인간의 동기를 자극하는 요인에는 만족도를 증대시켜 성과와 연결시키는 요인과, 불만족을 감소시키는 데 주로 관여하는 요인이 있다는 주장
  • 직원들의 동기 부여를 위하여 어떤 요인들이 욕구를 자극하는 동기 요인이 되며, 어떤 요인들이 회피 행동을 관여하는 주된 위생 요인인지에 대한 파악 필요

### 👆 Herzberg의 2요인

| | |
|---|---|
| 동기 요인<br>(motivators) | • 만족도에 관여하는 요인으로 충분한 경우 만족도를 향상시키는 역할<br>• 부족하다고 불만족을 초래하지는 않음.<br>• 성취감과 도전성, 인정과 칭찬, 성장과 발전<br>• 직무 만족과 직무 동기 그리고 직무 태도에 영향 |
| 위생 요인<br>(hygiene factors) | • 불만족에 주로 관여하는 요인으로 부족한 경우 불만족을 심화<br>• 충분히 주어졌다고 만족도를 향상시키는 역할을 하지는 못함.<br>• 작업 조건이나 회사의 정책과 방침<br>• 불만족스러울 때는 직무 만족도와 직무 동기를 저하<br>• 만족스럽다고 직무 동기를 유발시키지는 않음. |

### (2) 정보 탐색 단계

① 정보 탐색의 유형

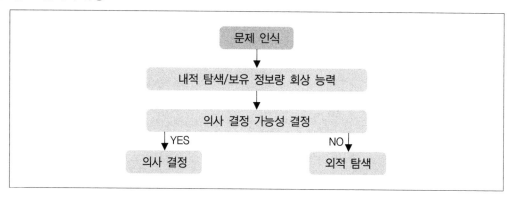

| 내부 탐색 | 고객이 과거 경험이나 광고 등을 통해 이미 자신이 알고 있는 정보를 기억으로부터 회상하는 것 |
|---|---|
| 외부 탐색 | 구매 의사 결정 관련 정보에 특별한 주의를 기울이거나 준거 집단, 판매원, 광고 등 다양한 정보원을 통하여 적극적으로 외적 정보를 탐색하는 것 |

② 정보의 원천 ★

| 기업 정보 원천 | • 기업이 제공하는 정보<br>• 광고, 기업 홈페이지, 서비스 직원, 포장 등 |
|---|---|
| 개인적 원천 | • 가족, 친지, 직장 동료 등<br>• 구전의 영향력 발생 |
| 경험적 원천 | • 고객이 직접 서비스를 경험함으로써 얻는 정보<br>• 가장 확실하고 신뢰할 수 있는 정보 |
| 중립적 원천 | • 각종 신문, 방송, 인터넷 등 언론 매체를 통한 보도 자료, 소비자원이나 정부 기관의 발행물 등을 통한 정보<br>• 고객은 중립적 원천을 통한 정보를 기업 제공 원천보다 신뢰 |

### (3) 대안 평가 단계

① 고객은 여러 대안들을 평가하기 위해 기준을 사용한다. 평가 기준으로 가격, 품질, 상표 명성, 이미지 등의 속성을 이용하며, 제품에 따라 평가 기준은 달라진다.

② 고객은 가격 이외의 다양한 기회비용까지 포함하여 대안별로 자신에게 얼마나 가치가 있는지 환산하고 평가한다.

③ 대안 평가의 과정에서 고객은 대안들에 대한 신념을 형성하고, 이러한 신념이 모여 대안에 대한 태도와 구매 의도를 갖게 된다.

④ 대안 평가 과정

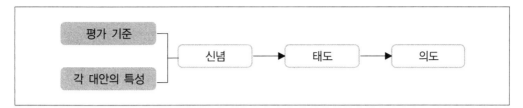

⑤ 대안 평가 기준의 측정 방법

| 직접 질문법 | 소비자들에게 대안을 비교, 평가할 때 어떠한 속성들을 기준으로 하는지를 직접 질문하는 방식이다. |
|---|---|
| 간접 질문법 | 응답자 본인이 아닌 제삼자가 어떤 평가 기준을 가졌다고 생각하는지를 묻는 방식이다. 예 "당신은 사람들이 호텔을 선택할 때 무엇을 주로 본다고 생각하십니까?" |
| 척도법 | 소비자들이 고려하는 상품 속성이나 평가 기준의 상대적 중요성을 알아내기 위해 주로 사용되는 방식이다. 이분법, 중요성 척도, Likert 척도, 순위 제시법, 고정 총합법 등이 있다. |
| 컨조인트 (Conjoint) 분석 | 구체적인 소비자 행동의 요인을 측정하기 위한 방법 중의 하나로 차등적 차이를 나타내는 수많은 상품 대안을 만들어 각 대안의 매력도를 평가하여 신상품의 콘셉트를 결정하는 방식이다. |

⑥ 대안 평가 방법 ★

| 보완적 평가 방법 | 대안의 평가 시 몇 개의 속성을 선택하여 각 대안을 비교 평가하고, 최종적으로 가장 높은 평가를 받은 제품을 선택하는 것 |
|---|---|
| 비보완적 평가 방법 | • 결합식 : 모든 기준(속성)에 최소 기준을 마련하고 만족 여부로 평가<br>• 분리식 : 고객이 정한 허용 기준을 한 평가 기준(속성)이라도 초과하면 선택하는 방법<br>• 사전 편집식 : 가장 중요한 평가 기준부터 차례로 대안들을 비교 및 평가하는 방법<br>• 순차적 제거식 : 사전 편집식 방식과 유사하나 중요한 속성부터 순차적으로 허용 수준을 설정하여 이를 기준으로 비교하여 마지막까지 남은 상표 대안을 선택하는 방법 |
| 휴리스틱 (Heuristic) | • 대안 평가에 있어 여러 가지 상품 속성이나 구매 요인들을 종합적으로 고려하기보다는 고객 자신이 나름대로 세운 한두 가지 원칙에 따라 빠르고 손쉽게 의사 결정을 하는 방식으로 주먹구구식(rule of thumb)이라도 한다.<br>• 호텔 선택의 경우 무조건 체인 호텔만을 이용한다거나, 지인의 추천을 받은 호텔을 무조건 선택하는 원칙을 가지고 있는 것이다. |

✎ **알아두기**

**호텔의 보완적 평가 방식**

| 평가 기준(중요성) | 위치/접근성(50%) | 가격(30%) | 서비스 품질(20%) |
|---|---|---|---|
| A 호텔 | 9 | 6 | 6 |
| B 호텔 | 9 | 8 | 6 |
| C 호텔 | 7 | 7 | 7 |
| D 호텔 | 8 | 7 | 5 |

- A 호텔 : $(9 \times 0.5) + (6 \times 0.3) + (6 \times 0.2) = 7.5$
- B 호텔 : $(9 \times 0.5) + (8 \times 0.3) + (6 \times 0.2) = 8.1$
- C 호텔 : $(7 \times 0.5) + (7 \times 0.3) + (7 \times 0.2) = 7.0$
- D 호텔 : $(8 \times 0.5) + (7 \times 0.3) + (5 \times 0.2) = 7.1$

⇨ 선택된 속성에 부여된 점수에 중요도를 고려하여 평가한 결과, B 호텔이 가장 높은 점수를 얻어 선택됨.

⑦ 대안 평가 및 상품 선택에 관여하는 요인들 ★★★

| | |
|---|---|
| **후광 효과** | 상품 평가 시 일부 속성에 의해 형성된 전반적 평가가 그 속성과는 직접적인 관련이 없는 다른 속성의 평가에 영향 |
| **유사성 효과** | 새로운 상품 대안이 나타난 경우, 그와 유사한 성격의 기존 상품을 잠식할 확률이 유사성이 떨어지는 기존 상품을 잠식할 확률보다 높은 현상 |
| **유인 효과** | 고객이 기존 대안을 우월하게 평가하도록 기존 대안보다 열등한 대안을 내놓음으로써 기존 대안을 상대적으로 돋보이게 하는 방법 |
| **프레밍 효과** | 대안들의 준거점에 따라 평가가 달라지는 효과 |
| **손실 회피** | 동일한 수준의 혜택과 손실이 발생하는 상황이면 손실에 더 민감하게 반응하여 이를 회피하는 선택을 하는 경우 |
| **심리적 반발효과 (로미오와 줄리엣 효과)** | 자신의 자유를 침해당하면 원상태로 회복하기 위해 더 강하게 저항하는 심리로 사람들의 보고 싶은 자유를 억제하여 오히려 더 판매를 자극하는 효과 |
| **대비 효과** | 어떤 제품을 먼저 보여 주는지에 따라 평가가 달라지는 효과로 고가의 상품을 먼저 보여 주고 저렴한 상품을 권하면 상대적으로 저렴한 상품을 구매하려는 경향 |
| **최고 효과, 최초 효과** | 한정품이나 신상품 등 최고 또는 최초의 상품이 고객의 평가에 영향을 미치는 효과 |

## (4) 구매

### ① 고객 구매 행동 유형

| 복합 구매 행동 | 관여도가 높고 사전 구매 경험 없이 최초로 구매하는 경우 |
|---|---|
| 충성 구매 행동 | 고관여 고객이 구매된 상표에 만족하면 그 상표에 대해 충성도가 생겨 반복적인 구매 행동을 하게 되는 경우 |
| 다양성 추구 행동 | 저관여 고객이 여러 가지 상표를 시도하는 행동 |
| 관성적 구매 행동 | 저관여 고객이 습관적으로 동일 상표를 반복 구매하는 행동 |

> ✎ **알아두기**
>
> 관여도(Involvement) ★★★
> • 관여도란 상품 구매나 소비 상황에 대해 개인이 지각하는 중요도나 관심도를 의미한다.
> • 제품 관여는 수준에 따라 고관여(high involvement)와 저관여(low involvement)로 나뉜다.
> • 소비자가 어떤 대상 혹은 상품이 자신에게 중요한 영향을 미친다고 지각하면 그것에 대해 더 많은 생각과 추론을 하고 더 많은 정보를 추구하고 탐색한다. 이는 구매 후 심리적 불안감(부조화)이 발생할 가능성이 높기 때문에 이를 감소시키기 위한 행동을 하게 되는 것이다.
>
> 👆 저관여와 고관여
>
> | 저관여 | 고관여 |
> |---|---|
> | • 지각된 위험이 낮음.<br>• 구매 제품군의 상표 간 차이가 미미할 경우<br>• 소극적이거나 최소 비용의 정보 처리<br>• 정보 처리 과정이 간단함.<br>• 구매 후 부조화 현상이 낮음. | • 지각된 위험이 높음.<br>• 구매 제품군의 상표 간 차이가 뚜렷할 경우<br>• 적극적이거나 고비용의 정보 처리<br>• 정보 처리 과정이 복잡함.<br>• 구매 후 부조화 현상이 높음. |

### ② 구매 행동에 영향을 미치는 상황 요인 ★★★

| 물리적 환경 | 매장 분위기, 실내 디자인, 조명, 음악, 소음 등 |
|---|---|
| 사회적 환경 | 구매 행동에 영향을 미치는 모든 인적 요소를 의미. 혼잡성, 타 고객의 행동, 혼자 구매하는지 또는 동행인 있는지의 여부 등 |
| 시간 요인 | 구매 시기와 시간 제약 등 |
| 구매 과업 | 고객이 부여하는 구매 목적의 내용 및 특성 |
| 선행상태 | 고객의 정신적, 신체적 상태 |

## ⑸ 구매 후 행동

👆 구매 후 행동 과정

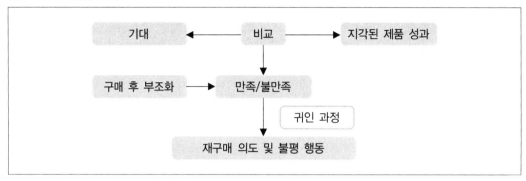

### ① 기대 불일치 이론 ★★★

㉠ 고객이 느끼는 서비스에 대한 만족과 불만족은 고객이 제품이나 서비스를 경험하기 전의 기대와 실제 경험한 후의 성과와의 차이에 의해 형성된다는 이론이다.

㉡ 실제 성과가 기대보다 못한 것으로 판단된 경우 부정적 불일치라 하며, 성과가 기대보다 나았을 경우 긍정적 불일치, 기대했던 정보이면 단순한 일치라 한다.

㉢ 고객들은 그들의 기대 수준보다 낮은 수준의 보상을 받을 때 불만족하고, 기대 수준 이상으로 보상받을 때 만족한다.

㉣ 중요한 요소에 대해서는 기대 수준이 높고 덜 중요한 요소에 대해서는 기대 수준이 상대적으로 낮다.

㉤ 최초 서비스보다 서비스 실패 후에 동반하는 서비스 회복에 대한 기대가 상대적으로 높게 나타난다.

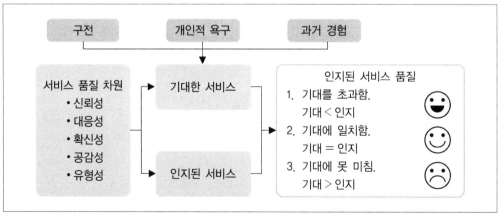

* 출처 : "A Conceptual Model of Service Quality & Its Implications for Future Research", A.Parasuraman 외, Jouranal of Marketing, 1985

② 구매 후 행동

| 구매 후 만족 행동 | • 재구매 행동<br>• 긍정적 구전 |
|---|---|
| 구매 후 불평 행동 | • 무(無) 행동<br>• 사적 행동: 부정적 구전, 재구매 거절 등<br>• 공적 행동: 제품 교환 및 환불 요구, 고발, 법적 조치 등으로 강력하게 표출 |

③ 구매 후 부조화 ★★★

구매 후 만족/불만족을 느끼기에 앞서 자신의 선택이 잘한 것인지에 대한 **심리적인 불안감**

| 구매 후 부조화<br>발생 상황 | • 구매 결정을 취소할 수 없을 때<br>• 선택한 대안에 없는 장점을 선택하지 않은 대안이 갖고 있을 때<br>• 마음에 드는 대안이 여러 개 있을 때<br>• 관여도가 높을 때<br>• 전적으로 고객 자신의 의사 결정일 때 |
|---|---|
| 기업의<br>구매 후 부조화<br>감소 전략 | • 강화 광고<br>• 거래 후 서신, 안내 책자, 전화 등으로 올바른 선택이라는 확신 부여<br>• 제품 보증, 친절한 A/S, 불만 관리 등 고객 서비스를 강화<br>• 수리, 보수, 반품의 요구가 없는 수준으로 품질 향상 |
| 고객의 구매 후<br>부조화 감소 전략 | • 자신의 선택을 지지하는 정보 탐색<br>• 선택한 대안의 장점을 의식적으로 강화<br>• 의사결정의 중요도가 낮다고 인식<br>• 선택하지 않은 대안의 장점을 의식적으로 약화 |

🖉 **알아두기**

인지 부조화

• 우리의 신념 간에 또는 신념과 실제로 보는 것 간에 불일치나 비일관성이 있을 때 생기는 심리적 상태
• 소비자가 제품이나 서비스를 잘못 선택했다 하더라도 후회하지 않으려 하고 인정하고 싶어 하지도 않는 심리적 상태

## 핵심 키워드 🔍 정리

| | |
|---|---|
| **고객** | 상품과 서비스를 제공받는 사람들로, 기업의 상품을 습관적으로 구매하는 소비자로부터 기업과 직간접적으로 거래하고 관계를 맺는 모든 사람들 |
| **환영 기대 심리** | 고객의 기본 심리 중 자신을 언제나 환영해 주고 반가워해 주기를 바라는 심리 |
| **보상 심리** | 다른 고객과 비교해 손해를 보고 싶지 않은 심리로 고객은 비용을 들인 만큼 서비스를 기대 |
| **자기 본위적 심리** | 고객이 가지는 기본 심리 중 하나로 고객이 각자 자신의 가치 기준을 가지고, 항상 자기 위주로 모든 상황을 판단하는 심리 |
| **독점 심리** | 모든 서비스에 대하여 독점하고 싶은 심리 |
| **우월 심리** | 서비스 직원보다 우월하다는 심리 |
| **모방 심리** | 다른 고객을 닮고 싶은 고객의 심리 |
| **존중 기대 심리** | 중요한 사람으로 인식되고, 기억해 주기를 바라는 심리 |
| **잠재 고객** | 기업의 제품을 구매하지 않은 사람들 중에서 향후 고객이 될 수 있는 잠재력을 가진 집단이나 아직 기업에 관심이 없는 고객 |
| **가망 고객** | 기업에 관심을 보이는 신규 고객이 될 가능성이 있는 고객 |
| **충성 고객** | 구매하는 행동적 측면에서 정의되는 개념으로 정기적으로 반복 구매하며 다른 사람에게 추천하고 경쟁 업체의 유인 전략에 동요하지 않는 고객 |
| **의견 선도 고객** | 고객의 참여 관점에서 제품의 평판, 심사, 모니터링 등에 참여하여 직접 고객의 의사 결정에 영향을 미치는 사람 |
| **체리 피커** | 신포도 대신 체리만 골라 먹는다고 해서 붙여진 명칭으로, 기업의 상품이나 서비스를 구매하지 않으면서 자신의 실속 차리기에만 관심을 두고 있는 고객 |
| **옹호 고객** | 단골 고객이면서 고객을 추천할 정도의 충성도가 있는 고객 |
| **한계 고객** | 기업의 이익 실현에 방해가 되는 고객으로 고객 명단에서 제외하거나 해약 유도를 통해 고객의 활동이나 가치를 중지시킴. |
| **경제적 고객(절약형 고객)** | 자신이 투자한 시간, 돈, 노력에 대해 최대의 효용을 얻으려는 고객 |
| **윤리적 고객(도덕적 고객)** | 구매 의사 결정에 있어 기업의 윤리성이 큰 비중을 차지하는 고객 |
| **편의적 고객** | 서비스를 받는 데 있어서 편의성을 중시하는 고객 |
| **실현자** | 소득 수준이 높고 자아 존중 성향이 강한 소비자 집단으로 자신을 표현해 주는 고급 상품을 사용하고, 다양한 분야에 폭넓은 관심이 있는 집단 |

| 신뢰자 | 보수적이며 소득 수준도 낮으면서 가정, 교회, 지역사회, 국가의 기본 규범을 존중하는 집단 |
| --- | --- |
| 분투가 | 생존에 집중하며 가장 나이가 많은 계층이고 삶의 안전에 초점이 맞춰져 있으며 관심 있는 분야가 제한적이고 상표 충성도가 강한 편인 집단 |
| 자급자 | 외부 세계에 별 관심이 없고 가정과 직장, 육체적 여가 활동에 관심을 두며, 소득도 제한되어 있으므로 좀 더 실리적인 집단 |
| 폐쇄적 계층 구조 | 사회에서 한 개인의 지위가 귀속적으로 결정되기 때문에 다른 계층으로 상승 또는 하강할 수 있는 기회가 극히 제한되어 있는 구조 |
| 개방형 계층 구조 | 개인의 능력이나 노력에 따라서 다른 계층으로 상승과 하강의 기회가 열려 있는 구조 |
| MBTI | 개인이 쉽게 응답할 수 있는 자기 보고 문항을 통해 각자가 인식하고 판단하여 선호하는 경향을 찾아낸 후, 그 경향들이 행동에 어떤 영향을 끼치는지 파악하는 검사법 |
| DISC | 태어나면서부터 성장하여 현재에 이르기까지 자기 나름대로의 독특한 동기 요인에 의해 선택적으로 일정한 방식으로 행동을 취하게 되고, 일정한 경향성을 가지는데 이러한 경향성을 보이는 것에 대해 독자적인 행동 유형을 모델로 만들어 설명한 것 |
| 주도형 | 결과를 얻기 위해 장애를 극복하여 자신이 원하는 환경을 성취하는 경향의 행동 유형 |
| 사교형 | 결과를 완수하기 위해 다른 사람들을 연합시켜 환경을 조성하는 행동 유형으로 사람들과의 관계 형성에 초점 |
| 안정형 | 과업을 수행하기 위해서 다른 사람과 협력하는 행동 유형 |
| 신중형 | 업무의 품질과 정확성을 높이기 위해 기존 환경에서 신중하게 일하는 행동 유형 |
| 교류 분석(TA) | 인간의 교류나 행동에 관한 이론 체계이자 동시에 효율적인 인간 변화를 추구하는 치료 방법으로, 인간 자신 또는 타인 그리고 관계의 교류를 분석하는 심리학으로서 개인의 성장과 변화를 위한 체계적인 심리 치료법 |
| 욕구 단계 이론 | 매슬로우의 욕구 단계설에 의하면 낮은 단계의 욕구로부터 높은 단계의 욕구로 다섯 계층(생리적, 안전, 사회적, 존경, 자아 실현 욕구)으로 구분되며, 하위의 욕구가 충족되면 보다 높은 수준의 욕구가 활성화된다고 주장 |
| 문제 인식 단계 | 고객이 의사 결정 과정에서 자신의 충족되지 않은 욕구를 인식하거나 새로운 욕구가 생길 때의 단계 |
| ERG 이론 | 인간 행동의 동기가 되는 욕구를 존재(Existence), 관계(Relatedness), 성장(Growth)으로 구분하여 설명하는 이론 |
| 2요인 이론 | 인간의 동기를 자극하는 요인에는 만족도를 증대시켜 성과와 연결시키는 요인과 불만족을 감소시키는 데 주로 관여하는 요인이 있다는 주장 |

A Part 03

| | |
|---|---|
| **대안 평가** | 문제 인식 후 수집한 정보를 바탕으로 고객이 가지고 있는 지식이나 믿음, 상황과 조건, 선호도 등을 기준으로 평가 |
| **보완적 평가 방법** | 대안 평가 시 몇 개의 기준을 사용하여 각 대안을 비교 평가, 최종적으로 가장 높은 평가를 받은 제품을 선택하는 방법 |
| **컨조인트 분석** | 구체적인 소비자 행동의 요인을 측정하기 위한 방법 중의 하나로 차등적 차이를 나타내는 수많은 상품 대안을 만들어 각 대안의 매력도를 평가하여 신상품의 콘셉트를 결정하는 방법 |
| **유사성 효과** | 새로운 상품 대안이 나타난 경우, 그와 유사한 성격의 기존 상품을 잠식할 확률이 유사성이 떨어지는 기존 상품을 잠식할 확률보다 높은 현상 |
| **유인 효과** | 고객이 기존 대안을 우월하게 평가하도록 유도하기 위해 기존 대안보다 열등한 대안을 내놓음으로써 기존 대안을 상대적으로 돋보이게 하는 방법 |
| **손실 회피** | 동일한 수준의 혜택과 손실이 발생하는 상황이면 손실에 더 민감하게 반응하여 이를 회피하는 선택을 하는 경우 |
| **대비 효과** | 어떤 제품을 먼저 보여 주는지에 따라 평가가 달라지는 효과로 고가의 상품을 먼저 보여 주고 저렴한 상품을 권하면 상대적으로 저렴한 상품을 구매하려는 경향 |
| **기대 불일치 이론** | 고객이 느끼는 서비스에 대한 만족과 불만족은 고객이 제품이나 서비스를 경험하기 전의 기대와 실제 경험한 후의 성과와의 차이에 의해 형성된다는 이론 |
| **구매 후 부조화** | 구매 후 만족/불만족을 느끼기에 앞서 자신의 선택이 잘한 것인지에 대한 심리적인 불안감 |
| **관여도** | 상품 구매나 소비 상황에 대해 개인이 지각하는 중요도나 관심도 |

# PART 03 실전 예상 문제 TEST

**일반형**

**01** 다음 중 구매 후 부조화 발생 상황이 아닌 것은?

① 관여도가 높을 때
② 구매 결정을 취소할 수 있을 때
③ 마음에 드는 대안이 여러 개일 때
④ 전적으로 고객 자신의 의사 결정일 때
⑤ 선택한 대안에 없는 장점을 선택하지 않은 대안이 가지고 있을 때


**02** 다음 중 고객의 성격 유형 분석에 대한 설명으로 옳지 않은 것은?

① TA 교류 분석은 긍정 심리 이론이다.
② TA 교류 분석의 기본적 사상은 자기 이해이다.
③ TA 교류 분석을 통해 여러 가지 '감정'들에 대한 이해를 높일 수 있다.
④ MBTI로 16가지 고객의 성격 유형별 구매 행동의 특성을 알아볼 수 있다.
⑤ DISC는 서비스 접점에서 고객의 성향을 알 수 있는 가장 보편적인 지표이다.


**03** 다음 중 고객의 기대에 대한 영향 요인 중 '고객의 상황적 요인'에 해당하는 것은?

① 개인적 욕구
② 고객의 정서적 상태
③ 타인과의 상호 관계로 인한 사회적 상황
④ 서비스 의사 결정에 영향을 미치는 촉진 전략
⑤ 유통 구조에 의한 편리성과 서비스 수준 기대


**04** 다음의 고객 성격 유형 중 '외향형(extraversion)'에 해당하는 특성은?

① 말로 표현            ② 서서히 알려짐.
③ 조용하고 신중       ④ 이해한 다음에 경청
⑤ 자기 내부에 주의 집중

**05** 고객의 기본 심리를 설명한 것으로 가장 적절한 것은?

① 자기 본위적 심리 – 고객은 모든 서비스에 대해 독점하고 싶은 심리가 있다.
② 우월 심리 – 고객은 비용을 들인 만큼 서비스를 기대한다.
③ 존중 기대 심리 – 고객은 서비스 직원보다 우월하다는 심리를 갖고 있다.
④ 보상 심리 – 다른 고객과 비교해 손해를 보고 싶지 않은 심리를 갖고 있다.
⑤ 독점 심리 – 고객은 중요한 사람으로 인식되고, 기억해 주기를 바란다.

**06** 다음 중 DISC가 분류하는 인간 행동 유형의 핵심 요소 4개에 속하지 않는 것은?

① 안정형(Steadiness)  ② 주도형(Dominance)
③ 직관형(Intuition)  ④ 신중형(Conscientiousness)
⑤ 사교형(Influence)

**07** 고객은 의사 결정을 할 때에 다양한 곳에서 정보를 탐색한다. 다음 중 가장 확실하고 신뢰할 수 있는 정보를 제공하는 것은?

① 직접 서비스를 경험함으로써 얻는 정보
② 가족이나 친지, 직장 동료 등으로부터 얻는 정보
③ 광고, 기업, 홈페이지 등 기업이 제공하는 정보
④ 소비자원이나 정부 기관의 발행물을 통해 얻는 정보
⑤ 각종 신문, 방송, 인터넷 등 언론 매체를 통한 보도 자료가 제공하는 정보

**08** 다음 중 고객에 대한 설명으로 가장 적절하지 않은 것은?

① 고객은 상품과 서비스를 제공받는 사람들이다.
② 거래처, 하청업자, 종사원은 고객에 속하지 않는다.
③ 고객은 상품 및 서비스를 구입, 사용하는 사람이다.
④ 앞으로 상품 및 서비스를 구입, 사용할 가능성이 있는 사람도 고객에 포함된다.
⑤ 고객은 돌아볼 고(顧)에 손 객(客)을 사용하여 기업의 입장에서 볼 때 다시 와 주었으면 하는 사람들이다.

**09** 다음 중 고객 요구의 변화에 대한 설명으로 가장 적절하지 않은 것은?

① 의식의 개인화 : 나만 특별한 고객이라고 생각하는 경향이 높아졌다.

② 의식의 존중화 : 존중과 인정에 대한 욕구가 많아지면서 누구나 자신을 최고로 대해 주기를 원한다.

③ 의식의 복잡화 : 고객의 유형이 복잡화되고 요구도 많아졌지만 과거에 비해 서비스 수준이 높아져 불만 발생은 줄어들고 있다.

④ 의식의 대등화 : 경제 성장 및 물자의 풍족으로 서로에 대한 존경, 신뢰가 떨어지면서 서로 대등한 관계를 형성하려는 상황에서 많은 갈등이 발생하고 있다.

⑤ 의식의 고급화 : 양적으로 풍부해지고 소비자 선택의 폭이 확산됨에 따라 고객들은 점점 인적 서비스의 질을 중요하게 생각하고, 자신의 가치에 합당한 서비스를 요구하고 있다.

**10** 참여 관점에서 고객을 분류했을 때 다음에서 설명하는 고객은 누구인가?

> 기업의 제품이나 서비스를 반복적, 지속적으로 애용하고 타인에게 추천할 정도의 충성도가 있는 고객

① 옹호 고객                      ② 의견 선도 고객
③ 단골 고객                      ④ 내부 고객
⑤ 간접 고객

**11** 다음 중 고객 성격 유형 분류를 위한 테스트 방법에 대한 설명으로 옳지 않은 것은?

① DISC는 사람들의 행동 패턴 또는 행동 스타일에 대한 모델이다.

② MBTI는 성격 유형별 구매 행동의 특성을 밝히는 것이 목적이다.

③ DISC의 대표적인 4가지 유형은 사고형, 감정형, 판단형, 인식형이다.

④ MBTI는 칼 융(Carl Jung)의 심리 유형론(Psychology Type Theory)을 근거로 한 검사이다.

⑤ DISC는 인간의 환경에 대한 인식과 그 환경 속에서 자신의 힘에 대한 인식을 바탕으로 유형을 구분하였다.

**12** 다음 중 고객에 대한 이해를 돕는 검사 중 하나로 William Moulton Marston 박사가 만든 독자적인 행동 유형 모델로 사고 개방도와 감정 개방도에 따라 인간의 행동 유형을 4가지로 나눈 검사는 무엇인가?

① INTP                          ② ENTP
③ MBTI                          ④ DISC
⑤ ISFP

**13** 다음 중 대안의 평가 시 몇 개의 기준을 사용하여 각 대안을 비교 평가한 후 최종적으로 가장 높은 평가 점수를 받은 제품을 선택하는 방법은?

① 결합식 평가 방법
② 순차적 제거식 평가 방법
③ 보완적 평가 방법
④ 사전 편집식 평가 방법
⑤ 분리식 평가 방법

**14** 감성적 고객을 대상으로 하는 마케팅 활동에 대한 설명으로 적절하지 않은 것은?

① 구운 빵 냄새를 슈퍼마켓에 퍼뜨려 슈퍼마켓 내의 빵 가게 매출을 증대시킨다.
② Societe Generale 등 프랑스 은행이 발행한 수표에서는 향긋한 냄새를 맡을 수 있다.
③ 청색과 흑색이 식욕을 저하시킨다는 연구 결과를 참조하여 식당 내 사용을 자제한다.
④ 음식물의 영양 성분을 자세하게 기재한 메뉴판을 고객에게 제시하여 고객 구매를 유도한다.
⑤ 와인을 판매하는 매장의 경우 클래식 음악을 사용했을 때 가격이 비싼 고급 와인이 더 많이 팔린다는 점을 감안하여 이를 활용한다.

**15** 제품이나 서비스를 잘못 선택했다 하더라도 후회하지 않으려 하고 인정하고 싶어 하지 않는 심리적 속성은 무엇인가?

① 후광 효과(hallo effect)
② 인지 부조화(cognitive dissonance)
③ 존중의 욕구(esteem needs)
④ 상호성의 원칙(reciprocal principal)
⑤ 반복 효과(repetition effect)

**16** 고객 집단의 가치와 라이프 스타일을 기준을 고객 집단을 분류할 때 Actualizers(실현자)의 특징으로 가장 적절한 것은?

① 보수적이며 소득 수준도 낮으면서 가정, 교회, 지역사회, 국가의 기본 규범을 존중한다.

② 생존에 집중하며 가장 나이가 많은 계층이고 삶의 안전에 초점이 맞춰져 있으며 관심 있는 분야가 제한적이고 상표 충성도가 강한 편이다.

③ 외부 세계에 별 관심이 없고 가정과 직장, 육체적 여가 활동에 관심을 두며, 소득도 제한되어 있으므로 좀 더 실리적이다.

④ 가장 젊은 계층으로서 부와 권력을 얻기 위해 노력하며, 혈기왕성해 육체적 운동이나 사고 활동도 많이 하고, 신제품 구매도 많이 한다.

⑤ 광범위한 분야에 걸쳐 관심이 많고 높은 수입과 교육 수준을 보유하며, 신제품과 기술을 잘 수용하고 그들의 개성 스타일을 반영하는 세련된 제품이나 서비스, 즉 상류 계층의 제공물을 선택한다.

**17** 서비스를 소비하는 주체인 고객의 행동과 그들의 관점으로 살펴보면 서비스 상품을 편의 서비스(convenience services), 선매 서비스(shopping services), 전문 서비스(specialty services) 등의 세 가지 상품으로 구분할 수 있다. 이때 각각에 대한 설명으로 가장 적절한 것은?

① 전문 서비스 상품을 얻기 위해서 고객들은 탐색 시간이나 비용 등을 들여 정보를 얻으려 하지 않는다.

② 전문 서비스 상품은 소비자가 최소한의 쇼핑 노력만을 들여 구매하는 것으로 필름 현상소, 우편 서비스 등을 예로 들 수 있다.

③ 편의 서비스 상품은 어떤 서비스를 구매해야 할지 정확히 알지 못하는 경우가 대부분이므로 적절한 구매를 하기 위해 탐색을 하는 등 노력을 기울이게 된다.

④ 편의 서비스 상품은 소비자가 원하는 서비스를 얻기 위해 경쟁 서비스와 품질, 가격 등을 비교해 가며 정보를 탐색하는 등 구매 노력을 들인 후 구매하는 것을 말한다.

⑤ 전문 서비스 상품은 고객의 관여 정도가 매우 높으며 가격에 대해 비탄력적인 경우가 많다. 대표적인 예로는 가수의 콘서트 관람, 개인 변호사의 법률 상담 등이 있다.

**18** 현대 마케팅 측면에서 고객을 여러 가지로 분류할 수 있다. 다음 중 물건이나 서비스를 최종적으로 사용하는 사람은 아니나 구매를 허락하는 사람은 누구인가?

① 구매 영향자　　　　　　② 가망 고객
③ 소비자　　　　　　　　④ 구매 승인자
⑤ 구매자

**19** 고객의 기대에 대한 영향 요인 중 고객 만족을 이루기 위한 기업 요인에 해당되지 않는 것은?

① 기업의 로고나 CI, BI      ② 직원들의 유니폼

③ 가격      ④ 경쟁사의 제품

⑤ 매장의 인테리어

**20** 다음 중 MBTI 테스트의 목적을 바르게 설명한 것은?

① 성격의 좋고 나쁨을 인정한다.

② 변명이나 합리화를 위한 것이다.

③ 창조의 공평성을 인정한다.

④ 비판과 판가름을 위한 것이다.

⑤ 자신이 어떤 사람임을 단정 짓는 것이다.

**21** 다음 중 회사에 대해 인지하고 있지 않거나 인지하고 있어도 관심이 없는 고객은?

① 잠재 고객      ② 가망 고객

③ 신규 고객      ④ 기존 고객

⑤ 충성 고객

**22** 다음은 참여 관점에 따른 고객 분류이다. 고객 분류와 설명이 옳은 것은?

① 직접 고객 : 최종 소비자 또는 2차 소비자

② 의견 결정 고객 : 제품의 평판, 심사, 모니터링 등에 참여하여 의사 결정에 영향을 미치는 사람

③ 의사 선도 고객 : 직접 고객의 선택에 커다란 영향을 미치는 개인 또는 집단

④ 경쟁자 : 전략이나 고객 관리 등에 중요한 인식을 심어 주는 고객

⑤ 한계 고객 : 기업의 제품이나 서비스는 반복적, 지속적으로 애용하는 고객이지만, 추천할 정도의 충성도가 있지는 않은 고객

**23** 우량 고객 중에서도 최상위의 고객을 로열 고객(Loyal Customer) 혹은 충성 고객이라고 하는 바, 이들의 특징으로 적절하지 않은 것은?

① 반복 구매      ② 교차 구매

③ 하강 구매      ④ 구전 활동

⑤ 관대함.

**24** 다음 중 고객의 선택에 영향을 미치는 심리적 효과에 대한 설명으로 잘못된 것은?

① 후광 효과 : 상품 평가 시 일부 속성에 의해 형성된 전반적 평가가 직접적인 관련이 없는 다른 속성 평가에 영향을 미친다.

② 손실 회피 : 동일한 수준의 혜택과 손실이 발생하는 상황에서 손실에 더 민감하게 반응하여 회피하는 선택을 하는 상태이다.

③ 최고/최초 효과 : 한정된 상품이나 신상품 등 최고 또는 최초의 상품이 평가에 영향을 미친다.

④ 유사성 효과 : 새로운 상품 대안이 나타나면, 그와 유사한 기존 상품을 잠식할 확률이 유사성 낮은 상품의 경우보다 낮아진다.

⑤ 프레밍 효과 : 대안들의 준거점에 따라 이득을 보이기도 하고 손실로 여겨지기도 한다.

Part 03

**25** 그레고리 스톤(Gregory Stone)이 분류한 바에 의하면 쇼핑 상품 구매 고객은 절약형 고객, 윤리적 고객, 개별화 추구 고객, 편의성 추구 고객 등 네 가지로 나뉜다. 이 중에서 개별화 추구 고객의 특징으로 적절한 것은?

① 자신이 사용한 시간, 노력, 금전으로부터 획득할 수 있는 가치를 극대화하려 한다.

② 입원 어린이 환자 가정을 위한 기업의 사회 공헌 프로그램에 대해 만족해한다.

③ 고객에게 친밀하게 인사하는 태도를 보이는 종업원의 서비스에 만족한다.

④ 가정에 실시간으로 배달해 주는 마트 시스템을 선호한다.

⑤ 사회적으로 신뢰할 수 있는 기업의 단골이 되는 것을 선호한다.

**26** 기업과 고객의 관계가 발전함으로써 얻을 수 있는 효과를 기업의 측면과 고객의 측면으로 구분했을 때, 고객 측면에서의 효과로 가장 적절한 것은?

① 판매 향상　　　　　　　　② 비용 절감

③ 기업 이미지 상승　　　　　④ 우량 고객 확보

⑤ 구매 시간 단축

**27** 다음 중 고객에 대한 설명으로 적절하지 않은 것은?

① 일반적으로 소비 활동을 하는 모든 주체를 소비자라 한다.

② 내부 고객은 외부 고객에 이어 2번째로 고려해야 할 고객이다.

③ 내부 고객은 외부 고객이 원하는 것을 제공하는 중요한 역할을 한다.

④ 소비자는 구매자, 사용자, 구매 결정자의 역할을 각각 다르게 하거나 중복 역할을 수행하기도 한다.

⑤ 외부 고객은 상품과 서비스를 제공받는 대가로 가격을 지불한다.

**28** 고객의 고관여 구매 행동에 대한 설명으로 적절한 것은?

① 부조화 감소 구매 행동이 나타난다.

② 일상적으로 빈번하게 구매하는 제품인 경우에 해당한다.

③ 수동적이거나 소극적으로 상품의 지식을 획득한다.

④ 구매 제품군의 상표 간 차이가 미미할 경우 습관적으로 구매한다.

⑤ 제품의 개별 상표 간 차이가 뚜렷한 경우 다양성 추구 구매 행동이 나타난다.

**29** 다음 중 '소비자'와 '고객'에 대한 설명으로 가장 옳지 않은 것은?

① 고객은 흔히 '손님'이란 용어로 표현되기도 한다.

② 기업의 제품이나 서비스를 반복적, 지속적으로 애용하면서 타인에게 추천할 정도의 충성도가 있는 고객을 단골 고객이라 한다.

③ 외부 고객은 이익을 창출하기 위한 실질적인 고객이다.

④ 소비자는 구매자, 사용자, 구매 결정자의 역할을 각각 다르게 혹은 동시에 수행하기도 한다.

⑤ 기업에 관심을 보이고 신규 고객이 될 가능성이 있는 고객을 가망 고객이라 한다.

**30** 서비스에 대한 고객의 외적 기대 요인에 대한 내용으로 알맞은 것은?

① 관여도                    ② 구전 커뮤니케이션

③ 고객의 정서적 상태          ④ 가격

⑤ 과거의 서비스 경험

**31** 롤랜드 홀 교수가 제시한 고객의 구매 패턴 모델 ADIMA의 각 단계에 해당하지 않는 것은?

① 주의                      ② 관심

③ 욕구                      ④ 검색

⑤ 실행

**O / X형**

[32~37] 다음 문항을 읽고 옳고(O), 그름(X)을 선택하시오.

**32** 고객의 구매 행동 과정 중 대안 평가는 수집된 정보를 바탕으로 고객이 가지고 있는 지식이나 믿음, 상황과 조건 그리고 선호도 등의 기준으로 평가한다. ( ① O  ② X )

**33** 관계 진화적 과정에 의한 고객 분류에 의하면, 기업은 가망 고객을 발굴하여 신규 고객을 유치할 수 있다. ( ① O  ② X )

**34** 현대 마케팅적 측면의 고객 분류에 의하면, 아기 장난감을 구매하는 부모는 구매자이고, 장난감을 사용하는 아기는 소비자이다. ( ① O  ② X )

**35** 고객의 기대에 영향을 미치는 고객의 내적 요인으로는 타인과의 상호 관계로 인한 사회적 상황이나 구전 커뮤니케이션 등이 있다. ( ① O  ② X )

**36** 유인 효과는 대안 평가 및 상품 선택에 관여하는 요인들 중 기존 대안보다 열등한 대안을 내놓음으로써 기존 대안을 상대적으로 돋보이게 하는 방법이다. ( ① O  ② X )

**37** 기대 불일치 이론은 고객이 제품이나 서비스를 경험하기 전의 기대와 실제 경험한 후의 성과와의 차이에 의해 만족과 불만족이 형성된다는 이론이다. 실제성과가 기대보다 못한 것으로 판단될 시 부정적 불일치가 되어 고객은 만족을 느낀다. ( ① O  ② X )

연결형

[38~46] 다음 보기 중에서 고객 유형에 대한 설명에 알맞은 것을 각각 골라 넣으시오.

① 단골 고객　　　　　② 충성 고객　　　　　③ 체리 피커
④ 한계 고객　　　　　⑤ 잠재 고객　　　　　⑥ 존중 기대 심리
⑦ 모방 심리　　　　　⑧ 자기 본위적 심리　　⑨ 개별화 추구 고객

**38** 기업의 제품을 구매하지 않은 사람들 중에서 향후 고객이 될 가능성이 높은 집단이나 아직 기업에 관심이 없는 고객　　　　　　　　　　　　　　　　　　　　　（　　　　　）

**39** 기업의 제품이나 서비스는 반복적, 지속적으로 애용하는 고객이지만, 타인에게 추천할 정도로 적극적이지는 않은 고객　　　　　　　　　　　　　　　　　　　　　　（　　　　　）

**40** 고객이 다른 고객을 닮고 싶어 하는 심리로 이미지가 좋은 유명 모델을 광고에 활용하는 전략의 이유이기도 하다.　　　　　　　　　　　　　　　　　　　　　　　　（　　　　　）

**41** 은행의 일반 창구에서 개인의 금융 업무를 보는 것보다 자신의 고객등급에 따라 VIP 창구에서 맞춤형 상담 받기를 희망하는 고객　　　　　　　　　　　　　　　　　　　（　　　　　）

**42** 제품이나 서비스를 반복적으로 구매하고 기업과 강한 유대 관계를 형성하며 타인에게 추천할 의향을 가진 고객　　　　　　　　　　　　　　　　　　　　　　　　　　（　　　　　）

**43** 고객이 항상 자신의 기준을 가지고, 자기 위주로 모든 상황을 판단하고 결정 내리는 심리
　　　　　　　　　　　　　　　　　　　　　　　　　　　　　　　　　　　（　　　　　）

**44** 기업의 상품이나 서비스를 구매하지 않으면서 자신의 실속을 차리기에만 관심을 두는 고객
　　　　　　　　　　　　　　　　　　　　　　　　　　　　　　　　　　　（　　　　　）

**45** 기업의 이익 실현에 방해가 되어 손해를 주는 고객으로 오히려 고객이 되지 않도록 유도해야 하는 고객　　　　　　　　　　　　　　　　　　　　　　　　　　　　　　（　　　　　）

**46** 고객이 기업이나 서비스 종사자 등에게 중요한 사람으로 인지되고, 다시 방문했을 때 자신을 기억해 주기 바라는 심리　　　　　　　　　　　　　　　　　　　　　　　（　　　　　）

**47** 어느 회사에서 커뮤니케이션을 잘하기 위한 아이디어 찾기 토론회가 열렸다. 본격적인 토론에 앞서 팀장이 커뮤니케이션에 대한 몇 가지 포인트를 팀원들에게 설명했다. 다음의 내용은 그중에서 '감성'과 '이성'의 차이점을 설명하고 있는 내용인데, '감성적인 측면'에 대한 설명이 아닌 것은?

> 가. 좋은 협상을 하려면 협상 과정이 무엇보다도 중요합니다.
> 나. 다양한 아이디어를 활용한 커뮤니케이션을 하면 의외의 좋은 성과를 올릴 수 있습니다.
> 다. 업무를 할 때 너무 안정적으로만 하지 말고 창조적으로 해 보세요.
> 라. 다양한 아이디어를 적용하다 보면 처음에는 힘들겠지만 성취감과 직무 만족도가 상당히 높아지게 됩니다.
> 마. 너무 분석적인 사람은 분석에 시간을 많이 할애하여 정작 핵심을 놓치는 경우가 많습니다.

① 가　　　② 나　　　③ 다　　　④ 라　　　⑤ 마

**48** 다음 고객과 직원의 대화를 교류 분석(transactional analysis) 관점에서 분석하였을 때 고객은 어떤 자아 상태인가?

고객

고객 : (비행기 출발 시간이 지연되어 화가 난 상태) 언제까지 기다려야 돼요? 30분 후에 탑승한다고 했는데 벌써 2시간이 다 돼 가잖아요!

직원 : 확인해 보겠습니다.

직원

고객 : 처음부터 2시간 정도 지연된다고 하든지 아니면 중간에 더 지연되는 상황에 대해서 안내를 해 줘야지요!

직원 : 네, 잠시만 기다려 주십시오.

고객 : (비난하는 말투로) 이렇게 고객을 무작정 기다리게 하면 어떻게 해요?

직원 : (딱딱한 말투로) 저희도 지금 상황을 파악하고 있습니다.

고객 : 기본적으로 출발, 도착 시간은 안내를 잘해 줘야지요!

① 성인 자아(adult self)　　　② 부모 자아(parent self)
③ 전문가 자아(expert self)　　　④ 관리자 자아(management self)
⑤ 어린이 자아(child self)

**49** 다음은 해외여행 상품을 예약하려는 고객과 여행사 직원의 상담 내용이다. 이 사례에서 알 수 있는 고객의 기본 심리는?

고객: 12월 22일부터 5일간 1인당 100만 원 정도의 예산으로 가족 4명이 싱가포르 여행을 가려고 합니다. 좋은 상품을 추천해 주세요.

직원: 저희 회사 싱가포르 상품 10가지 중에서 말레이시아, 인도네시아를 함께 여행하는 '실속형 3국 3색 패키지'가 가장 좋을 것 같습니다.

고객: 5일 동안에 어떻게 3개국이나 관광을 할 수 있나요?

직원: 가능합니다. 다녀오신 분들의 만족도가 대단히 높은 상품입니다.

고객: 그래도 저는 잘 이해가 되지 않는데요?

직원: 제가 동남아 관광 상품을 담당한 지 7년째인데 이 상품만큼 인기 있는 상품을 찾기가 쉽지 않습니다. 제가 자신 있게 추천해 드립니다.

고객: 10가지 상품 중에서 가장 많이 팔리는 상품인가요?

직원: 물론입니다. 이 상품을 선택하시면 절대로 후회하지 않으실 것입니다.

고객: 다녀온 사람들이 그렇게 좋은 반응을 보이고 있다니 안심은 됩니다.

직원: 직접 다녀온 분들의 반응이 가장 확실한 것이지요.

고객: 그럼 그 상품으로 계약하겠습니다.

직원: 잘 결정하셨습니다. 탁월한 선택이십니다.

① 고객은 다른 고객을 닮고 싶은 모방 심리를 갖고 있다.
② 고객은 서비스 직원보다 우월하다는 심리를 가지고 있다.
③ 고객은 모든 서비스에 대하여 독점하고 싶은 심리가 있다.
④ 고객은 중요한 사람으로 인식되고, 기억해 주기를 바란다.
⑤ 고객은 언제나 환영받기를 원하는 환영 기대 심리를 가지고 있다.

**50** 다음은 결혼을 앞둔 예비부부의 대화 내용이다. 이 사례는 고객의 의사 결정 과정 5단계 중 어느 단계에 해당하는 내용인가?

여자: 예식장 정하는 것이 이렇게 어려운 일인지 몰랐어.

남자: 그래, 남들이 결혼할 때는 쉬워 보였는데 막상 우리가 하려고 하니까 참 어렵네.

여자: 그 사람들도 우리처럼 이런 과정을 다 거쳤을 거야. 오늘은 결정해서 예약해야 하는데…….

남자: 그래, 여기 저기 더 알아보는 것은 시간 낭비야. 지금까지 열 군데는 알아본 것 같은데, 그중에서 우리 마음에 든 두 군데 중 한 곳으로 결정하자.

여자: 나는 두 곳 중에서 양재역 근처에 있는 예식장이 마음에 들어. 개장한 지 얼마 안 되서 인테리어가 고급스럽고 역세권이라 교통도 편리해서 손님들이 오시기에도 편하고. 다만 가격이 다른 곳보다 조금 더 비싼 것이 흠이긴 하지만 말이야.

남자: 나도 그렇게 생각해. 우리가 알아본 곳 중에서는 거기만한 곳이 없지. 그곳으로 정하자. 계약은 이따 오후에 가서 하면 될 거야.

여자: 계약은 아직 안 했지만, 일단 결정을 하니까 속이 후련하네.

① 특정 제품 및 서비스를 획득하는 구매의 단계
② 의사 결정과 관련된 정보를 습득하는 정보 탐색의 단계
③ 획득 후 기대에 부합하는지를 평가하는 구매 후 행동 단계
④ 제품 및 서비스의 필요성을 느끼고 지각하는 문제 인식의 단계
⑤ 여러 대안 중 평가 요인에 의해 선택의 폭을 좁히는 대안 평가의 단계

**51** 다음 사례를 읽고 조직 구매 행동의 요인이 어떤 구매 의사 결정 집단에 영향을 받았는지 적절한 답을 고르시오.

세일즈맨 : 안녕하세요, 이 대리님! 자주 방문 드려 죄송합니다. 그동안 잘 지내셨죠?

고객 : 물론이죠! 지난번 견적 건에 대해 궁금해서 오셨지요?

세일즈맨 : 그렇습니다. 윗분이 견적 결과에 대해 궁금해 하셔서요. 염치를 무릅쓰고 찾아뵈었습니다.

고객 : 팀장님께서 여러 번 결재받으려 하셨지만 윗선에서 아직 구매 결정을 못 하셔서요. 조금 더 기다리셔야 될 것 같아요. 좋은 결과 있을 겁니다, 너무 걱정 마세요.

세일즈맨 : 감사합니다. 그럼, 좋은 소식 기다리겠습니다.

(3일 후)

세일즈맨 : 안녕하세요, 이 대리님! 지난 번 견적 건 때문에 전화드렸습니다.

고객 : 대단히 죄송합니다. 그렇지 않아도 전화드리려 했는데 결재 과정에서 품질 수준과 성능 면에서 문제가 있어 다른 업체로 발주가 되었습니다. 죄송합니다.

세일즈맨 : 잘 알겠습니다. 부족한 부분은 보완해서 다시 찾아뵙겠습니다. 감사합니다.

① 구매자(Buyer)
② 사용자(User)
③ 구매 영향력자(Influencer)
④ 구매 결정권자(Decider)
⑤ 정보 통제자(Gatekeeper)

**52** 다음 사례를 읽고 매슬로우의 욕구 5단계 이론 중에 서비스 욕구의 관점에서 가장 적절한 단계를 고르시오.

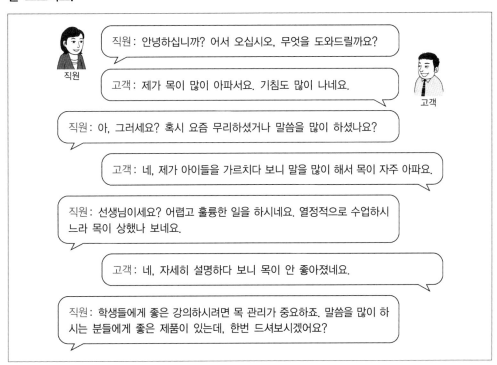

직원 : 안녕하십니까? 어서 오십시오, 무엇을 도와드릴까요?

고객 : 제가 목이 많이 아파서요. 기침도 많이 나네요.

직원 : 아, 그러세요? 혹시 요즘 무리하셨거나 말씀을 많이 하셨나요?

고객 : 네, 제가 아이들을 가르치다 보니 말을 많이 해서 목이 자주 아파요.

직원 : 선생님이세요? 어렵고 훌륭한 일을 하시네요. 열정적으로 수업하시느라 목이 상했나 보네요.

고객 : 네, 자세히 설명하다 보니 목이 안 좋아졌네요.

직원 : 학생들에게 좋은 강의하시려면 목 관리가 중요하죠. 말씀을 많이 하시는 분들에게 좋은 제품이 있는데, 한번 드셔보시겠어요?

① 생리적 욕구  　　　　② 안전의 욕구
③ 사회적 욕구  　　　　④ 존경의 욕구
⑤ 자아 실현의 욕구

**53** 다음 사례에서 고객의 상품 선택과 관련된 효과는 무엇인가?

판매 사원

판매 사원 : 어서 오세요. 종합 가전 매장에 와 주셔서 감사합니다.

고객

고객 : 에어컨이 오래되어서 새로 구입하려고요.

판매 사원 : 아, 그러세요. 요즘 에어컨이 너무 예쁘게 잘 나와서 마음에 드실 거예요. 혹시 생각하고 오신 제품이 있으신가요.

고객 : 아니오, 혹시 추천할 만한 제품이 있나요.

판매 사원 : 초절전형 제품이 나와 있는데, 요즘 선풍적인 인기를 끌고 있어요. 디자인도 예쁘고 가격도 저렴하고 30평 아파트를 기준으로 1년에 약 30만 원 정도 전기료가 절약됩니다.

고객 : 그래요? 정말 좋은 제품이네요. 그런데 메이커는요?

판매 사원 : A사 제품인데 브랜드 인지도는 낮지만, 가격 대비 품질이 우수합니다.

고객 : 중소기업 제품은 믿을 수 없어서요. 이왕이면 비싸도 B 모델이 광고하는 제품으로 구입하겠어요.

판매 사원 : 아, 그렇게 하시겠어요? 알겠습니다. 브랜드 가치나 기능, 디자인, A/S 등 모든 면에서 월등한 제품이니 잘 선택하셨습니다. 감사합니다.

① 프레밍 효과
② 유사성 효과
③ 유인 효과
④ 후광 효과
⑤ 부정성 효과

**54** 다음 사례는 팀장이 팀원들에게 이번에 출시한 신제품에 대한 고객의 반응과 향후 고객 관리에 대하여 간략하게 설명한 내용이다. 고객 유형은 '관계 진화 과정'에 따라 5단계로 분류할 수 있는데, 다음 중 순서대로 적절하게 나타낸 것은 무엇인가?

---

가. 특히 경쟁사 제품보다 우리 신제품에 대해서 관심을 보이는 소비자들이 더 많아서 사장님도 큰 기대를 하고 계십니다.

나. 반복적으로 구매하고 우리 회사와 강한 유대 관계를 형성하는 충성스러운 고객들이 더 많아질 수 있도록 우리 팀이 앞장섭니다.

다. 지금까지 이러한 제품을 구매하지 않았던 소비자들 중에서 향후 우리의 고객이 될 수 있는 잠재력을 가지고 있는 소비자들이 많습니다.

라. 처음 거래를 시작한 고객들의 숫자가 계속 늘어나고 있는 것은 매우 고무적인 일입니다.

마. 우리가 조금만 더 노력하면 고객 만족도가 높아지게 되고, 이는 2회 이상 반복 구매를 하는 고객의 증가로 이어질 수 있습니다.

---

① 다 ⇨ 나 ⇨ 마 ⇨ 라 ⇨ 가    ② 다 ⇨ 가 ⇨ 라 ⇨ 마 ⇨ 나
③ 다 ⇨ 라 ⇨ 나 ⇨ 마 ⇨ 가    ④ 다 ⇨ 라 ⇨ 마 ⇨ 나 ⇨ 가
⑤ 다 ⇨ 나 ⇨ 가 ⇨ 라 ⇨ 마

Part
03

통합형

[55~56] 다음은 한 카드 회사에서 발생한 컴플레인 접수 사례이다. 다음을 읽고 문제에 답하시오.

> 자녀가 훈련소에 가 있는데 카드 비밀번호 오류가 났다고 해서 지점을 방문했다. 부모가 처리할 수 있는 부분을 문의하니, "자녀분이 직접 지점에 방문하시거나 영업점으로 전화 주셔야 처리 가능합니다."라고 말하길래, 답답해서 "훈련소에서 어떻게 전화를 할 수 있느냐."라고 언성을 높였더니, 책임자라는 분이 와서 최대한 도와줄 수 있는 방법을 알아보겠다고 했다. 화가 나서 목소리가 커져 있는데 다른 직원이 멀리서 "목소리 좀 낮추지…"라고 말하는 소리가 들렸다. 고객에게 이렇게 응대해도 되는지 정말 어이가 없었다.

**55** 사례를 통한 고객의 심리와 행동에 대한 분석으로 적절하지 않은 것은?

① 직원의 무성의한 응대로 인해 고객은 무시를 당했다고 느꼈다.
② 책임자의 신속한 응대는 고객을 안정시킬 수 있다.
③ 고객은 문제를 해결할 수 있는 적절한 대안의 제시를 기대한다.
④ 다른 직원들이 서비스를 잘하면 1명이 잘못한 것은 괜찮다.
⑤ 고객 중에는 즉흥적이고 감정적으로 행동하는 고객도 있다.

**56** 사례에서 처음 응대한 서비스 직원에게 부족한 서비스 매너는 무엇인가?

① 단정한 용모와 복장
② 신뢰감을 줄 수 있는 바른 자세와 동작
③ 호감을 줄 수 있는 표정
④ 고객의 입장을 충분히 이해하는 역지사지의 자세
⑤ 자연스럽고 부드러운 시선 처리

MEMO

# 고객 커뮤니케이션

PART
**04** 고객 커뮤니케이션 한눈에 보기

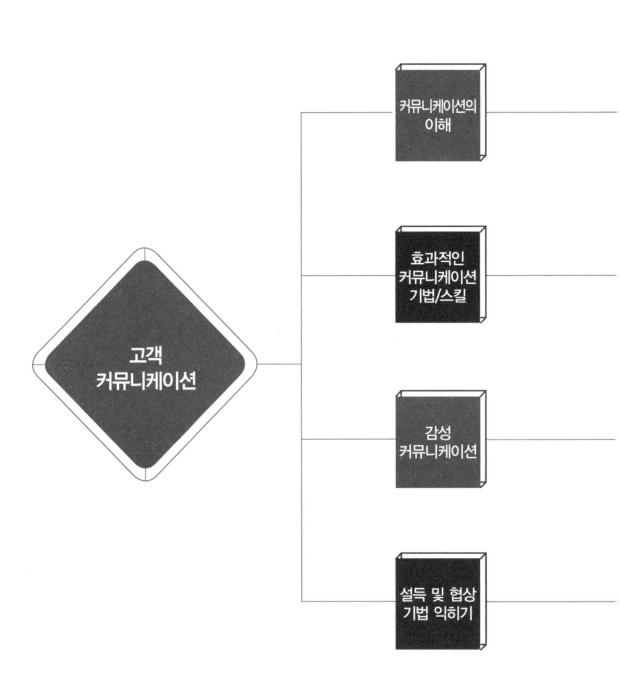

커뮤니케이션의 개념 ——— 커뮤니케이션의 기능 ★★★

커뮤니케이션의 과정 ——— 커뮤니케이션 과정의 기본 요소 ★★
　　　　　　　　　　 ——— 피드백 ★★

커뮤니케이션의 유형 ——— 언어적 커뮤니케이션 ★
　　　　　　　　　　 ——— 비언어적 커뮤니케이션 ★★★

커뮤니케이션 오류의 원인 ——— 전달자의 문제 ★★★
　　　　　　　　　　　　 ——— 수신자의 문제 ★★★

커뮤니케이션 관련 이론 ——— 피그말리온 효과 ★★★
　　　　　　　　　　　 ——— 플라시보 효과 ★★★
　　　　　　　　　　　 ——— 호손 효과 ★★★

경청 스킬 ——— 효과적인 경청을 위한 방법 ★★★

말하기 스킬 ——— 청유형 ★★
　　　　　　 ——— 쿠션 언어 ★★
　　　　　　 ——— I-메시지 ★★★

감성 지능 ——— 이성과 감성의 차이점 ★★★
　　　　　 ——— 감성 지능과 조직 성과 ★
　　　　　 ——— 감성 지능의 하위 구성 요소 ★★

감성 커뮤니케이션의 개념 ——— 감성 커뮤니케이션의 역할 ★
　　　　　　　　　　　　 ——— 감성 커뮤니케이션 단계별 향상 방법 ★★★

설득 ——— 기본 원칙 ★
　　　 ——— 설득의 6가지 기술 ★★
　　　 ——— 유형별 설득 전략 ★

협상 ——— 협상의 기본 원칙 ★★
　　　 ——— BATNA ★★
　　　 ——— 협상의 4단계 ★★★
　　　 ——— AREA의 법칙 ★★★
　　　 ——— 반론 기법 ★★

# 커뮤니케이션의 이해

## 출제 & 학습 포인트

### 출제포인트
1장 커뮤니케이션의 이해에서는 커뮤니케이션의 개념과 비언어적 커뮤니케이션의 유형에 대한 문제가 주로 출제됩니다.

### 학습포인트
**1** 커뮤니케이션의 개념에 대한 문제는 커뮤니케이션의 정의와 관점, 기능의 내용을 혼합하여 출제되니 모든 내용을 학습해야 합니다.

**2** 비언어적 커뮤니케이션의 유형은 4가지 유형의 개념과 고객 행동의 사례를 함께 정확히 이해하고 학습합니다.

**3** 커뮤니케이션 오류의 원인은 최근 출제 빈도가 증가하고 있는 내용으로 전달자와 수신자의 문제를 구분해서 학습합니다.

## **1** 커뮤니케이션의 개념

### (1) 정의
① 하나 혹은 그 이상의 유기체 간에 서로 상징을 통해 의미를 주고받는 과정이다.
② 커뮤니케이션은 communis라는 라틴어에서 유래하였고, 공통, 공유라는 뜻을 가지고 있다.
③ 서로 다른 의미와 이해를 가지고 있는 사람들이 공통적으로 이해할 수 있는 의미와 이해를 만들어 내기 위해 언어 또는 비언어적인 수단을 통해 상호 노력하는 과정이다.
④ 커뮤니케이션은 시작과 끝이 보이는 선형적인 것이 아니라 순환적, 역동적이며 계속 이어지는 하나의 과정이다.

### (2) 의의
① 커뮤니케이션은 개인이 사회적 생활을 영위하는 기본적 수단이나 도구이다.
② 인간의 모든 생각과 생활에 영향을 미치고 인간관계를 구성하는 근본 요소이다.
③ 서비스 직원의 커뮤니케이션은 서비스 품질과 고객 만족에 결정적인 영향을 미친다.

### (3) 커뮤니케이션의 관점

| 구조적 관점 | • 커뮤니케이션을 하나의 메시지 전달 과정으로 보고, 정확한 전달에 초점을 맞추는 관점<br>• 커뮤니케이션 송신자가 어떤 정보나 의미를 잃음 없이 원래의 정보 그대로 수신자에게 전달하는 데 주목 |
|---|---|
| 의미론적 관점 | • 커뮤니케이션을 의미 창출 과정으로 보고 전달자의 메시지 부호화와 수신자의 해독하는 과정에 초점을 맞추는 관점<br>• 의미의 중요성을 강조 |
| 기능주의적 관점 | • 커뮤니케이션을 상대방을 설득하기 위한 의도적 행위로 이해하고 얼마나 효과적으로 설득할 수 있는가에 초점을 맞추는 관점<br>• 오늘날 가장 중요하게 생각하는 기능적 커뮤니케이션 정의<br>• 상품 광고, 정치 선전 과정에서의 커뮤니케이션 전략 연구 등이 해당 |

### (4) 기능 ★★★

| 행동의 통제 | 조직은 직원들이 따라야 할 권력 구조와 공식 지침이 있고 다양한 커뮤니케이션이 이를 통제 |
|---|---|
| 동기 부여 강화 | • 특정 목표의 설정, 목표 쪽으로의 진행에 관한 피드백, 바라는 행동의 강화<br>• 모두 동기 부여를 자극하는 커뮤니케이션을 요구 |
| 감정 표현과<br>사회적 욕구 충족의 표출구 | • 직원들이 속해 있는 조직은 사회적 상호 작용의 근원<br>• 조직 내에서 발생하는 커뮤니케이션은 구성원들의 좌절과 만족감을 보여 주는 근본적인 메커니즘 |
| 정보 제공 | 커뮤니케이션은 의사 결정 시 대안을 확인하고 평가하기 위한 자료를 전달 |

## 2 커뮤니케이션의 과정

### 커뮤니케이션 과정

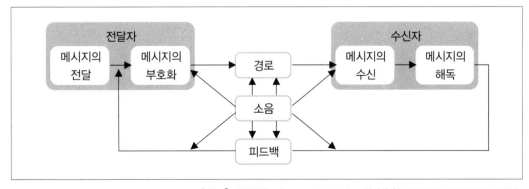

\* 출처 : 『조직행동론』, Stephen P. Robbins, 김지성 역, PEARSON EDUCATION KOREA

## 🖐 커뮤니케이션 과정의 기본 요소 ★★

| | |
|---|---|
| **전달자(source)** | 메시지를 주는 사람 |
| **메시지(message)** | 전달하고자 하는 내용을 언어, 문자, 몸짓 등 기호로 바꾼 것 |
| **코드화(coding)** | 말하고자 하는 내용을 수신자가 이해할 수 있도록 구체적으로 만드는 작업 |
| **채널(channel)** | 메시지 전달의 통로나 매체<br>• 매스컴의 경우: TV나 라디오, 인터넷 등<br>• 직접 대면하는 경우: 목소리가 이에 해당 |
| **수신자(receiver)** | 메시지를 받는 사람 |
| **효과(effect)** | 커뮤니케이션의 결과 |
| **피드백(feedback)** | • 수용자의 반응<br>• 피드백은 커뮤니케이션의 과정을 계속 반복, 순환하게 하는 요소 |
| **잡음(Noise)** | 메시지를 정확하게 이해하는 데 방해가 되는 물리적, 심리적, 의미적 잡음<br>• **물리적 잡음**: 외부 환경에서 발생하는 잡음<br>• **심리적 잡음**: 발신자와 수신자의 마음속에서 일어나는 잡념<br>• **의미적 잡음**: 메시지의 의미를 몰라 커뮤니케이션을 못 하는 것 |
| **해독(decoding)** | 받은 메시지를 해석하는 과정 |

## 3 커뮤니케이션의 유형

### (1) 언어를 통한 커뮤니케이션 ★

① 언어는 사회적으로 제정된 기호 체계로 커뮤니케이션의 주요 요소이다.

② 언어는 사람이 생각이나 느낌을 소리나 글자로 나타내는 것으로 인간은 언어를 통해 자기가 생각한 바를 표출하고, 타인의 의사를 수신하여 이해하고자 한다.

③ 기업의 마케팅 활동에 있어 기업에 대한 신뢰를 형성하는 중요한 역할을 한다.

> **✎ 알아두기**
>
> **언어적 커뮤니케이션 스킬**
> • 수신자가 정확히 받아들일 수 있도록 정확한 언어적 메시지를 발송한다.
> • 조직적인 사고력을 바탕으로 분명하고 쉬운 어휘를 사용한다.
> • 제품 및 서비스에 대해 이해하기 쉽고 명확하게 설명한다.
> • 긍정적인 동조의 의미를 전달한다.
> • 질문과 재진술을 통해 의문을 던지고 요점을 명확히 주고받으며 관계를 형성한다.

## (2) 비언어를 통한 커뮤니케이션 ★★★

① 의의

  ㉠ 몸짓이나 시각 또는 공간을 상징으로 하여 의사를 표현하는 커뮤니케이션 방법이다.

  ㉡ 언어의 사용 없이 이루어지는 생각이나 감정 소통의 상태이다.

② 비언어적 커뮤니케이션의 중요성

  ㉠ 커뮤니케이션의 93%가 비언어적 채널로 구성되어 의미 전달에 많은 영향을 미친다.

  ㉡ 언어와 더불어 정보가 전달되는 상황과 해석에 대한 중요한 단서를 제공한다.

  ㉢ 무의식적으로 드러나는 경우가 많으므로 신뢰성이 높은 의사 전달 수단이 된다.

  ㉣ 감정적, 정서적, 심리적인 정보를 전달한다.

③ 비언어적 커뮤니케이션의 유형

| 신체적 외양 | • 신체적 매력 : 우호적인 이미지 전달과 고객의 태도 변화에 영향<br>• 복장 : 긍정적인 복장은 신뢰감 전달<br>• 두발 : 사람의 태도와 마음가짐, 업무 수행상의 개성 등을 표현 | | |
|---|---|---|---|
| 신체 언어 | • 얼굴 표정 : 개인의 인상을 결정하는 중요한 요소<br>• 눈의 접촉 : 대인 관계의 질에 결정적인 역할<br>• 고개 끄덕이기 : 경청하고 있음을 알리는 수단<br>• 몸의 움직임 : 표현을 도와주는 역할<br>• 자세 : 사람의 상태를 알 수 있는 단서로 작용 | | |
| 의사 언어 | 공식적 언어가 아닌 인간이 발생시키는 갖가지 소리를 의미<br>• 말투 : 사람을 신뢰하는 데 도움<br>• 음조의 변화 : 다양한 메시지를 판단하는 데 영향<br>• 음고 : 듣는 사람이 상대방의 능력과 사회성을 인지하는 데 도움<br>• 음량 : 음량의 정도<br>• 말의 속도 : 감정과 태도를 반영<br>• 발음 : 정확한 의사 전달에 도움 | | |
| 공간적 행위 | • 육체적 공간 거리를 어떻게 유지하고 어떤 의미를 부여하는가 하는 것이다.<br>• 상대에 대한 친밀감이나 신뢰도, 진정한 관심이나 흥미 및 태도를 반영한다. | | |
| | 친밀한 거리<br>(intimate distance) | 0~45cm | 개인적 거리<br>(personal distance) | 45cm~80cm |
| | 사회적 거리<br>(social distance) | 80cm~1.2m | 대중적 거리<br>(public distance) | 1.2m~3.7m |

## (3) 커뮤니케이션 네트워크 형태별 분류

| 쇠사슬(Chain)형 | • 공식적인 명령 계통에 따라 수직적으로 이루어지는 형태<br>• 단순 반복 업무에 있어 신속성과 효율성이 높으나 구성원들 간의 커뮤니케이션이 연결되지 않고, 정보가 단방향으로 움직여 왜곡 문제가 발생할 가능성이 있음. |
|---|---|
| 수레바퀴(Wheel)형 | • 조직 안에 중심인물 혹은 대표적인 리더가 존재하는 경우에 나타나는 형태<br>• 정보 전달이 한 사람의 중심인물이나 집단의 지도자에게 집중되어 상황 파악과 문제 해결이 신속하지만, 복잡한 문제를 해결하는 데 문제점이 있음. |
| Y형 | • Y형은 대다수의 구성원을 대표하는 인물이 존재하는 경우에 나타나는 형태로 라인과 스텝이 혼합되어 있는 집단에서 발생<br>• Y형은 매우 관료적이고 위계적인 조직에서 전형적으로 발견됨. |
| 원(Circle)형 | • 조직 구조 안에 뚜렷한 서열이 없는 경우에 나타나는 형태<br>• 위원회나 태스크 포스의 구성원들 사이에 이루어지는 커뮤니케이션 네트워크<br>• 업무 진행 및 의사 결정이 느린 것이 단점<br>• 커뮤니케이션 목적이 확고할 때 구성원 만족도가 높음. |
| 완전 연결<br>(All Channel)형 | • 리더가 없고 구성원 누구나 다른 사람들과의 커뮤니케이션을 주도할 수 있으며 가장 구조화되지 않은 유형<br>• 문제 발생 시 상황 판단이나 문제 해결 등에 있어 가장 효과적이며 구성원 간 만족도/참여도가 높음. |

## 4 커뮤니케이션 오류의 원인 ★★★

### (1) 전달자(말하는 사람)의 문제

| 목적의식의 부족 | 전달자가 의사소통에 대한 정확한 목적의식이 없을 경우 메시지의 내용이 정확하지 않아 문제가 발생함. |
|---|---|
| 미숙한 대인 관계 | 전달자가 충분한 인간관계적 상호 작용을 경험하지 못했을 경우 상대방의 질문에 대답하지 않고 자신의 말만 반복하는 등 일방적인 대화를 하게 되는 문제가 발생함. |
| 미숙한 메시지 전달 능력 | 전달자의 불명확한 말투와 화술 부족으로 인해 말하는 의도가 무엇인지 제대로 파악하지 못하게 되어 의사소통 과정을 왜곡시키는 문제가 발생함. |
| 혼합 메시지의 사용 | 언어적, 비언어적으로 불일치한 메시지인 '이중 메시지' 또는 '혼합 메시지'로 인해 의사가 명확하지 않아 문제가 발생함. |
| 오해와 편견 | 전달자의 심리 상태와 주관적인 견해가 오해와 편견으로 인해 영향을 받아 메시지의 정확한 전달을 방해하는 문제가 발생함. |
| 정보의 여과 | 전달자는 수신자가 긍정적으로 메시지를 지각할 수 있도록 정보를 제공하는데, 의도적으로 수신자가 듣고 싶어 할 정보는 전달하고 듣기 싫어 할 정보는 여과하여 원활한 커뮤니케이션을 방해하는 문제가 발생함. |

## (2) 수신자(듣는 사람)의 문제

| 경청의 문제 | 상대방의 이야기를 들을 때 건성으로 듣거나 무성의한 태도를 보이는 것으로 인한 문제 |
|---|---|
| 부정확한 피드백 | 수신자가 전달자의 의도를 정확하게 파악하지 못하고 임의로 해석하여 반응을 보내거나, 자신에게 유리한 내용만 경청하는 것에 대한 문제 |
| 왜곡된 인지와 감정적 반응 | 수신자의 과거 경험에 따른 오해와 왜곡된 인지 또는 그릇된 지각 때문에 전달자의 메시지를 잘못 이해하고 수용하는 문제 |
| 평가적 경향 | 수신자가 전달자로부터 메시지를 전달받기도 전에 메시지의 가치를 평가하여 실제 의미를 왜곡하는 문제 |
| 신뢰도의 결핍 | 수신자가 전달자를 신뢰하지 않을 경우 전달자의 메시지를 전적으로 신뢰하지 않아 커뮤니케이션의 왜곡이 발생하는 문제 |
| 선입견 | 사고에 대한 수신자의 선입견이 메시지 수용과 해석에 영향을 미치는 문제 |

## (3) 커뮤니케이션의 상황에 따른 장애 요인 ★

① **어의상의 문제**: 주고받는 말의 의도가 무엇인지 정확하게 전달할 수 있는 내용이나 화술이 부족하면 내용이 왜곡될 수 있다.

② **비언어적 메시지의 오용**: 말을 하면서 다른 행동을 하는 것과 같이 언어적 메시지와 비언어적 메시지의 불일치는 커뮤니케이션의 효과를 감소시킨다.

③ **과중한 정보**: 수용자가 해석할 수 있는 범위를 초과하는 메시지의 전달은 커뮤니케이션의 효과를 감소시킨다.

④ **시간 압박**: 시간이 부족한 상황에서의 커뮤니케이션은 그 정확성이 저해된다.

⑤ **커뮤니케이션 분위기**: 커뮤니케이션이 진행되는 상황의 물리적, 심리적 분위기가 부정적이면 커뮤니케이션의 효과가 감소할 수 있다.

# 효과적인 커뮤니케이션 기법/스킬

## 출제 & 학습 포인트

### 출제포인트

2장 효과적인 커뮤니케이션 기법/스킬에서는 커뮤니케이션 관련 이론과 말하기 스킬에 대한 문제가 주로 출제됩니다.

### 학습포인트

1 커뮤니케이션 관련 이론은 모든 내용이 출제되었고, 특히나 O, X 문제와 사례형 문제로 자주 출제되므로 각 이론의 개념을 명확히 이해하고 실제 사례에서 어떻게 연관되어 나타나는지 학습합니다.

2 말하기 스킬 역시 전반적으로 출제 빈도가 높은 부분으로 O, X 문제와 사례형 문제에 주로 출제되므로, 개념과 실제 커뮤니케이션 사례를 연관하여 이해하고 학습합니다.

## 1 커뮤니케이션 관련 이론 ★★★

| | |
|---|---|
| 피그말리온 효과<br>(Pygmalion effect) | • 누군가에 대한 사람들의 믿음이나 기대, 예측이 그 대상에게 그대로 실현되는 경향을 말한다.<br>• 다른 사람으로부터 긍정적인 기대를 받으면 그 기대에 부응하기 위해 노력하게 되고, 실제 긍정적인 결과가 일어나는 효과를 말한다. |
| 낙인 효과<br>(Stigma effect) | • 다른 사람으로부터 부정적인 낙인을 찍힘으로써 실제 그렇게 되는 현상을 말한다.<br>• 나쁜 사람으로 낙인받으면 의식적 · 무의식적으로 그리 행동한다는 것을 이르는 말이다.<br>• 부정적인 경력은 편견을 야기하고, 이미지 형성이나 인간관계에도 반영되어 부정적인 인상 형성에 영향을 주게 된다. |
| 플라시보 효과<br>(Placebo effect) | • 긍정적인 심리적 믿음이 신체를 자연 치유하는 데 큰 역할을 한다는 것이다.<br>• 효과가 없는 약이지만 병이 나을 거라는 믿음을 주었을 때 환자가 긍정의 힘을 얻어서 병이 낫는 효과를 발휘하게 된다는 실험 결과를 바탕으로 한다. |
| 로젠탈 효과<br>(Rosenthal effect) | • 교육학에서는 '피그말리온 효과'를 로젠탈 효과라고 한다.<br>• 하버드대학교 사회심리학 교수인 로젠탈 박사는 교사가 학생에게 거는 기대가 실제로 학생의 성적 향상에 효과를 미친다는 것을 입증하였다. |
| 노시보 효과<br>(Nocebo effect) | • 좋은 효능이 있는 약이라도 부정적인 생각으로 인해 약의 효능을 믿지 못한다면 상태가 개선되지 않는 현상을 말한다.<br>• 부정적인 심리적 믿음에 따른 부정적인 결과를 의미하는 현상이다. |

| 호손 효과<br>(Hawthorne Effect) | • 다른 사람들이 지켜보고 있다는 사실을 의식함으로써 그들의 전형적인 본성과 다르게 행동하는 현상을 의미한다.<br>• 미국 일리노이 주의 호손 웍스(Hawthorne Works)라는 공장에서 근로자의 행동을 관찰할 때 생산성이 일시적으로 변화하는 현상을 발견하였다.<br>• 어떤 새로운 관심을 기울이거나 관심을 더 쏟는 것으로 행동과 능률에 변화가 일어나는 현상을 말하는 것으로 변하였다. |
|---|---|
| 바넘 효과<br>(Barnum effect) | • 사람들이 일반적으로 가지고 있는 성격이나 특징을 자신만의 특성으로 여기는 심리적 경향이다.<br>• 이러한 경향은 자신에게 유리하거나 좋은 것일수록 강해지고, 자신의 특성을 주관적으로 생각하거나 정당화하려 한다. |
| 링겔만 효과<br>(Ringelmann effect) | • 집단에서 개인의 수가 증가할수록 성과에 대한 개인의(1인당) 공헌도가 현격히 저하되는 현상이다.<br>• 하나의 목적을 위해 참여하는 사람들이 많을수록 개인의 공헌도나 책임이 분명히 드러나지 않기 때문에 방관자적 태도가 나타날 수 있다. |
| 잔물결 효과<br>(ripple effect) | • 물방울을 떨어뜨리면 그 지점에서 멀리 떨어질수록 파장이 커지는 것처럼 부정적 효과가 점차 확산되는 현상을 의미한다.<br>• 조직의 한 구성원에게 보이는 부정적 커뮤니케이션은 다른 구성원에게도 부정적인 영향을 미치게 된다. |

## 2 효과적인 커뮤니케이션의 기본

| 명확한 목표 설정 | • 전달하고자 하는 내용, 얻고 싶은 내용에 대한 명확한 목표 설정이 있어야 한다.<br>• 정확한 목표의 이해를 위해서는 시각적 자료를 함께 준비한다.<br>• 커뮤니케이션을 통한 변화가 목표라면 원하는 상태를 명확히 이해하고 그 결과에 대해 인식해야 한다. |
|---|---|
| 적절한 커뮤니케이션 수단의 활용 | • 상대방이 잘 이해할 수 있는 방법을 선택한다.<br>• 언어적인 수단과 비언어적인 수단의 일치를 항상 생각한다.<br>• 상대방이 받아들일 수 있는 방법으로, 직접적으로 의사를 표현하는 것이 중요하다. |
| 피드백의 활용 | • 전달자는 자신의 메시지가 잘 전해지고 있는지 확인해야 한다.<br>• 수신자가 이해하고 있는지를 물어봐야 한다.<br>• 비언어적인 수단을 통해 전해지는 메시지를 잘 관찰한다. |
| 공감적 관계 형성 | • 공감은 상대방에게 그가 표현한 외형적 의미를 넘어서 내면적 의미까지 읽고 이해하고 있다는 것을 전달해 주는 것이다.<br>• 상대방의 호흡, 말하는 톤, 속도와 같도록 조절한다.<br>• 상대방이 움직이는 리듬을 관찰하여 그와 상응하는 리듬으로 움직여 준다. |
| 부드럽고 명확한 전달 | • 말끝을 흐리지 말고 자신감 있게 분명한 발음으로 말한다.<br>• 목소리는 조용하고 안정적으로 한다.<br>• 정보 전달 시 구체적이고 명확하게 말한다. |

## 3 경청 스킬

### (1) 경청에 대한 일반적인 경향

① 사람들은 이야기를 들은 후 10분이 경과하면 내용의 50%만을 기억한다.

② 48시간이 지나면 기억의 정도는 25%로 줄어든다.

③ 사람들은 다른 사람의 이야기를 들으면서 자신과 비교하거나 판단을 내리느라 전적으로 집중하지 못한다.

### (2) 경청의 장애 요인

| | |
|---|---|
| 낮은 관심/무관심 | 상대방의 말을 들으면서 머릿속으로 다른 생각을 하거나 메시지 내용에 대해 무관심할 경우 경청은 어렵다. |
| 평가적인 청취 | 상대방의 이야기를 들으면서 머릿속으로 상대방의 이야기에서 잘못된 점을 지적하고 판단하는 것에 열중하는 것이다. |
| 말하기를 선호하는 경향 | 전달자의 메시지를 듣는 순간에도 자신이 할 말을 생각하는 경우 경청은 어렵다. |
| 편견과 선입견 | 전달자에 대한 평판이나 근거 없는 편견은 경청을 방해한다. |
| 문제의 유사성이나 해석 방식의 차이 | 전달되는 내용이 자신의 경험과 유사하거나 전달자와 다르게 상황을 해석하고 이해하는 것은 모두 경청의 방해 요소이다. |
| 문화적 차이 | 나라별 관습이나 경제적 격차 등으로 인한 문화의 차이는 경청을 방해할 수 있다. |
| 동정심 | 동정심은 냉정한 판단을 할 수 없게 하므로 경청에 방해가 된다. 동정보다는 공감을 하여야 한다. |

### (3) 효과적인 경청을 위한 방법 ★★★

① 말하는 사람에게 동화되도록 노력한다.

② 내용을 정확하게 이해하기 위하여 질문한다.

③ 전달자의 메시지에 관심을 집중시킨다.

④ 인내심을 가진다.

⑤ 산만해질 수 있는 요소를 제거한다.

⑥ 메시지 내용 중 동의할 수 있는 부분을 찾는다.

⑦ 전달하는 메시지의 요점에 관심을 둔다.

👆 좋은 커뮤니케이션 자세

### ⑷ 다양한 경청 기법

① 1, 2, 3 기법 : 경청 1, 2, 3 기법은 1번 말하고, 2번 듣고 3번 맞장구치는 것이다. 말하기보다 듣는 것을 많이 하고, 온몸으로 맞장구를 치는 기법이다.

② B.M.W. 기법 : BMW 기법을 활용하여 진정으로 듣기 원하는 것을 보여 주는 기법이다.

| | |
|---|---|
| Body(자세) | 표정이나 눈빛, 자세 등을 상대방에게 집중하라. |
| Mood(분위기) | 말투나 음정, 음색, 속도, 음의 고저 등을 적절하게 표현하라. |
| Word(말의 내용) | 상대방의 말을 다시 확인하고 상대가 원하는 것에 집중하라. |

③ F.A.M.I.L.Y. 법칙

| | |
|---|---|
| Friendly(친절) | 친절하게 경청한다. |
| Attention(집중) | 집중하며 경청한다. |
| Me, too(공감) | 공감하며 경청한다. |
| Interest(관심) | 관심 갖고 경청한다. |
| Look(시선) | 바라보며 경청한다. |
| You are centered (상대방 중심) | 상대를 중심으로 경청한다. |

📝 **알아두기**

라포(Rapport)
- 사람과 사람 사이에 생기는 상호 신뢰 관계를 말하는 심리학 용어
- 상호 호감을 갖고 공감대를 형성하는 것
- 상호 커뮤니케이션이 감정적 또는 이성적으로 이해하는 상호 관계
- 프랑스어의 '가져오다', '참조하다'에서 유래

아이스 브레이킹(Ice Breaking)
- 새로운 사람을 만나는 낯선 상황을 해소하는 커뮤니케이션 또는 활동
- 비즈니스 현장이나 협상 시작 전 어색한 분위기를 깨기 위해 활용

## 4 말하기 스킬 ★★★

| | |
|---|---|
| 긍정적인 표현 | • 긍정적인 부분을 중심으로 표현하는 것이다. 부정적 표현은 상대방의 자존심을 상하게 하여 불쾌감을 느끼게 한다. 같은 내용도 긍정적인 부분을 강조해서 말하면 거부감을 줄일 수 있다.<br>• 긍정적인 내용과 부정적인 내용을 함께 말해야 할 때에는 긍정적인 것을 먼저 이야기하고 나중에 부정적인 것을 말한다.<br>예 이곳에서 담배를 피우시면 안 됩니다. (×) ⇨ 건물 바깥에 흡연실이 마련되어 있습니다. (○) |

| 청유형의 표현 (레이어드 화법) | • 사람들은 누구나 자신이 주도권을 갖기를 원하기 때문에 명령형의 표현은 거부감을 불러일으킬 수 있다.<br>• 상대방이 내 부탁을 듣고 스스로 결정해서 따라올 수 있도록 상대방의 의견을 구하는 표현을 사용한다.<br>예 조금만 기다려 주세요. (×) ⇨ 조금만 기다려 주시겠습니까? (○) |
|---|---|
| 개방적인 표현 | • 대화를 진행하면서 상대방의 이야기를 많이 듣기 위해서는 상대방에게 적절히 질문하는 요령이 필요하다.<br>• '네/아니요'의 대답만 가능한 폐쇄적인 질문은 가급적 지양하고 개방적인 질문을 하도록 한다.<br>예 오늘 하루 즐거우셨습니까? (×) ⇨ 오늘 하루 어떠셨나요? (○) |
| 완곡한 표현 | 대화를 부드럽게 이끌어 가기 위해서는 '안 됩니다/모릅니다', '이것 아니면 저것 식'의 직설적이고 강압적인 표현은 피하는 것이 좋다.<br>예 • 그렇게 하는 것보다 이렇게 하면 어떨까?<br>　　• 모릅니다. (×) ⇨ 제가 알아봐 드리겠습니다. (○) |
| 쿠션 언어의 사용 | 상대방이 원하는 것을 들어주지 못하거나 상대방에게 부탁을 해야 할 경우 기분이 나빠지는 것을 최소화할 수 있는 표현을 사용한다.<br>예 미안합니다만 / 죄송합니다만 / 실례합니다만 / 바쁘시겠지만 |
| I-메시지 사용 | • 대화의 주체가 '너'가 아닌 '내'가 되어 전달하고자 하는 표현법이다.<br>• 상대방에게 나의 의사를 충분히 전달하면서도 상대방이 기분 나쁘지 않게 자신의 행동을 반성하고 개선할 마음을 가지게 한다.<br>• I-메시지 화법의 형식은 「상황(상대방의 행동) − 결과(나에게 미친 영향) − 느낌(나의 느낌)」이 된다.<br>예 • 넌 왜 그렇게 하니? (×) ⇨ 네가 그렇게 하니까 내 마음이 상해! (○)<br>　　• 자네는 왜 매일 지각인가? (×) ⇨ 자네가 지각할 때마다 나는 신경이 곤두선다네. (○) |
| 신뢰 화법 | 말 어미의 선택에 따라 상대방에게 신뢰감을 줄 수 있는 대화법이다. 다까체로 끝나는 정중한 화법을 70%, 요조체로 끝나는 부드러운 화법을 30% 정도 사용하는 것이 바람직하다.<br>• 정중한 화법 : ∼입니다/∼입니까?(다까체)<br>• 부드러운 화법 : ∼예요/∼죠(요조체) |
| 맞장구 화법 | 상대방의 이야기에 관심이 있다는 것을 표현하기 위해 귀담아 들어 주고 반응해 주는 화법이다.<br>• 가벼운 맞장구 : 그렇군요/그렇습니까?<br>• 동의 맞장구 : 정말 그렇겠군요/과연<br>• 정리(피드백) 맞장구 : 그 말씀은 ∼이라는 것이지요?<br>• 재촉 맞장구 : 그래서 어떻게 되었습니까?<br>• 몸짓 맞장구 : 고개 끄덕이기 / 갸우뚱 / 눈 맞춤 등 |
| 질문 기법 | • 질문 이후 다양한 정보를 알 수 있고 대화가 이어질 수 있는 질문으로 해야 한다.<br>• 효과적인 질문은 고객의 심리적 방어를 해소하는 힘이 있지만, 고객이 힘들거나 불편한 질문은 오히려 대화의 방해 요소가 될 수 있다.<br>• 직접형의 질문(폐쇄형 질문)은 고객이 이해하기 쉬우면서 직접적인 답을 찾기 위한 질문이지만 자주 사용하게 되면 고객을 압박하는 느낌을 줄 수 있다.<br>• 고객의 생각을 확장시키는 확장형 질문(개방형 질문)은 고객에게 새로운 관점을 제시하면서 간접적으로 서비스 직원의 의견을 반영할 수 있다. |

| 아론슨 화법 | 미국의 심리학자 아론슨의 연구에서 비롯된 화법으로 상대방에게 부정적인 이야기와 긍정적인 내용을 동시에 말해야 하는 경우에 부정적인 내용을 먼저 말하고 긍정적인 내용으로 마무리하는 것이다. |
|---|---|
| Yes, But 화법 | • 상대방의 의견에 먼저 동의(Yes)한 후, 자신의 의견이나 반대(But) 의견을 말하는 화법이다.<br>• 상대방의 말을 거절하면서도 상대방의 의견을 존중한다는 느낌을 전달할 수 있다. |
| 산울림법 | 상대방이 한 말을 반복하여 이해와 공감을 얻으며, 거절하는 말을 그대로 솔직하게 받아주는 데 포인트가 있는 화법이다. |

✎ **알아두기**

**질문의 스킬**

• 과거 질문은 미래 질문으로 바꾼다.
  예 왜 문제가 발생했나요? ⇨ 어떻게 하면 해결할 수 있을까요?
• 부정 질문은 긍정 질문으로 바꾼다.
  예 무엇이 확실하지 않은 거죠? ⇨ 확실한 점은 무엇입니까?
• 폐쇄형 질문은 개방형 질문으로 바꾼다.
  예 오늘 하루 잘 보내셨나요? ⇨ 오늘 하루 어떻게 보내셨나요?

Part 04

## 5 조직 커뮤니케이션

### (1) 조직 커뮤니케이션의 이해

① 조직 내에서의 개인이나 집단 간에 메시지나 정보를 상호 교환하여 공유하는 활동이나 과정이다.

② 조직 커뮤니케이션은 소집단 커뮤니케이션 참여자보다 소속 자격과 경계(범위)가 뚜렷하다.

③ 대인 커뮤니케이션이나 소집단 상황에 비해 종적인 인간관계로 이루어지며, 위계질서가 잘 갖춰져 있다. 때문에 커뮤니케이션 흐름에서 정보나 권력의 쏠림 현상이 일어나기도 한다.

④ 업무적 요소가 강하므로 계약적이고 공식적인 커뮤니케이션 특성이 따르고, 생명력이 길며 지속성이 있다.

### (2) 조직 커뮤니케이션의 중요성

| 행동 통제 | 구성원이 따라야만 하는 권한 계층과 공식적인 지침에 대한 커뮤니케이션은 구성원들의 행동을 특정한 방향으로 움직이도록 통제해 준다. |
|---|---|
| 동기 유발 | 구성원이 해야 할 일과 평가 그리고 직무 성과를 개선하기 위해 해야만 하는 일 등을 구체적으로 알려 주는 매개체 역할을 하는 것이다. |
| 감정과 사회적 욕구의 돌파구 | 커뮤니케이션을 통하여 자신의 감정을 표출하고 다른 사람들과의 교류를 넓혀 나가는 것이다. |
| 정보 전달 | 개인과 집단에 정보를 전달해 주는 기능을 함으로써 의사 결정의 촉매제 역할을 한다. |
| 효율적 업무 수행 | 조직 구성원이 창의적이고 신속하게 업무를 수행할 수 있도록 활력을 불어넣어 준다. |
| 상황 적응력 향상 | 구성원들이 변화된 상황에 적응하고 나아가 조직 혁신을 촉진하는 기능을 한다. |

## (3) 조직 커뮤니케이션의 유형

① 공식적 커뮤니케이션

⊙ 조직 구성원 간의 공식적 관계를 전제로 하여 **커뮤니케이션의 권한과 절차가 분명한 상태에서 이루어지는 커뮤니케이션**

⊙ 조직 내에서 이루어지는 결재, 문서 전달, 공식 회의, 보고 등의 과정에서 나타나는 커뮤니케이션 포함

🖐 공식적 커뮤니케이션의 구분

| 하향적 커뮤니케이션 | 조직 내의 상위 계층에서 하위 계층으로 진행되는 형태로, 주로 하위 계층의 구성원들에게 직무에 관련된 정보를 전달해 주는 것을 목적으로 한다. 작업 지시서, 절차서, 사규, 메모, 보고서, 게시판, 사보, 전자 메일 등의 방법이다. |
|---|---|
| 상향적 커뮤니케이션 | 하급자의 의견 및 정보 등을 상위 계층에 전달하는 것을 말한다. 하급자의 성과 보고, 의견 제안, 고충 전달 등이 포함된다. |
| 수평적 커뮤니케이션 | 조직 내 대등한 위치에 있는 구성원 간에 발생하는 커뮤니케이션 형태를 의미한다. 적절한 수평적 커뮤니케이션은 업무 협조를 증진시키고 상사와 부하 사이의 수직적 커뮤니케이션을 원활하게 해 준다. |

② 비공식적 커뮤니케이션

⊙ 인간의 욕구에 근거하여 자생적으로 이루어지는 커뮤니케이션

⊙ 자신들의 다양한 욕구를 충족시키기 위하여 **규정된 관계 외에 여러 사람들과 대화를 나누고 인간적인 유대 형성**

⊙ 비공식적 커뮤니케이션 체계를 지칭하는 말로 '그레이프바인(Grapevine)'이라는 용어를 흔히 사용

③ 비공식적 커뮤니케이션의 장단점

| 장점 | • 공식적 커뮤니케이션과 상호 보완적으로 작용<br>• 전달 속도가 빨라서 긍정적인 의사 전달의 경우에 조직에 긍정적인 측면으로 활용 |
|---|---|
| 단점 | • 정보 전달이 선택적이고 임의적으로 진행<br>• 정보 전달 과정에서 정확성이 떨어져 의도와 다르게 정보가 전달 |

✏ 알아두기

그레이프바인(Grapevine)
우리말로 포도 덩굴이라는 뜻으로 부정적인 의미를 함축하고 있다. 포도 덩굴처럼 복잡한 인간관계 속에서 사람들 사이의 의사소통은 때로 왜곡되거나 사실과 다른 유언비어들이 나돌 수 있다. 그래서 그레이프바인은 소문, 구전, 풍문 등의 뜻으로도 사용되고, 커뮤니케이션 이론에서는 비공식적인 커뮤니케이션을 말한다.
커뮤니케이션은 인간 욕구의 의사소통 방식으로 공식적인 조직 통로로만 주고받을 수 없다. 조직 구성원들은 구성원끼리의 다양한 유대와 관계를 기반으로 자생적인 비공식적 커뮤니케이션을 하게 된다.

④ 일방적/양방향적 커뮤니케이션

| 일방적 커뮤니케이션 | • 개인이 많은 사람들을 상대로 일방적으로 이야기를 진행<br>• 강의, 연설, 발표, 설교 등 |
|---|---|
| 양방향적 커뮤니케이션 | • 피드백(Feedback)과 상호 작용(Inter-Action) 관계를 가진 커뮤니케이션<br>• 개인의 대화, 인사, 소개, 상담, 면담, 토의, 토론 등 |

(4) 조직 커뮤니케이션 오류의 부정적 효과

| 낭비 | 시간적 손실, 금전적 손실, 비효율적인 업무 등 |
|---|---|
| 업무 장애 | 내부 고객의 만족을 이루지 못함으로써 직무 불만족/업무상 어려움 |
| 재작업 | 조직 커뮤니케이션 오류로 재작업 시 업무 손실 발생 |
| 거부 | 기대 수준에 미달하는 서비스와 태도 발생 |

(5) 조직 커뮤니케이션의 개선 방법

| 전달자의 커뮤니케이션 개선 | • 수용자 입장에서 생각한다.<br>• 분명하고 적절한 어휘를 사용하고, 사례를 들어 설명한다.<br>• 커뮤니케이션 후 검토와 피드백을 한다.<br>• 구두 지시와 메모(병행 경로)를 반복 사용하여 이해도를 향상시킨다.<br>• 분위기, 장소, 시간 등 물리적 환경을 효과적으로 활용한다. |
|---|---|
| 수신자의 커뮤니케이션 개선 | • 전달자의 입장이 되어 적극적으로 경청한다.<br>• 전달 내용을 완벽하게 알고자 노력한다.<br>• 전달된 메시지를 자신의 언어로 재진술하여 수용한다. |
| 제도적 노력 | • 고충 처리 제도, 제안 제도 등을 마련하여 조직 구성원의 의견을 조사한다.<br>• 핫라인을 설치한다.<br>• 매트릭스 미팅 : 직급 간 여러 가지 경우의 수(예 부장과 사원, 대리와 사원)를 만들어 미팅 한다. |

(6) 조직 커뮤니케이션 방법

| 상사와의 커뮤니케이션 | • 상사의 명령을 잘 수령하고 보고 체계를 잘 이행한다.<br>• 상사의 행동 양식, 업무 처리 방식, 가치관, 생활 태도, 대화 스타일 등을 미리 알고 대응한다.<br>• 항상 배우려는 자세를 유지한다.<br>• 상사의 입장에서 상사의 어려움을 이해하려고 노력한다. |
|---|---|
| 동료와의 커뮤니케이션 | • 평소 동료의 상황과 업무에 대해 관심을 가지고 동료와의 연관성을 잊지 않는다.<br>• 더불어 성장하고 적극적으로 돕는 자세를 가진다.<br>• 동료가 없는 곳에서 험담하지 않는다. |
| 후배와의 커뮤니케이션 | • 후배를 지도하고 육성하는 리더십을 갖춘다.<br>• 직무에 대한 고충이나 개인적인 어려움을 들어주고 노하우를 공유하거나 동기 부여해 준다.<br>• 항상 모범적인 태도를 유지한다. |

# 감성 커뮤니케이션

## 출제 & 학습 포인트

### 출제포인트
3장 감성 커뮤니케이션은 최근 시험의 난도가 상승하면서 출제 빈도가 높아진 파트로, 감성 지능의 개념과 감성 지능의 하위 구성 요소 단계별 커뮤니케이션 스킬에 대한 문제가 주로 출제됩니다.

### 학습포인트
**1** 감성 지능의 개념은 감성 지능의 등장 배경과 이성과 감성의 차이점을 통합적으로 확인하는 문제가 출제되니 모든 내용을 학습합니다.

**2** 감성 지능의 하위 구성 요소 단계별 커뮤니케이션 스킬은 하위 구성 요소의 정의를 정확히 이해하고, 각 단계별 커뮤니케이션 방법을 구분하여 학습합니다.

## 1 감성 지능

### (1) 정의
① 감성 지능은 감정 정보 처리 능력으로, 자신과 타인의 감정을 정확하게 지각·인식하고, 적절하게 표현하는 능력을 통해 삶을 향상시키는 방법이다.
② 감정을 효과적으로 조절하는 능력, 즉 동기를 부여하고 계획을 수립하며 목표를 성취하기 위하여 감정들을 이용해 자신의 행동을 이끄는 능력을 의미한다.

### (2) 등장 배경
① 지식 정보화 사회에서는 구성원들이 능동적으로 조직 업무에 임할 수 있고, 높은 조직 성과를 기대할 수 있는 상호 존중·신뢰하는 조직을 선호하게 되면서 감성 지능의 중요성이 대두되었다.
② 21세기의 사회는 삶의 질을 중요한 가치로 두고 있기 때문에 주관적이고 비전이 있는 자세, 창조적, 직관적인 행동을 유발하는 감성 지능이 절실히 필요하게 되었다.

👆 이성과 감성의 차이점 ★★★

| 범위 | 이성 | 감성 |
|---|---|---|
| 조직 내 구성원들에게 요구된 행동 | 기계적 | 자연적 |
| | 객관적 | 주관적 |
| | 실용주의 | 비전이 있는 자세 |
| | 계급 중시 | 네트워크 강조 |
| | 명령 | 지지 |
| | 비인격적 | 인격적 |
| 업무 수행에 대한 관점 | 결과 중시 | 과정 중시 |
| | 일관된 행동 | 다양한 아이디어 |
| | 안정적 | 창조적 |
| | 분석적 | 직관적 |
| | 양적인 것 | 질적인 것 |

### (3) 감성 지능과 조직 성과 ★

| 직무 만족도 | 직장에서 느끼는 개인의 긍정적인 감정(사랑, 감정이입, 열정 등)은 업무를 향상시켜 직무에 대한 만족도와 조직 유효성을 높인다. |
|---|---|
| 리더십 | 긍정적인 감정은 구성원의 자발적인 이타 행동을 증가시키며, 구성원들에 대한 리더십을 발휘하게 한다. |
| 조직 효율성 | 감정은 동료와 상사 간에 높은 신뢰를 형성하여 조직의 효율성을 극대화한다. |
| 직무 몰입 | 감정은 업무 수행에 대한 동기를 유발시켜 직무에 대한 헌신과 몰입을 하게 한다. |
| 긍정적 감정으로 전환 | 조직 환경의 변화, 상사와 부하 간의 활발한 의사소통, 민주주의적 조직 문화로의 변환 등이 구성원의 감정을 긍정적으로 전환시킬 수 있다. |

### (4) 감성 지능의 하위 구성 요소 ★★

| 자기 인식 (self-awareness) | • 자신의 감정을 빨리 인식하고 알아차리는 능력<br>• 자신의 감정을 이해하고 감정을 있는 그대로 표현할 수 있는 개인의 능력<br>• 관찰하는 자아의 활성화 상태로, 흥분되고 무서운 상황에서도 '지금 내가 느끼고 있는 것은 공포'라고 정확히 명명할 수 있는 상태 |
|---|---|
| 자기 조절 (self-management) | • 자신의 감정을 적절하게 관리하고 조절할 줄 아는 능력<br>• 자신의 감정에 따라 즉각적으로 행동하는 것을 자제하고, 주어진 상황에 따라 감정을 적합한 방향으로 표현할 수 있는 능력을 의미 |
| 자기 동기화 (self-motivating) | • 어려움을 찾아내고 자신의 성취를 위해 노력하며 자신의 감정을 다스리고 자기 스스로 동기 부여하는 능력<br>• 힘들거나 어려운 일이 있을 때 다시 재정비할 수 있는 능력 |

| 감정이입(empathy) | 자기 주위 다른 사람들의 감정을 인식하고 이해하는 능력을 의미 |
|---|---|
| 대인 관계 기술<br>(social skill) | • 대인 관계에서 타인의 감정에 적절하게 대처할 수 있고 관계를 조정할 수 있는 능력<br>• 자신의 정서를 타인에게 정확히 표현하고, 타인의 비언어적 메시지를 통해 타인의 감정을 인식하는 능력<br>• 타인과 쉽게 대화를 시작할 수 있고, 현재 상황을 자신과 타인 모두에게 유리하게 만들 수 있는 능력 |

## 2 감성 커뮤니케이션의 개념

### (1) 감성 커뮤니케이션의 역할 ★

① 자신과 타인의 감성을 제대로 평가하고 변별하여 효과적으로 표현할 수 있다.

② 효과적으로 감성을 조절할 수 있다.

③ 자신의 삶을 주도적으로 계획하고 성취해 나갈 수 있다.

④ 좌절 상황에서도 개인을 동기화시키고 자신을 지켜 낼 수 있게 한다.

⑤ 타인에 대해 공감할 수 있고 희망적인 관계를 형성할 수 있다.

⑥ 환경적 요구에 효과적으로 대처할 수 있다.

⑦ 감성 지능은 자신의 감성을 인식하고 적절히 유지하여 스스로 동기 부여를 하게 된다.

### (2) 감성 커뮤니케이션 스킬 ★★★

| 자기 인식<br>단계 | 효과 | • 스트레스 상황에서 빨리 벗어날 수 있다.<br>• 주변 사람들에게 자신의 감정을 정확하게 표현함으로써 주변 사람들도 스트레스 상황을 만들지 않도록 협조할 수 있게 도울 수 있다.<br>• 최적의 컨디션을 유지할 수 있고, 주변 사람들과 원만한 관계를 유지할 수 있다. |
|---|---|---|
| | 방법 | • 자신에게 떠오르는 감정을 인식하여 그 감정에 이름을 붙여 보는 연습을 한다.<br>• 자신에게 느껴지는 감정을 적어 나간다.<br>• 명상을 통해 정신을 집중하여 자신을 관찰하는 시간을 갖는다.<br>• 고객에 대한 감정 인식 향상을 위해서는 나는 고객을 좋아하는가? ⇨ 왜? 어떤 때 고객이 싫은가? ⇨ 그때 나의 감정은 무엇인가? 등을 생각하고 정리해 나간다. |
| 자기감정<br>조절 | 효과 | • 감정 조절을 잘하는 사람은 부정적인 감정을 정리한다.<br>• 긍정적인 감정을 유지하는 시간을 길게 하여 부정적인 감정보다는 긍정적인 감정의 비율을 높이는 작업을 잘한다. |
| | 방법 | • 감정을 표현할 때와 그렇지 않아야 할 때를 알아야 한다.<br>• 자신을 흥분시키는 자극들에 대한 정보를 수집한다.<br>• 자신이 원하는 결과가 무엇인지 확실하게 정리한다.<br>• 스트레스를 관리한다.<br>• 심상법을 활용한다. 가상 체험을 하여 미리 발생할 수 있는 상황에 대한 정보를 인지한 후 자신의 감성이 부정적으로 가는 것을 방어하는 것이다. |

| | | |
|---|---|---|
| 자기<br>동기화<br>단계 | 효과 | • 자신에 대해 긍정적이고 유연한 사고를 가능하게 한다.<br>• 자신감을 불러일으키고 힘든 상황을 견딜 수 있는 능력을 제공한다.<br>• 긍정적이고 원활한 '소통'을 이룰 수 있게 된다. |
| | 방법 | • 구체적인 목표를 세운다.<br>• 왜 타인과 관계를 형성하면서 소통하고 싶은지 동기를 찾는다.<br>• 실패의 원인을 다른 관점에서 바라본다.<br>• 자신의 감정 상태를 긍정적으로 유지하려 노력한다.<br>• '다행인 상황'을 찾아본다. |
| 타인 감정<br>인식 단계 | 효과 | • 타인의 감정을 공감함으로써 감성적인 안정감을 주고 활력을 제공한다.<br>• 동질감을 느끼게 하고 신뢰감을 형성할 수 있다.<br>• 적응력이 향상되고, 자신에 대해 개방적인 사고를 하게 된다. |
| | 방법 | • 자신의 감정 인식과 조절, 자기 동기화가 선행되어야 한다.<br>• 타인에게 관심을 갖는다.<br>• 타인에 대한 정보와 타인이 처한 상황에 대해 파악한다.<br>• 표정, 제스처, 목소리 등으로 표현되는 감정을 이해한다. |
| 대인 관계<br>능력 단계 | 효과 | • 원만한 대인 관계를 유지할 수 있다.<br>• 타인의 반응을 능숙하게 통찰하게 된다.<br>• 뛰어난 지도력과 조직력을 발휘할 수 있다.<br>• 갈등 상황에서 놀라운 해결 능력을 갖게 된다. |
| | 방법 | • 자신이 이야기하는 도중에도 타인의 반응을 계속 살피고, 타인의 상황을 인식하려고 노력한다.<br>• 긍정적이든 부정적이든 자신의 상태와 감정을 적절한 때에 적절한 방법으로 표현한다.<br>• 자신의 감정을 인식하고 조절한 후에 솔직하면서도 예의 바르게 표현한다.<br>• 타인의 감정을 수용하고 긍정적으로 마무리하도록 한다.<br>• 도움이 필요하면 도움을 요청한다.<br>• 다양한 경험을 통해 사고를 확장시킨다. |

### ✏ 알아두기

감정별 관련 단어

| | |
|---|---|
| 긍정적 감정과<br>관련된 단어 | 기쁜 / 짜릿한 / 아늑한 / 정다운 / 벅찬 / 신바람 나는 / 끝내주는 / 자유로운 / 후련한 |
| 부정적 감정과<br>관련된 단어 | 열 받는 / 지겨운 / 불쾌한 / 속상한 / 기분 나쁜 / 따분한 / 끔찍한 / 분한 / 권태로운 |

고객에 대한 가상 체험(심상법 활용)
- 고객은 소리를 지를 것이다.
- 고객은 자기주장만 할 것이다.
- 고객은 칭찬을 할 것이다.
- 고객은 반말을 할 것이다.
- 고객은 나의 노력을 알아줄 것이다.

# 설득 및 협상 기법 익히기

## 출제 & 학습 포인트

### 출제포인트
4장 설득 및 협상 기법 익히기에서는 설득과 협상의 기본 원칙과 다양한 기법에 대한 문제가 주로 출제됩니다.

### 학습포인트
**1** 설득과 협상은 기본적인 커뮤니케이션의 원칙은 동일하나 그 외의 내용은 구분하여 학습해야 합니다.

**2** 설득과 협상의 다양한 기법이 출제되는데 설득의 6가지 기술과 효과적인 주장을 위한 AREA 법칙, 효과적으로 반론하는 방법을 구분하여 이해하고 학습합니다.

**3** 협상의 4단계에서 단계별 준비 사항을 이해하고, 사례형 문제로 자주 출제되니 실제 사례와 연관해서 학습합니다.

## 1 설득

### (1) 개념

① 설득은 타인의 태도와 행동의 변화라는 목적을 가진 주체가 대상에게 메시지를 전달하는 행위이다.

② 설득은 듣는 사람이 자신의 의견에 공감하도록 이유를 붙여 말하는 것으로 듣는 사람이 자신의 입장이 되게 만드는 것이다.

③ 설득은 자신이 바라는 것을 이루고자 의사 표현을 하고 상대방의 이야기를 들으며 서로 의미를 공유하는 것이다.

④ 설득을 할 때에는 충분한 이유를 함께 말해야 하고, 이는 믿을 수 있는 이유, 타당한 이유, 객관성이 확보된 이유 등이어야 한다.

⑤ 서비스접점에서 고객의 태도와 행동의 변화를 이끌어내고, 이해 조정을 통해 당사자들이 원하는 것을 효과적으로 얻어내기 위한 설득과 협상은 매우 중요한 커뮤니케이션 방법이다.

## (2) 기본 원칙 ★

| 고객의 선호 파악 | • 고객이 좋아하는 것을 알아 두면 상대방과의 대화를 주도할 수 있다.<br>• 고객의 직업, 사회적 배경, 취미, 성격 등 기본 정보를 파악한다.<br>• 고객의 특성이나 의도를 정확하고 신속하게 파악하는 것이 필요하다. |
|---|---|
| 동기 유발 | • 고객과의 커뮤니케이션이 난관에 부딪혔을 경우 다양한 방법으로 대화를 지속할 수 있는 동기를 제공해야 한다.<br>• 고객이 긍정적인 방향으로 행동할 수 있도록 자신감을 심어 주어야 한다.<br>• 적절한 질문을 사용하여 고객을 참여시킨다. |
| 분명한 메시지 전달 | • 대화의 목표를 분명하게 인식하고 원하는 결과를 명확하게 생각한다.<br>• 고객이 이해하기 쉽게 적절한 표현으로 전달한다. |
| 경청 | • 고객의 말에 귀를 기울이고 고객의 반응을 보면서 이야기한다.<br>• 일방적으로 대화를 이끌어 가서는 고객을 설득하기 어렵다. |
| 칭찬/감사의 표현 | • 칭찬은 상대방의 호감을 이끌어 낼 수 있는 쉬운 방법 중 하나이다.<br>• 마음에서 우러나오는 감사의 말은 고객의 마음을 긍정적인 방향으로 움직일 수 있다. |

## (3) 설득의 6가지 기술 ★★

| 이심전심(以心傳心) | • 시각에 호소하는 언어를 사용한다.<br>• 부드럽지만 강한 전달력과 호소력이 담긴 손짓과 미소, 자연스러운 시선 처리는 어떤 말보다 많은 메시지를 전달할 수 있다.<br>• 표정, 미소, 자세 등 비언어적인 커뮤니케이션 요소는 상대에게 많은 느낌을 전달할 수 있다. |
|---|---|
| 역지사지(易地思之) | • 상대방에 대한 따뜻한 배려는 상대방의 마음을 열게 하여 내 편으로 만들 가능성이 높아진다.<br>• 타인을 비난하거나 강요하기 전에 자신을 먼저 낮추고 상대의 마음을 헤아리는 모습을 보여 준다. |
| 감성 자극 | • 다양한 채널로 접근하여 감성을 자극해야 한다.<br>• 이메일이나 편지, 문자 등 감성에 호소하는 설득은 어떤 설득의 언어보다 강렬하다. |
| 촌철살인(寸鐵殺人) | • 상대방의 의도를 간파하는 짧은 한마디는 상대방의 마음을 한순간 무너뜨릴 수 있는 강력한 설득 기법이다.<br>• 상황에 맞는 전문가 혹은 유명 인사의 말을 인용하는 것도 효과적인 설득 방법이다. |
| 은근/끈기 | • 조금씩 마음이 열릴 수 있는 시간적인 여유를 주어야 한다.<br>• 설득은 한 번에 끝내려고 하지 말고, 여러 번 설득의 기회를 갖는 것이 중요하다. |
| 차분한 논리 | • 나의 이야기에 반대하는 타인을 외면하지 않고 논리적으로 설득하려고 노력하여야 한다.<br>• 숫자 등 구체적인 자료를 제시하는 습관을 들인다.<br>• 모든 데이터에는 함정이 있으므로 반론에 대한 데이터까지 준비한다. |

## (4) 설득의 6대 법칙 -『설득의 심리학』, 로버트 치알디니(Robert cialdini)

| | |
|---|---|
| 사회적 증거의 법칙 | • 다수의 행동, 다수의 증거를 활용한다.<br>• 가장 많이 팔린 상품이 좋은 상품이다. |
| 상호성의 법칙 | • 호의는 호의를 부르므로 먼저 베푼다.<br>• 샘플을 받아 본 고객은 관심을 안 가질 수가 없다. |
| 일관성의 법칙 | • 일관성 있게 지속적으로 설득한다.<br>• 내가 선택한 상품이 최고라는 심리를 파고든다. |
| 호감의 법칙 | • 끌리는 사람을 더 좋아하게 되므로 친밀한 관계를 형성한다.<br>• 친절한 직원이 파는 상품을 살 확률이 높다. |
| 희귀성의 법칙 | • 자신만의 차별적인 특징을 제공한다.<br>• 한정 판매라고 할 경우 구매 욕구를 더 자극한다. |
| 권위의 법칙 | • 전문가의 의견이나 공신력 있는 자료를 가지고 신뢰를 얻는다.<br>• 의사나 교수 등 전문가가 인정하는 상품이라고 설득한다. |

## (5) 서비스 제공 과정 단계별 커뮤니케이션 활동

| 단계 | | 목표 | 커뮤니케이션 활동 |
|---|---|---|---|
| 준비 | 잠재 고객 예측 | 예상 잠재 고객 파악 | 평소 해당 서비스를 이용하는 고객이나 다양한 정보원을 활용하여 예상 잠재 고객들의 명단과 그들이 좋아하는 서비스 제공 유형 등을 분석하고 예측 |
| | 사전 접근 | 서비스 제시를 효과적으로 하기 위해 추가적인 정보 수집 | 다른 서비스 직원과의 정보 교환, 대중 매체에서 소개된 서비스에 관한 기사, 개인적 관찰 등을 통해 예상 잠재 고객들이 원할 만한 정보를 통합 |
| 설득 | 접근 | 잠재 고객의 주의를 끌고 설득을 시작 | 서비스 직원이 자신의 소개와 아울러 해당 서비스 및 제품의 특징에 대한 소개를 시작 |
| | 서비스 소개 | 고객이 서비스에 호감을 갖고 구매하도록 상품 소개 | 서비스 직원이 각 서비스 및 상품이 갖는 혜택과 이점을 설명하고 소개를 하면서 소비자의 구매를 유도함. |
| | 소비자에 대한 대응 | 고객이 구매하지 않으려는 문제를 해결하려고 노력 | 각 서비스 상품에 대한 소비자 의견에 경청하면서 부정적 의견을 해결 |
| | 구매 권유 | 고객에게 구매를 권유하고 구매 계약 | 구매 결정을 도와줄 수 있는 정보를 제공하여 서비스 판매를 종결 |
| 고객 관계 관리 | 사후 관리 | 지속적으로 고객 관리 | 해당 서비스를 구매한 소비자의 질문에 응답하고 소비자가 겪고 있는 문제들을 즉각적으로 해결 |

## (6) SCAF 유형별 설득 전략 ★

| 유형 | 특징 | 내용 |
|---|---|---|
| **Speaker (표출형)** | 의사 표현 | 주장이 강함. |
| | 감정 표출 | 직접 표현 |
| | 핵심 가치 | 다른 사람 앞에 나서거나, 인기를 얻고 인정받는 것 |
| | 행동 특성 | • 표현에 적극적이고, 활발하며 분위기를 이끈다.<br>• 전시 성향이 높아 끊임없이 자기 표현을 한다.<br>• 모든 제안에 과도하게 열광하며 최신 패션의 옷을 입고 다니기도 한다.<br>• 전문가적인 풍모를 풍긴다.<br>• 친절하고 사교적이며 다소 과장스러운 제스처를 보인다. |
| | 설득 전략 | • 의견과 희망을 말할 기회를 제공하라.<br>• 서두르지 말고 아이디어를 함께 개발하라.<br>• 논쟁하지 말고 공유할 수 있는 대안을 개발하라.<br>• 세부 사항까지 철저하게 합의하라.<br>• 합의한 사항은 반드시 서면으로 작성하라.<br>• 때로는 농담을 즐기고 신속하게 응대하라. |
| **Carer (우호형)** | 의사 표현 | 상호 동조 |
| | 감정 표출 | 직접 표현 |
| | 핵심 가치 | 안정과 안전을 바탕으로 한 성실과 신뢰 관계 구축 |
| | 행동 특성 | • 관계 성향이 높고, 기존 관계를 공고히 하는 데 관심이 많다.<br>• 다른 사람들을 보살펴 주고 걱정하며 집단적으로 의사 결정하기를 좋아한다.<br>• 상대방의 의견과 심리 상태에 적극적으로 반응하고 동화된다.<br>• 분위기가 딱딱해지는 것을 싫어하고, 친절하다. |
| | 설득 전략 | • 감정과 정서 상태를 중시하라.<br>• 일이 아닌 사람에게 개인적인 관심을 보여라.<br>• 개인적 목표를 효과적으로 진술하도록 기다려라.<br>• 위험과 위협 요인을 먼저 제거하라.<br>• 사실과 논리에 관한 논쟁보다는 개인적 견해와 감정을 논의하라.<br>• 합의 시 발생 가능한 오해, 불만족 이슈를 제거하라.<br>• 가끔 사적이고 여유 있는 태도를 보여 주어라.<br>• 늘 경청하고 열린 마음으로 있음을 알려 주어라. |

Part
04

| 유형 | 특징 | 내용 |
|---|---|---|
| Achiever (성취형) | 의사 표현 | 주장이 강함. |
| | 감정 표출 | 간접 표현 |
| | 핵심 가치 | 과업 통제와 목표 달성 |
| | 행동 특성 | • 도전 성향이 높다.<br>• 어떤 모임이든 맨 나중에 나타난다. 거칠고 무례하며 공격적이고 지배적이다.<br>• 사무실과 책상 위가 엉망이다. 조급하고 참을성이 없으며 사람들을 무시한다.<br>• 강력하고 공격적인 악수를 하며 상대를 뚫어지게 쳐다본다.<br>• 쉬지 않고 움직이며 타인의 결점을 잘 찾는다.<br>• 경쟁이나 승패에 관심이 많고 승부욕이 강하다.<br>• 라이벌이나 타인과의 관계에서 지는 것을 싫어하고 이익에 민감하다. |
| | 설득 전략 | • 성취형의 목표 달성을 지원하라.<br>• 사실을 발견하도록 도와주는 질문을 하라.<br>• 비즈니스 관계만 유지하고, 개인적인 관계 구축을 시도하지 마라.<br>• 다른 의견을 제시할 때 반드시 사실에 근거하라.<br>• 성공 가능성이 확인된 솔루션을 제시하라.<br>• 필요시 일대일로 직접적인 협상을 하라. |
| Finder (분석형) | 의사 표현 | 상호 동조 |
| | 감정 표출 | 간접 표현 |
| | 핵심 가치 | 표준과 절차, 사실과 데이터에 근거하는 것 |
| | 행동 특성 | • 분석 성향이 높아 디테일한 데이터를 취합하여 분석하고, 집중력이 강하다.<br>• 꼼꼼하고, 데이터를 만들어 주변과 공유한다.<br>• 감정과 의사를 표현하지 않는다.<br>• 사무실이 매우 말끔하고 잘 정돈되어 있다.<br>• 무슨 일이든 성급하지 않고 체계적이며 논리적이고 조심스럽다.<br>• 시간을 정확하게 지키고 당신이 보낸 사전 자료를 읽어 온다. |
| | 설득 전략 | • 조사형의 정교함, 심사숙고하는 행동을 인정하라.<br>• 조직보다는 자신과의 연관성을 더 강조하라.<br>• 구체적 제안, 수치화된 데이터, 객관성 있는 자료, 분석적 이득 등을 제시하라.<br>• 체계적이고 정확하게 잘 구성하여 준비하라.<br>• 제안의 장단점을 상세하게 서면으로 제시하라.<br>• 확고부동한 사실을 근거로 한 증거를 제시하라.<br>• 의사 결정을 독촉하지 마라.<br>• 끊임없이 설명을 해 주어라. |

## 2 협상

### (1) 협상의 의미

① 사전적 의미로 협상은 어떤 목적에 부합되는 결정을 하기 위하여 여럿이 서로 의논하는 것이다.

② 협상은 상대방이 원하는 것과 자신의 원하는 것을 충분히 파악하여 상대방과 자신을 동시에 만족시킬 수 있는 다양한 대안을 만들기 위한 노력이다.

③ 협상은 흥정(bargaining)과 구분되는데, 흥정은 개인과 개인 사이의 매매 등과 같은 상호 작용을 가리키는 반면, 협상은 기업, 국가 등 복합적인 사회적 지위 간의 다수 의제에 대한 상호 작용이다.

### (2) 협상의 3가지 유형

| 분배형 협상 | • 하나를 놓고 당사자들이 나누는 유형<br>• 단순한 분배이므로 한쪽이 많이 가지면 다른 한쪽은 그만큼 손해를 본다. |
|---|---|
| 이익 교환형 협상 | 당사자들이 원하는 것의 차이를 찾아 양쪽 모두 최대한 만족할 수 있도록 하는 방법 |
| 가치 창조형 협상 | 당사자들이 서로 협력해 새로운 해결책을 찾아내는 유형 |

### (3) 협상의 기본 법칙 ★

① 목표가 확실해야 좋은 결과를 얻는다.

② 목표를 뒷받침할 수 있는 협상 기반을 마련한다.

③ 협상 장소는 홈그라운드와 같이 유리한 장소에서 한다.

④ 첫인상이 협상을 좌우한다.

⑤ 알기 쉬운 단어, 명확한 단어, 절제된 표현 등을 사용한다.

⑥ 경청을 통해 상대방을 대화에 끌어들이고 정보를 얻는다.

⑦ 협상에 도움이 되는 문서나 AV 기기 등을 적절하게 사용한다.

⑧ 협상 대상이나 기업에 대해 자세하게 조사한다.

⑨ 상대방의 성격이나 대화법 등 협상 스타일을 파악한다.

## (4) 협상 전 준비 사항

| 목적 | 무엇을 이루어 내려고 하는지를 구체적으로 정리한다. |
|---|---|
| 전략 | 목적 설정 후 전체 계획을 세우고 협상의 방향을 정한다. |
| 작전 | 전체적인 계획을 바탕으로 구체적인 전개, 순서, 그리고 언제 누구에게 어떤 전략을 취할 것인지 명확히 한다. |
| 정보 | 구체적인 전개 순서에 필요한 정보 및 자료의 입수 등 협상의 토대를 만든다. |
| 전술 | 주요 협상 내용을 효율적으로 공격하고, 수비할 수 있는 방법에 대해 논리적으로 명확하게 정리한다. |

## (5) 협상의 5대 요소 ★

① 협상 목표 설정(Goal Setting)

　㉠ 목표를 높게 설정할수록 높은 성과를 얻을 수 있으므로 협상 목표를 높게 설정한다.

　㉡ 명확하고 구체적(specific)인 목표를 설정한다. 구체적이고 계측 가능한 것이 좋다.

　㉢ 조직의 통합된 협상 목표 속에서 개별 협상 목표를 설정한다. 바람직하지 않은 협상은 상황에 따라 개별 협상 목표를 정하는 것이다.

② 협상력(Bargaining Power)

　㉠ 협상 테이블에서 자신이 원하는 것을 얻어 낼 수 있는 능력을 의미한다.

　㉡ 협상력의 4대 결정 요인은 협상자의 지위, 시간 제약, 상호 의존성, 내부 이해관계자의 반발이다.

③ 관계(Relationship)

　㉠ 협상자 간 관계를 만들어 가는 힘이다.

　㉡ 관계의 5대 구성 요소는 신뢰(Trust), 공통점(Commonality), 존경(Respect), 상호 관심(Mutual concern), 호의적 감정(Being emotional)이다.

④ BATNA(Best Alternative To a Negotiated Agreement) ★★

　㉠ 협상자가 합의에 도달하지 못할 경우 택할 수 있는 다른 좋은 대안을 의미한다.

　㉡ 바트나는 주어진 것이 아니라 내가 개발할 수 있는 것이다. 자신의 바트나를 개발하고 개선하는 것은 가지고 있는 유리한 조건을 효과적인 협상력으로 전환시킬 수 있다. 협상의 승패는 바트나의 유무에 따라 확연히 달라진다.

　㉢ 바트나는 다른 대안의 보유로 협상력을 강화시킬 수 있다. 상대방과 합의점을 찾지 못하고 협상이 결렬되는 상황에 다른 대안들을 제시함으로써 최악을 상황을 피할 수 있다.

　㉣ 협상 성과에 가장 나쁜 영향은 '이번엔 꼭 협상시켜야 한다.'는 강박관념으로 협상에 도달하기 위해 많은 양보를 하는 상황이 될 수 있다. 바트나는 이러한 문제를 방지할 수 있다.

BATNA의 방법

• 협상에 착수하기 전 자신이 가진 대안을 충분히 검토하고 준비한다. 협상을 시작하기 전부터 바트나를 준비하게 되면 협상할 때 주요 장애물이 무엇인지 쉽게 알 수 있다.
• 협상을 진행하는 동안에도 추가 조사를 하여 다른 잠재적 대안을 계속 개선하는 노력을 해야 한다.
• 나의 바트나가 좋고, 상대의 바트나가 좋지 않을 경우 협상을 최대한 지연시켜 불안감을 느낀 상대가 더 양보하도록 하고, 나의 바트나가 상대의 것보다 나쁠 경우에는 협상을 빠르게 진행하는 것이 유리하다.
• 상대방의 기분이 상할 수 있으므로 너무 직접적으로 바트나를 공개해서는 안 된다. 상대방은 기분이 상해 당신과의 협상을 중요하게 생각하지 않을 수 있다. 그렇게 되면 얻는 것보다 잃는 것이 많다.
• 나의 최종 결정이 바트나보다 나쁘면 결정을 미뤄라. 바트나는 협상 당사자가 진행하고 있는 협상이 실패했을 때 선택할 수 있는 최선의 대안을 말한다. 즉, 의사 결정의 최저선이 현재의 바트나인데 개발된 바트나가 최저선인 바트나보다 나쁘다면 결정을 보류하라는 의미이다.
• 강력한 바트나가 있으면 빨리 상대에게 알려라. 상대보다 강력한 바트나가 있음을 알려서 상대를 내 편으로 끌어들이기 위한 방법이다.
• 상대방의 바트나를 분석하는 일에 노력해야 한다. 내가 얼마를 더 양보하느냐는 상대방의 바트나가 어떠냐에 따라 크게 좌우된다.

⑤ 정보(Information) : 협상 과정은 일종의 정보 수집과 정보 교환의 연속으로 협상 과정을 통해 많은 정보를 수집하고 협상 전략으로 활용해야 한다.

ⓐ 협상 시 파악해야 할 기본적 정보
　　ⓐ 상대의 협상 목적(what they want)
　　ⓑ 상대의 약점과 강점
　　ⓒ 상대의 협상 전략과 바트나
　　ⓓ 상대의 내부 이해관계자 간의 갈등(내부 협상 전략)
　　ⓔ 상대의 시간 제약
　　ⓕ 상대 협상 대표의 개인적 정보(조직 내 위치, 사생활 등)

ⓑ 정보의 3원칙

| 정보의 양 | 가능한 한 많은 정보 수집 |
|---|---|
| 정보의 질 | 수집된 정보의 진위를 판단해 신뢰할 수 있는 정보 |
| 정보의 교환 | 양방향으로의 정보의 흐름 |

## (6) 협상의 4단계 ★★★

| | |
|---|---|
| 시작 단계 | • 상대방과 우호적인 관계를 구축하는 것이 목적이다.<br>• 상대방에게 좋은 첫인상을 주고 상대방이 친근함과 편안함을 느끼도록 한다.<br>• 상대방의 이름을 정확히 외우고 지위나 직위에 상관없이 경의를 표한다.<br>• 외국인과 협상할 때는 출신지의 문화와 종교를 고려해 무례한 느낌을 주지 않도록 주의한다. |
| 탐색 단계 | • 상대방에 대한 정보와 파악 정도를 확인한다.<br>• 상대에 대해 자신이 이해하고 있는 사실을 확인하고 잘못된 부분이 있으면 수정한다.<br>• 제시하려는 조건이나 내용에 대한 상대 측의 허용 범위와 반응을 확인한다.<br>• 의사 결정권이 협상 당사자에게 있는지 아니면 상사 등 제삼자에게 있는지 확인한다. |
| 진전 단계 | • 각자 거래 조건을 제시하고 자기편에 필요한 사항을 최대한 확보한다.<br>• 부득이하게 양보해야 할 때는 반드시 상대방에게 교환 조건을 제시한다.<br>• 상대방이 양보했을 경우 작은 양보라 할지라도 적극적으로 감사의 표현을 한다. |
| 합의 단계 | • 합의 내용을 구두로 확인하면 협상이 성립된다.<br>• 좀처럼 결단을 내리지 못하는 상대에게 격려를 하거나 협상 중단을 제시하는 등 상대방의 의사 결정을 돕는다.<br>• 협상 내용에 따라 계약서 등의 문서를 작성한다. |

## (7) 효과적인 주장을 위한 AREA 법칙 ★★★

| 구분 | 내용 | 예시 |
|---|---|---|
| 주장(Assertion) | 우선 주장의 핵심을 먼저 말한다. | • ～는 ～이다.<br>• ～는 ～한다. |
| 이유(Reasoning) | 주장의 근거를 설명한다. | • 왜냐하면 ～이다.<br>• ～이기 때문이다. |
| 증거(Evidence) | 주장의 근거에 관한 증거나 실례를 제시한다. | • 예를 들어 ～이다. |
| 주장(Assertion) | 다시 한 번 주장을 되풀이한다. | • 따라서 ～이다. |

## (8) 효과적으로 반론하는 방법 ★★

| | |
|---|---|
| 기회 탐색 | 자신이 반론을 제기해도 상대방이 불쾌해하지 않고, 감정적인 반론을 하지 않을 기회를 탐색한다. |
| 긍정으로 시작 | • 갑자기 반론을 시작하면 상대방의 감정적 반발을 초래할 수 있다.<br>• 우선 상대방의 주장 가운데 동의할 수 있는 점과 일치점에 대해 말한다. |
| 반론 내용 명확히 | • 상대방 주장의 허점이나 모호한 점, 모순점 등을 질문의 형태로 지적한다.<br>• 답변을 경청한 후 자신의 생각을 명확히 설명한다. |
| 반대 이유 설명 | • 상대방의 주장과 자신의 의견을 대비시키면서 자신의 생각에서 상대방의 주장보다 우월한 점을 찾아 설명한다.<br>• 더 나은 점 때문에 상대방의 주장을 받아들일 수 없다고 말한다. |
| 반론을 요약해서 말하기 | • 논증이 끝나면 다시 한 번 반론 내용을 요약해서 말한다.<br>• 반론 내용을 되풀이함으로써 호소력이 커지게 된다. |

## (9) 갈등 대처 방식

| 강요 | • 상대방의 희생을 바탕으로 자신의 주장을 고집하는 방식이다.<br>• 자신을 방어하거나 남을 이기기 위해 자신의 권한을 사용하기도 한다.<br>• 신속하고 결정적인 행동이 요구될 때나 회사 전체의 이익을 위한 상황일 때 주로 나타나는 방식이다. |
|---|---|
| 회피 | • 자신의 의견을 강하게 내세우지도 않고 타인의 주장을 적극적으로 따르지도 않는 방식이다.<br>• 갈등에 대한 언급 자체를 회피한다.<br>• 이익보다 손실이 클 때나 정보가 더 필요할 때 보이는 방식이다. |
| 수용 | • 관계 유지를 위해 자기 의견을 쉽게 포기하고 다른 사람의 주장에 동조한다.<br>• 경쟁 시 손실이 더 클 때나 자신의 잘못을 인정할 때 나타나는 방식이다. |
| 타협 | • 양측 모두 어느 정도 만족할 중간 타협점을 신속하게 찾는 방식이다.<br>• 시간이 없거나 상호 배타적 목표를 추진할 때 보이는 방식이다. |
| 협조 | • 양측이 충분히 만족할 수 있는 해결책을 찾으려고 노력하는 방식이다.<br>• 양쪽을 모두 충족시킬 수 있는 대안을 찾기 위해 차이를 인정하고, 쟁점을 찾으려 노력하는 것이다.<br>• 상호 입장 이해가 목적일 때나 의견 통합을 위해 참여가 필요할 때 보이는 방식이다. |

### ✐ 알아두기

**협상 전략의 종류**

| Positive-Sum Game | 게임 참가자들의 효용의 총합이 양(+)이 되는 게임으로, 개인 또는 조직을 둘러싼 이해관계자들과의 협력을 통한 상생 전략을 말한다. 시장의 가치를 증대시켜 구성원들이 서로 이득을 볼 수 있다는 장점이 있다. |
|---|---|
| Zero-Sum Game | 게임 참가자들의 효용의 총합이 0이 되는 게임으로, 상대를 죽이고 내가 이겨 가치의 총합을 0으로 만드는 전략을 의미한다. |
| Negative-Sum Game | 게임 참가자들의 효용의 총합이 음(−)이 되는 게임으로, 게임을 해 봐야 양측 모두 손해만 보는 게임으로 선거에 있어서 서로 상대방 후보를 음해하는 전략은 서로에게 부정적인 결과를 초래하는 것이다. |

**협상의 8단계 프로세스**

| 1단계 | 초기 접근 단계 | 원만한 상담을 위해 긍정적인 상담 분위기를 조성한다. |
|---|---|---|
| 2단계 | 관계 형성 및 공감대 형성 단계 | 상대방의 경계 심리를 없애 주거나 상담 대상자에게 호감을 주는 이미지를 전달한다. |
| 3단계 | 상대방의 정보 & 욕구 파악 단계 | 상담이나 협상 타결에 필요한 상대방의 욕구나 상대방과 관련된 정보를 충분히 파악하거나 교환한다. |
| 4단계 | 대안 제시의 단계 | 초기 제안을 서로 교환한다. |
| 5단계 | 본 상담 단계 | 윈-윈 정신으로 서로에게 최대한의 이익이 돌아갈 해결 방안을 함께 창출한다. |
| 6단계 | 합의 및 종결의 단계 | 합의 내용을 구두로 확인하면 협상이 성립하고, 내용에 따라 계약서 등의 문서 작성을 한다. |
| 7단계 | 후속 조치의 단계 | 합의가 끝난 후 계약서를 교환하는 등의 관련 후속 조치를 취한다. |
| 8단계 | 끝인사 및 퇴장 단계 | 모든 일이 완결되었다면 정중하게 끝인사를 하고 퇴장한다. |

## 핵심 키워드 정리

| | |
|---|---|
| 커뮤니케이션 | • 커뮤니케이션의 어원은 라틴어 'communis'로서 공통, 공유라는 뜻을 함유하고, 하나 혹은 그 이상의 유기체 간에 서로 상징을 통해 의미를 주고받는 과정.<br>• 서로 다른 이해, 사고, 경험, 선호 및 교육적인 배경을 가지고 있는 상호 간에 어떤 특정한 사항에 대해 유사한 의미와 이해를 만들어 내는 과정 |
| 메시지 | 발신자가 전달하고자 하는 내용을 언어, 문자, 몸짓 등 기호로 바꾼 것 |
| 채널 | 발신자의 메시지를 전달하는 통로나 매체로 TV, 라디오, 인터넷, 목소리 등이 해당됨. |
| 피드백 | 수신자의 반응으로 커뮤니케이션의 과정을 계속 반복, 순환하게 하는 요소 |
| 비언어적 커뮤니케이션 | 몸짓이나 시각 또는 공간을 상징으로 하여 의사를 표현하는 커뮤니케이션 방법 |
| 의사 언어 | 공식적 언어가 아닌 인간이 발생시키는 갖가지 소리 |
| 신체 언어 | 몸짓, 손짓, 표정 등에 의한 비언어적 표현으로 얼굴 표정, 눈의 접촉, 고개 끄덕이기, 자세 등이 포함. |
| 이중 메시지 | 혼합 메시지라고도 하며 언어적, 비언어적으로 불일치하여 커뮤니케이션 오류를 야기하는 메시지 |
| 피그말리온 효과 | 누군가에 대한 사람들의 믿음이나 기대, 예측이 그 대상에게 그대로 실현되는 경향 |
| 낙인 효과 | 다른 사람으로부터 부정적인 평가를 받으면 실제로 그렇게 되는 현상 |
| 플라시보 효과 | 긍정적인 심리적 믿음이 신체를 자연 치유하는 데 큰 역할을 하는 현상 |
| 노시보 효과 | 좋은 효능이 있는 약을 복용하고 있지만 환자가 부정적인 생각으로 믿지 못한다면 상태가 나아지지 않는 현상 |
| 호손 효과 | 다른 사람들이 지켜보고 있다는 사실을 의식함으로써 그들의 전형적인 본성과 다르게 행동하는 현상 |
| 바넘 효과 | 사람들이 일반적으로 가지고 있는 성격이나 특징을 자신만의 특성으로 여기는 심리적 경향 |
| 링겔만 효과 | 집단에서 개인의 수가 증가할수록 성과에 대한 개인의(1인당) 공헌도가 현격히 저하되는 현상 |
| 쿠션 언어 | 상대방이 원하는 것을 들어주지 못하거나 상대방에게 부탁을 해야 할 경우 상대의 기분이 나빠지는 것을 최소화할 수 있는 언어 표현 |
| 감성 지능 | 감정을 효과적으로 조절하는 능력, 즉 동기를 부여하고 계획을 수립하며 목표를 성취하기 위하여 감정들을 이용해 자신의 행동을 이끄는 능력 |
| 자기 인식 | 자신의 감정을 이해하고 감정을 있는 그대로 표현할 수 있는 개인의 능력 |
| 자기 조절 | 감성의 조절은 자신의 감정에 따라 즉각적으로 행동을 하는 것을 자제하고, 자신의 감성을 주어진 상황에 따라 적합한 방향으로 표현할 수 있는 능력 |
| 자기 동기화 | 자기 동기화는 어려움을 찾아내고 자신의 성취를 위해 노력하며 자신의 감정을 다스리고 자기 스스로 동기 부여하는 능력 |

| | |
|---|---|
| 감정 이입 | 타인 감성의 이해는 자기 주위 다른 사람들의 감정을 인식하고 이해하는 능력을 의미하는 능력 |
| 대인 관계 기술 | 대인 관계에서 타인의 감성에 적절하게 대처하고, 관계를 조정할 수 있는 능력 |
| 심상법 | 가상 체험을 하여 미리 발생할 수 있는 상황에 대한 정보를 인지한 후 자신의 감성이 부정적으로 가는 것을 방어하는 자기 감정 조절 방법 |
| 경청 1, 2, 3 법칙 | 원활한 커뮤니케이션을 위하여 1번 말하고, 상대의 말을 2번 들어 주며, 3번 맞장구치는 대화 기법 |
| I-메시지 전달법 | 대화의 주체가 '너'가 아닌 '내'가 되어 전달하고자 하는 표현법 |
| 신뢰 화법 | 말 어미의 선택에 따라 상대방에게 신뢰감을 줄 수 있는 대화법. 다까체로 끝나는 정중한 화법을 70%, 요죠체로 끝나는 부드러운 화법을 30% 정도 사용하는 것 |
| 산울림법 | 고객 기본 응대 화법으로 고객이 한 말을 반복하여 이해와 공감을 얻으며, 고객이 거절하는 말을 그대로 솔직하게 받아는 주는 데 포인트가 있는 화법 |
| 아론슨 화법 | 어떤 대화(상담)를 나눌 때 부정(−)과 긍정(+)의 내용을 혼합해야 하는 경우 부정적 내용을 먼저 말하고 끝날 때 긍정적 의미로 마감하는 것 |
| 공식적 커뮤니케이션 | 조직 구성원 간의 공식적 관계를 전제로 하여 커뮤니케이션의 권한과 절차가 분명한 상태에서 이루어지는 커뮤니케이션 |
| 그레이프바인 | 비공식적 커뮤니케이션 체계를 지칭하는 말로 커뮤니케이션의 체계가 포도넝쿨을 닮아 '그레이프바인'으로 칭함. |
| 설득 | 듣는 사람이 자신의 의견에 공감하도록 이유를 붙여 말하는 것으로 자신이 바라는 것을 이루고자 의사 표현을 하고 상대방의 이야기를 들으며 서로 의미를 공유하는 것 |
| SCAF | 설득의 4가지 유형으로 S형은 표출형, C형은 우호형, A형은 성취형, F형은 조사형 |
| 협상 | 이견을 가진 사람들 간에 명확하고 공정한 의사소통을 통해, 거래와 타협을 하고 상호 수용할 수 있는 결정에 도달하도록 조정하는 과정 |
| 구전 활동 | 고객의 입에서 입으로 전달되어 퍼지는 활동을 말하는 것으로 자신과 관계가 있는 사람들에게 자발적으로 퍼뜨리는 활동이므로 별도의 비용이 소모되지 않음. |
| BATNA | 협상자가 합의에 도달하지 못할 경우 택할 수 있는 다른 좋은 대안을 의미 |
| AREA 법칙 | 주장의 핵심 부분을 먼저 말하고(주장 ; Assertion), 그 이유를 설명하며(이유 ; Reasoning), 이유와 주장에 관한 증거나 실례를 제시하여(증거 ; Evidence), 다시 한 번 주장함으로써(주장 ; Assertion) 자신의 의견을 확고히 하는 협상 기법 |
| Positive-Sum Game | 게임 참가자들의 효용의 총합이 양(+)이 되는 게임으로, 개인 또는 조직을 둘러싼 이해관계자들과의 협력을 통한 상생 전략을 의미 |
| Zero-Sum Game | 게임 참가자들의 효용의 총합이 0이 되는 게임으로, 상대를 죽이고 내가 이겨 가치의 총합을 0으로 만드는 전략을 의미 |
| Negative-Sum Game | 게임 참가자들의 효용의 총합이 음(−)이 되는 게임으로, 게임을 해 봐야 양측 모두 손해만 보는 게임을 의미 |

A Part 04

# A PART 04 실전예상문제 TEST

**일반형**

**01** 다음 '변경 후' 문장에서는 어떤 말하기 스킬을 활용하였는가?

> • 변경 전: 식사하는 동안 즐거우셨습니까?
> ⇩
> • 변경 후: 식사하는 동안 어떠셨나요?

① 완곡한 표현      ② 청유형의 표현
③ 개방적인 표현      ④ 긍정적인 표현
⑤ 쿠션 언어의 사용

**02** 다음 중 바트나(BATNA)에 대한 내용으로 적절하지 않은 것은?

① 상대방에 대한 압박 전술로 활용할 때도 있다.
② 합의에 도달하지 못했을 때 택할 수 있는 최선의 대안, 차선책이다.
③ 바트나가 없다면 만들고, 끊임없이 개선해 나가야 한다.
④ 바트나에 미치지 못하는 제안이라도 협상을 결렬시키는 행위는 지양해야 한다.
⑤ 협상이 결렬되었을 때 취할 수 있는 행동 계획으로, 협상 타결을 위한 필요조건이다.

**03** 다음이 설명하는 감성 지능의 구성 요소는?

> 어려움을 찾아내고 자신의 성취를 위해 노력하며 자신의 감정을 다스리고 스스로 동기를 부여

① 자기 조절(self-management)      ② 자기 동기화(self-motivating)
③ 자기 인식(self-awareness)      ④ 감정 이입(empathy)
⑤ 대인 관계 기술(social skill)

**04** 다음 중 감성 지능에 대한 설명으로 가장 적절한 것은?

① 감정을 중시하는 조직은 조직 내 구성원들에게 실용주의를 요구한다.

② 감성 지능은 감정을 이용해 자신의 행동을 이끄는 능력을 의미한다.

③ 감성 지능은 동료와 상사 간에 높은 신뢰를 형성해 주지만 조직의 효율성은 떨어진다.

④ 감성 지능의 구성 요소로는 자기 인식, 타인 조절, 자기 동기화, 감정 이입, 대인 관계 기술이 있다.

⑤ 과거에도 기계적으로 업무를 하는 것보다는 창조성을 발휘하는 등 개인의 감성이 반영된 행동이 바람직한 행동이라고 여겼다.

**05** 구성원이 과제를 수행할 때 관심을 가지고 지켜보았더니 그들에게 무관심하게 대했을 때보다 일의 능률이 높아지는 것을 확인할 수 있었다. 이와 관련한 효과는?

① 낙인 효과             ② 피그말리온 효과

③ 노시보 효과           ④ 호손 효과

⑤ 플라시보 효과

**06** 다음 중 비언어적 커뮤니케이션 유형 중 다양한 메시지를 판단하는 데 영향을 주는 의사 언어는 무엇인가?

① 눈의 접촉             ② 음고

③ 말투                 ④ 자세

⑤ 음조의 변화

**07** 다음 중 효과적으로 반론하는 방법에 대한 설명으로 옳지 않은 것은?

① 답변을 경청한 후 자신의 생각을 명확히 설명한다.

② 반론의 내용을 되풀이함으로써 호소력이 커지게 한다.

③ 우선 상대방의 주장 가운데 동의할 수 있는 점과 일치점에 대해 말한다.

④ 객관적인 자료나 언어로 상대를 설득할 수도 있지만 다양한 채널로 접근하여 감성을 자극해야 한다.

⑤ 상대방의 주장과 자신의 의견을 대비시키면서 자신의 생각에서 상대방의 주장보다 우월한 점을 찾아 설명한다.

**08** 다음 중 커뮤니케이션의 기능으로 적절하지 않은 것은?

① 동기 부여 기능　　　　　　② 지시, 통제 기능
③ 타인 평가 기능　　　　　　④ 감정 표출 기능
⑤ 정보 소통 기능

**09** 다음 중 고객과의 효과적인 커뮤니케이션을 위한 반응적 피드백의 예에 해당하는 것은?

① 대화 중 상대의 반응을 요구한다.
② 대화 중 미소를 지으며 이야기한다.
③ 대화 중 손짓을 하면서 이야기한다.
④ 대화 중 상대방의 말에 고개를 끄덕인다.
⑤ 대화 중 상대방이 알아들을 수 있는 쉬운 용어를 사용한다.

**10** 다음 중 복잡하고 많은 내용을 일시에 전달할 필요가 있을 때와 상대방의 상황에 맞춰 커뮤니케이션해야 할 때 효과적인 커뮤니케이션 매체는?

① 글로 쓴 공식 문서　　　　　② e-mail
③ 전화 대화　　　　　　　　　④ 직접 대화
⑤ 수치와 도표로 만든 공식 문서

**11** 서로 갈등 관계에 있는 두 사람이 있다. 다음 중 자기만족과 상대방 만족을 동시에 가져올 수 있는 갈등 대처 방식으로 가장 적절한 것은?

① 강요　　　　　　② 협조　　　　　　③ 회피
④ 타협　　　　　　⑤ 수용, 순종

**12** 이메일(email)은 쌍방향 커뮤니케이션의 수단으로 각광받고 있다. 다음 중 기업이 고객과의 관계를 원활하게 유지·발전시키기 위해 사용하는 이메일을 통한 커뮤니케이션의 효과로 가장 적절하지 않은 것은?

① 실시간 커뮤니케이션이 가능하다.
② 고객 반응의 측정이 일반적으로 용이하다.
③ 비용이 대면 접촉 등의 수단 등에 비해 절감된다.
④ 기존의 우편물보다 고객의 반응률이 높게 나타난다.
⑤ 제품과 서비스에 대한 상세한 정보를 제공하기가 쉽지 않아 고객 구매 활동으로 연결될 가능성이 낮다.

**13** 성공적인 협상을 위해서는 고객은 물론 영업 사원과 영업 사원이 속한 회사 모두의 니즈(Needs)를 충족시킬 수 있어야 한다. 다음 중 고객, 영업 사원, 영업 사원이 속한 회사의 니즈가 충족된 것으로 가장 적절한 것은?

① 개별 고객별로 예외적인 특혜를 통해 판매를 하는 것은 가장 바람직한 판매 협상 방법이다.
② 영업 사원은 판매가 최우선이며, 영업 사원이 속한 회사 내부의 정책 등에 대해서는 고려할 필요가 없다.
③ 영업 사원이 승리했다고 느끼는 협상보다는 고객은 물론 영업 사원이 속한 회사 모두가 승리했다고 느끼는 협상을 진행해야 한다.
④ 영업 사원이 속한 회사는 고객에게 제품이나 서비스를 판매함으로써 매출이 증가되면 그만이고, 영업 이익 등은 그리 중요하지 않다.
⑤ 고객의 납기일에 제품을 공급하는 것이 쉽지 않더라도 영업 사원은 일단 계약을 통해 고객을 유치하는 것이 우선이며, 만약 납품이 지연되는 경우 손해 배상 등으로 해결하면 된다.

**14** 다음 중 커뮤니케이션 과정의 기본 요소 중 커뮤니케이션 과정을 계속 반복, 순환하게 하는 요소는?

① 전달자(source)          ② 메시지(message)
③ 수신자(receiver)        ④ 효과(effect)
⑤ 피드백(feedback)

**15** 다음 중 언어적 커뮤니케이션과 비언어적 커뮤니케이션에 대한 설명으로 적절하지 않은 것은?

① 비언어적 커뮤니케이션은 감정적, 정서적인 정보를 전달한다.
② 비언어적 커뮤니케이션은 커뮤니케이션의 93%가 비언어적 채널로 구성되어 있다.
③ 언어적 커뮤니케이션은 사회적으로 제정된 기호 체계를 활용한 커뮤니케이션 방법이다.
④ 비언어적 커뮤니케이션은 정보가 전달되는 상황과 해석에 대한 중요한 단서를 제공한다.
⑤ 언어적 커뮤니케이션은 요점을 명확히 주고받을 수 있기에 신뢰성이 높은 의사 전달 수단이다.

**16** 다음 중 효과적인 경청 방법으로 가장 적절하지 않은 것은?

① 질문한다.
② 온몸으로 맞장구를 친다.
③ 말하는 사람과 동화되도록 노력한다.
④ 전달하는 메시지의 요점에 관심을 둔다.
⑤ 상대방의 이야기를 자신의 경험과 비교하며 듣는다.

**17** 다음 중 말하기 스킬 중 상대방이 원하는 것을 들어주지 못하거나, 부탁을 해야 할 경우 상대방 기분이 나빠지는 것을 최소화할 수 있는 표현법은?

① 긍정적인 표현                    ② 청유형의 표현
③ 완곡한 표현                      ④ 쿠션 언어의 사용
⑤ I-메시지 사용

**18** 다음 중 감성커뮤니케이션 스킬 중 자기감정 조절에 대한 설명으로 가장 적절하지 않은 것은?

① 감정 조절을 잘하는 사람은 부정적인 감정을 잘 정리한다.
② 자신이 느끼는 감정이 최대한 드러나지 않도록 감정 표현을 자제한다.
③ 자신이 원하는 결과가 무엇인지 확실하게 정리하여 자기감정을 조절한다.
④ 자신을 흥분시키는 자극들에 대한 정보를 수집함으로써 자기감정을 조절한다.
⑤ 가상 체험을 하여 미리 발생할 수 있는 상황에 대한 정보를 인지한 후 자신의 감정이 부정적으로 가는 것을 방어한다.

**19** 다음 글이 설명하는 설득의 기술은 무엇인가?

> 시각에 호소하는 언어를 사용한다. 표정, 미소, 자세 등 비언어적인 커뮤니케이션 요소는 상대에게 많은 느낌을 전달할 수 있어 대화에서 어떤 어휘를 사용하는가보다 그 어휘를 어떻게 사용하는가가 더 중요하다.

① 역지사지                        ② 이심전심
③ 감성 자극                       ④ 촌철살인
⑤ 차분한 논리

**20** 다음 중 고객에 대한 설득 화법의 기본 원칙에서 벗어나는 것은?

① 칭찬과 감사의 말
② 고객이 이해하기 쉬운 말로 메시지 전달
③ 대화를 지속할 수 있는 동기의 유발
④ 사상과 종교에 관한 이야기
⑤ 고객의 이야기에 경청

**21** 대화할 때 이야기를 듣는 사람이 습관적으로 시계를 보는 것은 다음 중 어떤 오류에 해당하는가?

① 목적의식의 결여
② 전달법의 부족
③ 정보의 과중에 의한 오류
④ 비언어적 메시지의 오용
⑤ 준거의 틀 차이

**22** 다음 중 고객과의 커뮤니케이션 스킬을 설명한 것으로 가장 적절한 것은?

① 고객의 이야기에 대해서 별다른 외현적(外現的) 표현 없이 수동적으로 듣는 것을 '적극적 경청'이라고 한다.
② 질문은 고객에게 정보를 요청하는 소극적인 기능을 할 뿐, 고객의 의견을 변화시키는 적극적인 기능을 하지는 못한다.
③ 고객과 처음 만나는 상황에서는 고객을 이해하기 위해 사적(私的)인 질문을 적극적으로 하는 것이 중요하다.
④ 자신이 소유하고 있는 정보를 고객에게 제공하고 공유하기 위한 '설명하기'는 고객 커뮤니케이션에 있어 기본적인 요건의 하나이다.
⑤ 고객의 표현 내용에 대한 사실적인 이해를 넘어 고객의 주관적인 기분과 입장에 대한 정서적 이해를 '공감'이라고 하는바, 이는 고객 상담의 초기 단계에서 쉽게 가능한 커뮤니케이션 스킬이다.

**23** 불만을 제기하는 사람과 이를 접수하는 사람 사이에는 일상적인 언쟁이 있게 마련이다. 다음 중 사업장의 입장을 의무적으로 대변해야 하는 접수자의 입장에서 불만을 제기하는 사람, 즉 고객과의 원활한 커뮤니케이션을 위해 취해야 할 태도로 가장 적절한 것은?

① 서비스 규정을 나열하듯이 말하면 된다.
② 말의 내용이 중요하며 형식은 그리 중요하지 않다.
③ 공격적인 고객의 말에는 공격적으로 대응하는 것이 가장 좋은 방법이다.
④ 접수자의 어조는 그리 중요하지 않다.
⑤ 가장 기본적인 것은 사과와 함께 무엇인가 조치를 취하겠다는 약속이다.

**24** 다음 중 경청의 장애 요인이라고 볼 수 없는 것은?

① 메시지 내용에 대하여 관심이 없다.

② 듣기보다 말하기에 더 관심을 가지고 있다.

③ 메시지 내용 중에서 동의할 수 있는 부분을 찾는다.

④ 상대방의 말을 들으면서 머릿속으로 엉뚱한 생각을 한다.

⑤ 머릿속으로 상대방 이야기에서 잘못된 점을 지적하고 판단하는 것에 열중한다.

**25** 다음 중 비언어를 통한 커뮤니케이션에 대한 설명으로 적절하지 않은 것은?

① 제품 및 서비스에 대한 내용을 쉽고 명확하게 설명한다.

② 정보가 전달되는 상황과 해석에 대한 중요한 단서를 제공한다.

③ 몸짓이나 시각 또는 공간을 상징하여 의사를 표현하는 방법이다.

④ 언어 사용 없이 이루어진 생각이나 감정 소통의 상태를 의미한다.

⑤ 무의식적으로 드러나는 경우가 많으므로 신뢰성이 높은 의사전달수단이다.

**26** 다음 커뮤니케이션 오류의 원인 중 수신자의 문제로 적절한 것은?

① 언어적, 비언어적 불일치한 메시지의 사용으로 의사가 정확하지 않다.

② 상대방이 듣고 싶어 할 정보는 전달하고, 싫어할 정보는 여과하여 커뮤니케이션 한다.

③ 의사소통에 대한 정확한 목적의식이 없이 메시지를 구성하여 전달한다.

④ 과거 경험에 따른 오해와 왜곡된 인지로 메시지를 잘못 이해하고 수용한다.

⑤ 충분한 인간관계적 상호 작용을 경험하지 못하여 상대방의 질문에 대답하지 않고 자신의 말만 반복한다.

**O / X 형**

[27~32] 다음 문항을 읽고 옳고(O), 그름(X)을 선택하시오.

**27** '나–전달법' 화법이란 주어를 '나'로 하여 어떤 느낌을 가지게 된 책임이 상대방에게 있지 않고 화자 자신에게 있음을 전제로 하면서 자신의 느낌을 표현하는 것이다. ( ① O  ② X )

**28** 효과적인 커뮤니케이션을 위해 경청 스킬이 필요한데, 경청의 1, 2, 3 기법은 자신은 그 번 말하고, 상대방의 말을 2번 들어 주며, 대화 중에 3번 맞장구를 치는 것이다. ( ① O  ② X )

**29** 커뮤니케이션은 서비스 종사자에게 있어 무엇보다도 중요한 경영 수단인데, 어원을 살펴보면, 라틴어에서 '나누다'를 의미하고, 신이 자신의 덕을 인간에게 나누어 준다는 의미로, 공동체에서는 의미 있는 전달을 '커뮤니케이션'이라 한다. ( ① O  ② X )

**30** 다양한 유형의 커뮤니케이션 네트워크 중 Y형은 권력 집중도가 높고, 한 사람에 의해 정보가 관리되며, 정보 확산 속도 및 의사 결정 속도가 빠른 커뮤니케이션 네트워크이다.
( ① O  ② X )

**31** 아론슨 화법은 어떤 대화를 나눌 때 부정(−)과 긍정(+)의 내용을 혼합해야 하는 경우 부정적 내용을 먼저 말하고 끝날 때 긍정적 의미로 마감하는 방법이다. ( ① O  ② X )

**32** 조직 내 커뮤니케이션을 활성화하기 위해서는 최고 경영진의 관심과 지원이 필요하고, 최고 경영자와의 자유로운 의사소통을 위해서 모든 사안을 보고하는 것이 바람직하다. ( ① O  ② X )

**연결형**

[33~39] 다음은 커뮤니케이션과 관련된 이론에 대한 내용이다. 해당 이론을 골라 쓰시오.

| | | |
|---|---|---|
| ① 피그말리온 효과 | ② 낙인 효과 | ③ 플라시보 효과 |
| ④ 노시보 효과 | ⑤ 호손 효과 | ⑥ 바트나(BATNA) 차선책 |
| ⑦ 협상 | | |

**33** 좋지 않은 과거 경력이 현재의 인물 평가에 미치고 나쁜 사람으로 낙인받으면 의식적·무의식적으로 그리 행동하게 된다. ( )

**34** 새롭게 관심을 기울이거나, 관심을 더 쏟는 것으로 사람들의 행동과 능률에 변화가 일어난다. ( )

**35** 실제로는 전혀 효과가 없는 약이지만, 환자에게 약을 복용하면 병이 나을 거라는 믿음을 주었을 때, 환자가 긍정의 힘을 얻어서 병이 낫는 효과를 발휘하게 된다. ( )

**36** 최선의 대안의 약자로서 협상자가 합의에 도달하지 못할 경우 택할 수 있는 다른 좋은 대안을 말한다. ( )

**37** 다른 사람으로부터 긍정적인 기대를 받으면 기대에 부응하기 위해 노력하고, 실제 긍정적인 결과가 일어난다. ( )

**38** 어떤 목적에 부합되는 결정을 하기 위하여 여럿이 서로 의논함에 양방향 의사소통을 통하여 상호 만족할 만한 수준의 합의에 이르는 과정이다. ( )

**39** 효능이 좋은 약을 복용하고 있지만, 환자가 약의 효능을 믿지 못한다면 상태가 개선되지 않는 현상이다. ( )

**40** 다음은 한 가구점에서 고객과 점원이 대화하는 장면이다. 사례에 대한 설명으로 적절한 것은?

> 고객 : 초록색 의자보다 노란색 의자가 더 마음에 들어요.

고객

> 점원 : ㉠ 지금 재고가 있는지 모르겠네요. 지난주에 매진됐거든요. 가장 인기 있는 제품이라서요. 게다가 가격도 저렴해서 손님분들께서 보시고 바로 사 가셨어요. 괜히 기대감을 드리기 전에 재고가 있는지 확인해 보겠습니다.

점원

(재고 확인 후)

> 점원 : 고객님, 죄송합니다. 확인해 봤는데, 지금 재고가 없습니다. ㉡ 다음 주에 입고될 예정인데, 다음 주에 오시면 저희가 물건을 충분히 가지고 있을 거니까 걱정 안 하셔도 됩니다.

① 재고가 없다면 "없다."고 단호하게 말해야 한다.
② 재고를 확인하는 것보다 현재 구매 가능한 상품을 적극적으로 설명하고 판매한다.
③ ㉠과 같이 응답할 경우 고객으로 하여금 노란색 의자를 구매하겠다는 의지를 감소시킬 수 있다.
④ ㉡과 같이 응답할 경우 고객의 구매 욕구를 더욱 불러일으킬 가능성이 크다.
⑤ 지난주에 매진되었음을 알리며 고객에게 인기가 많은 제품임을 넌지시 전달하는 설득 스킬은 적절한 방법이다.

**41** 다음 중 효과적인 주장을 위한 'AREA' 법칙을 순서대로 올바르게 나타낸 것은?

> (가) 귀사의 화이트 셔츠는 품질도 우수하고 시장의 평가도 좋습니다. 그래서 저희가 100개를 구매하고자 하는데 100개에 백만 원은 너무 비싸서 80만 원으로 해 주셨으면 합니다.
> (나) 이월 상품인 경우는 빛이 바래질 수도 있기 때문에 신제품과 차이가 있을 수 있습니다.
> (다) 그러므로 이번 구매에 있어서 20% 할인 금액인 80만 원에 공급해 주셨으면 합니다. 어떠십니까?
> (라) 왜냐하면 현재 물량이 부족하여 100개를 내일까지 맞춰 주시려면 창고의 작년 상품도 꺼내 주게 되어 이월 상품을 받게 되는 것이니까요.

① (가) ⇨ (나) ⇨ (다) ⇨ (라)  ② (나) ⇨ (라) ⇨ (다) ⇨ (가)
③ (라) ⇨ (다) ⇨ (가) ⇨ (나)  ④ (가) ⇨ (라) ⇨ (다) ⇨ (나)
⑤ (가) ⇨ (라) ⇨ (나) ⇨ (다)

**42** 다음 고객과의 상담 내용에서 고객을 설득하기 위해 세일즈맨이 초점을 맞춰 활용한 효과로 적절한 것은 무엇인가?

세일즈맨 : 어서 오세요. 무엇을 도와드릴까요?

고객 : 요즘 목을 많이 사용해서 그런지 목이 아프고 가래도 나오고 기침이 나서요. 병원에 가도 나아지지 않고, 점점 더 심해지네요.

세일즈맨 : 많이 불편하시겠어요. 고객님의 증상에는 도라지 엑기스를 추천해 드리고 싶습니다.

고객 : 도라지를 달여 먹어도 별 효과가 없던데요?

세일즈맨 : 제가 추천해 드리는 도라지 엑기스는 많은 분들이 효과를 보신 상품이에요. 잘 아시는 유명 인기 배우, 정치인, 종교인, 그룹 회장도 호흡기 질환으로 많은 고생을 했는데 이 상품을 복용하고 완치되었어요!

고객 : 그래요? 그게 사실이에요?

세일즈맨 : 이 인터넷 기사와 방송 프로그램을 보세요. 고객님께서도 복용하시면 아마 일주일 이후부터 아픈 증상이 없어지는 것을 느낄 수 있으실 겁니다.

고객 : 복용 후에도 별다른 반응이 없으면요?

세일즈맨 : 그러면 다시 한 번 방문해 주세요. 하지만 그럴 염려는 하지 않으셔도 될 것 같습니다.

고객 : 감사합니다.

① 낙인 효과
② 호손 효과
③ 노시보 효과
④ 플라시보 효과
⑤ 피그말리온 효과

**43** 다음은 협상의 4단계 과정인 시작, 탐색, 진전, 합의 단계를 적절히 표현한 내용이다. 이 중에서 '진전 단계'에 해당하는 내용은 무엇인가?

> 가. 협상은 첫인상이 중요하니 좋은 이미지를 줄 수 있도록 신경 좀 써.
> 나. 협상은 정보 싸움이야. 그러니 정신 바짝 차리고 수집한 정보가 정확한지 조심스럽게 살펴보도록 해.
> 다. 당초 제시한 가격에서 5% 인하해 드리겠습니다.
> 라. 지금까지 합의된 결과를 다시 한 번 정리하여 말씀드리고 계약서를 작성하겠습니다.
> 마. 오늘 날씨가 구름 한 점 없고 시원해서 아마도 좋은 결과가 있을 것 같습니다.

① 가      ② 나
③ 다      ④ 라
⑤ 마

**44** A호텔의 판촉부장인 김 부장은 협상의 달인이라고 해도 과언이 아닐 정도로 협상을 잘 하기로 소문이 나 있다. 그가 어떻게 협상을 하는지 협상 테이블 옆에서 지켜보았더니 특히 반론을 제기하는 것이 인상적이어서 그 내용을 정리해 보았다. 다음 중 효과적으로 반론을 하기 위한 순서를 올바르게 나열한 것은 어느 것인가?

> (가) 지금까지 상대방의 주장 가운데 우선 동의할 수 있는 점과 일치점이 무엇이 있는지 찾아내어 말하면서 긍정적으로 시작한다.
> (나) 상대방의 주장과 김 부장 자신의 의견을 대비시켜 상대방의 주장보다 더 나은 점을 차근차근 설명하여 반대 이유를 분명히 한다.
> (다) 김 부장 자신이 생각하기에 상대방 주장의 허점이나 모순점이라고 생각되는 것에 대한 반론 내용을 명확히 질문한다.
> (라) 협상을 하면서 김 부장 자신이 반론을 제기해도 상대방이 감정적으로 반발하지 않을 만한 절호의 기회를 탐색한다.
> (마) 논증이 끝나면 다시 한 번 반론 내용을 요약해서 간략히 말함으로써 호소력이 커지게 한다.

① (라) ⇨ (나) ⇨ (마) ⇨ (다) ⇨ (가)
② (라) ⇨ (가) ⇨ (다) ⇨ (나) ⇨ (마)
③ (라) ⇨ (나) ⇨ (다) ⇨ (가) ⇨ (마)
④ (다) ⇨ (가) ⇨ (마) ⇨ (라) ⇨ (나)
⑤ (다) ⇨ (나) ⇨ (가) ⇨ (라) ⇨ (마)

**45** 다음은 화장품 매장에서 고객의 첫 방문 시에 직원과의 대화이다. 직원의 첫 인사를 다른 화법으로 바꿔 보려 할 때, 가장 효과적이지 않은 화법은 무엇인가?

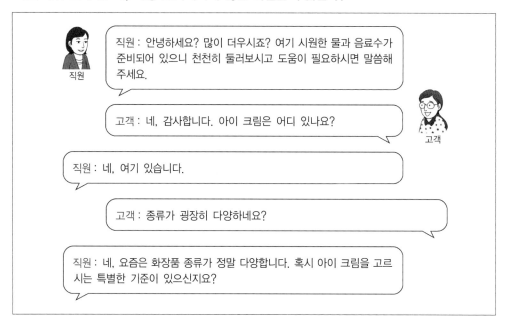

① 어서 오세요. 세포 과학을 접목한 A 화장품입니다.

② 안녕하세요? A 화장품입니다. 어떤 제품을 찾으시나요?

③ A 화장품입니다. 반갑습니다. 천천히 둘러보시면 안내해 드리겠습니다.

④ 안녕하세요? 햇볕이 많이 뜨겁습니다. 여기 수분 미스트 한 번 뿌려 보시고 천천히 둘러보세요.

⑤ 어서 오세요. 저희 매장은 왼쪽에는 기초, 중앙에는 색조, 오른쪽에는 세안, 바디 제품들로 구성되어 있습니다. 천천히 둘러보시면 도움드리겠습니다.

**46** 다음은 판매의 진행에 따라 구사될 수 있는 다양한 응대 화법이다. 다음 중 화법과 역할의 연결이 적절치 않은 것은?

---

A : 안녕하십니까? 천천히 보시고 도움이 필요하시면 말씀해 주십시오.

B : 요즘은 제품 종류들이 정말 다양합니다. 그렇지요? 혹시 고객님께서는 제품을 고르시는 특별한 기준이 있으신지요?

C : 네, 고객님께서는 브랜드를 중요하게 생각하고 계시네요. 그 밖에 또 특별히 궁금하시거나 고민되시는 부분은 어떤 것이 있으신가요?

D : 제품을 제조한 기업의 신뢰도가 궁금하시군요? 아마 투자한 만큼의 효과를 중요하게 생각하시기 때문일 것입니다. 그래서 제품을 고르실 때는 충분한 정보와 상담이 필요합니다.

E : A 제품에 대해서는 알고 계시나요? 새로운 제조 기법을 접목해서 최근에 많은 호응을 얻고 있는 회사입니다. 제품의 기능과 효능에 집중하여 투자하고 있죠.

F : 저는 20여 년간 이 업계에서 고객님들께 전문적으로 좋은 제품을 알려드리는 일을 하고 있습니다.

G : 고객님께서 원하시고 필요로 하시는 제품을 잘 구매하실 수 있게 도와드리는 게 제 역할입니다. 편안하게 물어보시고 상담받으시면 됩니다.

---

① B - 구매를 강요함.
② D - 상담의 필요성 부각
③ E - 회사 소개를 통한 신뢰감 형성
④ F - 판매자의 자기소개를 통해 전문가 이미지 부각
⑤ G - 본격적인 상담으로의 진입

**47** 다음은 건강 검진 예약 및 상담 과정에서 발생한 상황이다. 다음 중 상담원의 대응을 공감적 커뮤니케이션의 측면에서 해석할 때 가장 적절한 것은?

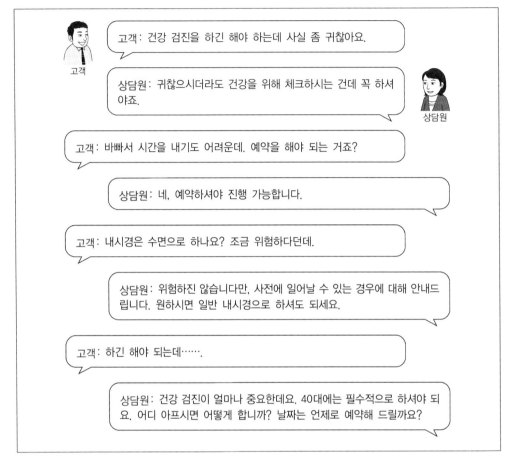

고객 : 건강 검진을 하긴 해야 하는데 사실 좀 귀찮아요.

상담원 : 귀찮으시더라도 건강을 위해 체크하시는 건데 꼭 하셔야죠.

고객 : 바빠서 시간을 내기도 어려운데. 예약을 해야 되는 거죠?

상담원 : 네, 예약하셔야 진행 가능합니다.

고객 : 내시경은 수면으로 하나요? 조금 위험하다던데.

상담원 : 위험하진 않습니다만, 사전에 일어날 수 있는 경우에 대해 안내드립니다. 원하시면 일반 내시경으로 하셔도 되세요.

고객 : 하긴 해야 되는데…….

상담원 : 건강 검진이 얼마나 중요한데요. 40대에는 필수적으로 하셔야 되요. 어디 아프시면 어떻게 합니까? 날짜는 언제로 예약해 드릴까요?

① 핵심적인 메시지 전달에 집중하여 간결하고 정확한 커뮤니케이션이 가능했다.
② 고객이 궁금해하는 사항에 대해 적절히 대답하지 못해 공감적 경청에 실패하였다.
③ 고객 건강 검진 예약이라는 상담의 목적을 달성하지 못해 커뮤니케이션에 실패한 것이다.
④ 고객의 상황에 대한 객관적이고 냉정한 반응으로 고객의 문제점을 밝혀냄으로써 커뮤니케이션의 목적을 달성했다.
⑤ 고객의 염려나 장애 요소를 적극적으로 경청하지 못하였으며 효과적인 질문도 활용하지 못해 공감적 커뮤니케이션에 실패하였다.

**48** 다음은 한 통신 기기 매장에서 판매 사원과 상담을 하는 고객의 행동에서 특징적인 점을 간략하게 정리한 것이다. 다음 중 고객의 행동에서 비언어적 커뮤니케이션의 '의사 언어'에 해당하는 내용으로만 구성한 것은?

---

가. 자신의 의사가 명확하게 전달될 수 있도록 발음에 상당히 신경을 써서 대화를 이어 나간다.

나. 자신의 감정에 따라 말의 속도가 확연히 다르다.

다. 주변을 둘러보면서도 판매 사원의 말을 경청하고 있다는 듯이 가끔씩 고개를 끄덕인다.

라. 부드럽고 친근감 있는 말투였으나 자신의 질문을 판매 사원이 잘 이해하지 못하면 약간 짜증스러운 말투로 이야기한다.

마. 판매 사원의 설명 내용에 따라 얼굴 표정이 달라지는데, 그 표정만 봐도 구매 결정 여부를 대략 알 것 같다.

---

① 가, 나, 라
② 나, 라, 마
③ 가, 다, 마
④ 나, 다, 마
⑤ 가, 라, 마

**49** 다음 중 아래와 같은 유형의 고객에 대한 응대법으로 적절한 것은?

---

지난 금요일 저녁에 그 식당에서 가족들과 함께 식사를 했는데요. 식사를 하고 나서 아이가 조금이기는 하지만 설사를 했습니다. 저도 조금 배가 불편한 거 같기도 합니다.
제 생각에는 해산물의 신선도에 문제가 있었던 거 같은데요. 해산물의 관리는 어떤 방식으로 하고 계시나요? 오늘 오후에 병원에 다녀올 생각인데, 구체적인 병명이 나오면 다시 연락드리겠습니다. 문제가 있을 경우 어떻게 해야 하나요?

---

① 전문 용어보다 쉬운 용어를 사용한다.
② 다소 과장된 표정과 관심이 많다는 표현을 한다.
③ 따뜻한 표정으로 반기며, 시선을 부드럽게 처리한다.
④ 악센트를 너무 강조하기보다는 잔잔한 억양이 적절하다.
⑤ 핵심적인 내용에 대한 재확인을 자주하며, 예의 있는 말투와 표정이 중요하다.

**[50~51]** 다음의 대화는 투자 상품을 가입하러 온 고객과 금융 기관 직원과의 상담 내용이다.

고객

고객 : 안전하면서도 수익률이 괜찮은 투자 상품 없을까요?

직원 : 네, 고객님. 안전하면서도 투자 수익률을 기대해 볼 수 있는 상품을 원하신다고 하셨는데요. 혹시 실례가 되지 않는다면 투자 목적을 여쭤 봐도 되겠습니까?

직원

고객 : 네, 손주가 태어나서 축하 선물을 하고 싶은데요. 나중에 아이가 대학 갈 때 학비로 사용할 수 있으면 좋겠어요.

직원 : 네, 정말 축하드립니다! 기쁘시겠어요. 태어난 아기에게 좋은 선물을 준비하시는 거네요. 그런데 교육 자금을 준비하시면서 특별히 수익률을 염두에 두시는 다른 이유가 혹시 있으신지요? 고객님께서 생각하시는 용도에 가장 적절한 상품으로 추천해 드리고 싶습니다만.

고객 : 기왕이면 대학 자금뿐 아니라 어학연수 자금까지 보태 주면 좋겠어요. 용돈도 좀 줄 수 있으면 더 좋고요.

직원 : 네, 손주를 위한 더 멋진 계획도 있으시네요. 그러면 안전한 상품이었으면 하는 이유가 특별히 있으신지요?

고객 : 여유 자금이 큰 것은 아니지만 대학 자금은 꼭 제 손으로 마련해 주고 싶어서요. 손주 교육 자금인데 원금을 못 찾거나 하면 안 되니까요.

직원 : 네, 소중한 자금이니 안전성 또한 중요하게 생각하시는 거네요. 그렇다면 제가 고객님께서 계획하시는 대학 자금과 기타 자금 둘로 나누어서 이해하면 될까요?

고객 : 네, 맞아요. 그런 상품은 어떤 상품이 있을까요? 추천해 주시겠어요?

직원 : 그러면 제가 고객님의 상황에 잘 맞는 상품을 두 가지로 나누어 추천해 드려도 되겠습니까?

**50** 위 상담 사례를 통해 고객 응대에 있어서 질문의 효과를 발견할 수 있다. 다음 중 직원이 질문을 통해 얻을 수 있었던 효과가 아닌 것은?

① 고객은 질문을 통해 스스로의 생각을 자극받게 되었다.
② 상담에 필요한 기본적인 정보와 고객의 생각을 알 수 있었다.
③ 고객을 존중하는 느낌을 전달하여 상담 과정상의 만족감을 배가시켰다.
④ 논리적인 설득을 통해 고객이 동의하지 않았던 상품 가입을 유도하였다.
⑤ 고객이 질문에 대답을 하면서 스스로의 상황을 정리하여 객관적으로 바라볼 수 있었다.

**51** 다음 중 위의 사례를 참고하여 효과적인 질문을 구성하기 위한 요소로 적합하지 않은 것은?

① 고객에 대한 관심과 배려
② 상담의 효율적이고 신속한 종결
③ 경청의 태도(기술)와 결합된 질문
④ 본격적인 상담을 목표로 한 질문으로 구성
⑤ 상황에 따라 단편 또는 연속 질문의 유연한 사용

[52~53] 다음은 가전 제품 매장을 방문한 고객의 상황이다.

---

주부 김영희 씨는 여름이 다가오자 작년에 망설이다 사지 못한 제습기를 알아보러 매장을 방문했다. 다음은 첫 번째 매장에서의 상담 내용이다.

판매원 1

판매원 1: 제습기를 알아보게 된 계기가 있으세요?

고객: 친구가 작년에 제습기를 샀는데 정말 좋다고 해서요. 진작 살 걸 그랬다고 굉장히 만족하던데요.

고객

판매원 1: 그럼요. 성능이 얼마나 좋은데요. 좀 지나면 없어서 못 사실 거예요. 이번 기회에 하나 장만하세요.

가격을 알아보고 망설여진 김영희 씨는 다른 매장을 둘러보았다.

판매원 2

판매원 2: 주변에 제습기 사용하시는 분 이야기 들어보셨나요?

고객: 네, 친구가 작년에 사서 썼는데 정말 좋다고 하더라고요. 그래서 저도 관심이 생겼구요.

고객

판매원 2: 그러시군요. 대체로 사용하고 계신 분들의 추천으로 알아보러 오시는 분들이 많으십니다. 그 친구분은 구체적으로 어떤 점이 좋다고 하시던가요?

고객: 제습기 성능에 깜짝 놀랐다고 하더라고요. 곰팡이도 없어지고, 건강도 좋아진 것 같다고요. 빨래도 금방 마르고, 더위도 덜 느낀다고 자랑하던데요.

---

**52** 상기 사례에서 두 판매원의 차이점에 대한 설명으로 옳지 않은 것은?

① 두 판매원 모두 적절한 질문으로 상담을 시작하였다.

② 판매원 2는 계속해서 질문을 이어감으로써 경청의 기회를 놓치고 있다.

③ 판매원 2는 적절한 질문으로 고객이 스스로 더 많은 이야기를 하게끔 유도하였다.

④ 판매원 1은 고객의 이야기를 듣고 바로 판매 권유를 하는 바람에 고객의 이야기를 더 이상 들을 수 없게 되었다.

⑤ 판매원 2는 제습기를 알아보러 온 고객들의 일반적인 상황을 사전에 이해하고 있어 적절한 질문을 함으로써 상담의 효과를 높였다.

**53** 다음은 판매원 1, 2의 상담을 통해 고객이 느끼는 감정과 판매 과정상에서의 만족감을 설명하고
있다. 가장 적절한 설명은 무엇인가?

① 판매원 1의 구매 권유는 고객의 빠른 의사 결정을 지원해 주었다.

② 판매원 1의 구매 권유로 고객은 가격에 대해 좀 더 깊이 생각하는 기회를 가졌다.

③ 판매원 2의 두 번째 질문으로 고객은 귀찮은 마음과 함께 구매 결정을 미루게 되었다.

④ 판매원 1, 2의 첫 번째 질문을 통해 고객은 제습기에 대해 생각해 보는 기회를 가졌다.

⑤ 판매원 2의 두 번째 질문으로 고객은 스스로 제습기 구매에 따른 장점을 구체적으로 생각
하여 정리하게 되었다.

# 회의 기획 및
# 의전 실무

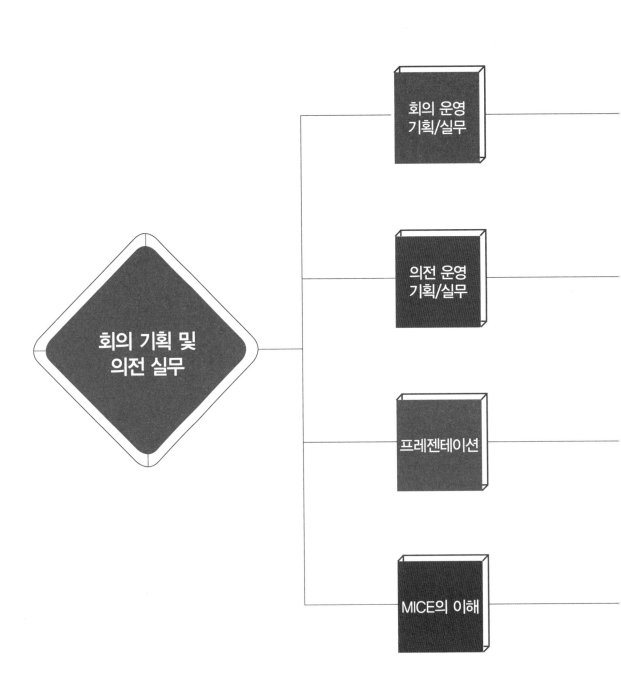

# 회의 운영 기획/실무

## 출제 & 학습 포인트

### 출제포인트
1장 회의 운영 기획/실무에서는 회의의 개념과 회의 형태, 회의 개최지 선정에 대한 문제가 주로 출제됩니다.

### 학습포인트
1 회의의 개념은 기본적 정의와 함께 회의의 기능이 통합적으로 확인하는 문제가 출제되니 전반적으로 학습합니다.

2 회의 형태는 각 회의의 개념을 정확히 이해하고, 비슷한 형태의 회의는 그 차이를 정확히 구분하여 학습합니다.

3 회의 개최 준비 사항에서는 회의 개최지와 회의실, 숙박 장소 선정 시 고려해야 하는 사항을 학습합니다.

## 1 회의의 개념

### (1) 회의의 정의

① 두 사람 이상이 모여 그들의 공통된 관심 사항을 의논하고 결정하는 일종의 회합으로, 특정 목적을 달성하기 위하여 일정한 장소에 모여 직간접적인 정보 교환과 인적 교류를 하는 행사의 총체이다.

② 경영학에서는 조직을 형성하는 기관 중에서 복수인에 의하여 구성되어 회의 형식에 따라 의사 결정 또는 의사소통을 하는 것을 회의체라고 한다.

③ 좁은 뜻으로는 조직상 명확하게 기능·책임·권한이 부여되어 영속적으로 운영되는 의사 결정 기관(예 국무회의·이사회 등)을 가리키나, 넓은 뜻으로는 필요에 따라 비공식으로 개최되며, 특정의 책임·권한이 명시되어 있는 비공식적 의사소통 기관(예 연락 회의·예비 교섭 등)까지도 포함시킨다.

## (2) 회의의 기능 ★★

| 문제 해결의 기능 | • 조직 내외의 해결해야 하는 사안에 대하여 참가자들이 자신들의 전문적 지식, 기술 등을 바탕으로 토론을 하여 의사 결정을 하는 것이다.<br>• 참가자들을 의사 결정에 참여시킴으로써 참여 의식을 고취할 수 있고, 추후 업무 진행에서도 지속적인 협조를 얻을 수 있다.<br>예 임원 회의, 부서장 회의, 신제품 개발 회의 등 |
|---|---|
| 자문의 기능 | • 전문적인 지식이 요구될 경우 관련 전문가들로부터 조언을 얻는 방식이다.<br>• 자문은 조직 내외로부터 모두 얻을 수 있다.<br>예 공청회, 협의회 등 |
| 의사소통의 기능 | • 기업의 각 층, 또는 다른 부서에서 일하고 있는 다양한 사람들이 자신의 입장을 피력하고 타인의 의견을 들음으로써 서로 간의 의사를 확인하고 조정할 수 있다.<br>• 특정 지식이나 정보를 전달할 수 있다.<br>• 새로운 아이디어를 개발하거나 아이디어 실행 계획에 대한 지지를 얻을 수 있다.<br>예 부서 회의, 조회 등 |
| 교육 훈련의 기능 | 다른 사람의 경험을 상대방에게 효과적으로 전달하고 설득함으로써 유·무형의 교육 효과를 줄 수 있다.<br>예 교육 훈련 프로그램, 연수 등 |

## (3) 회의의 원칙 ★

| 회의 공개의 원칙 | • 회의의 공개는 회의를 공정하게 진행하여 좀 더 좋은 결론을 내기 위함이다.<br>• 회의는 회의를 방해하지 않는 범위 내에서 누구나 회의를 방청할 수 있다.<br>• 정당한 사유가 있을 때에는 비공개로 할 수도 있다. |
|---|---|
| 정족수의 원칙 | 회의에서 의안을 심의하고 의결하기 위해, 일정 수 이상의 참석자 수가 필요하다. 이를 정족수의 원칙이라 하는데, 정족수에는 의사 정족수와 의결 정족수가 있다. |
| 발언 자유의 원칙 | 회의에서 발언을 자유롭게 할 수 있도록 보장해야 한다는 원칙이다. |
| 폭력 배제의 원칙 | 회의에서는 어떠한 경우에도 어떠한 형태의 폭력이라도 금지한다는 원칙이다. |
| 참석자 평등의 원칙 | 회의 참석자는 누구나 평등한 대우를 받아야 한다는 원칙이다. |
| 다수결의 원칙 | 회의에서 의사를 결정할 때 다수의 의견을 전체의 의사로 보고 결정하는 원칙이다. 하지만 다수결의 원칙은 다수의 횡포가 가능하며 올바른 소수가 배제될 수 있다는 점, 다수의 결정이 항상 옳은 것은 아니라는 점 등의 문제점이 있다. |
| 소수 의견 존중의 원칙 | 회의를 진행함에 있어서 소수의 의견도 존중해야 한다는 원칙이다. |
| 일사부재의<br>(一事不再議) 원칙 | • 회의에서 한번 부결(否決)된 안건은 같은 회의(또는 회기) 중에 다시 상정하지 않는다는 원칙이다.<br>• 동일한 의제를 반복하여 상정할 수 있게 하면 회의 진행에 방해가 되고 회의 질서를 유지할 수 없기 때문이다. |
| 1의제의 원칙<br>(1동의의 원칙) | • 회의에서는 언제나 한 가지 의제만을 상정시켜 다루어야 한다는 원칙이다.<br>• 어떠한 의제라도 의장이 일단 상정을 선언한 다음에는 토의와 표결로써 결정될 때까지 다른 의제를 상정시킬 수 없다.<br>• 둘 이상의 안건이 서로 관계가 있어 동시에 상정시키는 경우라도, 표결할 때에는 하나씩 안건을 분리하여 표결하여야 한다. |
| 회기 불계속의 원칙 | • 어떠한 회의(또는 회기)에 상정되었던 의안이 그 회의가 끝날 때까지 처리되지 않으면 폐기된다는 원칙이다.<br>• 우리나라의 헌법에서는 이와 반대되는 '회기 계속의 원칙'을 채택하고 있다. |

Part
05

✎ **알아두기**

정족수의 원칙

| 의사 정족수 | • 회의를 개최하는 데 필요한 인원수를 의사 정족수라 한다.<br>• 회의를 시작해서 끝날 때까지 일정 수 이상의 회원이 참가해야 한다.<br>• 우리나라 국회 위원회는 재적 위원 1/4 이상의 요구가 있을 때 개회 상정이 가능하고, 재적 위원 1/5 이상의 출석으로 개회한다. |
|---|---|
| 의결 정족수 | • 회의에 상정된 안건을 결정하는 데 필요한 인원수를 말한다.<br>• 우리나라 국회에서는 다른 규정이 없으면, 재적 의원 과반수의 출석과 출석 의원 과반수의 찬성으로 의결한다.<br>• 특별한 의결 정족수의 규정이 있으면 그에 따라야 한다. |

## ② 회의의 종류

### (1) 회의 주체에 의한 분류 ★

| 기업 회의 | • 기업의 경영 전략과 마케팅 수립, 판매 활성화 방안과 홍보 전략 등을 목적으로 개최되는 회의<br>• 상품 판매 촉진 회의, 신상품 개발 및 발표회, 세미나와 워크숍, 경영자 회의, 주주총회, 인센티브 회의 등 |
|---|---|
| 협회 회의 | • 협회의 공동 관심사와 친목 도모 등의 운영 방안을 논의하기 위하여 개최<br>• 무역 관련 협회, 전문가 협회, 교육 관련 협회, 과학 기술 협회 등에서 주최하는 회의 |
| 비영리기관 회의 | • 사회단체나 비영리 기관을 대상으로 각종 종교 단체, 노동조합 회의 등 공동의 관심 사항을 논의하기 위하여 개최<br>• 사교 친목 모임, 군인 단체 및 재회 친목 모임, 교육 관련 단체 모임, 종교 단체 관련 모임, 대학생 동호회 모임 등<br><br>**참고** SMERF(스머프)<br>• 사교 단체(Social group)   • 군사 단체(Military group)<br>• 교육 단체(Education group)   • 종교 단체(Religious group)<br>• 공제회(Fraternal group) |
| 정부 주관 회의 | 정부 조직과 관련된 정당, 경제, 문화, 외교 등의 국가 정책과 공공의 쟁점을 논의 |
| 시민 회의 | 환경 모임, 소비자 연합회 모임 등 자발적으로 사회 공동의 관심 사항을 개선할 목적으로 개최 |

## (2) 회의 형태에 의한 분류 ★★★

| | |
|---|---|
| 컨벤션<br>(Convention) | 가장 일반적인 회의로 정보 전달을 주 목적으로 하는 정기 집회에 많이 사용하는 용어이다. 전시회를 수반하는 경우가 많다. |
| 포럼<br>(Forum) | 제시된 주제에 대해 상반된 견해를 가진 동일 분야의 전문가들이 사회자의 주도하에 청중 앞에서 벌이는 공개 토론회. 청중의 참여 기회가 많다. |
| 콘퍼런스<br>(Conference) | 두 명 이상의 사람들이 모여 특정 주제를 구체적으로 다루는 회의로, 컨벤션에 비해 토론회가 많고 참가자에게 토론 기회가 주어진다. 새로운 지식 습득이나 특정 분야에 대한 연구를 위한 회의에 사용하는 용어이다. |
| 심포지엄<br>(Symposium) | 포럼과 유사한 심포지엄은 제시된 안건에 관해 전문가들이 다수의 청중들 앞에서 벌이는 공개 토론회로서, 포럼에 비해 다소 형식에 구애되며 청중들의 질의나 참여 기회가 적게 주어진다. |
| 세미나<br>(Seminar) | 교육 및 연구 목적을 가진 소규모적 회의로 한 사람의 주도하에 정해진 주제에 대한 각자의 지식, 경험을 발표하고 토론하는 회의이다. 보통 고등 교육 기관에서 학술 연구에 활용한다. |
| 워크숍<br>(Workshop) | 각 전문 분야의 주제에 대한 아이디어, 지식, 기술 등을 서로 교환하여 새로운 지식을 창출하고 개발하는 것이 목적으로, 소수 인원이 특정 이슈에 대해 지식을 공유하는 회의이다. 보통 회사에서 주어진 프로젝트, 과업의 수행, 부서의 운영 등을 토의하는 데 활용한다. |
| 콩그레스<br>(Congress) | 주로 유럽 지역에서 많이 쓰는 용어. 보통 국제적으로 열리는 실무 공식 회의를 지칭하며 국가, 단체들의 대표가 참여하는 경우가 많다. 따라서 대표자들에 의한 회합이나 집회, 회담의 형태가 강하며, 사교 행사와 관광 행사 등의 다양한 프로그램을 동반한다. |
| 렉처<br>(Lecture) | 1~2명의 전문가가 일정한 형식에 따라 특정 주제에 대해 청중들에게 강연한다. 강사에 따라 청중에게 질의/응답 기회가 주어질 수 있다. |
| 클리닉(Clinic) | 소집단을 대상으로 교육하거나 훈련시키는 것을 말한다. |
| 패널 토론<br>(Panel Discussion) | 여러 연사들이 어떤 주제에 대해 청중 앞에서 전문가적 견해를 발표하는 공개 토론회. 청중도 의견을 발표할 수 있다. |
| 전시회(Exhibition) | 본 회의와 병행하여 개최되는 것이 일반적이다. |

## (3) 컴퓨터/통신을 활용한 회의

① 전화 회의, 컴퓨터 통신망을 이용한 컴퓨터 전자 회의, 영상 회의가 있다.

② 다른 지역에 있는 여러 명의 사람들이 회의장으로 이동하지 않고도 의견을 교환할 수 있다.

③ 회의장 준비를 위한 시간과, 출장으로 인한 경영자들의 시간과 비용을 줄일 수 있다.

④ 지리적으로 떨어져 있거나 시간 차이가 있는 지역의 사람과 회의를 할 경우 사전에 회의 참석자 간의 일치된 시간을 확실히 정하고 회의를 한다.

⑤ 영상 회의는 음성뿐만 아니라 화면을 통해 상대방을 볼 수 있어 기존의 면대면(face-to-face) 회의와 거의 비슷하다.

## 3 회의 개최 준비 사항

### (1) 회의 개최지 선정

① 회의 개최지 선정 과정

    ㉠ 회의 목적 설정 및 확인

    ㉡ 회의의 형태 및 형식 개발

    ㉢ 회의에 필요한 물리적 요구 사항 결정

    ㉣ 참가자의 관심과 기대 정의

    ㉤ 일반적 장소와 시설의 종류 선택

    ㉥ 평가 및 선정

② 회의 개최지 선정 시 고려 사항 ★★★

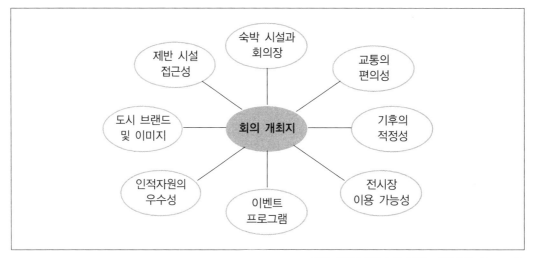

\* 자료: 「MICE 산업과 국제회의」, 이호길 외, 2014, p.162.

③ 회의실 선정 시 고려 사항 ★★

    ㉠ 회의실 규모와 수용 능력

    ㉡ 회의실의 유형별 배치와 기능

    ㉢ 전시장 활용성

    ㉣ 회의실 임대료

    ㉤ 위치 및 접근성과 브랜드

    ㉥ 서비스 종사원의 능력 및 제반 규정

## (2) 회의실의 배치 설계

① 회의실 배치 준비

　⊙ 회의 유형과 참가자 수에 따라 회의 배치 준비 시간을 보다 정확히 예측한다.

　ⓛ 배치 시간과 복합적으로 발생하는 기타 서비스 부문의 인력까지 감안하여 고려한다.

　ⓒ 회의실 배치와 관련된 현재 사항과 미래 예약 현황을 숙지하고 테이블 및 좌석 배치 시에 공간을 효율적으로 활용한다.

　ⓔ 회의 운영 담당자는 회의 성격에 적합하도록 인력과 장비의 활용을 예측하여 회의장을 선정한다.

② 좌석 배치 ★

| | |
|---|---|
| 극장식 배치 | 일반형(Conventional)<br>• 교실형과 유사하게 정면으로 좌석을 배열하는 방법<br>• 참가자 수가 많은 경우에 적합<br>• 주의를 집중시킬 수 있고 정숙한 분위기를 연출할 수 있는 장점 |
| | 반원형(Semicircular with Center Aisle, Senate Style) |
| | 반원 날개형(Semicircular with Center Block and Curved Wings)<br>• 계단식으로 배열되어 있는 우리나라의 국회 의사당 형태와 흡사<br>• 중앙을 중심으로 되어 있어 연사의 강연 내용에 집중 가능 |
| | V자형 |
| | 암체어형(Table Armchairs)<br>• 팔을 편하게 놓을 수 있는 안락의자를 배열한 것<br>• 참석자들의 지위가 높은 경우에 적합 |
| U형 배치 | U자로 벌어진 곳에 회의 주재자의 자리를 마련하고, 그 뒤에 흑판이나 스크린 등을 놓는 방식 |
| E형 배치 | • 내부에 착석하는 사람들의 출입이 자유롭도록 테이블을 배치<br>• 안쪽에 있는 사람들이 서로 등을 맞대어야 하므로 얼굴을 보고 이야기할 수 없다는 단점이 있음. |
| T형 배치 | 주빈석을 구분시킬 수 있고, 넓은 공간을 효율적으로 이용할 수 있음. |
| 원탁형/네모형 배치 | • 사회자와 토론자가 동등한 입장에서 회의를 진행할 수 있는 분위기<br>• 20명 내외의 소규모 회의에 활용<br>• 그룹 토의를 진행할 수 있고 오찬, 만찬 등의 행사에 활용 |
| 이사회형 배치<br>(Board of Directors Style, 타원형) | • 20명 내외 소수가 참석하는 회의에 적합<br>• 원탁형의 장점을 살리면서 원탁형보다 참가 인원이 많은 경우 사용하는 배열<br>• 필요한 경우 안쪽에 의자를 놓기도 하는 등의 융통성을 발휘 |
| 교실형 배치 | • 중앙 통로를 중심으로 양옆에 테이블 2~3개를 붙여 정면의 주빈석과 마주 보게 배열<br>• 보편적인 형태의 회의장 배치로, 테이블에서 필요한 메모를 할 수 있기 때문에 학술 세미나 등에 적합 |

🖐 좌석 배치

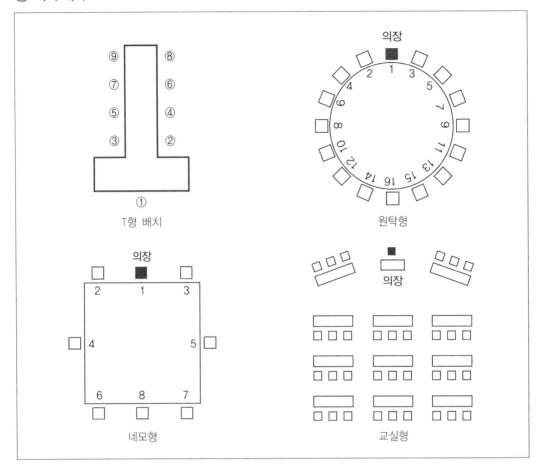

(3) 회의실 준비 자료

| 전체 회의<br>프로그램 | • 전체 회의의 모든 구성 요소를 기획하고 조정하여 회의의 목적을 효과적으로 달성하<br>고자 수립하는 것이다.<br>• 각 프로그램은 많은 참가자를 유도할 수 있도록 다양하고 효율적으로 구성한다.<br>• 회의 기간 중 참가자의 행동 요령 지침에 대해 설명한다.<br>• 회의 일정을 한눈에 보기 쉽도록 작성한다.<br>• 파손되지 않고 휴대가 간편하도록 제작한다. |
| --- | --- |
| 참가자 명부 | • 참가자 명부에는 성명, 국적, 소속, 주소, 투숙 호텔 등의 정보를 수록한다.<br>• 행사에 누가 참가하느냐에 따라 참가자 수가 달라질 수 있어 예상 참가자 명단을 작성<br>한다. |
| 명패/명찰 | • 명패는 좌석을 미리 정해 놓을 경우 탁자 위에 놓는다.<br>• 명패 또는 명찰은 플라스틱이나 비닐로 제작하여 내용을 볼 수 있고 다음에 다시 사용<br>할 수 있도록 한다.<br>• 명패 또는 명찰에 기입하는 이름, 소속, 직위 등은 오류가 없도록 정확히 기재한다. |

| 기자재 장비 관리 | • **음향 시스템**: 오디오 소스, 마이크, 믹싱 보드, 이퀄라이저, 앰프, 스피커 등<br>• 테이블 연설대, 플로어 연설대 등<br>• 조명, 스크린, 영사기<br>• 동시통역기<br>• 칠판이나 차트, 포인터 등 비영사 도구 |
|---|---|
| 기타 | • 회의 취지를 알릴 수 있는 안내문 고지<br>• 회의장 안내 및 도면<br>• 관련 행사 설명 자료 및 관련 전화번호<br>• 전시회 및 관광 안내 자료 |

✎ **알아두기**

회의 프로그램의 주요 내용
• 표지에 전체 회의명 기재
• 회의 주제
• 회의 장소 및 회의 기간
• 회의 주최자명 및 임원명, 주관사명, 후원 기관명 등
• 회의 일정 및 관련 행사 일정
• 발표자 및 발표 내용 소개
• 회의장 안내, 숙박 호텔 안내, 메모란 등

**4** 회의 당일 업무

**(1) 회의 개최 전**

① 회의 시설 점검
  ㉠ 회의장 점검을 하여 좌석 배치, 필요한 자료, 기자재 등의 준비 사항을 파악한다.
  ㉡ 참석자 명패, 회의에 필요한 자료 등을 테이블에 세팅한다.
  ㉢ 방문객이 회의장에 잘 찾아올 수 있도록 회의장 안내 표시를 출입문, 복도 입구, 엘리베이터, 회의실 입구 등에 설치한다.

② 접수
  ㉠ 등록부 및 방명록에 참석자 본인 확인을 받는다.
  ㉡ 확인이 완료된 참석자에게 명찰을 배부한다.
  ㉢ 참가비나 회비를 받는 경우 영수증 발급을 위한 준비를 해 둔다.
  ㉣ 식사 순서가 있는 경우 식사 여부를 확인하고 담당자에게 정확한 인원을 알려 준다.
  ㉤ 회의용 자료나 회의 일정표, 기념품 및 사은품 등을 준비해 놓고 배부한다.
  ㉥ 상황에 따라 참석자들의 소지품을 보관한다.
  ㉦ 회의 개최 시간이 다가오면 참석자 출결 상황을 확인하여 진행자에게 보고하고 사후 조치를 취하여 회의가 정시에 시작될 수 있도록 한다.

## (2) 회의 개최 중

① 회의 진행의 흐름을 방해하는 요소가 있는지 점검한다.

② 연사와 회의 참가자들의 필요 사항을 즉시 해결할 수 있도록 대기한다.

③ 회의 중 소음이 발생하지 않도록 출입구를 하나만 사용하도록 하고, '회의장'이라는 표지판을 붙여 회의장 출입을 통제한다.

④ 회의에 늦게 도착한 참가자들은, 회의 진행에 방해가 되지 않도록 조용히 회의장 안으로 안내한다.

⑤ 회의 중 기자재 상태, 회의장 내 시설, 음료 교체, 기타 준비물 등을 수시로 점검한다.

## (3) 회의 종료 후

① 회의 참석자들이 빠르고 질서 있게 회의장을 나갈 수 있도록 안내하고 정중히 배웅한다.

② 주차를 한 참가자들에게 주차권을 배부하고 주차 요금과 관련하여 안내한다.

③ 명찰 등 회수해야 할 물품을 다시 받도록 하고, 대여한 물품은 반납한다.

④ 회의 전 참석자가 맡긴 물건을 정확하게 전달하거나 찾아가도록 안내한다.

⑤ 참석자가 잃어버리고 간 물건이 있는지 확인하고 추후 전달될 수 있도록 조치한다.

⑥ 회의장을 정리하고 깨끗이 청소한다.

⑦ 회의장을 관리하는 부서나 장소를 제공한 곳에 회의 종료 사실을 전달하고 상호 확인한다.

## 5 등록 및 숙박 관리

### (1) 등록 관리

① 등록 신청서 관리 ★

　㉠ 참가자의 국적, 소속, 지위, 성명 등 인적 사항과 연락처, 참가 목적 등의 정보를 기록하여야 한다.

　㉡ 주최 측의 본부 보관용, 조직위원회의 사무국 보관용, 참가자의 등록 보관용으로 구분한다.

　㉢ 등록 현황을 효율적으로 관리하기 위하여 등록자 명단, 참가자 숙박 정보 등을 데이터베이스로 구축한다.

② 등록 절차 방법

| 사전 등록 | • 회의 전 규모를 사전에 예측하고 준비할 수 있는 장점이 있다.<br>• 회의 당일 접수 및 본인 확인 등의 시간을 절약하고 혼잡을 줄일 수 있다. |
|---|---|
| 현장 등록 | • 회의 당일 현장에서 등록하고 참석하는 것을 말하고, 동선의 확보가 쉬운 곳에 등록 데스크를 설치한다.<br>• 참가자가 몰리게 되면 혼잡해지고 시간이 낭비되는 단점이 있다. |

### (2) 숙박 관리

① 행사 참가자의 특성과 분류에 따라 적정한 숙박 장소의 선정이 필요하다.

② 숙박 장소는 성공적인 행사의 근본이 되는 구성 요소이다.

③ 비용의 소요를 최소화하면서 효율성을 극대화할 수 있는 계획이 필요하다.

④ 숙박 장소 선정 시 고려 사항 ★★

    ㉠ 회의장과의 편리한 접근성

    ㉡ 참가자들의 수준에 적합한 숙박 장소 선정

    ㉢ 충분한 부대시설의 확보

    ㉣ 행사 진행을 위한 적정 수준의 인적자원 확보

    ㉤ 교통의 편리성 확보

    ㉥ 안전 관리 체계 확립

    ㉦ 회의 개최에 관한 업무 노하우의 충분한 확보

⑤ 객실 확보 및 배정

    ㉠ 예상 참가자의 수와 객실 수요를 충분히 예측하여 객실을 미리 확보한다.

    ㉡ 객실 요금과 요금 지불 방법, 객실 블록의 해제 일자 등을 협의한다.

    ㉢ 숙박 신청서에는 회의장과 숙박 장소와의 거리, 호텔의 등급과 객실 유형 및 요금, 부대시설 현황 등을 포함하여 제작, 발송한다.

    ㉣ 숙박 신청서 접수 후 우선순위로 객실을 배정하고 참가자에게 예약 확인을 고지한다.

### 6 회의의 진행

### (1) 회의 진행의 일반적 순서

① 개회

    ㉠ 참석자 수를 확인하여 담당자 혹은 진행자에게 보고한다.

    ㉡ 개회 선언

② 국민의례 : 의식의 순서는 국기에 대한 경례, 애국가 제창, 필요시 묵념의 순으로 진행한다.

③ 보고 사항

    ㉠ 업무 보고 : 회원에게 알려야 하거나 승인받아야 할 필요가 있는 서류 등을 보고한다.

    ㉡ 회계 보고 : 재정에 관한 보고이다.

    ㉢ 각 부서별 보고 : 각 부서별 처리된 사항이나 의결된 사항에 대해 보고한다.

④ 회의 안건 보고 및 채택

⑤ 기타 토의

⑥ 공지 사항

⑦ 폐회

## (2) 회의 진행 참가자의 역할

| | |
|---|---|
| **리더** | • 리더는 참석자들이 좋은 분위기 속에서 서로의 의견을 적극적으로 소통하여, 명료하고 구체성 있는 결론에 도달할 수 있도록 이끌어야 한다.<br>• 리더는 회의 안건에 관한 범위를 벗어나지 못하도록 조절한다.<br>• 발언권 순서를 정하고, 한 번도 발언하지 않은 발언자나 반대 의견을 가진 참석자에게 우선적으로 발언권을 준다.<br>• 리더는 사전에 회의 주제에 대해 분석하고 자료 및 그 외의 회의에 필요한 준비물을 준비한다.<br>• 리더는 참석자의 생각을 주관대로 지배해서는 안 되고, 모든 참석자를 공정하게 대우해야 한다.<br>• 리더는 설명을 간단명료하게 하고 자신의 능력을 과시해서는 안 된다.<br>• 리더는 편파적으로 진행하면 안 되고 공정성을 지녀야 한다. |
| **참석자** | • 참석자는 회의의 목적과 이념, 내용, 규칙, 회의 진행 방법을 알아야 한다.<br>• 자신의 발언에 책임을 져야 하고, 상대방의 의견을 존중하며 경청해야 한다.<br>• 의견은 요령 있고 예의에 맞게 발표한다.<br>• 개회 시간을 준수하고 회의 중 시간을 엄수하여 발언하도록 한다.<br>• 회의 도중 자리를 비우거나 전화를 하는 등 회의 진행에 방해가 되는 행동을 삼간다.<br>• 발언을 할 때는 발언 순서를 지키고, 리더에게 허가를 받아야 한다.<br>• 너무 긴 시간 동안 발언하거나 발언 기회를 독점하면 안 된다.<br>• 참석자는 자신의 의견에 신념을 가지고 발언해야 하지만 반대 의견도 충분히 이해하는 마음을 가져야 한다.<br>• 참석자들은 듣는 사람의 감정을 생각하여 발언 시 감정적인 말을 쓰지 않도록 한다. |

# 의전 운영 기획/실무

## 출제 & 학습 포인트

### 출제포인트
2장 의전 운영 기회/실무에서는 의전의 개념과 의전의 세부 계획, 의전 준비 시 사전에 확인하는 정보에 대한 문제가 주로 출제됩니다.

### 학습포인트
**1** 의전의 일반적인 개념과 함께 의전의 5R 요소의 출제 빈도가 높으므로 각 요소의 개념을 정확히 학습합니다.

**2** 의전 준비 시 의전 대상의 일정 및 상황 등 사전에 확인하는 정보를 학습합니다.

**3** 최근 관례상 서열에 대한 문제의 출제 빈도가 높아지고 있으므로 기본적인 관례상 서열의 기준을 학습합니다.

## 1 의전의 이해

### (1) 의전의 의미 ★

① 의전은 사전적 의미로 예를 갖추어 베푸는 각종 행사 등에서 행해지는 예법이다.

② 의전은 조직이나 기업, 국가 간에 이루어지는 예절이다.

③ 의전은 국가 원수 및 고위급 인사, 기업의 임원 및 사외 이사 등의 방문과 영접 시 행해지는 국제적 예의이다.

④ 기업에서 의전 업무의 대상은 내부 규정으로 정하기도 하지만, 통상 최고 의사 결정권을 가진 전·현직 임원 및 사외 이사와 동등한 위치에 있는 자에게 적용한다.

⑤ 의전은 건전한 인간관계를 형성하게 하고, 국가 행사나 외교 행사 등 모든 일정이 원활하게 진행될 수 있도록 한다.

🖉 **알아두기**

Protocol(의전)의 어원

그리스어로 '맨 처음'을 의미하는 프로토(Proto)와 '붙이다'라는 의미의 콜렌(Kollen)의 합성어 프로토콜렌 (Protokollen)에서 비롯되었다. 처음에는 공증 문서에 효력을 부여하기 위해 맨 앞 장에 붙이는 용지를 의미했지 만, 시간이 흐르며 '외교 관계를 담당하는 정부 문서' 또는 '외교 문서의 양식'을 지칭하는 것으로 바뀌었다가, '국가 간 관계에서 가장 기본이 되는 것'으로 의미가 진화했다.

👆 의전(儀典) 관련 혼용하기 쉬운 공식 용어 구별

| | |
|---|---|
| Manners(매너) | 관계의 성패를 좌우하는 자기만의 행동 양식 |
| Etiquette(에티켓) | 관계에 있어 지켜야 할 상호 간의 룰, 교통 신호의 역할 |
| Protocol(의전) | 의전(儀典)을 뜻함. 공식적인 교류, 행사에 적용되는 룰 |

## (2) 의전의 5R 요소 ★★★

| | |
|---|---|
| Respect<br>(상대방에 대한 존중) | • 의전은 상대 문화, 상대방에 대한 존중과 배려에 바탕을 둔다.<br>• 190여 개국이 넘는 나라는 나라와 문화권별로 다른 방식들이 존재한다. 의전은 이러한 차이를 인정하고 효과적으로 조율해야 좋은 결과를 얻을 수 있다. |
| Reciprocity<br>(상호주의 원칙) | • 상호주의는 상호 배려의 측면으로 내가 배려한 만큼 상대방으로부터 배려를 기대하는 것이다.<br>• 의전에서는 국력에 관계없이 모든 국가가 1대 1의 동등한 대우를 받아야 하며, 의전 상 소홀한 점이 발생했을 경우 외교 경로를 통해 상응하는 조치를 검토하기도 한다. |
| Reflecting Culture<br>(문화의 반영) | • 의전의 격식과 관행은 특정 시대, 특정 지역의 문화를 반영하므로 시대적, 공간적 제약을 갖는다.<br>• 현재의 의전 형식은 영구한 것이 아니며 시대가 변하는 것에 따라 의전하는 것이다. |
| Rank<br>(서열) | • 의전 행사에서 가장 기본이 되는 것은 참석자들 간에 서열을 지키는 것이다.<br>• 서열을 무시하는 것은 상대 국가나 조직에 대한 모욕이 될 수 있다. |
| Right<br>(오른쪽 우선) | • 'Lady On The Right' 원칙이라고도 한다.<br>• 단상 배치 기준, 차석(No.2)은 VIP(No.1)의 오른쪽에 위치한다. |

## 2 의전의 기획

### (1) 행사 기획

| | |
|---|---|
| 행사 장소 답사 | • 행사의 목적에 맞는 장소인지 적합성 검토<br>• 행사장의 기후와 진입 도로, 이동 거리, 시간을 실측하여 이동 수단과 주차 계획 수립<br>• 보유 차량 점검<br>• 이용 가능한 비품의 수량과 상태 점검<br>• 안내 요원과 진행 요원의 동원 능력 점검 |
| 행사 계획서의 작성 | • 행사명과 일시, 장소, 참석 대상 등을 요약하여 기술한 행사 개요 작성<br>• 행사의 종류, 식순, 소요 시간 등 구체적인 행사 진행에 관한 사항 작성<br>• 행사 시작부터 끝까지 진행 시간과 참가인의 행동 요령을 구체적으로 제시<br>• 이동 시간은 실측 시간을 기록<br>• 통제가 필요한 경우 관계 기관과 사전에 합의<br>• 행사장 배치 계획은 도면으로 작성하며 전체적인 배치도와 세부 배치도를 준비 |

| 내빈 안내 | • 안내 요원의 배치와 위치별 행동 요령 수립<br>• 수송 방법에 따른 이동로와 이동 시간, 이동 시 접대 방법 계획<br>• 행사장 도착 후 조치 사항에 대한 세부 계획<br>• 안내 요원은 초청 내빈의 지위에 상응하는 직위의 직원 배치<br>• 숙박이 필요한 경우 배정 내역과 이용 시 유의 사항 및 전체 일정 등 안내<br>• 행사 개막 전 주요 인사들이 서로 교류할 수 있는 VIP룸 운영 |
| --- | --- |
| 입장 및 퇴장 계획 | • 모든 행사 참가자의 입장과 퇴장 시간, 출입 통로 및 출입문, 주차장, 출발지 및 출발 시간을 입·퇴장 시간 순으로 상세히 작성<br>• 귀빈 도착 30분 전 모든 참가자의 입장이 완료되도록 준비 |
| 참가자 및 차량 동원 계획 | • 참가자의 구성과 인원수, 수송 차량 등에 대한 집결 시간을 간략하게 작성<br>• 행사 참가용 차량은 대기 및 주차 위치와 운행 시간을 구체적으로 명시 |
| 업무 분장 및 준비 일정 | • 주관 부서를 중심으로 관련 부서 간 업무 협조와 업무 분장을 명확하게 정리<br>• 부서별 분장 업무 기술<br>• 행사 준비를 위한 일정 계획을 담은 준비 사항 점검표를 작성하여 활용 |
| 우천 시 대비 계획 | • 우천 시 별도의 행사 진행 계획을 수립<br>• 옥내 행사로 대체하는 경우 행사장의 배치 계획과 인원 동원 계획 및 내빈 안내 계획 등을 작성 |
| 시나리오 작성 | • 사회자와 지휘자 등 모든 행사 요원이 할 말과 행동을 시나리오 형식으로 작성<br>• 구어체로 작성하고 적당한 경어 사용과 모든 직위는 공식 명칭 사용<br>• 참석 인원에게 행사 진행 내용과 행동할 사항 설명 |
| 행사 전 안내 | • 행사 전 대기 시간이 길어지면 간단한 식전 행사 준비<br>• 사회자는 행사 시작 전 전체적인 진행 순서와 이동 사항, 주빈에 대한 환영 방법 등을 공지하여 돌발 상황을 미연에 방지 |

## (2) 행사장 준비 사항 ★

| 식장 | • 전체적인 행사장의 위치와 진입 도로의 여건, 조망과 일조 등을 고려하여 선정<br>• 단상에서 볼 때 산만하거나 답답해 보이지 않도록 배치<br>• 중계석과 촬영대 설치<br>• 의무실과 간이 화장실 설치<br>• 행사 요원은 가급적 복장을 통일 |
| --- | --- |
| 식단(式檀) | • 식단의 크기는 참석 인원에 비례하여 결정<br>• 식단 뒤에는 VIP용 임시 화장실과 대피소를 설치하고 비누, 거울, 빗, 휴지 등 소품과 탁자, 의자 등 필요 비품을 설치 |
| 행사 장식물 설치 | • 식장 내·외만 설치하는 것이 원칙<br>• 옥외 행사의 경우 홍보 탑과 현수막 등 최소한의 홍보물 설치 |
| 단상 비품 | • 연설대와 의자, 마이크, 탁자 등을 배치<br>• 각 좌석에는 좌석 명찰을 부착하고 행사 유인물을 미리 배포 |
| 테이프 절단 | • 건물의 주 출입구 앞이 일반적<br>• 적색, 청색, 황색, 흑색, 백색 등 5가지 색의 인조나 견사 등으로 만들어진 천 테이프를 사용<br>• 가위와 흰 장갑을 쟁반에 담아 참가 인사에게 전달<br>• 장갑과 가위는 여유 있게 준비 |

## 3 의전 준비

### (1) 사전 정보 확인 ★★

① 상대방의 직급과 이름, 기호, 선호 음식 및 음료, 건강 상태 등 확인

② 일별, 시간대별 스케줄 확인

③ 방문 예정 및 소요 일정 확인

④ 방문지 이동에 따른 사전 정보

⑤ 통역이 필요한 경우 통역자 확인

⑥ 필요시 경호원 확인

⑦ 차량 탑승자 및 차량 이동 경로 확인

⑧ 선물 교환 관계

### (2) 공항에서의 영접

① 공항 VIP 라운지 예약

② 환영 인사 대상과 인원수 결정

③ 이동 차량 및 필요시 경호차량 확보

④ 카메라 기사 동반

⑤ 출입국 수속을 위해 공항 출입국 관리 사무소 및 공항 세관과 협조

> **✎ 알아두기**
>
> **CIQ**
> - 항공이나 배를 이용하여 공항 또는 항만으로 출입국할 때 반드시 거쳐야 하는 3대 수속으로 세관 검사(customs), 출입국 관리(immigration), 검역(quarantine) 등을 가리킨다.
> - VIP가 도착하면 행사 요원은 CIQ(출입국, 세관, 검역, 수화물 운반) 대리 수속을 완료한 후 일반 입국장이 아닌 VIP 전용 출구를 이용하여 VIP를 주차장으로 모신다.
> - 휴대 전화 검사, 귀빈실 사용, VIP 영접, 여권과 비자의 적절성 검사, 입국자의 건강 이상 유무 및 동식물 검역 등의 행정업무를 한다.
>
> **더블 도어**
> - 더블 도어는 귀빈 전용 출입국 게이트로 국토교통부령 제414호 '공항에서의 귀빈 예우에 관한 규칙 4조'에 따라 전·현직 대통령, 전·현직 국회의장, 전·현직 대법원장, 전·현직 헌법재판소장, 전·현직 국무총리, 전·현직 중앙선거관리위원회 위원장, 국회에 원내교섭단체가 있는 정당의 대표만이 사용할 수 있다.
> - 각 국 대사는 원칙적으로 취임 및 퇴임 시 이용할 수 있으나 외교부 장관의 협조요청 시 주한 외교공관의 장, 국제기구의 대표, 외국의 외교장관, 장관급 이상의 외국인도 사용이 가능하다.

### (3) 호텔에서의 영접 ★

① 호텔 측 관계자 접촉

② 객실의 종류 및 이용 객실 수 확인

③ 객실 내 노트북과 팩스 등 설치 여부

④ VIP 전용 엘리베이터 유무 및 상태 확인

⑤ Express Check in(VIP용으로 체크인 절차를 거치지 않고 미리 배정된 객실로 안내하는 것) 확인

⑥ 객실 환영 인사 카드, 꽃다발, 과일 바구니 등

### (4) 환영 리셉션

① 오프닝 시간 확인

② 리셉션 홀의 준비 사항 체크

③ 테이블 세팅(기물 준비)

④ 전체 행사 시간 조율

⑤ 좌석 안내도 및 행사 시의 서열 확인

⑥ 좌석 명패 및 선물 준비, 여흥 삽입 여부 확인

⑦ 식사 제공 시 메뉴 준비 및 선호 메뉴와 식사량, 선호 음료 준비

### (5) 기타 사항

① 환송 후 선물 준비

② 의전 결과 체크

③ 기간 중 특이 사항 및 History card(객실 상황, 고객 이력 카드) 작성

**✎ 알아두기**

블럭 룸(block room)
호텔의 객실을 특정 관광 단체, 국제회의 참석자, VIP를 위해 한 구역의 객실을 사전에 지정해 놓은 것을 말한다.

리셉션
• 원칙적으로 국가적 · 공공적 · 반공공적 행사로서 베푸는 공식 파티이다.
• 행사 개막일에 개최하는 것이 일반적이다.
• 석식 전 사전 행사로 진행되거나 식사 형식을 갖추어 제공된다.
• 위기 상황에 대한 매뉴얼과 사전 관리가 필요하다.
• 참가자들에게 사교 기회를 제공하며 일반 회의 형식보다 자유로운 형식으로 진행한다.

의전 선물
• 국가 의전에서 선물은 그 나라와 문화의 상징을 교환하는 의미
• 상대방의 문화와 관습을 고려하여 선택
• 상당수의 국가에서는 선물 관련 법령 혹은 지침을 마련하여 공무원이 직무와 관련된 사유로 선물을 수령할 수 없도록 제한하고 있으며 비영리 목적으로 선물을 수령하더라도 선물 가격이 미화 약 100불에서 200불 사이를 초과하지 않도록 규정
• 대부분의 국가에서는 외국 정상 등 귀빈을 위한 선물을 고가의 선물보다는 자국을 상징할 수 있는 선물을 준비
• 적합한 선물은 전통 공예품이나 특산품, 문화와 예술이 잘 드러나는 예술 작품, 귀빈 개인에게 뜻 깊은 물품 등
• 한국이 IT 강국인 만큼 관련 선물을 선호하기도 함.

## 4 연회 서비스

### (1) 연회의 개념

① 축하, 환영, 연찬, 피로연 등을 위하여 여러 사람이 모여 베푸는 잔치를 말한다.

② 각종 회의, 세미나, 전시회, 교육, 패션쇼, 영화 감상 등 보다 폭넓고 다양한 의미를 포함한다.

③ 국제회의는 물론 컨벤션 행사를 전문적으로 유치, 진행하고 서비스를 제공한다.

④ 회의의 근본 목적을 달성할 수 있도록 최상의 서비스를 제공한다.

### (2) 연회장의 준비 작업과 행사 진행

| | |
|---|---|
| 고객 영접 | • 손님 입장 전 연회장 입구에 정렬하여 대기<br>• 손님의 입장 순서를 지켜 연회장 안으로 안내<br>• 지정 좌석의 경우 좌석명 확인 후 안내 |
| 식음료 서비스/<br>어텐션(attention) | • 늦게 참석한 손님은 성명을 확인하고 조용히 좌석으로 안내<br>• 일찍 퇴장하는 손님은, 서비스 담당자가 사전에 부탁받은 시간에 손님에게 시간을<br>  안내<br>• 스피치 손님의 객석과 순서를 미리 파악<br>• 연회장의 공기, 음향, 조명 조절 등에 주의<br>• 시간의 조정<br>• 주최자 또는 사회자를 보좌 |
| 고객 환송 | • 손님을 전송하고 주최자 측에 정중하게 인사<br>• 회의장 좌석 등에 유실물 체크<br>• 출입구에 설치한 테이블, 카펫 등 철거<br>• 각종 집기류 및 장비 등의 관리 상태 점검<br>• 특별 행사가 종료되었을 때 호텔 정문 쪽에서 환송 서비스 실시 |

🖐 건물 밖에서 고객 영접 시 인사 자세

🖐 고객 영접 시 안내 자세

## 5 서열

### (1) 공식 서열

| 한국의 서열 | 대통령 ⇨ 국회의장 ⇨ 대법원장 ⇨ 국무총리 ⇨ 국회부의장 ⇨ 감사원장 ⇨ 부총리 ⇨ 외교부장관 ⇨ 외국특명전권대사, 국무위원, 국회상임위원장, 대법원판사 ⇨ 3부 장관급, 국회의원, 감찰 총장, 합참의장, 3군 참모총장 ⇨ 차관, 차관급 |
|---|---|
| 미국의 서열 | 대통령 ⇨ 부통령 ⇨ 하원의장 ⇨ 대법원장 ⇨ 전직 대통령 ⇨ 국무장관 ⇨ 유엔사무총장 ⇨ 외국 대사 ⇨ 전직 대통령 미망인 ⇨ 공사급 외국 공관장 ⇨ 대법관 ⇨ 각료 ⇨ 연방예산국장 ⇨ 주UN 미국 대표 ⇨ 상원의원 |
| 영국의 서열 | 여왕 ⇨ 귀족 ⇨ 켄터베리 대주교 ⇨ 대법관 ⇨ 요크 대주교 ⇨ 수상 ⇨ 하원의원 ⇨ 옥새상서 ⇨ 각국 대사 ⇨ 시종장관 ⇨ 대법원장 |

### (2) 관례상 서열

① 공식 서열과 달리 관례상 서열은 사람과 장소에 따라 정해진다.

② 관례상 서열을 따르는 사람들

| 공식 서열로 정할 수 없는 지위의 사람 | 정당의 당수나 임원 등 |
|---|---|
| 사회적 지위나 문화적 지위를 고려해야 하는 사람 | 문인, 실업가 등 |
| 집회의 성격에 따라 높은 지위를 누려야 하는 사람 | 국제 협회장, 국제단체 의장 등 |
| 공식 서열을 무시하고 전통적인 서열을 인정해야 하는 사람 | 옛 왕족 |

③ 기본적인 관례상 서열의 기준 ★

    ㉠ 부부 동반의 경우 부인의 서열은 남편과 동급

    ㉡ 연령 중시

    ㉢ 여성이 남성보다 상위(단, 대표로 참석한 남성의 경우 예외)

    ㉣ 여성 간의 서열은 기혼 여성, 미망인, 이혼한 부인, 미혼 여성 순

    ㉤ 외국인 상위

    ㉥ 높은 직위 쪽의 서열 상위

    ㉦ 주빈 존중

CHAPTER 02 의전 운영 기획/실무 ● 257

### (3) 좌석 배치 기준

① 교실형 좌석 배치

    ㉠ 일반적 배치                                  ㉡ 외부 기관 초청 시 배치

② 원형 테이블 배치

    ㉠ 일반적 배치           ㉡ 상석이 2명인 경우 배치       ㉢ 외부 기관 초청 시 배치

 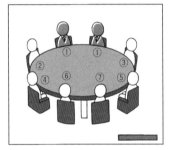 

③ 사각 테이블 배치

    ㉠ 일반적 배치

    ㉡ 외부 기관 초청 시 배치

# 프레젠테이션

## 출제 & 학습 포인트

### 출제포인트

3장 프레젠테이션에서는 프레젠테이션의 3P(People, Purpose, Place)와 발표 스킬에 대한 문제가 주로 출제됩니다.

### 학습포인트

**1** 프레젠테이션의 3P는 각 구성 요소별 분석해야 하는 내용을 학습합니다.

**2** 프레젠테이션 콘텐츠 구성 시 시청각 자료를 제작할 때 고려해야 하는 사항을 학습합니다.

**3** 발표 스킬은 발표 시 자세와 음성을 통해 효과적으로 내용을 전달할 수 있는 방법에 대해 학습합니다.

## 1 프레젠테이션의 이해

Part 05

### (1) 정의

① 사전적인 의미로 발표, 소개, 표현 등을 의미한다.

② 자신의 생각이나 의견, 아이디어, 경험, 노하우 등의 정보를 상대방에게 이해시키고, 자신이 의도한 결과를 이끌어 내기 위한 적극적인 행위이다.

③ 한정된 시간 내에 청중에게 정보를 정확하게 제공, 전달함으로써 자신이 의도한 대로 판단과 의사 결정이 되도록 하는 커뮤니케이션의 한 형태이다.

🖐 프레젠테이션 시 자세

### (2) 중요성 ★

① 경쟁이 심하고 **선택을 필요로 하는** 사회에서 **프레젠테이션은 경쟁력**이다.

② 프레젠테이션은 **효율적인 정보 전달이 가능해 설득을 극대화**시킬 수 있다.

③ 외부 조직과의 경쟁이나 기업 PR, 세일즈 프로모션 등 직간접적으로 **조직의 실적과 관계되어** 조직의 업무 효율을 증가시키게 된다.

④ 조직 구성원 간의 효과적인 정보 공유를 가능하게 해 업무 효율을 증가시킨다.

⑤ 커뮤니케이션의 한 종류인 프레젠테이션은 효과적인 의사 전달을 위한 수단으로 비즈니스 성공과 밀접한 관계가 있다.

## 2 프레젠테이션의 3P 분석 ★★★

### (1) People − 사람을 분석하라

① 청중은 누구이고, 모인 이유는 무엇인지, 청중은 무엇을 듣고 싶어 하는가에 대한 정확한 대답을 먼저 분석하는 것이다.

② **청중의 연령, 교육 수준, 참가 이유, 규모 등 청중에 대한 전반적인 이해와 배경지식의 확보가** 필요하다.

| 청중의 속성 | 소속, 지위, 경력, 학력, 전공, 연령 등 |
|---|---|
| 청중의 지식 | 프레젠테이션 주제 및 내용에 대한 알고 있는 정도 |
| 청중의 태도 | 주제에 대한 태도와 견해, 청중의 흥미나 관심사, 가치관이나 판단 기준, 주제에 대한 관여도 등 |

### (2) Purpose − 목적을 파악하라

① 발표자는 **왜 프레젠테이션을 하는지 이유를 명확하게 정리**해야 한다.

② 청중이 이곳에서 무엇을 얻고자 하는지에 따라 프레젠테이션의 목적이 결정된다.

③ 프레젠테이션의 목적
　　㉠ 새로운 제품의 정보 전달 및 소개
　　㉡ 신규 사업 진행을 위한 고객 설득
　　㉢ 회사 내에서 신사업 투자를 위한 제안
　　㉣ 직원이나 팀원들의 사기 진작을 위한 동기 부여
　　㉤ 행사나 기념식을 위한 행사

| 정보 전달 PT | 설득 PT |
|---|---|
| 상대방을 이해시키는 것 | 신념을 바꾸고 태도 변화 촉구 |
| • 공신력을 만들어 내라.<br>• 관련성을 찾아라.<br>• 핵심을 강조하라. | • 논리적으로 접근하라.<br>• 호감의 법칙을 이용하라.<br>• 청중의 심리를 이용하라. |

### (3) Place - 장소를 분석하라

① 장소의 형태와 참여하는 청중의 수에 따라 좌석 배열과 프레젠테이션 위치, 자세 등이 달라져야 한다.

② 효과적인 발표를 위해 **사전에 장소와 환경을 분석해 두어야 한다.**

| 장소 분석 시 유의 사항 | • 토의 또는 설명 등 발표 형식에 맞는 구조인지 확인<br>• 청중들이 서로 쉽게 의사소통을 할 수 있는 장소인지 확인<br>• 발표자의 통제가 가능한 장소인지 확인<br>• 청중이 한눈에 들어오는 구조인지 확인 |
|---|---|
| 장소 분석 시 점검 사항 | • 장소의 크기<br>• 좌석이나 가구 배치<br>• 스크린이나 마이크, 연단 등의 설비<br>• 인터넷이나 인트라넷의 연결 상태<br>• 조명 상태와 조절 방법<br>• 난방과 냉방의 작동 여부<br>• 방음 여부<br>• 창문, 인테리어 등 청중들의 시선을 분산시킬 수 있는 요인 등 |

## 3 구성 요소

### (1) 기획

① 목적을 파악하고 프레젠테이션의 전반에 관한 컨셉을 설정해야 한다.

② 무엇을 말하려고 하는지 메시지의 내용(Contents)을 정확히 파악한다.

③ 알맞은 분량으로 청중이 받아들일 수 있는 메시지로 구성해야 한다.

④ 메시지 구성 시 고려해야 할 사항
  ㉠ 메시지의 이해성
  ㉡ 메시지의 흥미성
  ㉢ 메시지의 단순성

⑤ 프레젠테이션 기획의 5단계

| 1단계 | 목표와 핵심 주제 설정 |
|---|---|
| 2단계 | 자료 수집 및 분석 |
| 3단계 | 콘텐츠 작성 |
| 4단계 | 프레젠테이션 상황 분석 |
| 5단계 | 세부 목차와 원고 작성 |

⑥ 프레젠테이션 콘텐츠의 구성

| 서론 | • 수용자들의 흥미와 관심을 유발한다.<br>• 프레젠테이션의 제목을 명확히 밝힌다.<br>• 신뢰성(credibility)을 구축한다.<br>• 본론의 주요 내용에 대해 사전 예고한다. |
|---|---|
| 본론 | • 중요한 내용을 논리적으로 구성한다.<br>• 본론의 메인 포인트는 3개 정도가 적합하다.<br>• 메인 포인트와 서브 포인트가 뒤바뀌면 안 된다.<br>• 프레젠테이션 중간에 내용의 이해 정도를 확인하고, 간단한 질의응답을 한다.<br>• 주위가 산만해지지 않도록 다양한 사례, 유머, 질문 등을 한다. |
| 결론 | • 간략히 제시되었던 내용을 요약한다.<br>• 프레젠테이션을 통해 제시된 중심 내용을 강조하면서 강한 인상을 청중에게 남길 수 있도록 한다.<br>• 마무리는 짧고 강렬하게 끝내는 것이 좋으며, 다른 사람의 말이나 유머, 감사의 말 등으로 끝낼 수 있다. |

✎ 알아두기

프레젠테이션 스토리 구성 – POSST(TM) 모델

| Punch Line | 첫 마디에 관심을 끌어야 한다. |
|---|---|
| Overview | 무엇을 말할 것인지 미리 알려 주어라. |
| Story | 15분 이상의 발표는 3~4개의 작은 스토리로 나누어라. |
| Summary | 내용을 요약하고 재정리하라. |
| Touch Line | 오프닝 멘트와 연관 지어 끝맺음하라. |

(2) 시청각 자료 ★

① 프레젠터가 말로서 전달하는 내용을 청중이 잘 이해하고 받아들일 수 있도록 도와주는 자료를 제작한다.

② 청중들은 말이나 그림만으로 설명할 때보다 말과 그림을 함께 사용해 설명할 때 기억하는 비율이 높다.

③ 청중이 내용을 쉽게 받아들일 수 있도록 메인 컬러, 폰트의 종류, 슬라이드 화면 구성, 애니메이션 구성, 멀티미디어 등을 준비한다.

④ 시청각 자료 제작 시 고려해야 할 사항

 ㉠ 자료의 적합성

 ㉡ 자료의 간결성

 ㉢ 자료의 일관성

 ㉣ 효과적인 색채와 디자인

⑤ 시청각 자료의 종류로는 파워포인트, 디렉터, 동영상, 플립차트, 화이트보드, 플래시, 3D, 캐릭터, 실물, 인쇄물 등이 있다.

### (3) 발표 전달력 ★★★

① 어떠한 태도(Personality)를 가지고 전달을 하느냐에 따라 프레젠테이션의 결과가 달라질 수 있다.

② 프레젠테이션 발표는 음성으로 전달하는 요소와 자세, 표정, 시선과 같은 비언어적 요소가 적절한 조화를 이루어야 한다.

③ 발표 내용을 간략하게 메모하여 준비하되, 내용을 숙지하여 자주 확인하지 않도록 한다.

④ 음성 전달 능력 ★★★

 ㉠ 자연스럽게 말하고, 쉬운 어휘를 사용한다.

 ㉡ 불필요한 단어는 사용하지 말고, 단어를 주의 깊게 선택한다.

 ㉢ 목소리의 6요소는 빠르기(rate), 크기(volume), 높이(pitch), 길이(duration), 쉬기(putch), 그리고 힘 주기(emphasis)이다.

 ㉣ 청중에게 잘 들릴 정도의 성량과 발음, 속도, 톤을 적절히 조절해야 한다.

### 🖐 음성 상태에 따른 표현

| 구분 | 상태 | 표현 |
|---|---|---|
| 말의 속도 | 빠름. | 긴장, 열정, 흥분 |
| | 느림. | 주의, 강조 |
| 말의 강약 | 강함. | 강조, 흥분 |
| | 약함. | 주의 |
| 말의 고저 | 높음. | 강조, 흥분 |
| | 낮음. | 중후, 엄숙 |

⑤ 발표 자세 ★

  ㉠ 프레젠테이션에서 자세는 **손동작이나 걸음걸이, 몸짓, 시선 관리, 표정 관리, 움직이는 동선** 등이다.

  ㉡ 언어적 요소로 표현할 수 없는 느낌이나 감정을 청중에게 전달함으로써 프레젠테이션의 효과를 증가시킬 수 있다.

  ㉢ 자신감 있는 발표 자세는 **신뢰감과 정확한 메시지를 전달하고 집중시키는 역할**을 한다.

  ㉣ 시선은 청중과 교감할 수 있는 요소로, 청중의 반응을 살피며 발표를 진행한다.

  ㉤ 자세는 청중 규모에 따라 크기를 달리한다.

  ㉥ 제스처를 사용하지 않을 경우 두 손은 기본 위치(명치와 배꼽 사이)에 둔다.

---

**🖉 알아두기**

성공적인 프레젠테이션을 위한 전략
- 인상적인 첫인상으로 청중을 사로잡아라.
  프레젠테이션 초반 질문이나 인상적인 사실, 일화, 인용, 경구, 비유 등의 방법을 활용한다.
- 시청각 자료는 간결하고 알맞게 준비하라.
  프레젠테이션의 중심은 발표자이고 시청각 자료는 발표자를 보조하는 역할로 활용한다.
  시청각 자료의 텍스트는 핵심 아이디어를 축약 어구로 간결하게 만든다.
- 실전과 똑같이 연습하라.
  청중 앞에서 발표하는 것처럼 큰 소리로 또박또박 말하면서 리허설을 한다.
- 청중에 맞는 프레젠테이션을 하라.
  청중에 맞춰 자료 수집을 철저히 하고, 매 순간 청중에게 집중해야 한다.
- 질문에 대한 답변을 준비하라.
  핵심 아이디어 또는 핵심 문제, 청중의 호기심을 그 자리에서 해결해 줄 수 있도록 예상 질문에 대한 답변을 준비해야 한다.

# MICE의 이해

## 출제 & 학습 포인트

★★★ 최빈출   ★★ 빈출   ★ 필수

### 출제포인트
4장 MICE의 이해에서는 MICE의 정의와 특징 등 전반적인 내용이 고루 출제됩니다.

### 학습포인트
**1** MICE의 개념은 출제 빈도가 높은 부분으로 기본적인 정의와 함께 중요성, 국가별 용어의 차이 등 모든 내용을 정확하게 학습합니다.

**2** MICE 산업의 특징은 4가지 특성의 의미를 구분해서 학습합니다.

**3** MICE의 4가지 분야(Meeting, Incentive Tour, Convention, Exhibitions/Events)의 각 개념을 정확히 학습합니다.

**4** 컨벤션뷰로와 PCO는 업무 내용을 이해하고, 차이점을 구분하여 학습합니다.

## **1** MICE의 개념

### (1) MICE의 정의 및 이해 ★★★

① Meeting(회의), Incentive Tour(포상 관광), Convention(국제회의), Exhibitions/Events(전시/이벤트)를 유치해 서비스를 제공하는 과정과 관련 시설을 통칭하는 용어이다.

② MICE 산업은 많은 사람들의 이동이 요구되며 이에 따라 MICE 자체의 산업뿐만 아니라 **숙박과 식음료, 교통·통신과 관광 등 다양한 산업이 연관되어** 발생한다.

③ MICE 산업의 핵심 산업은 컨벤션 센터, 콩그레스 및 전시홀, 전문 미팅 주최자, 컨벤션 및 방문자 뷰로 등이고, 연관 산업으로는 수송, 미팅 장비 임대업, 미팅 산업 사무국 지원 서비스, 케더링 및 음식점 서비스, 무대 건설 등이 있다(통계청, 2012).

④ 활발한 지역별, 국가별 교류와 협력으로 인해 국제적인 연대와 협력 활동도 크게 늘어나고 있으므로 MICE 산업의 수요가 증가 추세를 보이고 있다.

⑤ **MICE는 주로 동남아 지역에서 사용**되고, 미주 지역에서는 Events, 유럽 지역에서는 Conference라는 용어가 더 광범위하게 통용되고 있다.

⑥ 기존 관광이 B2C(Business to Consumer)라면 **MICE 산업은 B2B(Business to Business)의 형태**를 이룬다.

⑦ 비정부 기구(NGO)의 활동은 MICE산업을 확산시키는 요인으로 작용한다.

## (2) MICE 산업의 특징 ★★★

| | |
|---|---|
| 공공성 | • MICE 산업의 개최에 있어 정부와 지역사회의 적극적인 참여가 필요함을 의미<br>• MICE 산업의 대표적인 시설인 컨벤션 센터의 경우 이를 건립하는 데 막대한 비용이 필요하며 건립 이후에도 꾸준한 지원이 필요<br>• MICE 산업을 활성화시킬 수 있는 교통이나 통신, 법적인 지원 등이 필요 |
| 지역성 | • MICE 산업이 그 지역의 고유한 관광, 문화, 자연 자원 등의 효과적인 활용을 바탕으로 지역의 다른 산업들과의 연계를 통하여 이루어짐을 의미<br>• MICE 산업은 지역의 고유한 특성을 바탕으로 독특한 문화적 이미지와 브랜드를 창출<br>• 지방 정부가 MICE 산업을 지역 홍보 수단으로 사용 |
| 경제성 | • MICE 산업의 개최가 경제적으로 높은 파급 효과를 가져오는 것을 의미<br>• 1차적 경제적 파급 효과는 관련 시설의 건설과 투자, 생산 및 고용 유발 등의 효과<br>• 2차적으로는 일반 관광객보다 긴 체제 일수와 높은 평균 소비액을 가진 참가자들이 지역에 머무르면서 숙박, 유흥, 음식, 관광, 레저 등을 이용하며 이를 통해 고용 및 소득 증대, 지역의 세수 증대 등 지역 경제 활성화를 도모 |
| 관광 연계성 | • 일반 관광객에 비하여 경제력이 높은 참가자들이 관광을 하면서 관광 관련 산업의 수익 창출과 활성화를 일으킨다는 것을 의미<br>• MICE 산업 참가자들이 행사 중간이나, 이후에 관심 있는 관광 프로그램에 참가 |

## (3) MICE 산업의 중요성 ★

① MICE 산업은 호텔, 쇼핑, 이벤트 등 관광 및 다양한 산업과 상호 의존성이 강하고 매우 밀접하게 연계된 구조로 고소비, 고양질의 관광객을 대량 유치할 수 있는 유망 산업이다.

② 일반 관광 산업과 다르게 대규모 그룹을 대상으로 하고, 지식 집약적 산업으로 인식되어 미래형 고부가가치산업이다.

③ MICE 산업은 세계적으로 국가 및 도시 브랜드 이미지 제고에 기여하는 대표적 국가 홍보 산업으로, 참가자들은 자연스럽게 홍보 대사 역할을 하게 된다.

④ MICE 산업은 개최국과 개최지의 이미지 고양, 지역경제의 활성화, 고용기회의 증대, 사회 문화적 교류 등의 효과를 가져온다.

## 2 Meeting(회의)

### (1) 회의의 개념

① Meeting은 아이디어 교환·토론·정보교환·사회적 네트워크 형성을 위한 회의를 말한다.

② 국제적 기업 회의라 함은 외국인이 10명 이상 참가해야 한다고 정의하고, 반대로 국내 기업 회의는 외국인이 10명 미만으로 참가하는 것을 말한다.

### (2) 회의의 특징

① Meeting은 내용과 규모면의 국제화, 대형화의 의미가 중시된다.

② 컨벤션과 구조적, 생태적 시스템이 유사하다.

③ 회의의 주체에 따라 협회·학회·정부·공공기관·기업회의 등을 구분한다.

## 3 Incentive Tour(포상 관광)

### (1) 포상 관광의 개념 ★★★

① Incentive Tour(Incentives Travel)는 조직이 **구성원의 성과에 대한 보상 및 동기 부여를 위해** 비용의 전체 혹은 일부를 조직이 부담하는 포상 관광으로 상업용 숙박 시설에서 1박 이상의 체류를 하는 것이다.

② 기업에서 직원들을 위해서 구매하는 숙박과 여행 일정 프로그램 등을 포함한 상품으로, 영업 직원, 생산 직원, 지원 부서 직원과 고객들에게까지 동기를 부여하고 보상하려는 목적으로 이루어지는 경영 수단이다.

③ 포상 관광의 내용은 **휴양 및 교육을 포함하고, 오락적 부분이 강조**되면서 목적지·개최지 선택에 있어 중요한 결정 요인이 되기도 한다.

### (2) 포상 관광의 특징 ★★★

① 포상 관광은 한 번에 **대규모의 관광단이 이동한다는 점에서 수익이 보장**되는 상품이고, **비수기를 타개**할 수 있는 좋은 기회가 된다.

② 포상 관광은 평균 소비액이 일반 단체 관광객의 1.5배에서 2배에 달하는 **높은 수익성**으로 각국이 인센티브 관광단의 유치에 많은 관심을 보이고 있다(자료 : 한국관광공사).

③ **정치, 경제 산업에 시너지 효과**가 크다는 점과 함께, MICE 산업을 중심으로 다양한 산업군의 성장으로 새로운 일자리 창출에 기여하고 있다.

④ 기업 측면에서 글로벌 기업으로서의 이미지와 직원 복지에 관심 있는 기업이라는 이미지를 심어 줄 수 있다는 특징 때문에 포상 관광에 대한 관심이 높아지고 있다.

⑤ 유치 경쟁력을 갖기 위해서 **해당 기업의 특성에 맞게 차별화**되고, 고객 맞춤형의 볼거리, 먹을거리, 즐길거리를 모두 포함한 여행 상품의 개발 및 제공이 관건이다.

⑥ 관련 업계의 최신 환경 및 트렌드의 변화에 민감해야 하고, 소비자에 대한 이해가 최우선이 되어야 한다.

## 4 Convention(국제회의)

### (1) 컨벤션의 개념

① con은 라틴어 cum(= together)이며 vene는 라틴어 venire(= to come)의 합성어로서 컨벤션이란 '함께 와서 모이고 참석하다.'라는 의미이다.

② 특정한 목적 달성을 위한 사회단체나 정당 간 회의, 사업 혹은 무역회의, 정부나 정치 인가 회의로 일반적으로 3개국 이상에서 공인 단체 대표가 참가하는 정기적 혹은 비정기적 회의를 의미한다.

③ 특정 목적을 달성하기 위하여 일정한 장소에 모여 직간접적인 정보 교환과 인적 교류를 하는 행사의 총체로서 부대 행사로서의 이벤트, 전시회를 포함하는 회의이다.

④ 컨벤션 산업은 회의장 시설을 포함한 관광, 레저, 숙박, 식음료, 교통 등 제반 시설을 활용한 다양한 서비스 산업이다.

### 알아두기

#### 컨벤션에 대한 다양한 정의

| | |
|---|---|
| 사전적 정의 | 사회단체 및 정당 회원 간의 회의, 사업 및 각종 무역에 관련된 모든 회의들과 정부 간에 이루어지는 모든 회의를 말한다. |
| 한국관광공사 | Meeting보다 규모가 큰 3개국 10명 이상이 참가하여 정보 교환, 네트워킹, 사업 등의 목적이 있는 회의이고, 주최자에 따라 협회 및 학회, 정부, 공공 기관, 기업 회의 등으로 정의한다. |
| ICCA (세계컨벤션협회) | 정기적인 개최 여부로 컨벤션을 정의하면서 3개국 이상을 개최지로 하고 정기적으로 유치하는 회의로서 참가자 수 50명 이상으로 기준을 두며 일회성 행사를 배제하였다. |
| 국제회의 산업 육성에 관한 법률 시행령(1997) | 국제기구 또는 국제기구에 가입한 단체가 회의를 주최할 경우<br>• 5개국 이상의 외국인이 참가하는 회의<br>• 회의 참가자가 300명 이상이고 그중 외국인이 100명 이상인 회의<br>• 3일 이상 진행되는 회의<br><br>국제기구에 가입하지 아니한 단체가 주최한 회의일 경우<br>• 회의 참가자 중 외국인이 150명 이상인 회의<br>• 2일 이상 진행되는 회의 |
| 국제협회연합(UIA) | 참가국 수 5개국 이상, 전체 참가자 수가 300명 이상, 전체 참가자 중 외국인 비율이 40% 이상, 회의 기간이 3일 이상인 회의로 정의한다. |

## (2) 컨벤션 산업의 효과 ★★★

| 경제적 효과 | • 컨벤션 참가자 및 주최자가 지출하는 소비액에 의한 직간접적 경제 승수 효과<br>• 개최 도시와 국가의 세수 증대<br>• 선진국의 기술이나 노하우의 수용으로 국제 경쟁력 강화<br>• 각종 시설물의 정비, 교통망 확충, 환경 및 조경 개선, 고용 증대 등 산업 전반 발전 |
|---|---|
| 사회/문화적 효과 | • 도시화, 근대화 등의 지역 문화 발달<br>• 고유문화의 세계 진출 기회와 국가 이미지 향상의 기회<br>• 세계화와 질적 수준의 향상 |
| 정치적 효과 | • 개최국의 국제 지위 향상<br>• 문화 및 외교 교류의 확대<br>• 국가 홍보의 극대화 |
| 관광 산업<br>진흥 효과 | • 관광 비수기 타개<br>• 대량 관광객 유치 및 양질의 관광객 유치 효과<br>• 관광 홍보 |

## (3) 컨벤션뷰로(CVB ; Convention and Visitors Bureau) ★★

① 국제회의 유치에 필요한 모든 업무를 지원하는 전담 팀이다.

② 컨벤션의 고유 기능에 관광 홍보 역할을 첨가한 것이다.

③ 컨벤션을 유치, 운영함으로써 컨벤션 도시를 판매하는 것이 주요 업무이다.

④ 국제회의 유치 추진 절차에서부터 행사장 선정, 소요 예산 분석, 유치 제안서 작성, 현지 설명 회 개최, 마케팅, 국제기구 임원을 대상으로 한 홍보 활동까지 모든 업무를 지원한다.

⑤ 비영리 목적으로 운영되고 있다.

👆 컨벤션뷰로의 기능

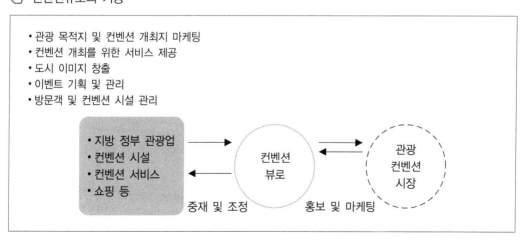

* 자료 : 「지역 컨벤션뷰로 운영 및 활성화 방안」, 『한국컨벤션학회 FORUM』 vol. 3, 신왕근(2003)

(4) PCO(Professional Convention Organizer) ★

국제회의 개최와 관련한 다양한 업무를 행사 주최 측으로부터 위임받아 부분적 또는 전체적으로 대행해 주는 영리 업체

👆 PCO의 업무 내용

| 개최 사전 준비 | 기획과 분과위원회 구성 및 진행 |
|---|---|
| • 회의의 성격과 특성 및 취지 파악<br>• 회의 개최 일자 결정<br>• 행사 지원 기관 검토<br>• 이전 회의의 경험 반영<br>• 재정 확보<br>• 인적 요원의 확보<br>• 회의 참가 홍보 활동의 전개 | • 공식적인 담당 요원 선정<br>• 회의 명칭 및 주제 결정<br>• 개최지 선정<br>• 회의 공식 일정 결정<br>• 참가 예상 인원<br>• 회의장 선정<br>• 숙박 장소 선정<br>• 수송 계획 확립 |

## 5 Exhibitions/Events(전시/이벤트)

(1) 전시/이벤트의 개념

① 마케팅 활동의 하나로 제품 생산자 및 판매업자들이 제품을 홍보 혹은 판매하기 위하여 전문 전시 시설에서 관람객과 잠재적 바이어에게 제품의 전시, 홍보, 거래 등의 활동을 하는 것이다.

② 전시회는 특정 상품이나 서비스를 제한된 장소에서, (일정 기간 동안 공급자로서 참가하는) '참가 업체'와 (수요자로서 참가하는) '참관객' 상호 간의 목적을 달성하기 위해 작용하는 일련의 경제적 활동이다.

③ 국내 전시 산업의 내실 있는 성장을 위해서는 목적지의 차별화와 정부·민간 차원의 효율적 시스템 구축이 시급하다.

④ 컨벤션과 전시는 시장에서의 목표 대상과 진행 목적이 유사하여 서로 협업하여 시너지 효과를 기대할 수 있다.

(2) 전시/이벤트의 특성 ★

① 전시회는 참가 업체나 관람객들에게 매우 효율적이고, 역동적인 판매 및 마케팅 기회를 제공하는 공간적 장점을 가지고 있다.

② 전시회는 구매 의사를 결정하려는 바이어들에게 매우 효율적인 거래 공간이다.

③ 전시회는 접촉하기 어려운 선별된 잠재 고객들을 만날 수 있는 공간이다.

④ 전시회에서는 구매자와 공급 업체가 거래 상담을 통해 의사소통이 원활해지면서 친밀감이나 신뢰감을 쌓을 수 있고, 지속적인 관계를 유지할 수 있다.

⑤ 전시회는 제품을 실제로 보고 경험할 수 있는 제품 시연이 가능한 공간으로 바이어들의 구매 동기에 강력한 영향력을 미칠 수 있는 마케팅 수단이기도 한다.

⑥ 전시회는 신제품을 소개하고 동시에 고객의 반응을 조사하는 것이 가능한 공간으로 그 결과를 바탕으로 신제품의 부족한 부분을 수정하거나 보완할 수 있다.

### (3) 전시회의 분류 ★

| | |
|---|---|
| **무역 전시회<br>(Trade Show)** | • 기업이 다른 기업 혹은 도·소매업자를 대상으로 세일즈 및 마케팅 활동을 펼치는 전시회를 뜻한다.<br>• 전문적인 분야의 해당 제품이나 관련 제품만을 출품하도록 제한하는 것으로써 산업 견본시, 전문 견본시라고도 한다.<br>• 무역 전시회는 시간적으로 제한된 행사로서 참가 업체들이 단일 혹은 여러 산업 분야의 제품을 전시하거나 판매 촉진을 목적으로 제품을 알리는 행사이다.<br>• 전문 전시회는 기업과 기업 간의 협상과 교역에 초점을 맞추어 비즈니스 환경을 조성하기 위해서 등록된 관람객 또는 전문 바이어들만이 참관할 수 있으며 일반인들의 참관은 일반적으로 제한한다. |
| **일반 전시회<br>(Public show/<br>Consumer Show)** | • 전시회에 참가한 기업이 일반 소비자인 대중들을 주요 관람객으로 상대하는 전시회를 지칭한다.<br>• 전시회에 출품되는 상품들은 전문적인 산업재이기보다는 주로 일반 소비재들이 주류를 이루는 경우가 많다.<br>예 건축 및 인테리어 전시회, 건강 박람회, 결혼 상품 전시회 등<br>• 전문 바이어들이 관람객으로 초대되어 방문을 하기는 하지만 기본적으로 일반 소비자들을 대상으로 제품의 홍보와 마케팅하는 것을 주목적으로 개최되는 전시회이다. |
| **무역·일반 전시회<br>(Combined or<br>Mixed show)** | • 무역 전시회와 일반 전시회의 두 가지 기능이 혼합된 전시회를 지칭한다.<br>• 전시회들은 기본적으로 산업 간 또는 기업 간의 교역을 촉진시키려는 목적을 지향하지만, 운영 및 재정적인 문제로 인해서 혼합적 성격의 전시회를 개최하는 경우가 많다. |

#### ✎ 알아두기

**제안요청서의 필수 포함 사항**
• 행사 일시
• 행사의 개요
• 행사의 목적
• 주최/주관 기관
• 제안서 평가 방법

Part
05

## 핵심 키워드 정리

| | |
|---|---|
| 회의 | 두 사람 이상의 다수인이 모여 그들의 공통된 관심 사항을 의논하고 결정하는 일종의 회합 |
| 정족수의 원칙 | 회의에서 의안을 심의하고 의결하기 위해, 일정 수 이상의 참석자 수를 필요로 하는 회의의 원칙 |
| 일사부재의 원칙 | 회의에서 한 번 부결(否決)된 안건은 같은 회의(또는 회기) 중에 다시 상정하지 않는다는 원칙 |
| 1의제의 원칙<br>(1동의의 원칙) | 회의에서는 언제나 한 가지 의제만을 상정시켜 다루어야 한다는 원칙 |
| 회기 불계속의 원칙 | 어떠한 회의(또는 회기)에 상정되었던 의안이 그 회의가 끝날 때까지 처리되지 않으면 폐기된다는 원칙 |
| 포럼 | 하나의 주제에 대해 상반된 견해를 가진 동일 분야의 전문가들이 사회자의 주도하에 청중 앞에서 벌이는 공개 토론회 |
| 콘퍼런스 | 두 명 이상의 사람들이 모여 구체적인 특정 주제를 다루는 회의 |
| 심포지엄 | 포럼과 유사한 심포지엄은 제시된 안건에 관해 전문가들이 다수의 청중들 앞에서 벌이는 공개 토론회로서, 포럼에 비해 다소 형식에 구애되며 참여한 청중들의 질의나 참여 기회가 적게 주어짐. |
| 세미나 | 교육 및 연구 목적을 가진 소규모 회의로 한 사람의 주도하에 정해진 주제에 대해 발표하고 토론하는 것 |
| 워크숍 | 각 전문 분야의 주제에 대한 아이디어, 지식, 기술 등을 서로 교환하여 새로운 지식을 창출하고 개발하는 것이 목적 |
| 콩그레스 | 유럽에서 사용되는 국제회의로, 대표자들에 의한 회합이나 집회, 회담의 형태가 강하며, 사교 행사와 관광 행사 등의 다양한 프로그램을 동반하는 회의 |
| 렉처 | 한 명의 전문가가 청중들에게 특정 주제를 강연 |
| 클리닉 | 소집단을 대상으로 교육하거나 훈련시키는 것 |
| 패널 | 2명 이상의 강연자를 초청하여 전문 지식과 관점을 청취하는 것 |
| 전시회 | 본 회의와 병행하여 개최되는 것이 일반적 |
| 의전 | 예를 갖추어 베푸는 각종 행사 등에서 행해지는 예법으로 대내외적 업무 지원 활동 중 임원 및 사외 이사 등에게 행해지는 예절 활동 |
| 의전의 5R | • Respect(상대방에 대한 존중) : 의전은 상대 문화와 상대방에 대한 존중과 배려가 기본<br>• Reciprocity(상호주의 원칙) : 상호주의는 상호 배려의 다른 측면으로 내가 배려한 만큼 상대방으로부터 배려를 기대하는 것<br>• Reflecting Culture(문화의 반영) : 의전의 격식과 관행은 특정 시대, 특정 지역의 문화를 반영<br>• Rank(서열) : 의전 행사에 가장 기본이 되는 것은 참석자들 간에 서열을 지키는 것<br>• Right(오른쪽 우선) : 오른쪽 우선의 원칙으로 단상 배치 기준, 차석(No.2)은 VIP(No.1)의 오른쪽에 위치 |

| 프레젠테이션 | 한정된 시간 내에 청중에게 정보를 정확하게 제공, 전달함으로써 자신이 의도한 대로 판단과 의사 결정이 되도록 하는 커뮤니케이션의 한 형태 |
|---|---|
| 프레젠테이션의 3P | • People(사람) : 누구에게 프레젠테이션 할지를 분석하는 것으로, 청중의 연령, 교육 수준, 참가 이유, 규모 등 청중에 대한 전반적인 이해와 배경 지식을 확보해야 함.<br>• Purpose(목적) : 왜 프레젠테이션을 하는지 이유를 정리하는 것<br>• Place(장소) : 진행 장소와 환경을 분석하는 것 |
| MICE의 정의 | Meeting(기업 회의), Incentive Tour(포상 관광), Convention(국제회의), Exhibitions/Events(전시/이벤트)를 유치해 서비스를 제공하는 과정과 관련 시설을 통칭하는 용어 |
| Meeting(기업 회의) | '기업 회의'를 의미하며 10인 이상의 참가자가 참여하여 4시간 이상 진행되는 회의 |
| Incentive Tour<br>(포상 관광) | 구성원의 성과에 대한 보상 및 동기 부여를 위해 비용의 전체 혹은 일부를 조직이 부담하는 포상 관광 |
| Convention<br>(국제회의) | 컨벤션이란 '함께 와서 모이고 참석하다.'라는 의미로, 특정한 목적 달성을 위한 사회 단체나 정당 간 회의, 사업 혹은 무역 회의, 정부나 정치 인가 회의로 일반적으로 3개국 이상에서 공인 단체 대표가 참가하는 정기적 혹은 비정기적 회의 |
| Exhibitions/Events<br>(전시/이벤트) | 제품의 홍보 혹은 판매를 위하여 정해진 장소에서 관람객과 잠재적 바이어에게 제품의 전시, 홍보, 거래 등의 활동을 하는 것 |
| PCO | 국제회의 개최와 관련한 다양한 업무를 행사 주최 측으로부터 위임받아 부분적 또는 전체적으로 대행해 주는 영리 업체 |
| 컨벤션뷰로(CVB) | 국제회의 유치에 필요한 모든 업무를 지원하는 전담 팀으로, 국제회의 유치 추진 절차에서부터 행사장 선정, 소요 예산 분석, 유치 제안서 작성, 현지 설명회 개최, 마케팅, 국제기구 임원을 대상으로 한 홍보 활동까지 모든 업무를 지원 |
| 프레젠테이션 | 한정된 시간 내에 청중에게 정보를 정확하게 제공, 전달함으로써 자신이 의도한 대로 판단과 의사 결정이 되도록 하는 커뮤니케이션의 한 형태 |
| 프레젠테이션의 3P | • 사람(People) : 누구에게 프레젠테이션 할지를 분석하는 것으로, 청중의 연령, 교육 수준, 참가 이유, 규모 등 청중에 대한 전반적인 이해와 배경 지식을 확보해야 함.<br>• 목적(Purpose) : 왜 프레젠테이션을 하는지 이유를 정리하는 것<br>• 장소(Place) : 진행 장소와 환경을 분석하는 것 |

A Part 05

# 실전예상문제 TEST

정답 및 해설 p.322

**일반형**

**01** 다음 보기 중 회의 개최지 선정 과정을 가장 적절한 순서로 나열한 것은?

> A. 회의에 필요한 물리적 요구 사항 결정
> B. 참가자의 관심과 기대 정의
> C. 평가 및 선정
> D. 일반적 장소와 시설의 종류 선택
> E. 회의 목적 및 목표 확인
> F. 회의의 형태 및 형식 개발

① A ⇨ B ⇨ C ⇨ D ⇨ E ⇨ F
② E ⇨ F ⇨ B ⇨ A ⇨ C ⇨ D
③ D ⇨ E ⇨ B ⇨ C ⇨ A ⇨ F
④ E ⇨ F ⇨ A ⇨ B ⇨ D ⇨ C
⑤ A ⇨ F ⇨ C ⇨ D ⇨ E ⇨ B

**02** 'MICE 산업의 중요성'에 대한 설명으로 가장 적절하지 않은 것은?

① 노동 집약적인 산업으로 현대 산업 사회에 적합하다.
② 호텔, 쇼핑 및 이벤트 등 관련 사업과의 상호 의존성이 높다.
③ 국가 및 도시 브랜드를 긍정적으로 홍보할 수 있는 산업이다.
④ MICE 개최지가 가지고 있는 자원과 지식 기반을 효과적으로 활용할 수 있다.
⑤ 일반 관광객보다 MICE 참가자들의 소비 지출 규모가 2배 이상 많아 부가 가치가 높다.

**03** 다음 중 인센티브 여행에 대한 설명으로 옳지 않은 것은?

① 인센티브는 모두가 원하기 때문에 효과가 있다.
② 개인이 아닌 기업 등 단체에서 일체 또는 일부 경비를 부담한다.
③ 조직원들의 성과에 대한 보상 및 동기를 부여하기 위한 포상 여행이다.
④ 일반적으로 상여금 지급 등의 직접적인 포상 방법보다는 효과가 많이 떨어진다.
⑤ 업무를 효과적으로 수행한 직원에게 보상을 주어 회사의 경영 목표를 확인하고자 한다.

**04** 다음 중 회의의 종류와 정의에 대한 설명으로 옳지 않은 것은?

① 컨벤션(Convention) : 가장 일반적으로 사용되는 회의 용어로써, 대회의장에서 개최되는 일반 단체 회의를 뜻한다.

② 콘퍼런스(Conference) : 과학 기술, 학술 분야 등 새로운 지식 공유 및 특정 문제점이나 전문적인 내용을 다루는 회의이다.

③ 패널 토의(Panel Discussion) : 패널 토의는 훈련 목적의 소규모 회의로, 특정 문제나 과제에 대한 생각과 지식, 아이디어를 서로 교환한다.

④ 포럼(Forum) : 상반된 견해를 가진 동일 분야 전문가들이 한 가지 주제를 가지고 사회자의 주도하에 청중 앞에서 벌이는 공개 토론회를 말한다.

⑤ 세미나(Seminar) : 주로 교육 목적을 띤 회의로서 30명 이하의 참가자가 강사나 교수 등의 지도하에 특정 분야에 대한 각자의 경험과 지식을 발표하고 토론한다.

**05** 다음 중 컨벤션 산업이 주는 효과로 옳지 않은 것은?

① 컨벤션 산업과 관광지의 서비스 결합으로 이어지면서 관광 산업 활성화 효과가 있다.

② 국제 행사가 열리게 됨으로써 고용 증대, 도로, 항만, 통신 시설 등 사회 간접 시설이 확충된다.

③ 국제 컨벤션은 참가자들이 다양한 문화적, 언어적 배경을 가지고 있기 때문에 문화적 파급 효과를 갖는다.

④ 통상 수십 개국의 대표나 사회적 지위가 높은 인사들이 참석하기 때문에 국가 차원의 홍보 효과를 얻을 수 있다.

⑤ 컨벤션 산업은 참석하는 인사들을 통해 유입되는 금전과 같은 유형적 효과가 무형적인 가치보다 큰 산업이다.

**06** 다음 중 MICE 산업에 대한 설명으로 가장 적절한 것은?

① 일반적으로 관광 목적의 여행자들은 MICE 방문객보다 더 많은 금액을 지출한다.

② 국제회의 참가자는 자연스럽게 홍보 대사 역할을 하여 국가 이미지 향상에 보탬이 된다.

③ 기존 관광이 B2B(Business to Business)라면 마이스 산업은 B2C(Business to Consumer)의 형태를 이룬다.

④ 다양한 비정부 기구(NGO)의 활동은 정부 단체의 국제 행사 등을 방해하여 MICE 산업의 성장을 저해하고 있다.

⑤ 국제협회연합(UIA)은 컨벤션을 다국적이면서 500명 이상이고, 외국인이 50% 이상, 참가국 수가 8개국 이상, 회의 기간 3일 이상의 조건을 갖춘 회의로 정의하였다.

**07** 다음 중 의전(儀典)업무에 있어 설명으로 적절하지 않은 것은?

① VIP 고객은 사전 예약과 사후 관리에 세밀한 응대가 필요하다.

② 의전은 의식을 갖추고 예(禮)를 갖추어야 하므로 높은 수준의 매너가 필요하다.

③ 때에 따라서는 VIP 고객을 위해 주차장에서부터 의전 서비스를 제공하고, 전문 직원이 밀착 서비스를 제공할 수도 있다.

④ 의전은 의식과 의례를 갖춘 행사를 의미함으로 절대로 규칙에서 벗어나지 않도록 하며 VIP 고객에게도 행사 규칙을 따르도록 강요해야 한다.

⑤ 의전이 끝난 후 기간 중 특이 사항을 정리하여 추후 의전에 활용하도록 한다.

**08** 다음 중 컨벤션의 개최 주최자에 해당하지 않는 것은?

① 정부

② 기업

③ 지역 컨벤션 대행 업체

④ 협회 및 학회

⑤ 비영리 조직

**09** 다음 중 컨벤션뷰로(CVB)에 대한 설명으로 맞지 않는 것은?

① CVB는 컨벤션을 유치·운영하는 것

② 컨벤션 도시를 판매하는 것이 주요 업무

③ 회의 유치나 도시에 대한 서비스 제공과 마케팅 담당

④ 영리 목적으로 운영

⑤ 구매자들의 원활한 업무를 위해 조정하고 촉진하는 역할

**10** 다음 중 컨벤션 행사 유치 및 기획 단계에 해당되는 것은?

① 기자 회견

② 회의 개최 계획서 작성

③ 사전 등록 및 숙박 예약 마감

④ 언론 및 매스컴 홍보

⑤ 재무 결산

**11** 다음은 컨벤션 개최지(Destination) 선정 시 고려 사항에 대한 설명이다. 가장 적절하지 않은 것은?

① 회의장의 규모와 숙박 시설
② 부대 행사의 편의성과 쇼핑 시설의 접근성
③ 개최 도시의 명성과 브랜드
④ 출입국 절차와 시차 적응의 용이성
⑤ 공항과의 이동 거리나 교통 시설의 편의성

**12** 다음 중 회의 장소 선정 시 점검할 사항으로 적절한 것은?

① 장소 선정 시 서비스와 종사원의 능력보다 시설과 주변 환경을 더 고려해야 한다.
② 공공시설은 회의 비용은 절약할 수 있으므로 우선적으로 선택한다.
③ 회의실 규모는 참가자 수에 유동성이 있을 수 있으므로 탄력적인 운영 능력이 필요하다.
④ 개최지의 명성이나 긍정적인 이미지와 참가자의 유입은 상관이 없다.
⑤ 회의실은 고급스러운 회의 분위기를 위해 임대료가 비싼 곳으로 하는 것이 좋다.

**13** 다음은 회의실 좌석 배치에 대한 설명이다. 알맞은 것은?

> VIP만을 위한 행사 또는 특별한 목적의 행사나 장시간 토론을 요하는 행사일 경우에 적합한 좌석 배치이다.

① 극장식 일반형 배치　　　　② 반원형 배치
③ 반원 날개형 배치　　　　　④ V형 배치
⑤ 암체어 배치

**14** 다음 중 등록 관리에 대한 설명으로 적절하지 않는 것은?

① 등록 신청서는 가급적 손쉽게 작성할 수 있도록 간편한 것이 좋다.
② 참가자의 국적, 소속, 직위, 성명 등 인적 사항과 기타 제반 사항을 기록한다.
③ 작성된 등록 신청서는 개인 정보 보호를 위해 수집하지 않는다.
④ 등록 절차는 사전 등록과 현장 등록으로 구분한다.
⑤ 최근에는 이메일 등을 사용하여 등록 신청서를 발송하는 것이 증가하고 있다.

**15** 다음 중 현장 등록에 대한 설명으로 알맞은 것은?

① 현장 등록은 행사 비용의 효율적 확보와 예산 편성을 손쉽게 할 수 있다.
② 등록 장소는 본회의장의 중앙 로비나 참가자의 왕래가 많은 곳이 좋다.
③ 현장 등록은 시간 절약과 혼잡성을 피할 수 있다.
④ 현장 등록은 회의 참석자의 참여도를 높일 수 있다.
⑤ 현장 등록은 컨벤션 주최 측이 행사 규모를 예측할 수 있도록 한다.

**16** 다음 중 의전에 대한 설명으로 알맞은 않은 것은?

① 의전은 국내외 사회를 활력 있게 유지한다.
② 국가 행사나 외교 행사를 원활하게 진행될 수 있도록 한다.
③ 의전은 건전한 인간관계를 형성하게 한다.
④ 사전적 의미로 예를 갖추어 베푸는 각종 행사 등에서 행해지는 예법이다.
⑤ 의전은 개인과 집안에서 이루어지는 규범이다.

**17** 다음은 의전의 5R 중 무엇에 대한 설명인가?

> 의전에서는 국력에 관계없이 모든 국가가 1대 1의 동등한 대우를 해야 하며, 의전상 소홀한 점이 발생했을 경우 외교 경로를 통해 상응하는 조치를 검토하기도 한다.

① Respect - 상대방에 대한 존중　　② Right - 오른쪽 우선
③ Reciprocity - 상호주의 원칙　　④ Reflecting Culture - 문화의 반영
⑤ Rank - 서열

**18** 프레젠테이션을 할 때 언어와 음성에 대한 설명으로 가장 적절하지 않은 것은?

① 목소리가 굵으면 설득력이 약화된다.
② 목소리가 크면 강조와 흥분이 전달된다.
③ 말의 속도가 너무 빠르면 긴장과 흥분이 전달된다.
④ 강조하려는 곳에서는 잠시 사이를 두면 효과적이다.
⑤ 강조하려는 곳에서는 천천히 말하는 것이 효과적이다.

**19** 다음 중 의전을 기획할 때 행사장 준비 사항으로 적합하지 않은 것은?

① 식장은 단상에서 볼 때 산만하거나 답답해 보이지 않도록 배치한다.
② 행사 요원의 복장은 각 개인의 개성을 살려 깔끔한 복장을 하도록 한다.
③ 식단의 크기는 참석 인원에 비례하여 결정한다.
④ 식단 뒤에는 VIP용 임시 화장실과 대피소를 설치한다.
⑤ 각 좌석에는 좌석 명찰을 부착하고 행사 유인물을 미리 배포한다.

**20** 다음 중 의전 행사를 수행할 때 확인해야 하는 사전 정보로 적합하지 않은 것은?

① 일별, 시간대별 스케줄 확인
② 방문 예정 및 소요 일정 확인
③ 객실의 종류 및 이용 객실 수 확인
④ 상대방의 직급과 이름, 기호, 선호 음식, 음료, 건강 상태
⑤ 방문지 이동에 따른 사전 정보

**21** 다음 중 연회 서비스에서 연회장 준비 작업과 행사 진행 시 내용으로 적합한 것은?

① 늦게 참석한 손님은 입장 불가에 대해 정중히 말씀드린다.
② 연회의 원활한 진행을 위해 퇴장하는 손님을 제재한다.
③ 회의 도중 손님에게 전화가 왔을 때는 방송으로 알린다.
④ 스피치 손님의 객석과 순서를 미리 파악하고 순서에 맞게 안내한다.
⑤ 행사 진행 시간은 주최 측이 원하는 대로 운영하는 것이 좋다.

**22** 다음 중 의전에서 기본적인 관례상의 서열에 대한 설명으로 적합하지 않은 것은?

① 부부 동반인 경우 부인의 서열은 남편과 동급의 서열이다.
② 여성 간의 서열은 미망인, 기혼 여성, 미혼 여성의 순이다.
③ 여성이 남성보다 상위의 서열이다.
④ 높은 직위 쪽의 서열이 상위이다.
⑤ 외국인이 상위의 서열이다.

**23** 다음 중 MICE 산업의 특징에 대한 설명으로 적절하지 않은 것은?

① MICE 산업은 지역의 고유한 특성을 바탕으로 독특한 문화적 이미지를 창출한다.
② MICE 산업 참가자들은 관심 있는 관광 프로그램에 참가하면서 관광 관련 산업을 활성화한다.
③ MICE 산업은 지역사회가 주도적으로 운영하도록 정부는 참여를 자제한다.
④ MICE 산업의 1차적 경제 파급 효과는 관련 시설의 건설과 투자, 고용 유발 등의 효과이다.
⑤ MICE 산업을 활성화시킬 수 있는 교통이나 통신, 법적인 지원 등이 필요하다.

**24** CIQ[CIQ : 세관(Customs), 출입국(Immigration), 검역(Quarantine)] 지역에서 주로 이루어지는 행정 사항이 아닌 것은?

① 면세 통관 기준 확인을 위한 휴대품 검사
② 입국자의 건강 이상 유무 및 동식물 검역
③ 귀빈실 사용 VIP 영접
④ 출입국자의 신분과 출입국 목적, 비자의 적절성 검사
⑤ 참가 회의 관련 안내

**25** 다음 중 컨벤션 운영에 있어서 회의실의 준비 자료에 대한 설명으로 맞지 않은 것은?

① 각 프로그램은 많은 참가자를 유도할 수 있도록 다양하고 효율적으로 구성한다.
② 예상 참가자 명단은 개인 정보 보호를 위해 자료에 넣지 않는다.
③ 회의 일정을 한눈에 보기 쉽도록 작성한다.
④ 회의장의 안내와 도면을 넣어 편의를 제공한다.
⑤ 컨벤션 기간 중 참가자의 행동 요령에 대한 지침을 안내한다.

**26** 다음 중 회의 개최지 선정 시 고려 사항과 가장 거리가 먼 것은?

① 교통 편의성
② 개최 시기의 날씨
③ 숙박 시설의 적절성
④ 개최 장소의 적합성
⑤ 참가 대상자들의 시차 적응 용이성

**27** 의전 준비 과정 중 '호텔 선정'에 관한 설명으로 가장 적절하지 않은 것은?

① 행사장과의 거리 및 의전의 편의성을 고려하여 선정한다.

② 긴장이 고조되어 있는 지역의 최고급 호텔은 피하는 것이 좋다.

③ 호텔의 식당이나 편의 시설은 의전 대상자의 취향에 맞는지 확인한다.

④ 예약은 충분한 시간을 갖고 진행하고, 중간에 예약 상황을 확인한다.

⑤ 의전 대상자의 이미지를 위해 가장 비싼 곳으로 선정한다.

**O / X 형**

**[28~32] 다음 문항을 읽고 옳고(O), 그름(X)을 선택하시오.**

**28** MICE 산업은 Meeting(회의), Incentive(포상 휴가), Country tour(국토 순례), Exhibition(전시회)가 포함된 포괄적인 관광 산업이다. ( ① O  ② X )

**29** CVB(Convention and Visitors Bureau)는 컨벤션을 유치, 운영함으로써 그 컨벤션 도시를 판매하는 것이 주요 임무이다. ( ① O  ② X )

**30** 컨벤션 참가자들이 회의에 집중할 수 있도록 숙박 장소의 부대 시설은 적을수록 좋다. ( ① O  ② X )

**31** 현장 등록은 참석자의 참여도를 높일 수 있는 등록 절차로, 행사 당일의 시간 절약과 혼잡성을 피할 수 있다. ( ① O  ② X )

**32** PCO는 여러 형태의 회의에 대한 풍부한 경험과 회의장, 숙박 시설, 여행사 등 회의 관련 업체와 긴밀한 관계를 유지하고 있다. ( ① O  ② X )

Part
05

**연결형**

[33~37] 다음은 컨벤션의 회의 형태별 분류에 대한 내용이다. 각각에 해당하는 회의 형태를 골라 쓰시오.

| ① 포럼 | ② 컨퍼런스 | ③ 세미나 |
|---|---|---|
| ④ 워크숍 | ⑤ 패널 | |

**33** 새로운 지식 습득이나 특정 분야의 연구를 위한 회의로, 컨벤션에 비해 토론회가 많고 참가자에게 토론 기회가 주어진다. (          )

**34** 제시된 주제에 대해 상반된 견해를 가진 동일 분야의 전문가들이 사회자들의 주도하에 청중 앞에서 벌이는 공개 토론회이다. (          )

**35** 2명 또는 그 이상의 강연자를 초청하여 전문 분야의 지식과 관점을 청취하는 형태의 회의이다. (          )

**36** 참가자 중 1인의 주도하에 특정 분야에 대한 각자의 지식이나 경험을 발표, 토의하는 회의이다. (          )

**37** 30명 내외 소규모 인원이 특정 이슈에 대해 지식을 공유하는 회의로, 회사에서 주어진 프로젝트나 과업, 부서의 운영 등에 대해 토론한다. (          )

사례형

**38** 다음은 백화점 안내 데스크에서 이루어지는 대화이다. 대화 중에 발생한 문제를 해결하기 위하여 필요한 회의의 기능으로 옳은 것은?

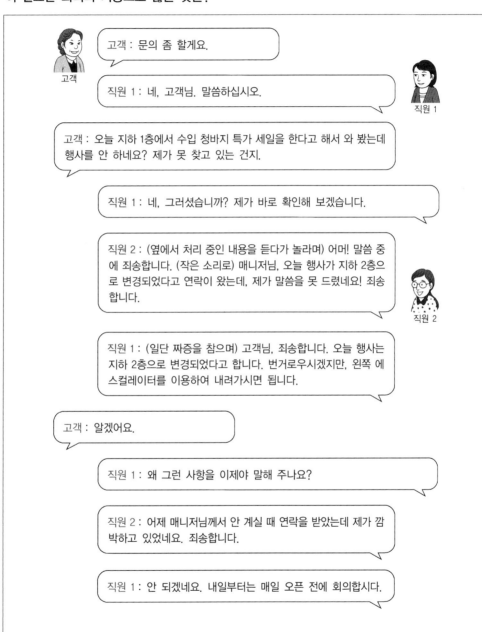

고객 : 문의 좀 할게요.

직원 1 : 네, 고객님. 말씀하십시오.

고객 : 오늘 지하 1층에서 수입 청바지 특가 세일을 한다고 해서 와 봤는데 행사를 안 하네요? 제가 못 찾고 있는 건지.

직원 1 : 네, 그러셨습니까? 제가 바로 확인해 보겠습니다.

직원 2 : (옆에서 처리 중인 내용을 듣다가 놀라며) 어머! 말씀 중에 죄송합니다. (작은 소리로) 매니저님, 오늘 행사가 지하 2층으로 변경되었다고 연락이 왔는데, 제가 말씀을 못 드렸네요! 죄송합니다.

직원 1 : (일단 짜증을 참으며) 고객님, 죄송합니다. 오늘 행사는 지하 2층으로 변경되었다고 합니다. 번거로우시겠지만, 왼쪽에 에스컬레이터를 이용하여 내려가시면 됩니다.

고객 : 알겠어요.

직원 1 : 왜 그런 사항을 이제야 말해 주나요?

직원 2 : 어제 매니저님께서 안 계실 때 연락을 받았는데 제가 깜박하고 있었네요. 죄송합니다.

직원 1 : 안 되겠네요. 내일부터는 매일 오픈 전에 회의합시다.

① 훈련 기능
② 교육 기능
③ 자문 기능
④ 의사소통 기능
⑤ 문제 해결 기능

**39** 다음 행사 개요에 따른 회의 형태는 무엇인가?

> • 행사명 : 경기 벤처 박람회 2004(GIVES 2004) Gyeonggi International Venture Show 2004
> • 주제 : 새로운 도약(Riding the New Wave)
> • 기간 : 2016년 10월 10일(월)~10월 14일(금) 5일간
> • 행사 장소 : 경기중소기업종합지원센터 로비 및 에어돔(보조 주차장 內)
> • 주최/주관 : 경기도/경기중소기업종합지원센터

① Congress
② Symposium
③ Exhibitions
④ Workshop
⑤ Conference

**40** 다음은 한 행사의 개막식 및 부대 행사에 대한 프로그램 계획서이다. 프로그램의 진행 내용에 대한 설명으로 맞지 않는 것은?

| 구분 | 프로그램 | 시간 | 내용 |
|---|---|---|---|
| 사전 준비 | 최종 리허설 | ~9:30 | 리허설과 최종 점검 |
| | All Stand by 및 VIP 영접 | 9:30~10:00 | A |
| 본행사 | 전시관 테이프 커팅 | 10:00~10:15 | B |
| | 이동 및 자리 정리 | 10:15~10:30 | C |
| | 개회식 | 10:30~11:00 | D |
| | 전시장 투어 | 11:00~11:30 | 전시장 투어 |

① A : 행사 요원들은 정해진 위치에 정렬하고 있어야 한다.
② B : 테이프 컷팅은 주 출입구 앞이 일반적이고, 장갑과 가위는 참가 인사 수만큼 준비한다.
③ C : 지정 좌석의 경우 좌석을 정확히 확인하고 서열에 맞추어 배치한다.
④ D : 스피치 손님의 객석과 순서를 미리 파악하여 정확한 시점에 안내한다.
⑤ D : 사회자는 행사 시작 전 전체적인 진행 순서와 이동 사항 등에 대해 숙지하고 있어야 한다.

**41** 다음은 한국의 한 PCO(국제회의 전문 용역 업체) 직원이 PCMA 201X Education Conference에 참석해서 다른 국가 참가자들과 나눈 대화의 일부이다. 다음 중 대화에 관한 내용 중 적절한 것은?

한국인 참가자 : 우리나라는 중앙 정부가 적극 나서서 지식 기반 서비스 산업을 육성하기 위한 정책을 입안하고, 지원을 아끼지 않고 있습니다. 그중 가장 대표적인 분야가 'MICE 산업' 분야라고 할 수 있습니다.

외국인 : 'MICE 산업'이라 하면 구체적으로 어떤 산업 분야를 말씀하시는지요?

한국인 참가자 : 'MICE 산업'을 모르세요? 이 분야에 오래 몸담지 않으셨나 보죠?

① MICE라는 조어는 전 세계적으로 학문 분야에서만 주로 사용되는 조어이다.
② MICE라는 조어는 싱가포르, 홍콩, 일본, 한국 등 동남아시아권에서 통용되는 조어이다.
③ MICE라는 조어는 미국, 캐나다 등 북미지역에서 주로 사용되는 조어로 유럽 참가자라면 낯설 수 있다.
④ MICE라는 조어는 유럽에서 광범위하게 사용되는 조어로 다른 대륙의 국가에서 참가한 사람들이라면 잘 이해하지 못할 수 있다.
⑤ MICE라는 조어는 전 세계적으로 회의, 컨벤션 산업을 통칭하는 조어로 이 분야에서 얼마간 일한 사람이라면 당연히 알 수 있다.

Part
05

**42** 프레젠테이션을 준비하면서 다음 준비 사항 이외에 갖추어야 할 추가적인 항목으로 가장 적합하지 않은 것은?

> 중요한 거래처 프레젠테이션이 있는 날, 회사의 신뢰도와 높은 품질에 대한 이미지가 잘 전달될 수 있도록 다음과 같은 사항들을 준비해 보았다.
> • 프레젠테이션에 필요한 노트북, 배포물, 음향 등을 확인한다.
> • 깔끔한 정장과 구두를 챙겨 둔다.
> • 프레젠테이션의 목적, 전체적인 흐름 등을 명확히 이해한다.
> • 프레젠테이션에서 사용할 브리핑 내용을 충분히 숙지한다.
> • 적절한 손짓이나 움직임 등 몸짓을 확인하기 위해 거울 앞에서 연습해 본다.

① 신뢰감을 줄 수 있는 발음, 억양 등을 연습한다.
② 프레젠테이션 장소에 어울리는 액세서리를 준비한다.
③ 효과적인 첫인상을 전달하기 위한 표정과 인사말을 준비한다.
④ 명함을 주고받을 수 있으므로 명함 케이스에 명함을 넣어 준비한다.
⑤ 밝고 경쾌한 분위기를 위해 요즘 유행하는 유머를 몇 가지 준비한다.

[43~44] 다음은 다국적 기업 A사 본사 임원의 한국 지사 방문 시 이동 계획의 일부이다.

---

- 오전 10:00 본사 임원 인천공항 도착
- 오전 11:00 한국 지사 회장의 자가운전 차량으로, 본사 임원 수송
- 오전 12:00 한국 지사 도착

※ 참고: 한국 지사의 회장도 본사 임원급에 속한다.

---

**43** 한국 지사 회장이 자가운전 차량을 이용하여 본사 임원을 한국 지사로 수송할 경우 승용차에서 좌석의 적절한 위치는?

① 뒤쪽(후열) 가운데 좌석
② 한국 지사 회장 바로 뒷좌석
③ 한국 지사 회장 대각선 뒤쪽 좌석
④ 한국 지사 회장의 우측 좌석
⑤ 대화하기 편한 위치면 어떤 좌석도 상관없다.

**44** 한국 지사 도착 후 엘리베이터로 이동할 시의 의전에 관한 설명으로 적절하지 않은 것은?

① 엘리베이터 안에서는 문 쪽으로 얼굴을 향하고 있는 것이 좋다.
② 엘리베이터 조작자가 없을 시 안내자가 먼저 탑승, 문을 개폐 조작한다.
③ 엘리베이터 내에서는 이동 후 일정, 주요 면담자 등을 설명하는 것이 좋다.
④ 본사 임원, 한국 지사 회장, 기타 수행원 순으로 내리도록 안내한다.
⑤ 엘리베이터에 다른 사람들과 같이 탑승할 때는 상급자, 연장자, 여성 고객이 먼저 탑승하고, 내린다.

- 일반형
- O/X형
- 연결형
- 사례형
- 통합형

# FINAL
## 실전 동형
## 모의고사

A

# Final 실젼 동형 모의고사 TEST

일반형　24문항

**01** 다음 중 인사 시기에 대한 설명으로 적절하지 않은 것은?

① 인사 대상과 방향이 다를 때는 일반적으로 30보 이내에서 한다.
② 윗사람이 계단 아래에 있을 때는 아래로 내려가 인사한다.
③ 인사 대상과 방향이 마주칠 때 가장 적절한 시기는 6보 이내이다.
④ 갑자기 마주쳤을 때는 인사를 생략해도 무방하다.
⑤ 인사 대상이 앞에서 걸을 때는 빠르게 상대 앞으로 가서 인사를 한다.

**02** 다음 중 에티켓의 개념으로 옳은 것은?

① 에티켓은 매너를 외적 행동으로 표현하는 것이다.
② 에티켓은 사회생활 속에서 취해야 할 바람직한 행동 양식이다.
③ 에티켓의 기본은 자신을 존중하는 데 있다.
④ 에티켓은 사회생활을 원활히 하기 위한 사회적 불문율이므로 법적 구속력을 갖는다.
⑤ 에티켓은 타고난 것으로 훈련을 통해 에티켓을 갖추는 것은 어렵다.

**03** 다음의 상황별 전화 응대에 대한 설명으로 옳은 것은?

① 지명인과 바로 연결이 안 될 경우 다시 전화를 하라고 안내한다.
② 지명인이 부재중인 경우 그 이유를 모두 상세하게 말한다.
③ 전화 응대 중 다른 전화가 걸려 온 경우는 기존 통화를 바로 끊고 새 전화를 받는다.
④ 회사의 위치를 묻는 전화의 경우 가급적 대중교통을 이용하도록 안내한다.
⑤ 전화가 잘 들리지 않는 경우 완곡한 표현으로 통화 상태가 좋지 않음을 알린다.

**04** 다음 중 조문 매너에 대한 설명으로 적절한 것은?

① 향에 불을 붙이고, 가볍게 입으로 불어 끈다.

② 조의금은 형편이 힘들더라도 최대한 많이 내도록 한다.

③ 최근에는 복장이 단정하면 격식에 구애받지 않고 조문하여 유족을 위로한다.

④ 오랜만에 반가운 친지나 친구를 만나면 반갑게 웃으면서 인사한다.

⑤ 궂은일은 돕고, 장례 절차에 대해 깊이 관여하여 많은 조언을 주도록 한다.

**05** 다음 중 팁 문화에 대한 설명으로 옳은 것은?

① 제공받은 서비스에 대한 감사의 표시로 담당자에게 전체 금액의 10% 정도를 전달하는 문화이다.

② 무례한 서비스를 하는 직원의 경우라도 팁은 주어야 한다.

③ 마음에 드는 서비스를 받았을 경우에는 팁을 많이 주도록 한다.

④ 팁은 직접 서비스를 한 직원과 사업주에게 똑같이 준다.

⑤ 룸서비스 이용 시 처음에 팁을 주고 다음 이용 시에는 주지 않아도 된다.

**06** 다음 중 첫인상의 특징에 대한 설명으로 적절하지 않은 것은?

① 처음 전달되어 한 번 각인된 정보는 평생 기억에 있게 된다.

② 첫인상으로 개인의 숨겨진 내면이나 성향을 처음에 바로 확인할 수 있다.

③ 첫인상은 개인의 연상에 의해 형성되므로 불확실하다.

④ 첫인상은 한순간에 순간적으로 각인되는 것이다.

⑤ 첫인상은 평소 머릿속에 인지되어 있던 정보와 혼동하여 입력될 수 있다.

**07** 다음 중 표정에 대한 상대방의 해석으로 적절한 것은?

① 곁눈질로 본다. ⇨ 의심, 불만

② 특별한 반응 없이 무표정 하다. ⇨ 호의, 흥미

③ 눈을 마주 보지 않는다. ⇨ 흥미, 관심

④ 위아래로 훑어본다. ⇨ 반가움, 호감

⑤ 환하게 미소 짓는다. ⇨ 거부, 귀찮음

**08** 다음 중 서비스 전문가의 용모 복장에 대한 설명으로 적절하지 않은 것은?

① 명찰은 정 위치에 부착하고 개인적인 액세서리는 가능한 피하도록 한다.

② 헤어연출은 가급적 이마를 드러내어 밝은 표정을 극대화하는 것이 좋다.

③ 네일(손톱)은 깨끗하고 정리된 상태를 유지하며 지나친 네일아트는 피하도록 한다.

④ 유니폼을 개인의 취향으로 변형하지 않도록 하며 유니폼은 조직을 나타내는 상징임을 기억하고 규정에 맞게 착용한다.

⑤ 메이크업의 목적은 신체의 장점을 부각하고 단점은 수정 및 보완하는 미적 행위이므로 항상 자신의 개성을 부각시켜 연출한다.

**09** 다음 중 상황별 자세에 대한 설명으로 적절하지 않은 것은?

① 물건을 전달할 때에는 받는 사람이 편하도록 건넨다.

② 방향을 안내할 경우 직원의 입장에서 구체적이고 정확하게 위치를 안내한다.

③ 걸을 때 시선은 정면을 향하고 턱은 가볍게 아래로 당긴다.

④ 앉을 때 남성은 무릎을 어깨 넓이로 벌리고 두 손은 무릎 위에 올려놓는다.

⑤ 서 있을 때에는 아랫배에 힘을 주고 몸의 균형을 유지한다.

**10** 다음 중 고객의 구매 행동에서 제품에 대한 관여도를 적절하게 설명한 것은?

① 저관여 제품은 구매 후 부조화 현상이 적다.

② 저관여 제품은 태도 변화가 어렵고 드물다.

③ 고관여 제품은 일상적으로 빈번하게 구매하는 제품인 경우에 해당한다.

④ 고관여 제품은 제품군의 상표 간 차이가 미미할 경우 습관적으로 구매한다.

⑤ 저관여 제품은 능동적으로 제품 및 상표 정보를 탐색한다.

**11** 이미지메이킹에 대한 설명으로 적절하지 않은 것은?

① 이미지메이킹은 나다운 나(참자아)를 찾아 정체성을 확립할 수 있다.

② 주관적 자아와 객관적 자아의 인식 차이를 축소하여 주관적 자아상을 확보한다.

③ 이미지메이킹을 통해 열등감을 극복하고 자신감을 향상시킬 수 있다.

④ 외적 이미지를 강화해서 긍정적인 내적 이미지를 끌어내는 시너지효과를 일으키는 것이다.

⑤ 자신이 선택한 모델을 모방하는 과정을 통해 자신의 개성이 드러날 수 있도록 노력한다.

**12** 다음 중 DISC 행동 유형 모델에 따른 고객의 행동에 대한 설명으로 맞는 것은?

① 감정형 – 제스처를 잘 사용하지 않으며 목소리가 일정하다.
② 사고형 – 얼굴에 감정이 나타나고 목소리가 다양하다.
③ 안정형 – 예의와 격식을 차리고 정확성을 추구한다.
④ 주도형 – 사람들과의 접촉을 좋아하고 동기 부여하는 환경을 만든다.
⑤ 신중형 – 핵심 세부 사항에 중점을 둔다.

**13** 다음 중 지각의 특징에 대한 설명으로 적절하지 않은 것은?

① 개인의 사고 체계의 차이로 인하여 소비자들은 같은 상품에 대해 다르게 지각하게 된다.
② 소비자는 모든 자극을 받아들일 수 없기 때문에 관심이 있는 자극만을 지각하려고 한다.
③ 자극의 대부분은 오래 기억 속에 남아 있지 않는 일시성의 특징을 갖는다.
④ 지각의 과부하, 선별적 감지, 지각적 방어 작용이 지각의 이질성을 결정한다.
⑤ 소비자는 감각 기관으로 들어오는 자극을 총합하여 지각한다.

**14** 다음 중 고객의 상품 구매 후 행동에 대한 설명으로 적절하지 않은 것은?

① 고객은 구매 후 만족할 경우 다시 구매를 하거나 다른 사람에게 긍정적인 경험을 알린다.
② 구매 후 불만족할 경우 제품 교환 및 환불을 요구하는 등의 공적인 불평 행동을 한다.
③ 구매 결정을 취소할 수 없는 경우나 관여도가 높은 경우 구매 후 부조화가 발생하게 된다.
④ 구매 후 친절한 A/S나 불만 관리 등의 서비스를 강화하면 구매 후 부조화는 감소할 수 있다.
⑤ 구매 후 불만이 있지만 아무런 행동을 하지 않는 고객은 불만이라고 볼 수 없다.

**15** 다음 중 효과적인 커뮤니케이션 스킬에 대한 설명으로 알맞은 것은?

① 신뢰 화법에 따르면 부드러운 화법 70%, 정중한 화법 30%로 섞어 사용하는 것이 적절하다.
② 긍정과 부정의 내용을 함께 말해야 할 때는 긍정적인 내용을 먼저 말하고 부정적인 내용을 나중에 말한다.
③ 상대방이 내 의견에 따라올 수 있도록 명령형의 표현을 사용한다.
④ 상대방이 빠르게 결정할 수 있도록 폐쇄형의 질문을 많이 사용한다.
⑤ 레이어드 화법은 부탁이나 거절을 할 경우 상대의 기분이 나빠지는 것을 최소화할 수 있는 표현법이다.

**16** 다음 내용 중 개방적인 표현으로 적절하지 않은 것은?

① 저희 직원이 말씀드린 것을 이해하셨는지요?
② 저희가 해 드릴 수 있는 것이 무엇인지 생각해 보셨습니까?
③ 보다 나은 서비스를 위해 저희가 어떤 점을 더 노력해야 할까요?
④ 지난번 구매하신 제품을 사용해 보시니 어떤 점이 좋으셨습니까?
⑤ 다른 회사 제품은 저희 제품에 비해 어떤 점이 좋아 보이셨습니까?

**17** 기업이 구매 후 부조화를 감소시키는 방법으로 적절하지 않은 것은?

① 상품 및 서비스 품질 수준을 향상시킨다.
② 구매 후 안내 책자나 전화 등으로 고객이 올바른 선택을 했음을 확신시킨다.
③ A/S나 불만 관리 등 구매 후 관리를 강화한다.
④ 마음에 드는 대안을 여러 가지 제시한다.
⑤ 상품의 특성과 장점을 강화하는 내용을 광고한다.

**18** 다음 중 SCAF 유형별 설득 전략에 대한 설명으로 가장 적절한 것은?

① Speaker(표출형) : 사실과 논리에 관한 논쟁보다는 개인적 견해와 감정을 논의한다.
② Carer(우호형) : 일이 아닌 사람에게 개인적인 관심을 보인다.
③ Achiever(성취형) : 구체적 제안이나 수치화된 데이터, 객관성 있는 자료 등을 제시한다.
④ Finder(분석형) : 스스로 사실을 발견하도록 도와주는 질문을 한다.
⑤ Speaker(표출형) : 확고부동한 사실을 근거로 한 증거를 제시한다.

**19** 다음 중 프레젠테이션 준비에 대한 내용으로 적절하지 않은 것은?

① 프레젠테이션에 필요한 기자재, 자료, 배포물 등을 확인한다.
② 프레젠테이션 장소에 어울리는 복장과 액세서리를 준비한다.
③ 신뢰감을 줄 수 있는 억양, 발음 등을 충분히 연습한다.
④ 효과적인 첫인상을 줄 수 있는 인사말과 표정을 준비한다.
⑤ 효과적인 전달을 위하여 시청각 자료는 최대한 많이 화려하게 준비한다.

**20** 다음 중 회의실 준비에 대한 설명으로 적절하지 않은 것은?

① 통역 부스는 발표자를 잘 볼 수 있으면서 참가자들의 통행에 방해를 주지 않은 곳이 적절하다.

② 명패 또는 명찰에는 개인 정보 보호를 위하여 이름만 기입한다.

③ 회의 일정이나 참가자의 행동 요령 지침 등 전체 회의 프로그램을 준비한다.

④ 연사에게 필요한 기자재를 미리 파악하여 준비한다.

⑤ 회의가 능률적으로 진행될 수 있도록 좌석을 배치한다.

**21** 다음 중 회의의 종류에 대한 설명으로 적절한 것은?

① 포럼은 하나의 주제에 대해 상반된 견해를 가진 동일 분야의 전문가들이 사회자의 주도하에 청중 앞에서 벌이는 공개 토론회이다.

② 세미나는 지식 공유나 특정 문제점, 전문적인 내용을 다루는 회의이다.

③ 콘퍼런스는 주로 교육 목적을 띤 회의로서 강사나 교수 등의 지도하에 특정 분야에 대한 경험과 지식을 발표하고 토론하는 회의이다.

④ 렉처는 각 전문 분야의 주제에 대한 아이디어, 지식, 기술 등을 서로 교환하여 새로운 지식을 창출하고 개발하는 것이 목적이다.

⑤ 워크숍은 한 명의 전문가가 청중들에게 특정 주제를 강연하는 것이다.

**22** MICE 중 Incentives(포상관광)의 특징에 대한 설명으로 가장 옳지 않은 것은?

① 포상관광은 관광 성수기, 유명 관광지가 선호된다.

② 포상관광의 내용은 휴양 및 교육을 포함하고, 오락적 기능이 강조된다.

③ 관련 업계의 최신 환경 및 트렌드 변화에 민감해야 하고, 소비자에 대한 이해가 선행되어야 한다.

④ 조직이 구성원의 성과에 대한 보상 및 동기부여 차원에서 비용이 전체 또는 일부를 조직이 부담하는 형태로 진행된다.

⑤ 유치를 위해서는 해당 인센티브에 맞는 차별화되고 눈높이에 맞는 볼거리, 먹을거리, 즐길 거리를 포함한 통합된 여행상품의 개발 및 제공이 효과적이다.

**23** 다음 중 MICE 산업의 특징으로 적절하지 않은 것은?

① 지방 정부가 MICE 산업을 해당 지역의 홍보 마케팅 방안으로 활용할 수 있다.

② MICE 산업을 활성화시키기 위해서는 교통이나 통신, 법적 절차 등의 지원이 필요하다.

③ MICE 산업은 계절에 따라 성수기, 비수기가 구분되므로 관광 성수기 확대 전략으로 활용 가능하다.

④ 회의 기간 동안 혹은 회의 전·후로 실시되는 관광 행사를 통해 기존 관광 상품 및 신규 상품을 홍보할 수 있다.

⑤ 기존 관광은 B2C(Business to Consumer), MICE 산업은 기업을 대상으로 하여 B2B (Business to Business)의 형태를 이룬다.

**24** 다음 중 컨벤션 산업의 특성에 대한 설명으로 적절하지 않은 것은?

① 컨벤션 서비스는 생산과 소비가 동시에 일어나므로 생산과 소비의 비분리성을 띤다.

② 컨벤션 산업은 준비 및 운영, 사후 관리까지 다양하게 구성되어 있어 고도의 전문성이 필요하다.

③ 컨벤션 산업은 국제적인 현안을 토의·협력하기 위하여 개최되지만 대부분 영리 추구를 위해 개최된다.

④ 컨벤션 산업은 민간 및 공공 부분에 걸쳐 서로 상호 의존적 관계를 맺고 있다.

⑤ 컨벤션 산업은 주로 인력에 의해서 이루어지고 변화 가능성이 높은 상품이므로 상황에 따라 그 내용과 질이 달라지게 된다.

**O / X형    5문항**

[25~29] 다음 문항을 읽고 옳고(O), 그름(X)을 선택하시오.

**25** 연소자가 연장자에게 소개되었을 때 연소자는 바로 연장자에게 악수를 청한다.

( ① ○    ② × )

**26** 대인지각은 이미지 형성 시 자신의 경험이나 논리적인 사고를 바탕으로 객관적으로 행해진다.

( ① ○    ② × )

**27** TA는 성격 기능의 강화를 통한 성격 변화에 초점을 맞춘 치료 방법으로 사고, 감정, 행동을 조화롭게 통합할 수 있도록 하여 자기 분석을 해 나갈 수 있는 효과적인 심리 치료이다.

( ① ○    ② × )

**28** 협상에 있어서 바트나(BATNA)는 협상자가 합의에 도달하지 못할 경우 택할 수 있는 다른 좋은 대안이나 차선책을 의미한다.

( ① ○    ② × )

**29** CVB(Convention and Visitors Bureau)는 국제회의 유치에 필요한 모든 업무를 지원하는 전담 팀으로 영리 목적으로 운영되고 있다.

( ① ○    ② × )

**연결형    5문항**

[30~34] 다음 설명에 적절한 보기를 찾아 각각 선택하시오.

| ① 경제적 고객 | ② 겸양어 | ③ 사회적 이미지 | ④ 윤리적 고객 | ⑤ 개인적 고객 |
| --- | --- | --- | --- | --- |

**30** 특정한 사회 속에서 대인 간 상호 교류를 통해 형성되는 이미지로, 자신이 속한 사회의 환경과 문화를 반영하는 이미지이다. (          )

**31** 대화에 있어 상대방을 높이고, 말하는 주체인 자신을 낮추는 말을 의미한다.

(          )

**32** 자신이 투자한 시간, 노력, 돈에 대하여 최대한의 효용을 얻으려는 고객이다.

(          )

**33** 일괄된 서비스보다 자기를 인정해 주는 맞춤형 서비스를 원하고, 개인 간의 교류를 선호하는 고객이다. (          )

**34** 고객의 구매 의사 결정에 있어 기업의 윤리성이 가장 큰 비중을 차지하는 고객이다.

(          )

**35** 다음은 회사 내에서 이루어지는 비서와 내방객 간의 대화이다. 다음 중 대화에 관한 내용으로 적절하지 않은 것은?

① 내방객이 먼저 명함을 내밀며 자신을 소개한 것은 좋은 비즈니스 매너이다.

② 비서는 내방객을 회의실로 안내한 후 상석에 앉도록 하여 올바른 고객 응대를 하였다.

③ 비서는 고객 내방 시 하던 일을 멈추고 즉시 일어나 인사하여 고객에게 긍정적인 첫인상을 주었다.

④ 비서는 내방객에게 기다려 달라는 부탁을 하면서 쿠션 언어를 사용하여 고객의 기분이 상하지 않도록 하였다.

⑤ 사장님이 오시면 회의를 위해 음료나 차를 함께 준비해 드려야 하므로 내방객이 대기하는 시간에는 음료나 차를 내지 않는 것이 좋다.

**36** 다음 사례에서 고객이 내방하였을 경우 상황별로 취해야 할 매너로 적절한 것은?

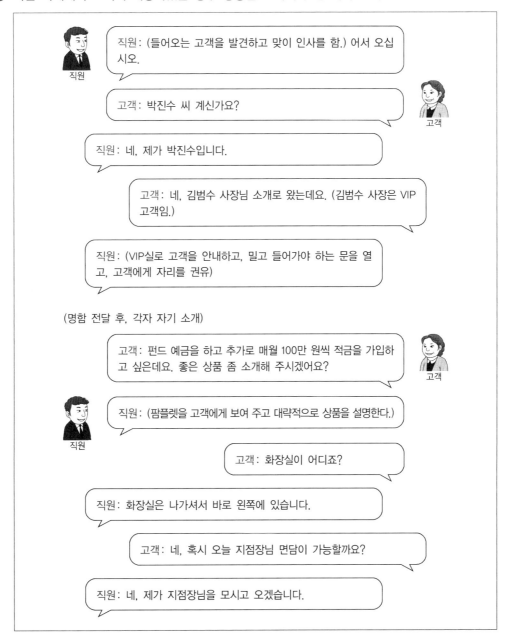

직원: (들어오는 고객을 발견하고 맞이 인사를 함.) 어서 오십시오.

고객: 박진수 씨 계신가요?

직원: 네, 제가 박진수입니다.

고객: 네, 김범수 사장님 소개로 왔는데요. (김범수 사장은 VIP 고객임.)

직원: (VIP실로 고객을 안내하고, 밀고 들어가야 하는 문을 열고, 고객에게 자리를 권유)

(명함 전달 후, 각자 자기 소개)

고객: 펀드 예금을 하고 추가로 매월 100만 원씩 적금을 가입하고 싶은데요. 좋은 상품 좀 소개해 주시겠어요?

직원: (팜플렛을 고객에게 보여 주고 대략적으로 상품을 설명한다.)

고객: 화장실이 어디죠?

직원: 화장실은 나가셔서 바로 왼쪽에 있습니다.

고객: 네, 혹시 오늘 지점장님 면담이 가능할까요?

직원: 네, 제가 지점장님을 모시고 오겠습니다.

① 고객은 VIP 고객의 소개로 왔으므로 45도 정중례로 인사한다.
② 밀고 들어가는 문일 경우에는 문을 열고 서서 고객이 먼저 통과하도록 안내한다.
③ 명함은 방문을 한 고객이 먼저 직원에게 주고 자신을 소개한다.
④ 화장실은 왼손을 사용하여 가리킨다.
⑤ 화장실 안내 시 고객의 눈을 먼저 보고, 화장실 방향을 가리키는 손과 함께 본 후 다시 고객의 눈을 본다.

**37** 다음은 여성의 용모 복장 체크 리스트이다. 서비스 직원의 적절한 용모 복장 기준에 맞지 않은 것은?

> • 업무에 어울리는 정장 스타일인가?
> • 헤어 스타일과 색상이 업무에 어울리는가?
> • 메이크업은 건강하고 밝은 느낌을 주고 있는가?
> • 손톱은 짧고, 깨끗하게 정리되어 있는가?
> • 향수 냄새는 적당한가?

① 정장은 체형이 드러나는 타이트한 옷이나 노출이 심한 옷은 삼간다.
② 서비스 직원의 헤어는 염색을 삼가고, 이마와 귀를 덮지 않도록 한다.
③ 메이크업은 자연스러운 메이크업을 하고, 너무 진한 메이크업은 피한다.
④ 손톱이 짧은 경우 매니큐어는 바르지 않아도 된다.
⑤ 향수는 땀이 나는 부분을 제외하고 바지나 스커트 밑단, 자켓 안쪽에 뿌린다.

**38** 다음 사례에서 눈의 표정이 주는 의미에 대한 설명으로 적절하지 않은 것은?

> 고객: (① 화가 많이 난 상태로 눈을 치켜뜨고 매장에 들어옴.) 이거 환불해 주세요!
>
> 고객

> 세일즈맨: (② 고객을 마주 보지 못하고 곁눈질로 보며) 무슨 문제가 있으신가요?

> 세일즈맨

> 고객: (③ 직원을 뚫어지게 쳐다보며) 이거 산지 한 달도 안 됐는데 전원이 자꾸 꺼지잖아요!

> 세일즈맨: (④ 눈을 크게 뜨고 고객을 바라보며) 그러셨어요? 죄송합니다. 제가 제품을 확인 해 보겠습니다.

> 고객: (⑤ 직원을 위아래로 훑어 보며) 어떻게 제품을 이렇게 부실하게 만들 수 있어요?

① 치켜뜨는 눈은 제품 불만에 대해 상대방에게 항의를 표시하는 것이다.
② 곁눈질로 쳐다보는 직원은 화가 난 고객이 두려워 시선을 마주하지 못하는 것이다.
③ 직원을 뚫어지게 보는 것은 직원에 대한 관심의 표현이다.
④ 눈을 크게 뜨고 고객을 바라보는 직원의 시선은 고객에 대한 죄송한 마음을 잘 전달할 수 있는 눈의 표정이다.
⑤ 직원을 위아래로 훑어 보는 고객의 시선은 불량 제품과 제품을 만든 회사, 직원을 경멸하는 고객의 마음이다.

**39** 다음은 은행에 방문한 고객의 모습이다. 감정형 고객의 단서들로 이루어진 것을 고르시오.

> 가. 은행에 들어오면서 직원과 밝은 목소리로 반갑게 인사를 한다.
> 나. 자리에 앉아마자 빠른 업무 처리를 원하고 시간 관념이 철저하다.
> 다. 상품 설명을 하는 동안 사적인 질문에 대답을 잘 해 준다.
> 라. 원하는 상품을 설명할 때 다양한 제스처를 사용하며 말한다.
> 마. 주로 상품의 장점이나 향후 수익에 대해서 관심이 많다.

① 가, 나, 다                    ② 가, 다, 마
③ 나, 다, 라                    ④ 가, 다, 라
⑤ 나, 다, 마

**40** 다음은 고객이 상품을 구매하기 위하여 상담하는 사례이다. 고객의 의사 결정 과정에 대한 설명으로 적절한 것은?

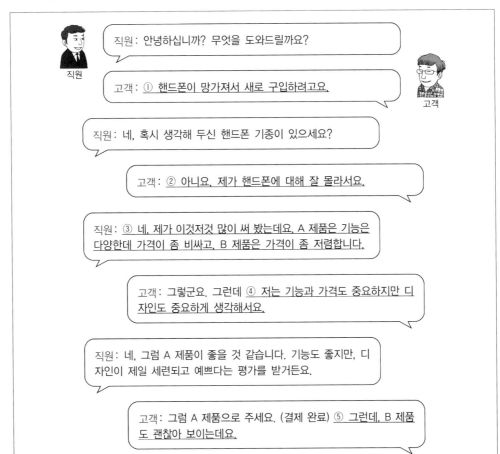

① 고객의 내적 욕구의 변화로 문제 인식이 발생하였다.
② 고객은 내적 탐색으로 핸드폰에 대한 정보를 수집할 수 있다.
③ 서비스 직원의 설명은 중립적 원천에 해당하는 정보이다.
④ 고객은 기능, 가격, 디자인 등의 속성을 사용하여 여러 핸드폰들을 평가한다.
⑤ 고객은 마음에 드는 상품이 여러 개가 있어서 구매 후 만족감이 더 증가한다.

**41** 다음의 사례에서 상담 예절과 원칙에 어긋나는 행동은 무엇인가?

세일즈맨

세일즈맨 : 안녕하세요, 고객님! 시간 내어 주셔서 감사합니다.

잠재 고객 : 오늘 방문한 목적이 무엇인지요?

잠재 고객

세일즈맨 : 다름이 아니라 새로 나온 상품을 소개하고자 찾아뵈었습니다. 이 상품은 다른 제품에 비하여 성능, 가격, 디자인 어느 면에서도 나무랄 곳이 없는 상품입니다.
이 상품에 대한 제안서를 보시면 이해가 빠르실 것입니다.

잠재 고객 : 그런데, 이 상품은…….

세일즈맨 : 아! 이 상품의 자세한 성능에 대해 알고 싶다는 말씀이시군요! 마침 제안서를 준비해 왔는데 한 번 보시겠습니까?

잠재 고객 : 아니, 이 상품에 별로 관심이…….

세일즈맨 : 고객님 일단 제안서를 보시면 생각이 많이 달라지실 것입니다. 이 상품의 특징, 경쟁사와의 차별점, 이 상품의 선택으로 얻으실 이익에 대한 과학적인 증거가 잘 제시되어 있습니다.

① 미소
② 경청
③ 칭찬과 공감
④ 마무리(Closing)
⑤ 오프닝(Opening)

**42** 다음 중 내용에 맞는 커뮤니케이션 효과가 알맞게 연결된 것은?

> 가. 경영진이 직접 서비스 현장에서 직원들이 일하는 모습을 보고 고충을 들어 주면 직원들의 업무 성과가 더 증가하게 된다.
>
> 나. 상사가 직원에게 할 수 있다고 독려하고 기대하면 그 직원은 일을 더 잘하게 된다.
>
> 다. 교사가 지능 지수가 보통인 학생에게 지능 지수가 높다고 말을 한 후 일정 기간 관찰해 보니 다른 학생들에 비해 학습 능력이 증가되었다.
>
> 라. 인생의 목표를 구체적으로 정하고 자주 기억하면 그 목표를 달성할 확률이 증가한다.
>
> 마. 부모가 자녀의 잘한 점을 구체적으로 칭찬해 주면 자녀는 그 행동을 계속 하려고 노력한다.

① 가 – 플라시보 효과　　　　　② 나 – 호손 효과
③ 다 – 로젠탈 효과　　　　　　④ 라 – 노시보 효과
⑤ 마 – 낙인 효과

**43** 다음의 상황에서 '김 과장'이 택한 선택으로 가장 올바른 것은?

> 한국 A 협회의 김 과장은 내년에 한국에서 개최될 'A 세계 총회'의 준비 협의를 위해 미국 뉴욕의 A 협회 본부로 출장을 가게 되었다. A 협회 본부에서 'A 세계 총회'를 총괄하는 프로젝트 매니저가 김 과장을 영접하기 위해 JFK 공항으로 승용차를 가지고 나왔다. 김 과장은 상대방 승용차의 어느 좌석에 착석해야 가장 바람직한가?

① 상대방의 호의를 생각해서 자신이 운전하겠다고 제안한다.
② 운전자와 편안하게 대화하기 위하여 운전자 바로 뒷자리가 바람직하다.
③ 거리감 없는 사이이기 때문에 이런 문제를 고려하는 것 자체가 무의미하다.
④ 호의를 가지고 배려해 주는 비즈니스 파트너의 자가운전 차량 이동으로 이동할 때에는 운전자의 옆자리가 가장 바람직하다.
⑤ 영접을 받는 입장이므로 당연히 가장 상석이라 할 수 있는 운전자의 대각선 뒷자리에 앉는 것이 바람직하다.

**44** 다음은 회의 진행의 사례이다. 다음 중 회의의 순서대로 바르게 나열한 것은?

> 가. "모두 자리에서 일어나 국기를 향해 서 주시기 바랍니다."
> 나. "다음은 총무님께서 공지 사항을 말씀해 주시기 바랍니다."
> 다. "조용히 해 주시고 자리를 정돈하여 주십시오. 지금부터 2016년도 7월 정기 월례 회의를 시작하겠습니다."
> 라. "전월 사업 보고를 하겠습니다. 의문 사항이나 잘못된 점이 있으면 말씀해 주십시오."
> 마. "다음은 협의 사항 토의에 들어가겠습니다. 다루어야 할 안건이 있으면 말씀해 주십시오."

① 다 ⇨ 가 ⇨ 라 ⇨ 마 ⇨ 나      ② 다 ⇨ 가 ⇨ 라 ⇨ 나 ⇨ 마
③ 가 ⇨ 다 ⇨ 라 ⇨ 마 ⇨ 나      ④ 다 ⇨ 라 ⇨ 마 ⇨ 나 ⇨ 가
⑤ 다 ⇨ 가 ⇨ 마 ⇨ 라 ⇨ 나

---

**통합형**   **6문항**

**[45~46]** 다음은 A텔레콤에 접수된 불만 사례이다.

> 가. 홈페이지에 들어가 증명서 발급 신청을 하려다 시간이 너무 많이 걸려 대리점에 가면 바로 발급받을 수 있다는 정보를 듣고 갔는데, 처음부터 고객의 말은 들어 보지도 않고 안 된다고 하였습니다.
> 나. 조금 있으니 높은 직급의 직원이 자기 자리로 오라고 하였습니다. 가서 또 다시 설명했는데, 또 안 된다고 해서 직접 해 보고 왔다고 해도 역시 안 된다고 하더군요.
> 다. 직접 홈페이지에 들어가 알려 주었는데 자신의 잘못은 인정하지 않고 제가 말을 잘못해서 그렇다며 저의 잘못으로 돌리더군요. 참 황당했습니다.
> 라. 홈페이지에 그런 서비스가 있는 줄도 모르고 있었으면서, 민원 접수하겠다고 했더니 그제야 다시 찾아보더군요.
> 마. 대리점을 나온 후 신분증을 놓고 온 것 같아 다시 가서 신분증을 받았는지 물어보니 무조건 모른다고 합니다. 화가 나서 큰소리가 나오니, 직접 업무를 본 직원이 와서 전달이 잘못되었다고 하면서도 미안하다거나 죄송하다는 말 한마디 없더라고요. 주변 사람들에게 여기 회사 제품을 사지 말라고 해야겠어요!

**45** 위 사례의 서비스 직원에게 필요한 서비스 자세에 대한 설명으로 적절하지 않은 것은?
① 가 – 집중해서 경청하는 자세
② 나 – 전달 내용에 대해 편견을 가지지 말고 객관적으로 수용하는 자세
③ 다 – 고객 문제 발생 시 잘잘못을 따져 바로 고객에게 말하는 솔직한 자세
④ 라 – 정확한 업무 지식을 숙지하고 적극적으로 문제를 해결하려는 자세
⑤ 마 – 진정성 있는 사과를 하는 자세

**46** 위 사례에서 고객의 서비스 이용 후 행동에 대한 설명으로 적절하지 않은 것은?

① 기대에 비해서 실제 성과가 못한 것으로 판단되어 부정적 불일치되었다.

② 부정적 불일치로 인하여 서비스 이용 후 불만족 행동이 나타났다.

③ 이러한 부정적 경험에 대해 주변 사람들에게 알리는 부정적 구전 행동을 하게 된다.

④ 서비스 직원의 행동에 대해 지적하거나 민원을 제기하는 방법은 공적인 불평 행동에 속한다.

⑤ 불만족에 대해 서비스 기업에서만 불평 행동을 표출하였기 때문에 사적인 불평 행동이다.

**[47~48] 다음은 가격 협상을 위하여 A전자에 방문한 직원의 대화 내용이다.**

> 가. 그동안 저희 회사를 믿고 지속적으로 거래해 주셔서 감사합니다. A전자의 우수한 제품 생산에 도움이 될 수 있는 더 좋은 품질의 부품을 납품하려고 최선을 다하고 있습니다. 그래서 올해 납품가는 작년보다 최소 5% 인상할 필요가 있습니다.
>
> 나. 작년에는 시장 상황을 고려한 특별 요청으로 최종 견적 가격에서 10%를 인하해서 계약을 했었습니다.
>
> 다. 여기 작년에 체결한 계약서입니다. 보시면 올해 5%를 인상하여도 작년보다 더 저렴한 가격에 납품받으시게 됩니다.
>
> 라. 여기 통계 자료를 보시면 국제 시장에서 원자재 가격이 작년 대비 매우 큰 폭으로 상승한 것을 보실 수 있습니다.
>
> 마. 좋은 품질의 제품을 생산하기 위해서는 가격 인상이 불가피함을 이해해 주시고, 이러한 상황으로 올해는 5% 인상이 실행되어야 합니다.

**47** 위 사례에서 효과적인 설득을 위한 서비스 직원의 대화에 대한 설명으로 적절하지 않은 것은?

① 가 – 주장의 핵심 부분으로 결론을 먼저 말한다.

② 나 – 주장에 대한 이유를 설명한다.

③ 다 – 주장에 대한 증거를 제시함으로써 상대방의 불만의 크기를 줄인다.

④ 라 – 이유와 주장에 관한 증거나 실례를 제시하고 있다.

⑤ 마 – 가격 인상 주장에 대해 고객사의 입장과 대비하여 설명을 한다.

**48** 위 사례의 서비스 직원이 좀 더 보강할 설득의 기술로 적절하지 않은 것은?

① 고객의 의도를 정확히 파악하기 위하여 적절한 질문을 사용한다.

② 마음에서 우러나오는 감사의 말로 고객의 마음을 긍정적인 방향으로 움직여야 한다.

③ 자신의 주장이 고객에게도 이점이 될 수 있음을 강조해야 납득시킬 수 있다.

④ 고객에게 전문가다운 모습을 보여 주기 위하여 전문적인 용어를 최대한 많이 사용한다.

⑤ 고객에 대한 기본 정보를 수집하고 파악해야 한다.

[49~50] 다음 표를 보고, 물음에 답하시오.

| 구분 | Trade Show (B2B Show) | Consumer Show | Combined or Mixed Show |
|---|---|---|---|
| Exhibitor | 제조업자, 유통업자, 서비스 전문가 등 | 소매업자, 최종 소비자를 찾는 제조업자 | 제조업자, 유통업자 |
| Buyer | 산업군 내의 End User | ( A ) | 산업군 내의 End user, 구직자, 일반인 |
| 입장 | ( B ) | 입장 제한과 등록비가 필요 없음, 입장료는 지불 | 비즈니스 데이와 퍼블릭 데이로 시간을 구분하기도 함. |
| 참고 | 미국 개최 전시회의 51% 차지 | 미국 개최 전시회의 14% 차지, 생산 제품이 시장 반응 수단 | 미국 개최 전시회의 35% 차지 |

**49** 다음 빈칸에 해당하는 내용으로 적절한 것은?

| | ( A ) | ( B ) |
|---|---|---|
| ① | 최종 소비자 | 바이어, 초청장 소지자 |
| ② | 도매업자 | 등록비를 낸 일반 참가자 |
| ③ | 최종 소비자 | 제한 없음. |
| ④ | 중간 제조업자 | 바이어, 초청장 소지자 |
| ⑤ | 도매업자 | 제한 없음. |

**50** 다음 중 형태에 따라 분류한 전시회에 대한 설명으로 적절한 것은?

① Combined or Mixed Show는 기업이 다른 기업 혹은 도·소매업자를 대상으로 세일즈 및 마케팅 활동을 펼치는 전시회를 뜻한다.

② Consumer show는 전문적 분야의 해당 제품이나 관련 제품만을 출품하도록 제한하는 것으로 산업 견본시, 전문 견본시라고도 불린다.

③ Consumer show는 전시회에 출품되는 상품들이 전문적인 산업재이기보다 일반 소비재들이 주류를 이루는 경우가 많다.

④ 건축 및 인테리어 전시회, 건강 박람회, 결혼 상품 전시회 등의 유형은 Trade Show에 속한다.

⑤ Trade Show는 기업 간 교역 촉진의 목적을 지향하지만 운영 및 재정적인 문제로 인해서 혼합적 성격을 띠고 있다.

정답 및 해설

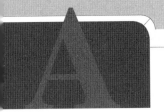

# 정답 및 해설

**PART 01** 실전 예상 문제 | p.64 |

| 01 ⑤ | 02 ③ | 03 ④ | 04 ① | 05 ③ | 06 ① | 07 ① | 08 ④ | 09 ③ | 10 ① |
|---|---|---|---|---|---|---|---|---|---|
| 11 ⑤ | 12 ④ | 13 ① | 14 ② | 15 ④ | 16 ④ | 17 ④ | 18 ④ | 19 ③ | 20 ④ |
| 21 ④ | 22 ④ | 23 ④ | 24 ⑤ | 25 ② | 26 ④ | 27 ⑤ | 28 ② | 29 ① | 30 ② |
| 31 ② | 32 ② | 33 ③ | 34 ② | 35 ① | 36 ⑤ | 37 ④ | 38 ① | 39 ② | 40 ⑤ |
| 41 ② | 42 ⑤ | 43 ④ | 44 ③ | 45 ③ | 46 ② | 47 ① | | | |

**01** ⑤ 전언 메모에는 전화받은 상황에 대해 자세한 정보를 기입해야 하지만 나이나 학력과 같은 개인 정보는 기입하지 않는다.

**02** ③ 초대를 받은 당일에는 초대한 사람이 준비할 수 있도록 너무 일찍 도착하지 않는다.

**03** ④ 에티켓은 사회생활의 모든 경우와 장소에서 취해야 할 바람직한 행동의 규범으로 매너의 기본 단계이다. 에티켓도 지키지 않는 사람에게 매너를 기대할 수 없다.

**04** ② 상담이나 회의 시에는 반드시 끄거나 무음으로 전환한다.
③ 상대방이 전화를 받지 않을 때에는 빨리 끊고 메시지를 보내도록 한다.
④ 급한 경우 문자 메시지로 연락하되 발신자의 이름을 반드시 적어 보낸다.
⑤ 상대방이 휴대 전화를 받을 때 반드시 통화 가능 여부를 확인하고 통화한다.

**05** ③ 인사는 우리나라의 경우보다 허리를 더 많이 굽히고, 이때 상대방의 얼굴을 보아서는 안 된다. 허리를 숙이는 정도는 상대방과 비슷하게 하되 상대방보다 먼저 허리를 펴서는 안 된다.

**06** ① 전화를 받을 때 인사와 함께 자신의 소속과 이름을 말한다.

**07** ② 명함은 두 손으로 건넨다.
③ 동시에 명함을 주고받을 때에는 오른손으로 주고 왼손으로 받는다.
④ 앉아서 대화를 나누다가 명함을 교환할 때도 일어서서 건네는 것이 원칙이다.
⑤ 앉아서 대화를 나누는 동안 받아 두었던 명함을 테이블 위에 놓고 이야기하는 것은 상대방을 정확히 인지하는 데 도움이 된다.

**08** ① 수신한 메일은 하루 안에 회신해 주어야 한다.
② 상대방에게 주요한 정보라 생각되면 발송 전 상대방의 의사를 먼저 묻고 보낸다.
③ 내용은 간단, 명확하게 표현하되 반드시 안부 인사는 서두에 하는 것이 좋다.
⑤ 마지막 마무리는 배려에 대한 감사와 평안을 기원하는 문구로 마무리하는 것이 중요하다.

**09** ③ 업무 시간 중이어도 항상 상대방에게 통화 가능 여부를 물어봐야 한다.

**10** ② 향을 꽂은 후 일어나 영정 앞에서 잠깐 묵념을 한 후 두 번 절한다.
③ 조의금은 문상을 마친 후 호상소에 접수하거나 부의함에 직접 넣는 것이 예의이다.
④ 정신적으로 힘든 유족에게 말을 너무 많이 시키지 않는다.
⑤ 영정 앞에서 절할 때 남자는 오른손이 위로, 여자는 왼손이 위로 가야 한다.

**11** ⑤ 시선은 상대의 발끝에 두거나 자신의 발끝에서 1.5m 정도 거리에 둔다.

**12** ① 손이 더러울 경우에는 양해를 구한 후 닦고 하거나, 인사로 대신한다.
② 원칙적으로 오른손으로 한다.
③ 매너는 상황과 상대에 따라 유연하게 변할 수 있는 행동 양식 및 태도이다. 국가 원수나 왕족, 성직자와의 악수 시에는 허리를 살짝 굽힌다.
⑤ 악수를 할 때 장갑은 벗어야 하지만, 여성의 경우 드레스와 함께 연출하는 장갑은 벗지 않아도 된다.

**13** ① 90도 인사는 의례에 필요한 인사법으로 종교적 행사나 관혼상제 등에서 행해지는 특수한 인사이다. 간혹 정중한 인사라고 하면 90도 인사라고 생각하는데 이것은 잘못된 생각이다.

**14** ② 한국에서는 죽은 사람의 이름을 쓸 때만 빨간색으로 쓴다. 미국에서는 어떤 색깔로 사람의 이름을 쓰든 문제가 되지 않으며 교사들이 흔히 사용하는 색이다.

**15** ④ 버튼을 눌러 고객이 안전하게 탑승하게 하는 것은 승무원이 없을 경우이다.

**16** ④ 서면에 의한 표현은 그렇게 중요한 것이 아니고 융통성이 있어야 한다고 생각한다.

**17** ④ 전화가 들리지 않으면 다시 한 번 말해 달라고 정중히 요청한다.

**18** ④ 인사는 내가 먼저 한다.

**19** ① 예약을 했다고 해서 마음대로 들어가 아무 자리에 앉는 것은 예의에 어긋난다.
② 음식을 주문할 때는 너무 비싸거나 싼 음식을 주문하지 않고 중간 가격의 음식이나 초청자와 비슷한 가격의 음식을 주문한다.
④ 식사 중에 너무 큰소리를 내거나 크게 웃는 것은 삼가도록 한다.
⑤ 테이블에서 화장을 고치는 것은 매너에 어긋나므로 화장실을 이용한다.

**20** ④ 기본적으로 상사와 가까운 자리나 오른쪽이 상석이다.

**21** ① 안내할 때는 고객보다 2~3보 정도 비스듬히 앞서서 안내한다.
② 고객이 잘 따라오는지 확인하며 고객의 걸음속도에 맞춰 걷는다.
③ 남녀가 계단을 올라갈 때는 남자가 먼저 올라가고 내려올 때는 여자가 앞서 내려간다.
⑤ 안내할 때는 몸을 조금 비켜선 자세에서 사선 걸음으로 손님이 잘 따라오는지 확인하며 걷는다.

**22** ④ 예의범절은 자발적이어야 하며, 공동체의 이익을 위해 자신의 본성을 다스려야 한다.

**23** ① 인사는 가장 기본적인 예의이므로 외적으로 표현되면 자신의 이미지를 긍정적으로 높인다.
② 인사는 자신의 인격과 교양을 외적으로 나타내는 것이다.
③ 서비스 맨에게 인사는 고객에 대한 환영과 봉사 정신의 표현이다.
⑤ 인사는 시간과 장소, 상황을 고려하여 하는 것이 바람직하다.

**24** ⑤ 자동차의 경우 차주가 운전을 하는 경우 운전석의 옆자석이 상석이다.

**25** ① 검정 정장을 기본으로 하고, 바쁠 경우에도 복장을 단정히 한다.
③ 조의금은 문상을 마친 후 부의함에 직접 넣는 것이 예의이다.
④ 큰 소리로 말하거나 웃고 떠들지 않는다.
⑤ 궂은 일을 돕되, 장례절차나 예식 등에 대해 간섭하지 않는다.

**26** ④ 자신의 회사 사람을 외부 고객에게 소개한다.

**27** ⑤ 상대방을 높이는 존칭은 호칭에만 사용하므로 "사장님 말씀이 있겠습니다."라는 표현이 적절하다.

**28** ② 집안의 제사는 흉사가 아니므로 평상시대로 한다. (흉사 : 상가집에서의 예법, 초우, 재우, 삼우제까지의 기간)

**29** ① 네티켓은 가상 공간에서 올바른 공동체를 형성하기 위해 필요한 개념이다.

**30** ② 에티켓은 대인 관계에 있어 서로 간에 지켜야 할 합리적인 행동 기준이고, 매너는 이것을 행동 방식으로 표출한 것이라 할 수 있다.

**31** ② 참석자들이 자신의 취향에 맞는 요리나 와인 등을 가지고 와 함께 즐기는 파티는 포틀럭 파티(potluck party)이다.

**32** ② 식사를 할 때에는 여유를 가지고 상대방과 대화를 하며, 가급적 종교, 정치와 같은 어렵거나 민감한 주제는 피하는 것이 좋다.

**33** ③ 네트워크와 에티켓의 합성어로 네티즌들이 네트워크를 사용하면서 지키고 갖추어야 할 예의범절을 네티켓이라 한다.

**34** ② 매너를 행할 때에는 시간과 장소, 다양한 상황을 고려해야 한다.

**35** ① 압존법은 문장의 주체가 화자보다 높지만, 청자보다는 낮은 경우에 청자보다 낮춰 말하는 어법이다.

**36** ⑤ 말하는 상대방이나 화제에 등장하는 인물 및 그 사람의 행위를 높이는 말이다.

**37** ④ 자신을 낮춰서 하는 말로 상대방을 높여 주는 말이다.

**38** ① 회사명 혹은 소속, 이름 등을 밝히며 전화를 받는 것이 비즈니스 전화 응대의 기본이다.

**39** ② 전화가 들리지 않을 때는 다음과 같이 응답해야 한다.
"죄송합니다만, 잘 들리지 않습니다. 번거로우시겠지만, 제 옆 번호(000−0000)로 다시 한 번 전화해 주시겠습니까? 지금 제가 먼저 전화를 끊겠습니다."

**40** ⑤ 상대가 보는 앞에서 받은 명함에 낙서를 하거나 훼손하는 행위는 절대로 하지 말아야 한다.

**41** ② 상석은 상담실 입구에서 대각선으로 가장 먼 곳이다. 이는 소음이 적고 심리적으로 안정을 줄 수 있어서 상담이 효과적으로 이루어지기 때문이다.

**42** ⑤ 허리를 숙인 상태에서 잠시 멈추고, 상체를 올릴 때에는 굽힐 때보다 천천히 들어 올린다.

**43** ④ 냅킨은 주빈이 먼저 펴면 그때 함께 펴고, 두 겹으로 접어 무릎 위에 놓는다.

**44** ③ 식사 시의 모든 행동은 손님을 초대한 사람을 중심으로 이루어진다. 주문은 고객이나 여성이 먼저 하도록 하고 편안히 식사할 수 있도록 배려한다.

**45** ③ 계단을 오를 때 남성고객일 경우 고객보다 한두 계단 뒤에서 안내하며 올라가고, 계단을 내려올 때 고객보다 한두 계단 앞에서 내려온다.

**46** ② 고객이라면 약속한 혜택이 이행되고 있는지 궁금해하는 것이 당연하다. 계약이 완료되었기 때문에 그 후에 발생하는 문제들에 대해 나몰라라 하는 경우가 상당히 많은 것이 사실이다. 진행되는 상황을 실시간으로 알려 주려고 노력하는 모습이 진정한 서비스임을 주지해야 한다.

**47** ① 고객은 새로운 기업에 대한 정보가 부족하여 제품과 서비스의 품질에 대해 불안감을 느끼고, 불안감을 감소시키기 위해 많은 정보를 획득하려고 한다. 따라서 신규 고객은 서비스 직원의 응대에 많은 기대를 하게 되고 기대가 많은 고객을 만족시키는 것은 쉬운 일이 아니다.

---

## PART 02 │ 실전 예상 문제

| p.111 │

| 01 ③ | 02 ⑤ | 03 ④ | 04 ⑤ | 05 ④ | 06 ② | 07 ③ | 08 ① | 09 ③ | 10 ① |
|---|---|---|---|---|---|---|---|---|---|
| 11 ⑤ | 12 ② | 13 ④ | 14 ② | 15 ⑤ | 16 ① | 17 ② | 18 ⑤ | 19 ④ | 20 ② |
| 21 ② | 22 ⑤ | 23 ② | 24 ⑤ | 25 ② | 26 ⑤ | 27 ② | 28 ② | 29 ① | 30 ② |
| 31 ① | 32 ② | 33 ② | 34 ① | 35 ⑤ | 36 ④ | 37 ③ | 38 ④ | 39 ⑤ | 40 ③ |
| 41 ② | 42 ① | 43 ① | 44 ① | 45 ⑤ | 46 ③ | | | | |

**01** ③ 사람의 타고난 음성의 질은 바꿀 수 없지만 음성의 분위기는 훈련을 통해 바꿀 수 있다. 음성은 그 사람의 감정을 반영하는 것으로 상황에 맞는 감정을 음성에 넣을 수 있도록 노력하면 음성의 결이 다듬어질 수 있다.

**02** ⑤ 지각의 대상의 말과 행동을 관찰하여 그 내면의 의미를 추측하여 판단하는 귀인 오류에 영향을 받는다.

**03** ① 이미지는 시각적인 측면 이외의 수많은 감각에 의한 이미지를 포함한다.
② 이미지는 어떠한 대상에 대한 지각적 요소와 감정적 요소가 결합되어 나타나므로 주관적이다.
③ 최근 인터넷 기반 기업이 증가하면서 기업 이미지, 제품 이미지 등의 중요성이 더 증가되고 있다.

⑤ 이미지는 추상적인 것으로 인해 대상에 대한 특정 태도를 취하게 되는 것이므로 직접적인 경험이 없어도 형성될 수 있다.

**04** ⑤ 악수를 할 때 한쪽 손은 바지 옆으로 차렷 자세를 취한 상태로 붙이고 한쪽 손은 상대방의 손을 잡고 악수를 한다. 한쪽 손을 바지에 넣는 행동은 상대방을 낮추어 보거나, 존중하지 않는 예의에 어긋나는 행동이다.

**05** ④ 한 번 결정된 좋지 않은 첫인상을 바꾸는 데에는 많은 노력과 시간이 소모되므로 첫인상 관리는 매우 중요하다.

**06** ② 이미지 메이킹은 주관적 자아와 객관적 자아의 인식 차이를 제거, 축소하여 객관적 자아상을 확보하는 일이다. 인간은 자신이 보는 나(주관적 자아)와 타인이 보는 나(객관적 자아)의 차이를 인식하지 못하는 경우가 많다. 다른 사람들이 나를 잘못 판단하는 것은 전적으로 나에게 문제가 있다. 보는 사람들은 내가 보여 준 것 외에는 나에 대한 정보를 전혀 알 수 없기 때문이다.

**07** ③ 유통 기한이 지난 제품은 버린다.

**08** ① 유니폼은 회사의 이미지를 고려하여 규정에 맞게 착용해야 하므로 개인적인 액세서리는 가능한 피하도록 한다.

**09** ③ 목에 무리를 줄 수 있는 잦은 흡연이나 음주를 피하고, 피로하지 않게 관리한다.

**10** ① 이미지는 과거와 관련된 기억과 현재의 지각이 혼합되어 형성된다.

**11** ⑤ 상대의 눈만을 응시하면 상대로 하여금 부담감을 느끼게 만들 수 있다. 상대의 눈이나 미간, 콧등 사이를 번갈아 봐야 한다.

**12** ② 호감 득실 이론(에론슨과 린더) : 자신을 처음부터 계속 좋아해 주는 사람보다는 자신에게 부정적이다가 긍정적으로 변한 사람을 더 좋아하게 된다는 이론이다. 또한 이와 반대로 자신을 계속해서 부정적으로 여기는 사람보다 자신을 긍정적으로 여기다가 부정적으로 여기는 사람을 더 부정적으로 느끼게 된다고 주장하는 이론이다.

**13** ④ 비즈니스 상황에서는 일하기 편하고, 세련미를 나타낼 수 있도록 복장 및 액세서리를 착용해야 한다. 작은 보석이 박히거나 심플한 디자인의 반지나 귀걸이를 착용하는 것이 옳다.

**14** ② 표정은 마음의 징표이며, 정신의 표현이다. 표정은 나의 마음과 심리 상태를 표출하는 것으로 상대에게 영향을 미친다.

**15** 이미지 관리 과정의 4단계

| 1단계 | 이미지 점검하기 |
|---|---|
| 2단계 | 이미지 콘셉트 정하기 |
| 3단계 | 좋은 이미지 만들기 |
| 4단계 | 이미지 내면화하기 |

**16** ① 이미지 메이킹의 6단계에서 첫 번째 단계는 '먼저 자신을 알라(Know yourself)'이다.

**17** ② 미국의 심리학자 앨버트 메라비언은 얼굴 표정으로 전달되는 정보량은 언어적 요소가 7%, 청각적 요소가 38%, 시각적 요소가 55%를 차지한다고 하였다.

**18** ⑤ 걸을 때 시선은 정면을 향하도록 하고, 턱은 가볍게 당긴다.

**19** ④ 이미지는 그 대상이 지닌 다양한 속성의 부분적인 것으로 전체를 표현하기에는 한계를 갖는다.

**20** ① 시선은 상대방의 눈을 먼저 보고, 가리키는 방향을 손과 함께 본 후 다시 상대방의 눈을 본다.
③ 상대방의 입장에서 구체적이고 정확하게 위치를 안내한다.
④ 손목이 꺾이지 않도록 가리키는 방향을 유지한다.
⑤ 오른쪽을 가리킬 때에는 오른손을, 왼쪽을 가리킬 때에는 왼손을 사용한다.

**21** ② 유니폼이나 제복을 입을 경우 지정된 색상에서 벗어나지 않는 것이 전체 이미지에 좋은 영향을 주며, 같은 유니폼을 입은 직원들과의 통일성을 고객에게 제공하는 것이 무엇보다 중요하므로 개인의 개성을 드러내는 화장, 액세서리 등 다른 도구의 연출은 자제하도록 한다.

**22** ⑤ 서비스인에게 있어 쿠션 언어는 딱딱해지는 대화를 부드럽게 만드는 중요한 도구이므로 쿠션 언어의 사용을 습관화하는 것이 좋다. 명확한 발음으로 전달하는 것도 중요하지만 대화 중에 맞장구를 치거나 감탄사를 써서, 공감하고 있음을 상대방에게 충분히 알리는 것이 중요하다.

**23** ② 첫인상은 신속성, 일회성, 일방성, 연관성의 특징을 갖는다.

**24** ⑤ 강조하기 위하여 강하게 힘을 주어 말할 때와 작고 약하게 말해야 할 때를 구분하여야 한다.

**25** ① 호흡은 복식 호흡을 반복 연습한다.
③ 발음은 정확하게 하되 너무 정확하게 끊어 말하면 오히려 딱딱해 보일 수 있다.
④ 작은 목소리는 소극적인 인상을 주어 부정적인 이미지로 보일 수 있다.
⑤ 딱딱한 목소리는 감정 표현이 서툴러 차가운 인상을 줄 수 있다.

**26** ⑤ 무릎은 곧게 펴고 배에 힘을 주어 당긴다. 몸의 중심은 가슴이 아니라 허리에 둔다.

**27** ② 지각적 방어란 개인의 가치 체계에 따라 개인의 가치에 역행하는 자극을 막는 데 도움을 줄 때 발생하는 것으로서, 지각의 선택성에 영향을 미친다.

**28** ② 앉을 때 등받이 쪽으로 깊숙이 앉고, 등과 등받이 사이는 주먹이 하나 들어갈 정도로 간격을 두고 앉는다.

**29** ① 현장 접점에서 고객 응대 시 올바른 시선 처리가 매우 중요하다. 고객의 눈을 오래 집중해서 보게 되면 어색함을 느끼게 되므로 눈과 미간, 코 사이를 번갈아 보며 대화를 유지하는 것이 좋다.

**30** ② 이미지의 속성은 개인의 지각적 요소와 감정적인 요소가 결합되어 나타나며, 객관적이라기보다는 주관적인 성향을 띤다.

**31** ① 초두 효과는 이미지와 관련된 심리적 효과로 만남에서 첫인상이 중요한 것은 먼저 제시된 정보가 나중에 들어온 정보보다 전반적인 인상 형성에 강력한 영향을 미치기 때문이다.

**32** ② 양말은 정장 바지의 색보다 짙은 색으로 착용한다.

**33** ② 처음에 긍정적인 정보가 들어오면 같은 대상의 다른 정보가 들어왔을 때 긍정적인 방향으로 생각하려는 경향이 생긴다.

**34** ① 초두 효과는 처음 제시된 정보가 나중에 제시된 정보보다 기억에 훨씬 더 큰 영향을 주는 현상을 의미한다.

**35** ⑤ 부정성 효과는 부정적인 특징이 긍정적인 특징보다 인상 형성에 더 강력하게 작용하는 것을 말한다.

**36** ④ 최근 효과는 초두 효과와 반대의 의미로 시간적인 흐름에서 가장 마지막에 제시된 정보가 인상 판단에 중요한 역할을 한다는 것이다.

**37** ③ 후광 효과는 어떤 대상이나 사람에 대한 일반적인 견해가 그 대상이나 사람의 구체적인 특성을 평가하는 데 영향을 미치는 현상이다.

**38** ④ 향수를 손목이나 겨드랑이, 머리 등 체향이 많이 나는 곳에 뿌리게 되면 체향과 섞여 향이 변할 수 있다. 바지나 치마 밑의 안단이나 자켓 안쪽으로 살짝 뿌린다.

**39** ⑤ 물건을 주고받을 때에는 가슴과 허리 사이 위치에서 양손으로 주고받도록 한다.

**40** ③ 사례에서 고객은 서비스 직원이 성실하다는 이미지를 형성하고 있다. 그로 인해 문제 발생 시 컴플레인을 제기할 수 있는 상황임에도 신뢰를 갖고 관계를 긍정적으로 풀어 나갈 수 있었다.
이미지는 인간이나 사물 등에 품고 있는 정서성을 동반하는 주관적인 평가이기 때문에 이의 개념을 명확하게 정의 내려 연구하기에 많은 문제점이 있다.

**41** ② 후광 효과는 어떤 사람이 갖고 있는 한 가지 장점이나 매력 때문에 다른 특성들도 좋게 평가되는 것이다.

**42** ① 상담사는 문제의 원인을 타인과 외부에 두고 상황을 파악하고 있다. 상담사가 자신의 목표를 이루기 위해 자기 향상을 위한 이미지 메이킹을 하려면 먼저 자신을 정확히 파악해야 한다. 이 사례에서 상담사로서 최고의 모습으로 상담을 했었는지, 부족한 부분은 무엇인지에 대해 객관적으로 분석하고 보완해 나가야 한다.

**43** ① 복장, 화장 등은 패션 이미지에 해당한다.

**44** • 복장은 일하기 편해야 하므로 체형에 맞는 스타일로 선택한다.
• 액세서리는 지나치게 크고 화려한 것은 삼가도록 한다.
• 헤어는 '청결함'과 '단정함'을 가장 기본으로 한다.
• 메이크업에 있어서는 밝고 건강해 보이도록 '자연스러운' 메이크업을 하도록 한다.
• 향수는 지나치지 않은 은은한 향을 소량 뿌리는 것이 좋다.

**45** ⑤ 정확한 업무 처리를 위해 자료를 확인하는 것도 중요하지만 고객 응대 시 시선은 고객의 눈에 맞추어 고객에게 집중하고 있다는 느낌을 전달해야 한다.

**46** ③ 고객은 직원의 행동, 언어, 태도 등을 주관적으로 평가한다. 이미지는 개인의 지각적 요소와 감정적인 요소가 결합되어 나타나므로 객관적이기보다 주관적인 것이라 할 수 있다.

**PART 03** 실전 예상 문제 | p.163 |

| 01 ② | 02 ② | 03 ② | 04 ① | 05 ④ | 06 ③ | 07 ① | 08 ② | 09 ③ | 10 ① |
|------|------|------|------|------|------|------|------|------|------|
| 11 ③ | 12 ④ | 13 ③ | 14 ④ | 15 ② | 16 ⑤ | 17 ⑤ | 18 ④ | 19 ④ | 20 ③ |
| 21 ① | 22 ④ | 23 ④ | 24 ④ | 25 ③ | 26 ⑤ | 27 ② | 28 ① | 29 ② | 30 ② |
| 31 ④ | 32 ① | 33 ① | 34 ① | 35 ② | 36 ① | 37 ② | 38 ⑤ | 39 ① | 40 ⑦ |
| 41 ⑨ | 42 ② | 43 ⑧ | 44 ③ | 45 ④ | 46 ⑥ | 47 ⑤ | 48 ② | 49 ① | 50 ⑤ |
| 51 ③ | 52 ④ | 53 ④ | 54 ② | 55 ④ | 56 ④ | | | | |

**01** ② 구매 후 부조화는 구매 후 만족과 불만족을 느끼기에 앞서 자신의 선택이 잘한 것인지에 대한 심리적인 불안감이다. 구매 결정을 취소할 수 있을 때는 선택을 바꿀 수 있다는 심리적인 안정감이 생길 수 있다. 전적으로 고객 자신이 의사 결정을 했을 때는 자신의 선택에 대한 심리적 불안감이 더 커지게 된다.

**02** ② TA 교류 분석의 기본적 사상은 자기 이해와 타인 이해, 자기 이해와 타인 이해를 바탕으로 한 조직 관계 이해이다.

**03** ① 개인적 욕구 : 고객의 내적 요인
③ 타인과의 상호 관계로 인한 사회적 상황 : 고객의 외적 요인
④ 서비스 의사 결정에 영향을 미치는 촉진 전략 : 기업 요인
⑤ 유통 구조에 의한 편리성과 서비스 수준 기대 : 기업 요인

**04** ① 외향형은 자기 외부에 주의 집중하고, 외부 활동에 적극적이다. 말로 표현하는 것을 선호하고, 정열적이며 활동적이다.

**05** ① 독점 심리
② 보상 심리
③ 우월 심리
⑤ 존중 기대 심리

**06** ③ MBTI의 4가지 선호 경향 중 하나(인식 기능 : 감각 vs 직관)

**07** ① 경험적 원천은 가장 확실하고 신뢰할 수 있는 정보이다.
② 개인적 원천
③ 기업 정보 원천
④, ⑤ 중립적 원천 : 고객은 기업 제공 원천보다 중립적 원천을 통한 정보를 신뢰한다.

**08** ② 고객의 정의 : 고객은 기업의 입장에서 볼 때 다시 와 주었으면 하는 사람들이다. 일반적인 정의는 상품과 서비스를 제공받는 사람들로, 기업의 상품을 습관적으로 구매하는 소비자뿐만 아니라 기업과 직간접적으로 거래하고 관계를 맺는 모든 사람들이다.

**09** ③ 의식의 복잡화 : 고객의 유형이 복잡화되어 요구도 많아지게 됨으로써 과거에 비해 서비스의 수준은 높아지고 있지만, 그에 반해 불만의 발생도 많아지고 불만의 형태도 다양해지고 있다.

**10** ② 의견 선도 고객 : 제품의 평판, 심사, 모니터링 등에 참여하여 의사 결정에 영향을 미치는 고객
③ 단골 고객 : 기업의 제품이나 서비스는 반복적, 지속적으로 애용하지만 추천할 정도의 충성도는 없는 고객
④ 내부 고객 : 회사 내부의 직원 및 주주
⑤ 간접 고객 : 최종 소비자 또는 2차 소비자

**11** ③ 사고형, 감정형, 판단형, 인식형은 MBTI의 선호 경향 중 4가지이다(외향형, 내향형, 감각형, 직관형, 사고형, 감정형, 판단형, 인식형).
※ DISC의 4가지 유형 : 주도형, 사교형, 신중형, 안정형

**12** ①②⑤ MBTI의 여러 가지 성격 유형 중 하나이다.
① INTP(내향형/직관형/사고형/인식형)
② ENTP(외향형/직관형/사고형/인식형)
③ 칼 융의 심리 유형론을 근거로 캐서린 브룩스, 이사벨 마이어스, 피터 마이어스가 3대에 걸쳐 연구 개발한 성격 검사 도구의 한 유형이다.
⑤ ISFP(내향형/감각형/감정형/인식형)

**13** ①②④⑤ 모두 비보완적 평가 방법
① 결합식 : 모든 기준에 최소 기준을 마련하고 만족 여부로 평가
② 순차적 제거식 : 사전 편집식 방식과 유사하나 중요한 속성부터 순차적으로 허용 수준을 설정하여 이를 기준으로 마지막까지 남은 상표 대안을 선택하는 방법

④ 사전 편집식 : 가장 중요한 평가 기준부터 차례로 대안들을 비교 및 평가하는 방법
⑤ 분리식 : 한 평가 기준이라도 고객이 정한 허용 기준을 초과하면 선택

**14** ① 향기 마케팅 : 후각
② 향기 마케팅 : 후각
③ 컬러 마케팅 : 시각
④ 이성(理性) 혹은 지성(知性)에 호소하는 마케팅
⑤ 음향 마케팅 : 청각

**15** ① 어떤 사람이나 대상에 대한 일반적인 생각(고정 관념이나 선입견)이 그 사람이나 대상을 평가할 때 구체적으로 영향을 주는 현상
③ 타인들로부터 자신의 가치를 인정받고 싶은 욕구
④ 내가 상대방에게 선심을 쓰면 상대방도 언젠가는 나에게 선심을 쓸 것이라는 것(=give and take)
⑤ 같은 내용을 계속 제시하면 관심과 호감이 증가 한다는 것

**16** ① 신뢰자 ② 분투가 ③ 개척자 ④ 경험자

**17** ①, ② 편의 서비스 상품에 대한 설명
③, ④ 선매 서비스 상품에 대한 설명

**18** ① 구매 영향자 : 구매 의사 결정에 직간접으로 영향 을 미치는 사람
② 가망 고객(관계 진화 과정에 따른 분류) : 기업에 관심을 보이는, 신규 고객이 될 가능성이 있는 고객
③ 소비자 : 물건, 서비스를 최종적으로 사용하는 사람
⑤ 구매자 : 물건을 사는 사람

**19** ④ 경쟁사의 제품은 고객의 기대에 대한 영향 요인 중 외적 요인에 해당된다.

**20** ① 성격의 좋고 나쁜 것이 아니라, 우리는 서로 다르 다는 것을 인정한다.
② 변명이나 합리화를 위한 것이 아니라, 성장하기 위함이다.
④ 비판과 판가름을 위한 것이 아니라, 이해하고 받 아들이기 위함이다.
⑤ 자신이 어떤 사람임을 단정 짓는 것이 아니라, 자 신의 성격 특성을 이해하고 자신이 선호하는 성격 특성을 알아봄으로써 인간관계에 도움을 주고자 하 는 것이다.

**21** ① 잠재 고객은 기업의 제품을 구매하지 않은 사람 들 중에서 향후 고객이 될 수 있는 잠재력을 가진 집 단이나 아직 기업에 관심이 없는 고객이다.

**22** ① 간접 고객 ② 의견 선도 고객 ③ 의사 결정 고객
⑤ 단골 고객

**23** ① 반복 구매 : 반복적인 구매 행동
② 교차 구매 : 현재 사용하고 있는 상품을 생산하는 기업의 다른 상품 구매
③ 상승 구매 : 동일한 기업의 상위 제품을 구매
④ 구전 활동 : 고객 스스로 지인에게 소개하는 활동
⑤ 관대함 : 기업/브랜드에 대한 애착심으로 가격 상승까지도 수용

**24** ④ 유사성 효과 : 새로운 상품 대안이 나타나면, 그 와 유사한 기존 상품을 잠식할 확률이 유사성 낮은 상품의 경우보다 높아진다.

**25** ① 절약형 고객
② 윤리적 고객
④ 편의성 추구 고객
⑤ 윤리적 고객

**26** ①②③④ 기업 측면에서의 효과
⑤ 경쟁 사회에서는 고객도 시간에 쫓긴다. 기업은 CRM 활동을 통해 시간이 부족한 고객에게 필요한 제 품과 서비스를 제공함으로써, 구매 활동에 필요한 방문 비교 조사, 제품 선택, 의사 결정, 대금 지불 등에 소요 되는 시간을 절약할 수 있게 된다. 기타 고객 측면에서 의 효과로는 차별화 서비스, 삶의 질 향상 등이 있다.

**27** ② 내부 고객은 외부 고객이 원하는 것을 제공하는 중요한 역할을 담당하는 중요한 고객이다. 내부 고 객의 만족은 외부 고객에 대한 서비스에 영향을 미 치므로 외부 고객에 이어 2번째로 고려해야 할 고객 이라 할 수 없다.

**28** ①을 제외한 나머지 문항들은 저관여 구매 행동과 관련된 사항들이다.

**29** ② 기업의 제품이나 서비스를 반복적, 지속적으로 애용하면서 타인에게 추천할 정도의 충성도가 있는 고객은 옹호 고객이다.

**30** ① 관여도, ⑤ 과거의 서비스 경험은 서비스에 대한 고객의 내적 기대 요인이다.
③ 고객의 정서적 상태는 서비스에 대한 고객의 상 황적 기대 요인이다.
④ 가격은 고객의 기대에 영향을 미치는 기업 요인이다.

**31** ④ 검색(Search)은 인터넷으로 해당 제품을 검색하고 경쟁사의 제품과 비교·분석하는 단계로, 인터넷의 활성화로 변화한 구매 결정 프로세스 모델 AISAS의 단계이다.

**32** ① 고객은 대안별로 자신에게 얼마나 가치가 있는지를 다양한 기준을 바탕으로 평가한다.

**33** ① 가망 고객은 기업에 관심을 보이는, 신규 고객이 될 가능성이 있는 고객이다.

**34** ① 구매자는 물건을 사는 사람이고, 소비자는 물건이나 서비스를 최종적으로 사용하는 사람이다.

**35** ② 타인과의 상호 관계로 인한 사회적 상황이나 구전 커뮤니케이션 등은 고객의 외적 요인이고, 고객의 내적 요인으로는 개인적 욕구, 관여도, 과거의 서비스 경험 등이 된다.

**36** ① 유인 효과는 고객이 기존 대안을 우월하게 평가하도록 기존 대안보다 열등한 대안을 내놓는 것이다.

**37** ② 실제 성과가 기대보다 못한 것으로 판단될 경우 부정적 불일치가 되어 고객이 불만족을 느끼고, 성과가 기대보다 나았을 경우 긍정적 불일치로 만족을 느끼게 된다.

**38** ⑤ 잠재 고객은 상품 또는 서비스를 구매할 가능성이 있는 고객들로 구매 고객 직전의 고객을 말한다.

**39** ① 단골 고객은 지속적으로 특정 상품 서비스를 이용한다는 면에서는 충성 고객과 동일하나 단골 고객은 타인에게 추천할 정도로 적극적이지는 않다.

**40** ⑦ 사람들은 타인을 따라하고 싶은 심리가 있는데 고객 역시 다른 고객을 모방하려는 심리가 있다.

**41** ⑨ 개별화 추구 고객은 일괄된 서비스보다 자기를 인정해 주는 맞춤형 서비스를 원하는 고객이다.

**42** ② 충성 고객은 '특정 회사의 상품이나 브랜드, 서비스 등을 반복적으로 재구매하거나 이탈하지 않고 지속적으로 이용하는 고객'을 말한다. 여기까지는 단골 고객과 크게 다르지 않다. 그러나 충성 고객은 여기서 그치지 않고 주변 사람들에게 추천하거나 적극적으로 추천할 의향을 가진 고객을 말한다.

**43** ⑧ 자기 본위적 심리로 인해 고객은 자기 위주로 상황을 판단하려는 경향이 있으므로 고객과 직원의 가치 기준이 다를 수 있음을 인정해야 한다.

**44** ③ 체리 피커는 상품이나 서비스를 잠깐 동안 사용하기 위해 구매하였다가 반품하는 등의 행동을 하는 고객이다.

**45** ④ 한계 고객은 고객 명단에서 제외하고 해약 유도를 통해 고객의 활동이나 가치 자체를 중지시켜야 하는 고객이다.

**46** ⑥ 서비스 직원은 단골 고객을 기억하고 중요한 사람으로 인식하고 있다는 느낌이 들도록 서비스한다.

**47** ⑤ '이성'은 결과를 중시하고, 일관된 행동을 보이며 안정적, 분석적인 관점으로 업무를 수행한다. '감성'은 업무 과정을 중시하고, 다양한 아이디어와 창조적이고 직관적인 관점으로 업무를 수행한다.

**48** ② 부모 자아는 상대에게 규범을 제시한 유형으로, 지나치게 강하면 지배적인 태도, 명령의 말투 등이 나타난다.

**49** ① 해당 서비스를 경험한 다른 고객들이 만족하였다는 서비스 직원의 말에 다른 고객을 따라하고 싶다는 모방 심리가 작용하였다.

**50** ⑤ 정보 탐색 후 여러 평가 요인을 가지고 어느 하나를 선택하려는 '대안 평가의 단계'에 있는 대화 내용이다. 계약 이전의 상황이니 '구매의 단계'로 볼 수 없다.

**51** ③ 구매 영향력자(Influencer) : 조직 구매의 경우 구매 의사 결정 과정에서 제품의 품질이나 기술 면에서 구매에 영향을 주는 영향력자로 주로 기술 개발 부서, 설계 부서, 연구소 등이 해당된다.

**52** ④ 서비스 욕구의 관점에서 직원이 나에게 관심을 갖고 존중해 주는가는 4단계 존경의 욕구이다.

**53** ④ 후광 효과(hallo effect)는 상품 평가 시 일부 속성에 의해 형성된 전반적인 평가(고정 관념이나 선입견)가 그 속성과는 직접적인 관련이 없는 다른 속성의 평가에 영향을 주는 효과이다.
54 관계 진화 과정에 따른 고객 분류는 잠재 고객－가망 고객－신규 고객－기존 고객－충성 고객의 순서이고, '가'는 가망 고객, '나'는 충성 고객, '다'는 잠재 고객, '라'는 신규 고객, '마'는 기존 고객이다.

**54** ② 관계 진화 과정에 따른 고객 분류는 '잠재 고객 － 가망 고객 － 신규 고객 － 기존 고객 － 충성 고객'의 순서이고, '가'는 가망 고객, '나'는 충성 고객, '다'는 잠재 고객, '라'는 신규 고객, '마'는 기존 고객이다.

**55** ④ 한 명의 실수도 고객의 입장에서는 100% 실수이다. 책임자의 신속한 응대가 고객을 안정시킬 수 있었는데 다른 직원의 말 한마디로 고객이 더 화나고 문제가 커질 수 있다.

**56** ④ 고객은 군대에 있어서 나올 수 없는 자녀를 대신하여 업무를 처리하려고 방문하였는데, 자녀가 직접 해결해야 한다는 원칙적인 답변만 하고 있는 상황이다. 이때 서비스 직원은 고객의 답답한 마음을 충분히 이해하는 역지사지의 자세로 현실적으로 해결할 수 있는 방안을 모색하려는 적극적인 모습을 보여줘야 한다.

---

**PART 04** 실전 예상 문제 | p.216 |

| 01 ③ | 02 ④ | 03 ② | 04 ② | 05 ④ | 06 ⑤ | 07 ④ | 08 ③ | 09 ④ | 10 ④ |
|---|---|---|---|---|---|---|---|---|---|
| 11 ② | 12 ⑤ | 13 ③ | 14 ⑤ | 15 ⑤ | 16 ⑤ | 17 ④ | 18 ② | 19 ② | 20 ④ |
| 21 ④ | 22 ④ | 23 ⑤ | 24 ③ | 25 ① | 26 ④ | 27 ① | 28 ① | 29 ① | 30 ② |
| 31 ① | 32 ② | 33 ② | 34 ⑤ | 35 ③ | 36 ⑥ | 37 ① | 38 ⑦ | 39 ④ | 40 ⑤ |
| 41 ⑤ | 42 ④ | 43 ③ | 44 ② | 45 ② | 46 ① | 47 ⑤ | 48 ① | 49 ⑤ | 50 ④ |
| 51 ② | 52 ② | 53 ⑤ | | | | | | | |

**01** ③ 개방적인 표현은 상대방의 이야기를 많이 듣기 위한 질문 기법이다.

**02** ④ 바트나는 이성적 판단에 따라 협상을 결렬시키고 회의장을 걸어 나오는 한계선이다. 바트나에 미치지 못하는 제안이 계속 제시되면 협상을 결렬시키는 것이 더 낫다.

**03** ① 자기 조절 : 자신의 감성을 적절하게 관리하고 조절할 줄 아는 능력
즉각적으로 행동하는 것을 자제하고 자신의 감성을 주어진 상황에 따라 적합한 방향으로 표현할 수 있는 능력을 의미. 자신의 감정을 통제할 수 있고, 매우 화가 나는 상황에서도 금방 진정시킬 수 있는 능력
③ 자기 인식 : 자기 인식은 자신의 감정을 빨리 알아차리는 능력. 감성의 이해는 자신의 감정을 이해하고 감정을 있는 그대로 표현할 수 있는 개인의 능력
④ 감정 이입 : 감정 이입은 타인의 감성을 느끼고 이해할 수 있는 능력
⑤ 대인 관계 기술 : 대인 관계에서 타인의 감성에 적절하게 대처할 수 있고 관계를 조정할 수 있는 능력

**04** ① 실용주의가 요구되는 조직은 이성을 중시하는 조직이다.
③ 감성은 동료와 상사 간의 높은 신뢰를 형성하여 조직의 효율성을 극대화한다.
④ 감성 지능의 구성 요소 : 자기 인식, 자기 조절, 자기 동기화, 감정 이입, 대인 관계 기술
⑤ 과거에는 창조성, 주관적인 제안 행동과 같은 개인의 감성이 반영된 행동은 경원시되었고 오로지 조직이 요구하는 대로 기계적으로 업무를 하는 것이 바람직한 행동이라고 여겨졌다.

**05** ① 낙인 효과 : 다른 사람으로부터 부정적인 낙인을 찍힘으로써 실제 그렇게 되는 현상
② 피그말리온 효과 : 누군가에 대한 사람들의 믿음이나 기대, 예측이 그 대상에게 그대로 실현되는 경향
③ 노시보 효과 : 플라시보 효과의 반대. 부정적인 심리적 믿음에 따른 부정적인 결과
④ 호손 효과 : 새로운 관심을 기울이거나 관심을 더 쏟는 것으로 사람들의 행동과 능률에 변화가 일어나는 현상
⑤ 플라시보 효과 : 긍정적인 심리적 믿음이 신체를 자연 치유하는 데 큰 역할을 한다는 것

**06** ①, ④ 신체 언어
① 눈의 접촉 : 대인 관계의 질에 결정적인 역할
④ 자세 : 사람의 상태를 알 수 있는 단서로 작용
②, ③, ⑤ 의사 언어
② 음고 : 듣는 사람이 상대방의 능력과 사회성을 인지하는 데 도움
③ 말투 : 사람을 신뢰하는 데 도움
⑤ 음조의 변화 : 다양한 메시지를 판단하는 데 영향

**07** ④ 효과적인 반론 방법이 아니라, 설득의 6가지 기술에 속한다. (감성 자극)
※ 설득의 6가지 기술 : 이심전심, 역지사지, 감성 자극, 촌철살인, 은근과 끈기, 차분한 논리

**08** ③ 커뮤니케이션을 통해서 자신의 감정을 표출하고, 필요한 정보를 소통할 수 있다. 아울러 타인에 대한 동기 부여와 지시, 통제의 수단으로 활용된다. 하지만 커뮤니케이션을 통해서 타인을 평가하는 것은 바람직하지 않으며, 커뮤니케이션의 기능이라고 할 수 없다.

**09** 반응적 피드백은 커뮤니케이션 발신자가 아니라 수신자의 행동이다.
①, ②, ③, ⑤ 커뮤니케이션 발신자의 행동
④ 커뮤니케이션 수신자의 행동

**10** ④ 복잡하고 많은 내용을 전달하여야 할 때에는 서면으로 커뮤니케이션하는 것보다 직접 대화를 통해서 전달할 내용을 설명하는 것이 효과적이다.

**11** ① 자기만족만 가능하다.
② 상호 윈-윈(win-win)할 수 있는 갈등 해결 혹은 협상 방식이다.
③ 자기만족과 상대방 만족 모두 불가능하다.
④ 자기만족과 상대방 만족이 어느 정도 가능하다.
⑤ 상대방 만족만 가능하다.

**12** ① 이메일을 활용하면 고객과의 커뮤니케이션이 거의 실시간에 가깝게 이루어진다.
② 이메일 발송 후, 고객의 수신율, 수신 여부, 수신 시간, 응답 결과 등의 반응에 대하여 측정이 가능하다.
③ 대면 접촉에 비해 광고, 홍보, 판촉 활동에 소요되는 비용을 절감할 수 있다.
④ 우편물의 경우보다 고객의 반응률이 높게 나타난다.
⑤ 이메일은 제품과 서비스에 대한 상세한 정보를 제공하고 있으며 특히 CRM 기반의 이메일 발송은 고객의 관심 분야를 세분화하여 맞춤 정보를 발송하기 때문에, 고객의 구매 활동으로 연결될 가능성이 높다.

**13** ① 예외적인 특혜는 해당 고객은 물론 그 사실을 알게 될 다른 고객에 대해서도 부정적인 영향을 미친다.
② 영업 사원은 회사 내부의 수익률 등 회사의 가이드라인에 대해 숙지하고 고객과 커뮤니케이션을 해야 한다.
③ 고객, 영업 사원, 영업 사원이 속한 회사 모두가 승리(win)할 수 있는 협상이 바람직한 커뮤니케이션이다.
④ 회사의 수익에 대한 고려도 필요하다.
⑤ 손해 배상은 최후의 수단이며 지키지 못할 약속을 하는 것은 잘못된 커뮤니케이션 사례다.

**14** ⑤ 피드백은 수용자의 반응으로 커뮤니케이션의 과정을 계속 반복, 순환하게 하는 요소이다.
① 전달자 : 메시지를 주는 사람
② 메시지 : 전달하고자 하는 내용을 언어, 문자, 몸짓 등 기호로 바꾼 것
③ 수신자 : 메시지를 받는 사람
④ 효과 : 커뮤니케이션의 결과

**15** ⑤ 비언어적 커뮤니케이션은 무의식적으로 드러나는 경우가 많으므로 신뢰성이 높다.

**16** ⑤ 사람들은 다른 사람의 이야기를 들으면서 자신과 비교하거나 판단을 내리느라 전적으로 집중하지 못한다.

**17** ① 긍정적인 표현 : 긍정적인 부분을 중심으로 표현
② 청유형의 표현 : 상대방이 내 부탁을 듣고 스스로 결정해서 따라올 수 있도록 상대방의 의견을 구하는 표현
③ 완곡한 표현 : '안 됩니다', '이것, 아니면 저것'식의 직설적이고 강압적인 표현을 피한다.
⑤ I-메시지 사용 : 대화의 주체가 '너'가 아닌 '내'가 되어 전달하고자 하는 표현법이다.

**18** ② 자기감정 조절은 감정의 억압이 아니라 감정의 균형을 지향한다. 감정을 지혜롭게 표현함으로써 자기감정을 조절한다.

**19** ① 역지사지 : 타인을 비난하거나 강요하기 전에 자신을 먼저 낮추고 상대의 마음을 헤아리는 모습을 보여 준다.
③ 감성 자극 : 객관적인 자료나 언어로 상대를 설득할 수도 있지만 다양한 채널로 접근하여 감성을 자극한다. 이메일이나 편지, 문자 등 감성에 호소하는 설득은 어떤 설득의 언어보다 강렬하다.
④ 촌철살인 : 상대방의 의도를 간파하는 짧은 한마디는 상대방의 마음을 한순간에 무너뜨릴 수 있다.
⑤ 차분한 논리 : 나의 이야기에 반대하는 타인을 외면하지 않고 논리적으로 설득하려 노력한다.

**20** ④ 정치적인 사상이나 신앙은 신념을 기본으로 하므로 충돌이나 논란의 근거가 될 수 있다.

**21** ④ 비언어적 메시지의 오용에 해당하는 커뮤니케이션 오류의 예를 들면, 불필요하게 시계를 자주 보거나 상대방이 이야기하는데 옷매무새를 가다듬는다든지 고개를 좌우로 흔드는 등의 불필요한 동작을 말한다. 이러한 동작들은 효과적인 커뮤니케이션을 방해한다.

**22** ① 소극적 경청에 대한 설명이다.
② 질문은 상대방의 의견을 변화시키는 적극적인 기능도 지니고 있다.
③ 고객과 처음 만나는 상황, 즉 그다지 신뢰와 친밀감이 형성되지 않은 고객에게 개인적인 사생활에 대해 질문을 하는 것에는 상당한 주의가 필요하다.
⑤ 공감은 인간관계가 심화된 경우에 가능한 커뮤니케이션 기술이다.

**23** ①, ②, ③, ④ 고객의 마음을 헤아리지 못하는 행동들이며, 말을 전달할 때 형식이나 어조는 문제 해결에 매우 중요한 영향을 미친다.

**24** ③ 메시지 내용 중 동의할 수 있는 것을 찾아 공감하는 것은 경청의 기본자세이다.

**25** ① 내용을 쉽고 명확하게 설명하는 것은 언어를 통한 커뮤니케이션이다.

**26** ①, ②, ③, ⑤ 전달자의 문제로 인한 커뮤니케이션 오류의 원인이다.

**27** ① '나 - 전달법'의 형식은 '상황(상대방의 행동) - 결과(나에게 미친 영향) - 나의 느낌'이 된다.

**28** ① 경청의 1, 2, 3 기법은 서비스 직원은 한 번 말하고, 고객의 말을 두 번 경청하고, 대화 중에 세 번 맞장구를 치는 것이 효과적인 커뮤니케이션을 이끌어낸다는 것이다.

**29** ① 어원은 라틴어의 '나누다'를 의미하는 'communicare' 이다. 어떤 사실을 타인에게 전하고 알리는 심리적인 전달의 뜻으로 쓰인다.

**30** ② 권력 집중도가 높고, 한 사람에 의해 정보가 관리되며, 정보 확산 속도 및 의사 결정 속도가 빠른 커뮤니케이션 네트워크는 수레바퀴형이다. Y형은 대다수의 구성원을 대표하는 인물이 존재하는 경우에 나타나는 형태이다.

**31** ① 심리학자 아론슨은 부정과 긍정의 내용을 혼합해야 하는 경우, 선 부정, 후 긍정으로 말하는 것이 효과적인 커뮤니케이션 방법이라고 하였다.

**32** ② 조직 내 커뮤니케이션을 활성화하기 위해서는 최고경영진의 관심과 지원이 필요하다. 자유로운 의사소통 분위기를 위해 상호 다양한 커뮤니케이션 수단을 활용할 수 있어야 하지만, 모든 사안을 보고하도록 하는 것은 부하들에게 부담감을 줄 뿐 조직 내 커뮤니케이션의 활성화에 도움이 되지 않는다.

**33** ② 낙인 효과는 부정적인 경력은 편견을 야기시키고, 이미지 형성이나 인간관계에도 반영되어 부정적인 인상 형성에 영향을 주게 된다는 것이다.

**34** ⑤ 호손 효과는 다른 사람들이 지켜보고 있다는 사실을 의식함으로써 그들의 전형적인 본성과 다르게 행동하는 현상이다.

**35** ③ 플라시보 효과는 긍정적인 심리적 믿음이 신체를 자연 치유하는 데 큰 역할을 한다는 것이다.

**36** ⑥ 협상에 착수하기 전 자신이 가진 대안을 충분히 검토하고 준비하면, 협상할 때 주요 장애물이 무엇인지 쉽게 알 수 있다.

**37** ① 피그말리온 효과는 누군가에 대한 사람들의 믿음이나 기대, 예측이 그 대상에게 그대로 실현되는 경향이다.

**38** ⑦ 협상을 성공적으로 진행하려면 목표가 확실해야 하고, 협상 대상에 대해 자세하게 조사해야 한다.

**39** ④ 노시보 효과는 부정적인 심리적 믿음에 따른 부정적인 결과를 의미하는 현상이다.

**40** ⑤ 상품에 대한 독특한 특징이나 정보를 전달하는 것은 설득의 기술 중에 하나이다.
① 재고가 없더라도 다시 한 번 알아보는 노력을 하고, 최대한 상품을 제공할 수 있는 방법을 알아본다. 최종적으로 재고가 없을 경우 완곡하게 말하도록 한다.
② 현재 구매 가능한 상품을 적극적으로 설명하기보다 고객이 원하는 상품을 최대한 제공할 수 있는 방법에 대해 알아보는 노력을 해야 한다.
③ ⑤과 같이 응답할 경우 고객으로 하여금 노란색 의자를 구매하겠다는 의지를 증가시킬 수 있다.
④ ⑥과 같이 응답할 경우 언제라도 구매할 수 있다고 생각할 수 있으므로 고객의 구매 욕구를 감소시킬 가능성이 크다.

**41** ⑤ 'AREA의 법칙'은 주장–이유–증거–주장의 순으로 자신의 의견을 전달하는 협상 기법이다.

**42** ④ 플라시보 효과는 긍정적인 심리적 믿음이 신체를 자연 치유하는 데 큰 역할을 한다는 것이다.

**43** ③ 진전 단계는 각자 거래 조건을 제시하고 자기편에 필요한 사항을 최대한 확보하는 단계이다.
'가, 마'는 시작 단계로 상대방에게 좋은 첫인상을 주고 원만한 관계를 맺도록 해야 한다.
'나'는 탐색 단계에 대한 내용으로 상대에 대한 사실을 확인해야 한다.
'라'는 합의 단계로 합의 내용을 구두로 확인하고 협상 내용에 따라 계약서 등의 문서를 작성한다.

**44** ② 협상에서의 반론 제기는 상당한 스킬이 요구된다. 협상이 잘 진행되다가도 반론 제기를 잘못해서 일을 그르치게 되는 경우가 의외로 많다. 효과적으로 반론을 하기 위해서는 반론 기회 탐색, 긍정적으로 시작하기, 반론 내용 질문, 반대 이유 설명, 반론 내용 요약해서 말하기 등의 순서로 하는 것이 좋다.

**45** ② 고객 맞이하기 전에 바로 판매 상담으로 진입하게 되면 고객이 구매에 대한 압박으로 판단하게 되어 부담을 많이 갖게 되는 전형적인 오류

**46** ① 기본적인 인사이면서 좋은 분위기를 형성하고 고객을 편안하게 해 주는 목적
※ 첫 대면 구성 : 인사/밝은 분위기 조성/회사 소개/자기 소개/상담, 판매의 철학/상담의 목적

**47** ① 공감적 커뮤니케이션에 실패. 공감적 커뮤니케이션의 목적은 간결함이 아님.
② 공감적 경청은 고객의 이야기에 대한 적절한 응대와 호응, 정리 및 효과적 질문 등으로 이루어짐.
③ 상담의 목적 달성은 공감적 커뮤니케이션의 목적과 다름.
④ 냉정한 반응으로는 공감대를 형성할 수 없고 커뮤니케이션의 목적에 부합하지 않음.

**48** ① 신체 언어에는 얼굴 표정, 눈의 접촉, 고객 끄덕이기, 몸의 움직임, 자세 등이 포함되고, 의사 언어에는 말투, 음조의 변화, 음고, 음량의 정도, 말의 속도, 발음 등이 있다.

**49** ⑤ 고객의 유형은 상황을 잘 정리해서 이야기하고, 정확성을 추구하는 신중형의 고객이다. 이러한 고객과 의사소통을 할 때는 핵심 지시와 기준에 주의를 기울이고, 문제 상황을 정확하게 전달해야 한다.

**50** ④ 질문의 효과는 질문에 대답을 하면서 스스로 설득되는 것으로 서비스 직원의 논리적인 설득은 질문의 효과라고 할 수 없다.

**51** ② 상담을 성공적으로 진행하려면 고객에게 많은 정보를 얻어 고객이 진정으로 원하는 상품을 제공하고 서비스하는 것이 바람직하다.

**52** ② 경청은 효과적인 질문을 통해 더욱 강화된다. 판매원 2의 질문은 고객의 이야기를 더 듣고자 하는 적극적 경청의 일환이다.

**53** ⑤ 고객이 구매에 따른 장점을 스스로 확인하여 의사 결정에 긍정적인 만족감을 가질 수 있게 된다.

**PART 05** 실전 예상 문제 | p.274 |

| 01 ④ | 02 ① | 03 ④ | 04 ③ | 05 ⑤ | 06 ② | 07 ④ | 08 ③ | 09 ④ | 10 ② |
|---|---|---|---|---|---|---|---|---|---|
| 11 ④ | 12 ③ | 13 ⑤ | 14 ③ | 15 ② | 16 ⑤ | 17 ③ | 18 ① | 19 ② | 20 ③ |
| 21 ④ | 22 ② | 23 ③ | 24 ⑤ | 25 ② | 26 ⑤ | 27 ⑤ | 28 ② | 29 ① | 30 ② |
| 31 ② | 32 ③ | 33 ② | 34 ① | 35 ⑤ | 36 ③ | 37 ④ | 38 ④ | 39 ③ | 40 ② |
| 41 ② | 42 ⑤ | 43 ④ | 44 ③ | | | | | | |

**01** ④ 회의 개최지 선정 과정은 회의 목적과 목표 확인 ⇨ 회의 형태와 형식 개발 ⇨ 회의에 필요한 물리적 요구 사항 결정 ⇨ 참가자의 관심과 기대의 정의 ⇨ 장소와 시설의 종류 선택 ⇨ 평가 및 선정의 순이다.

**02** ① MICE 산업은 지식 집약적 산업으로 호텔, 쇼핑, 이벤트 등 다양한 산업과 밀접하게 연계되어 고양질의 관광객을 유치할 수 있는 미래형 고부가 가치 산업이다.

**03** ④ 인센티브 여행은 여행의 즐거움이나 새로운 경험 및 지식의 습득, 구성원들 간의 상호 이해를 통해 회사의 분위기 쇄신이나 사기 향상, 영업 실적 향상에 (상여금 지급과 같은 직접적인 포상 방법보다) 효과가 높은 것으로 밝혀졌다.

**04** ③ 워크숍(Workshop)에 해당하는 내용이다.
• 패널 토의 : 패널 토의는 청중이 모인 가운데 2~8명의 전문가가 사회자의 주도하에 서로 다른 분야에 대한 전문가적 견해를 발표하는 공개 토론회이다.

**05** ⑤ 컨벤션 산업은 무형의 홍보 효과 및 관광 산업과의 결합 등 유형적 가치보다 부수적으로 유입되는 무형의 가치가 더 큰 산업이다.

**06** ① 일반적으로 마이스 방문객들이 더 많은 금액을 소비한다.
③ 관광 산업은 B2C, 마이스 산업은 (기업을 대상으로 하여) B2B로 일어난다.
④ 비정부 기구의 활동 증대는 MICE 산업을 확산시키는 요인으로 작용한다.
⑤ 국제협회연합(UIA)는 컨벤션을 300명 이상, 외국인 40% 이상, 참가국 수 5개국 이상, 회의 기간 3일 이상의 조건을 갖춘 회의로 정의하였다.

**07** ④ 의전은 국가 원수 및 고위급 인사의 영접 시 VIP 고객을 위해 행해지는 예절 활동이므로 행사 규칙을 따르도록 강요해서는 안 된다.

**08** ③ 지역 컨벤션 대행 업체(DMC)는 컨벤션 산업의 구성 요소에서 서비스 제공자에 해당된다.

**09** ④ CVB는 비영리 목적으로 운영된다.

**10** ①, ⑤ 행사의 실행 단계 및 사후 평가 단계
③, ④ 행사 준비 완료 단계

**11** ④ 컨벤션은 다양한 국가에서 참가하기 때문에 모든 참가자들의 시차를 고려하기 어렵고, 출입국 절차는 국가 간 관리 범위이기 때문에 고려하기 어려운 사항이다.

**12** ① 장소 선정 시 시설과 주변 환경도 중요하지만, 서비스와 종사원의 능력이 매우 중요하다.
② 공공시설은 회의 비용을 절약할 수 있지만 편의 시설이 부족할 수 있으므로 행사 주최자와 충분히 상의하여 결정해야 한다.
④ 개최지의 명성이나 이미지가 좋아야 참가자의 유입을 긍정적으로 기대할 수 있다.
⑤ 회의실 임대료는 운영 경비 중 많은 부분을 차지하므로 행사 주최자와 상의하여 적당한 장소를 선정해야 한다.

**13** ⑤ 이러한 좌석 배치는 공간 면적이 넓게 차지하게 때문에 소규모의 참가자일 때 가능하다.

**14** ③ 작성된 등록 신청서는 등록 현황을 효율적으로 관리하기 위해서 등록자 명단, 참가자 숙박 정보 등에 대한 정보를 데이터베이스로 구축해야 한다.

**15** ①, ③, ④, ⑤ 사전 등록에 대한 설명이다.

**16** ⑤ 의전은 조직이나 국가 간에 이루어지는 예절로 국가가 관여하는 공식 행사에서 지켜야 할 규범 또는 기업에서 대내외적 업무 지원 활동 중 임원 및 사외이사 등에게 행해지는 예절 활동이다.

**17** ③ 상호주의는 상호 배려의 다른 측면으로 내가 배려한 만큼 상대방으로부터 배려를 기대하는 것이다.

**18** ① 목소리가 굵으면 신뢰감이 생겨 설득력이 높아진다.

**19** ② 행사 요원의 복장은 가급적 통일하여 착용한다.

**20** ③ 사전 정보는 의전 대상자의 일정과 상태를 파악하는 단계이고, 객실의 종류 및 이용 객실 수를 확인하는 것은 호텔 이용에 대한 준비를 할 때 확인해야 하는 것이다.

**21** ① 늦게 참석한 손님은 성명을 확인하고 조용히 좌석으로 안내한다.
② 손님이 연회 중 퇴장하기로 한 경우 사전에 부탁받은 시간에 낮은 목소리로 손님에게 시간을 알려 준다.
③ 회의 도중 손님에게 전화가 왔을 때는 페이징 서비스를 하도록 한다.
⑤ 행사 진행 시간은 다소 탄력적인 운영이 필요하지만 시간이 크게 초과되지 않도록 충분한 이해를 구한다.

**22** ② 여성 간의 서열은 기혼 여성, 미망인, 이혼한 부인, 미혼 여성의 순이다.

**23** ③ MICE 산업의 활성화를 위해 다양한 지원을 위해서는 정부와 지역 사회의 적극적인 참여가 필요하다.

**24** ⑤ CIQ는 출입국 시 반드시 거쳐야 하는 3대 수속을 의미하고, 법령에서 정한 VIP의 경우 공항 귀빈실을 이용할 수 있도록 안내한다. 참가 회의에 관한 안내 사항 전달은 해당되지 않는다.

**25** ② 컨벤션 행사에 누가 참가하느냐에 따라 참가자 수가 달라질 수 있어 예상 참가자 명단을 작성한다.

**26** ⑤ 개최지 선정 시 접근성, 물가 수준, 장소 적합성, 숙박 시설 적합성 등을 주로 고려하나 참가자들의 '시차적응' 문제는 고려하지 않음.

**27** ⑤ 호텔 선택은 의전 대상자 형성에 결정적인 영향을 끼치므로 의전 대상자의 방문 목적, 사회적 지위 등을 고려하여 선정한다.

**28** ② 마이스(MICE) 산업은 기업 회의(meeting), 포상 관광(incentives), 컨벤션(convention), 전시(exhibition)를 융합한 새로운 산업을 말한다.

**29** ① CVB(Convention and Visitors Bureau)는 컨벤션 주최 측과 참가자 및 지역 사회 관련 단체 간의 중재자로서의 역할을 하면서 지역 경제에 이바지한다.

**30** ② 행사 참가자들은 관광과 쇼핑, 레저 활동을 병행하기 때문에 부대시설이 다양하게 잘 갖추어졌는가를 고려해서 숙박 장소를 선정해야 한다.

**31** ② 현장 등록은 컨벤션이 개최되기 전에 등록하지 못하고, 행사 당일 현장에서 등록하는 것이다. 참석자의 참여도를 높일 수 있는 등록 절차로, 행사 당일의 시간 절약과 혼잡을 피할 수 있는 등록 절차는 사전등록이다.

**32** ① PCO(Professional Congress Organizer)는 국제 회의 개최와 관련한 다양한 업무를 행사 주최 측으로부터 위임받아 부분적 또는 전체적으로 대행해 주는 영리 업체이다.

**33** ② 컨퍼런스는 공식적인 상호 의견 교환 및 공통 관심사항을 토의하고자 두 명 이상의 사람들이 모이는 회의이다.

**34** ① 포럼에서 청중들은 자유롭게 질의할 수 있고, 사회자가 최종적으로 의견을 종합하여 정리한다.

**35** ⑤ 패널에서 사회자의 주도하에 청중 상호 간의 토론과 발표가 자유롭다.

**36** ③ 세미나는 교육 및 연구 목적을 가진 소규모적인 회의로, 보통 학술 연구에 활용한다.

**37** ④ 워크숍은 간편하고 짧은 프로그램으로 각 전문 분야의 주제에 대한 아이디어, 지식, 기술 등을 서로 교환하여 새로운 지식을 창출하고 개발하는 것이 목적이다.

**38** ④ 조직의 목표를 달성하기 위하여 부서 간, 직위 간의 원활한 의사소통이 필요하다. 회의를 통해 각자의 역할을 이해하도록 해야 한다.

**39** ③ 전시회는 마케팅 활동의 하나로 제품 생산자 및 판매업자들이 제품을 홍보 혹은 판매하기 위하여 정해진 장소에서 관람객과 잠재적 바이어에게 제품의 전시 홍보, 거래 등의 활동을 하는 것

**40** ② B : 테이프 컷팅은 건물의 주 출입구 앞이 일반적이고, 장갑과 가위는 쟁반에 담아 참가 인사에게 전달한다. 이때 장갑과 가위는 참가 인사의 변동이 있을 수 있으므로 여유 있게 준비한다.

**41** ② MICE는 회의(Meeting), 포상 관광(Incentives), 컨벤션(Convention) 및 이벤트와 전시(Events & Exhibition)를 아우르는 조어로 주로 동남아 지역에서 사용되고, 미주 지역에서는 Events, 유럽 지역에서는 Conference 라는 용어가 더 광범위하게 통용되고 있다.

**42** ⑤ 유행하는 유머를 이해하지 못하는 사람이 있거나 제대로 표현하지 못하게 되면 프레젠테이션 분위기에 부정적인 영향을 미치게 된다.

**43** ④ 호의를 가지고 배려해 주는 비즈니스 파트너의 자가운전 차량으로 이동할 시에는 운전자의 옆자리가 가장 바람직하다.

**44** ③ 엘리베이터에서는 가급적 조용히 있거나 가벼운 대화를 나누도록 한다. 이동 후 일정이나 주요 면담자 등 중요한 내용은 회의실이나 다른 정해진 장소에서 정확하게 전달해야 한다.

| p.290 |

**FINAL** 실전 동형 모의고사

| 01 ④ | 02 ② | 03 ⑤ | 04 ③ | 05 ① | 06 ② | 07 ① | 08 ⑤ | 09 ② | 10 ① |
|------|------|------|------|------|------|------|------|------|------|
| 11 ② | 12 ⑤ | 13 ④ | 14 ⑤ | 15 ② | 16 ① | 17 ④ | 18 ② | 19 ⑤ | 20 ② |
| 21 ① | 22 ① | 23 ③ | 24 ③ | 25 ② | 26 ② | 27 ① | 28 ① | 29 ② | 30 ③ |
| 31 ② | 32 ① | 33 ⑤ | 34 ④ | 35 ⑤ | 36 ⑤ | 37 ④ | 38 ③ | 39 ④ | 40 ④ |
| 41 ② | 42 ③ | 43 ④ | 44 ① | 45 ③ | 46 ⑤ | 47 ⑤ | 48 ④ | 49 ① | 50 ③ |

**01** ④ 갑자기 마주쳤을 때라도 즉시 인사하는 것이 예의이다.

**02** ① 매너는 에티켓을 외적 행동으로 표현하는 것이다.
③ 에티켓과 매너의 기본은 상대방을 존중하는 데 있다.
④ 에티켓은 사회생활을 원활히 하기 위한 사회적 불문율이지만 법적 구속력을 갖지는 않는다.
⑤ 에티켓은 타고난 것이 아니라 훈련을 통해 바람직한 에티켓을 지킬 수 있다.

**03** ① 지명인과 바로 연결이 안 될 경우 다시 전화할 것인지 이쪽에서 전화할 것인지에 대해 물어본다.
② 지명인이 부재중일 경우 지명인의 개인적인 사유에 대해서는 말하지 않는다.
③ 전화 응대 중 전화가 걸려 온 경우는 고객에게 양해 말씀을 드리고 전화를 받는다.
④ 회사의 위치를 묻는 전화의 경우 현재 위치와 이용할 교통편을 먼저 물어본다.

**04** ① 향에 불을 붙인 후 입으로 불어 끄지 않고 왼손으로 가볍게 흔들어 끈다.
② 조의금은 형편에 맞게 성의를 표하는 정도로 한다.
④ 오랜만에 반가운 친지나 친구를 만나더라도 큰 목소리로 말하거나 웃고 떠들지 않는다.
⑤ 궂은일은 돕되, 장례 절차 등에 대해서는 간섭하지 않는다.

**05** ② 명백하게 냉담하고 무례한 서비스를 하는 직원에게는 팁을 주지 않아도 된다.
③ 팁은 보통 15% 정도가 적당하고 훌륭한 서비스에는 20% 정도 더 줘도 되지만, 너무 많이 주면 어리석게 보일 수 있다.
④ 팁은 서비스를 한 직원에게 직접 주고 사업주에게는 주지 않아도 된다.
⑤ 팁은 서비스 이용 시 매번 주도록 한다.

**06** ② 첫인상은 개인의 숨겨진 내면이나 성향을 확인하지 않고, 보이는 모습만을 통해 일방적으로 인식되고 형성된다.

**07** ② 특별한 반응 없이 무표정하다. ⇨ 거부, 귀찮음
③ 눈을 마주 보지 않는다. ⇨ 무관심, 거부, 부담감
④ 위아래로 훑어본다. ⇨ 불신, 경멸
⑤ 환하게 미소 짓는다. ⇨ 반가움, 호감 등의 긍정

**08** ⑤ 서비스 전문가의 메이크업은 신체의 장점을 부각하고 단점은 수정 및 보완하여 밝고 건강하게 보이도록 자연스럽게 연출해야 한다.

**09** ② 방향을 안내할 경우 고객의 입장과 방향에 맞게 구체적이고 정확하게 위치를 안내한다.

**10** ② 고관여 제품은 태도 변화가 어렵고 드물다.
③ 저관여 제품은 일상적으로 빈번하게 구매하는 제품인 경우에 해당한다.
④ 저관여 제품의 경우 제품군의 상표 간 차이가 미미할 경우 습관적으로 구매한다.
⑤ 고관여 제품은 능동적으로 제품 및 상표 정보를 탐색한다.

**11** ② 주관적 자아와 객관적 자아의 인식 차이를 축소하여 객관적 자아상을 확보할 수 있다.

**12** ① 감정형은 제스처를 잘 사용하고, 목소리가 다양하다.
② 사고형은 얼굴에 감정이 나타나지 않으며 목소리가 일정하다.
③ 예의와 격식을 차리고 정확성을 추구하는 행동유형은 신중형이다.
④ 사람들과의 접촉을 좋아하고 동기를 부여하는 환경을 만드는 행동 유형은 사교형이다.

**13** ④ 지각의 과부하, 선별적 감지, 지각적 방어 작용이 지각의 선택성을 결정한다.

**14** ⑤ 구매 후 불만이 있지만 아무런 행동을 하지 않는 고객 역시 불만 발생 후 행동의 한 유형이다. 이러한 고객은 말도 없이 떠나가는 매우 위험한 상태의 불만 고객이라고 할 수 있다.

**15** ① 신뢰 화법에 따르면 정중한 화법 70%, 부드러운 화법 30%로 섞어 사용하는 것이 적절하다.
③ 명령형의 표현은 거부감을 불러일으킬 수 있으므로 상대방이 내 의견에 따라올 수 있도록 청유형의 표현을 사용한다.
④ 상대방의 이야기를 많이 듣기 위해서 개방형의 질문을 많이 사용한다.
⑤ 쿠션 언어를 사용하면 부탁이나 거절을 할 경우 상대의 기분이 나빠지는 것을 최소화할 수 있다.

**16** ① 폐쇄적인 표현이다.

**17** ④ 마음에 드는 대안을 여러 개가 있을 경우 구매 후 부조화가 더욱 발생하게 된다.

**18** ① Carer(우호형)은 사실과 논리에 관한 논쟁보다는 개인적 견해와 감정을 논의한다.
③ Finder(분석형)에게 구체적 제안이나 수치화된 데이터, 객관성 있는 자료 등을 제시한다.
④ Speaker(성취형)에게는 스스로 사실을 발견하도록 도와주는 질문을 한다.
⑤ Finder(분석형)에게 확고부동한 사실을 근거로 한 증거를 제시한다.

**19** ⑤ 효과적인 전달을 위한 시청각 자료는 필요하지만 너무 많고 화려한 자료는 강의에 대한 집중을 방해한다.

**20** ② 명패 또는 명찰에는 이름과 소속, 직위 등을 기입한다.

**21** ② 세미나는 주로 교육 목적을 띤 회의로서 강사나 교수 등의 지도하에 특정 분야에 대한 경험과 지식을 발표하고 토론하는 회의이다.
③ 컨퍼런스는 두 명 이상의 사람이 모여 지식 공유나 특정 문제점, 전문적인 내용을 다루는 회의이다.
④ 렉처는 한 명의 전문가가 청중들에게 특정 주제에 대해 강연하는 것이다.
⑤ 워크숍은 각 전문 분야의 주제에 대한 아이디어, 지식, 기술 등을 서로 교환하여 새로운 지식을 창출하고 개발하는 것이 목적이다.

**22** ① 포상관광은 관광 비수기를 타개할 수 있는 좋은 상품이다.

**23** ③ MICE 산업은 관광 비수기 타개 전략으로 활용 가능하다.

**24** ③ 컨벤션 산업은 기업에서 영리 추구를 위해 개최하지만, 많은 경우 국제적인 현안을 토의, 협력하기 위하여 개최되는 공공성을 가진다.

**25** ② 악수는 연장자가 연소자에게 청한다.

**26** ② 대인지각은 객관적이고 논리적이기보다는 자신의 경험이나 사고를 바탕으로 주관적으로 행해지며 자신의 고정관념 등에 의해 영향을 받는다.

**27** ① TA는 자신 또는 타인, 관계의 교류를 분석하는 심리학으로 개인의 성장과 변화를 위한 체계적인 심리 치료법이다.

**28** ① 협상을 진행하는 동안에도 추가 조사를 하여 다른 잠재적 대안을 계속 개선하여야 한다.

**29** ② CVB(Convention and Visitors Bureau)는 비영리 목적으로 운영되고 있다.

**30** ③ 사회적 이미지는 특정한 사회 속에서 행하는 매너, 에티켓, 리더십, 자세 등을 통해 형성된 이미지이다.

**31** ② 자신을 낮춰서 하는 말로 상대방을 높여 주는 말이다.

**32** ① 경제적 고객은 기업으로부터 자신이 얻을 수 있는 효용을 조사하고 계산하다.

**33** ⑤ 개인적 고객은 CRM을 통한 고객 정보 활용이 효과적이다.

**34** ④ 윤리적 고객은 윤리적인 기업의 고객이 되는 것을 책무라고 생각한다.

**35** ⑤ 내방객이 대기하는 시간에 음료나 차를 대접한다.

**36** ① 고객을 처음 봤을 때에는 30도 보통례로 인사한다.
② 밀고 들어가는 문일 경우에는 먼저 문을 열고 들어간 후 문을 잡고 서서 고객이 들어오도록 안내한다.
③ 명함은 방문한 사람이 먼저 주는 것이 기본이나 고객에게는 직원이 먼저 주고 자신을 소개한다.
④ 고객 입장에서 안내해야 하므로 오른손을 사용하여 오른쪽을 가리키고, 왼쪽이라고 말한다.

**37** ④ 매니큐어는 항상 바르는 것이 기본이며 손톱이 짧은 경우 투명 매니큐어를 바른다.

**38** ③ 직원을 뚫어지게 보는 것은 직원을 의심하거나 불신하는 마음의 표현이다.

**39** '나, 마'의 행동은 사고형 고객의 단서들이다.

**40** ① 핸드폰이 고장 난 상황은 제품 사용 상황의 변화로 문제 인식이 발생한 것이다.
② 고객은 자신이 가진 핸드폰에 대한 정보가 없으므로 외적 탐색을 해야 한다.
③ 서비스 직원의 설명은 기업이 제공하는 원천에 해당하는 정보이다.
⑤ 마음에 드는 상품이 여러 개 있으면 고객은 구매 후 부조화로 심리적인 불안감을 느끼게 된다.

**41** ② 상담 원칙에서 고객의 말을 끝까지 잘 듣고 고객이 원하는 것이 무엇인지 파악하는 것이 제일 중요하다. 위의 사례는 고객의 말을 중간에 끊고 자기 주관적인 판단으로 일방적으로 의사소통하려는 잘못된 상담 사례이다.

**42** ① 가 - 호손 효과
② 나 - 피그말리온 효과
④ 라 - 플라시보 효과
⑤ 마 - 피그말리온 효과

**43** ④ 자동차 탑승 시 차주가 운전을 하는 경우 운전석 옆자리에 앉는 것이 매너이다.

**44** ① 회의는 개회 선언 ⇨ 국민의례 ⇨ 보고 사항 ⇨ 회의 안건 보고 및 채택 ⇨ 공지 사항 ⇨ 폐회의 순서로 진행한다.

**45** ③ 고객이 오해를 하거나 잘못 알고 있는 경우 문제가 발생해도 바로 고객에게 말을 하여 질책을 하면 감정적인 문제로 인해 해결이 어려워진다. 고객이 잘못했다는 것을 알리는 것보다 문제 해결에 집중해야 한다.

**46** ⑤ 서비스 기업에서만 불평 행동을 표출하는 것은 공적인 불평 행동이다.

**47** ⑤ 가격 인상 주장이 고객에게도 이점이 될 수 있음을 강조하여 납득시키는 것이 중요하다. 고객사의 입장과 대비하여 설명하는 것은 아니다.

**48** ④ 고객이 이해하기 쉽게 상황에 맞는 적합한 표현으로 전달해야 한다.

**49** ① Consumer Show의 구매자는 상품을 바로 사용하는 최종 소비자가 적합하고, Trade Show의 입장객은 사전에 정해지며 합법적으로 바이어임을 입증할 만한 증명서를 소지한 바이어 및 초청장 소지자만이 입장할 수 있다.

**50** ① Combined or Mixed Show는 Trade Show와 Consumer show의 두 가지 기능이 혼합된 전시회를 지칭한다. 기업 간 교역 촉진의 목적을 지향하지만 운영 및 재정적인 문제로 인해서 혼합적 성격을 띠고 있다.
② Consumer show는 전시회에 참가한 기업이 일반 소비자인 대중들을 주요 관람객으로 상대하는 전시회를 지칭한다.
④ 건축 및 인테리어 전시회, 건강 박람회, 결혼 상품 전시회 등의 유형은 Consumer show에 속한다.
⑤ Trade Show는 전문적 분야의 해당 제품이나 관련 제품만을 출품하도록 제한하는 것으로 산업 견본시, 전문 견본시라고도 불린다.

## Reference
# 참고 문헌

- 김병관(2007), 국제회의 유형별 기획속성에 관한 회의기획가의 인식차이 연구, 경희대학교 관광대학원 석사학위논문
- 김지아·유정아·박혜정(2015), 글로벌 매너 5W 1H, 지식인
- 도영태(2014), 언제나 이기는 프레젠테이션, 영진미디어
- 박지철(2013), 조직커뮤니케이션이 직무스트레스와 조직시민행동에 미치는 영향에 관한 연구, 공주대학교 대학원 박사학위논문
- 엄경아·이향정·연지영(2015), 서비스인을 위한 이미지메이킹, 지식인
- 오정주·권인아(2014), 비즈니스 매너와 글로벌 에티켓, 한올
- 오현숙(2001), 기업회의 특성에 관한 연구, 한림대학교 국제학대학원 석사학위논문
- 이기홍·이경미(2010), 글로벌 문화와 매너, 한올출판사
- 이영희·황혜진(2013), 이미지 창조경영, 연경문화사
- 이인경(2013), 인파워 & 서비스이미지메이킹, 백산출판사
- 이향정·오선미·김효실(2013), 글로벌 매너 글로벌 에티켓, 백산출판사
- 이화인(2009), 호텔 외식 고객행동, 기문사
- 이호길·문상정·송정선·박성수(2014), MICE산업과 국제회의, 백산출판사
- 이현정(2011), 감성지능이 조직시민행동에 미치는 영향, 이화여자대학교 대학원 박사학위논문
- 장민경(2007), 오피스 회의 공간 형태특성에 관한 연구, 청주대학교 산업경영대학원 석사학위논문
- 조계숙·최애경(2014), 비서실무론, 대영문화사
- 조영대(2007), 서비스학개론, 세림출판
- 조영대(2010), 글로벌 에티켓과 매너, 백산출판사
- 최기종(2006), 매너와 이미지메이킹, 백산출판사
- 최숙희(2013), 전시회의 물리적 환경이 참관객의 체험 및 만족도에 미치는 영향, 호서대학교 벤처전문대학원 박사학위논문
- 한진영·지계웅(2014), 컨벤션경영론, 새로미
- 국회사무처 국제국(2004), 국회의전편람, 국회사무처
- 고객불만관리의 성공포인트, LG주간경제, 2007
- Robbins, Stephen P. 저, 김지성 역(2005), 조직행동론, PEARSON EDUCATION KOREA
- 한국MBTI연구소 www.mbti.co.kr
- 한국교류분석협회 www.ta.or.kr
- 한국교육컨설팅연구소 www.kdisc.co.kr
- 제리 와이즈먼 저, 정해동 역(2004), 파워 프레젠테이션, 한언
- 하영목·최은석(2007), 프레젠테이션의 정석, 팜파스
- 제리 와이즈먼(2004), 파워 프레젠테이션, 한언

## 김화연 교수

저자 약력
- 숙명여자대학교 식품영양학 학사
- 세종대학교 관광대학원 외식경영학 석사
- 세종대학교 대학원 호텔관광경영학 박사

現, 백석대학교 관광학부 항공서비스 전공 부교수
　　한국생산성본부 파트너 강사

前, 백석예술대학 관광학부 겸임 교수
　　혜음커뮤니스 대표
　　㈜삼국교육문화연구원 이사
　　대한항공 객실 승무원
　　지식경제부 파트너 강사
　　㈜루트컨설팅 파트너 강사
　　세종대학교 호텔관광외식경영학부 외래 교수
　　수원대학교 호텔관광학부 외래 교수
　　수원과학대학교 항공관광과/관광영어과 외래 교수

주요 저서
- SMAT Module A 비즈니스 커뮤니케이션 (박문각출판)
- SMAT Module B 서비스 마케팅·세일즈 (박문각출판)
- SMAT Module C 서비스 운영전략 (박문각출판)
- 항공객실업무론 (백산출판사)

SMAT

Module Ⓐ
비즈니스 커뮤니케이션

| | | | |
|---|---|---|---|
| 제1판 발행 | 2014년 1월 10일 | 제7판 발행 | 2019년 9월 30일 |
| 제2판 발행 | 2014년 6월 25일 | 제8판 발행 | 2020년 11월 10일 |
| 제3판 발행 | 2015년 1월 10일 | 제9판 발행 | 2021년 11월 10일 |
| 제4판 발행 | 2016년 7월 25일 | 제10판 발행 | 2023년 1월 5일 |
| 제5판 발행 | 2018년 1월 10일 | 제11판 발행 | 2023년 12월 20일 |
| 제6판 발행 | 2019년 2월 20일 | 제12판 초판 인쇄 | 2025년 1월 2일 |
| | | 제12판 초판 발행 | 2025년 1월 6일 |

저자와의
협의하에
인지생략

편 저 자　김화연　　　　　발 행 인　박 용
발 행 처　(주)박문각출판　　등　　록　2015. 4. 29. 제2019-000137호
주　　소　06654 서울시 서초구 효령로 283 서경 B/D 4층
전　　화　교재 주문 (02)6466-7202　　팩　　스　(02)584-2927

정가 17,000원
ISBN 979-11-7262-388-3

# SMAT

## Module Ⓐ
### 비즈니스 커뮤니케이션

김화연 편저

## 핵·심·용·어

## PART 01

# 비즈니스 매너 및 에티켓

**1장** 매너와 에티켓

| | |
|---|---|
| 매너의 의미 | • 매너는 수행해야 하는 일을 위해 행동하는 구체적인 방식(way)이다.<br>• 매너의 기본은 상대방을 존중하는 데 있고, 상대방을 배려함으로써 편안하게 하는 행동 방식이다.<br>• 매너는 에티켓을 외적 행동으로 표현하는 것이다. |
| 에티켓의 의미 | • 법적 구속력을 갖고 있지는 않지만 사회생활을 원활히 하기 위한 사회적 불문율이다.<br>• 모든 사회생활과 장소에서 취해야 할 바람직한 행동 양식으로, 사회생활을 부드럽게 하기 위해 지켜야 할 규범적 성격을 가진다. |
| 예의범절의 의미 | • 예의범절은 일상생활에서 갖추어야 할 모든 예의와 절차를 의미한다.<br>• 예의범절은 에티켓의 동양적인 개념이며, 남을 대할 때의 마음가짐이나 태도, 배려를 표현하는 것으로 변화하였다.<br>• 예의범절은 유교의 사상적 성향을 수용하며 발전하였고, 유교 도덕 사상의 기본인 삼강오륜(三綱五倫)에 근간을 두고 발전하였다. |
| 서비스 매너의 의미 | • 서비스 경제 사회에서 직업인이 갖춰야 할 기본매너로써 성공을 위한 경쟁력의 원천이 된다.<br>• 고객과의 접점에서 이루어지는 모든 서비스 절차를 전달하는 서비스 제공자의 태도이다.<br>• 서비스 매너는 고객을 이해하고, 고객의 요구를 정확히 파악하여 대처하는 서비스 능력이다.<br>• 고품질의 서비스를 제공할 수 있도록 서비스에 관한 이해와 지식, 신뢰감을 심어 줄 수 있는 서비스 매너의 수행 능력을 배양해야 한다. |
| 비즈니스 네티켓의 의미 | • 네트워크(Network)와 에티켓(Etiquette)의 합성어로 네트워크상에서 올바른 공동체를 형성하기 위해 지켜야 할 매너이다.<br>• 인권, 타인의 사생활, 개인 정보, 지적재산권을 존중한다.<br>• 자신이 속한 곳의 문화와 규율에 맞게 행동한다. |
| 직장 내 호칭 | • 상급자에게는 성과 직위 다음에 '님'이라는 존칭을 사용하고, 하급자나 동급자는 성과 직위 또는 직명으로 호칭한다.<br>• 문서에는 상사의 존칭을 생략한다.<br>• 상사에 대한 존칭은 호칭에만 사용하고, 상사의 지시를 전달할 때는 '님'을 붙여 사용한다. |

## 2장 비즈니스 응대

| | |
|---|---|
| 인사의 의미 | • 인간관계의 첫걸음으로, 서로에 대한 가장 기본적인 예의이다.<br>• 자신의 인격과 교양을 외적으로 나타내는 것이다.<br>• 상대에 대한 감사와 존경을 표현하는 것이다.<br>• 서비스맨에게 인사는 고객에 대한 환영과 봉사 정신의 표현이다. |
| 인사의 종류 | **목례** : 눈으로 예의를 표하는 인사로 상체를 숙이지 않고 가볍게 머리만 숙여서 하는 인사<br>• 실내나 복도에서 자주 마주치는 경우<br>• 양손에 무거운 짐을 들고 있는 경우<br>• 모르는 사람과 마주칠 경우<br>• 통화 중일 경우<br><br>**약례** : 허리를 15도 정도 살짝 숙여서 하는 인사<br>• 실내나 통로, 엘리베이터 안과 같이 협소한 공간<br>• 화장실과 같은 개인적인 공간<br>• 상사나 손님을 여러 차례 만나는 경우<br>• 동료나 친한 사람, 손아랫사람과 만나는 경우<br><br>**보통례** : 인사 중 가장 많이 하는 인사로, 허리를 30도 정도 숙여서 하는 인사<br>• 손님이나 상사를 만나거나 헤어지는 경우<br>• 보편적으로 처음 만나 인사하는 경우<br>• 상사에게 보고하거나 지시를 받을 경우<br><br>**정중례** : 가장 정중한 표현으로 허리를 45도 정도 숙여서 하는 인사<br>• 감사의 뜻을 전할 경우<br>• 잘못된 일에 대해 사과하는 경우<br>• 면접이나 공식 석상에서 처음 인사하는 경우<br>• VIP 고객이나 직장의 CEO를 맞이할 경우 |
| 공수(拱手)의<br>의미 | • 공손한 자세로, 모든 행동의 시작을 의미한다.<br>• 엄지손가락은 엇갈려 깍지를 끼고 네 손가락을 모아서 포갠다. 평상시 남자는 왼손, 여자는 오른손이 위로 가도록 하고, 흉사(예 초상집, 영결식)에는 반대로 한다.<br>• 제사는 흉사가 아니므로 평상시의 공수 자세를 취한다. |
| 소개의 순서 | • 손아랫사람을 손윗사람에게<br>• 연소자를 연장자에게<br>• 지위가 낮은 사람을 지위가 높은 사람에게<br>• 남성을 여성에게<br>• 미혼인 사람을 기혼인 사람에게<br>• 집안사람을 손님에게<br>• 회사 사람을 외부 고객에게 |

| 악수의 방법 | • 원칙적으로 오른손으로 한다. 부상 등의 이유로 오른손으로 할 수 없는 상황이라면 양해를 얻고 사양하는 것도 방법이다.<br>• 적당한 거리에서 가벼운 미소로 상대방의 눈을 바라보며, 2~3번 상하로 가볍게 흔든다.<br>• 손윗사람이 손아랫사람에게 먼저 악수를 청한다.<br>• 자세로 허리를 곧게 펴고 악수한다. (국가 원수, 왕족, 성직자 등은 예외)<br>• 상대방이 악수를 청할 때 남성은 반드시 일어나야 하지만, 여성은 앉아서 해도 무방하다.<br>• 악수할 때 장갑은 벗어야 하지만, 여성의 경우 드레스와 함께 연출하는 장갑은 벗지 않아도 된다.<br>• 손이 더러울 경우에는 양해를 구한 후 닦고 하거나, 인사로 대신한다. |
|---|---|
| 명함 교환 방법 | • 명함은 상대방에게 자신의 소속과 성명을 알리고 증명하는 역할을 한다.<br>• 명함은 아랫사람(뭰 방문자, 직원)이 윗사람(뭰 고객)에게 먼저 준다.<br>• 선 자세로 교환하는 것이 예의이다. |
| 명함을 줄 때 | • 왼손을 받쳐서 오른손으로 주거나 두 손으로 공손히 건넨다.<br>• 상반신을 약간 가울이며 정중하게 인사를 하고, 소속과 이름을 정확히 말한다.<br>• 자신의 이름을 상대방이 바르게 볼 수 있도록 한다. |
| 명함을 받을 때 | • 명함을 받으면 반드시 자신의 명함을 주어야 한다.<br>• 명함이 없는 경우 정중히 사과하고, 상대의 의견을 물어 상대가 원할 경우 종이에 적어 준다.<br>• 상대의 명함을 확인하고, 읽기 어려운 글자가 있으면 그 자리에서 물어본다.<br>• 명함을 받은 후 대화가 이어질 경우 테이블 위에 올려놓고 직위와 이름을 기억하며 대화를 해야 하고, 대화가 끝난 후 명함집에 잘 보관한다.<br>• 명함을 받고 상대방과의 만남이 끝난 후 명함 상단에 날짜와 특기 사항을 기록해 상대방을 기억하도록 한다. |
| 자동차 탑승 매너 | • 윗사람이 타고 내릴 때에는 문을 열어드리고, 차에 탄 후 가볍게 고개를 숙여 인사한다.<br>• 운전사가 따로 있을 경우 운전사의 대각선 뒷좌석이 최상석이고, 운전기사 옆이 말석이다.<br>• 차주가 운전을 하는 경우 운전석 옆 좌석에 나란히 앉는 것이 매너이고, 운전석의 뒷좌석이 말석이다. |
| 복도에서 안내하기 | • 안내할 때는 사선 걸음으로 손님보다 2~3보 가량 비스듬히 앞서서 안내한다.<br>• 손님이 잘 따라오는지를 확인하면서 거리가 벌어지지 않도록 걷고, 모퉁이를 돌 때에는 방향을 잘 안내한다. |
| 계단/<br>에스컬레이터에서<br>안내하기 | • 계단과 에스컬레이터를 오를 때는 고객보다 한두 계단 뒤에서 안내하며 올라가고, 내려올 때는 고객보다 한두 계단 앞서 안내하며 내려온다.<br>• 스커트 차림의 여성을 안내할 경우에 계단을 올라갈 때는 남자가 먼저 올라가고, 내려올 때는 여자가 앞서 내려간다. |

| 엘리베이터에서 안내하기 | • 엘리베이터를 탈 때에는 미리 행선 층을 알려 주는 것이 매너이다.<br>• 상석은 들어가 좌측이고, 손님이 중앙에 선 경우 그 주위에 선다.<br>• 승무원이 없을 때는 버튼을 조작하기 위하여 손님보다 먼저 타고, 내릴 때는 안전하게 버튼을 누른 상태에서 손님을 먼저 내리게 한다.<br>• 승무원이 있을 때는 손님보다 나중에 타고, 내릴 때는 손님보다 먼저 내린다. |
|---|---|
| 문에서 안내하기 | • 당겨서 여는 문은 안내자가 문을 당겨 열고 서서 고객이 먼저 통과하도록 안내한다.<br>• 밀고 들어가는 문은 안내자가 먼저 통과한 후, 문 옆에 서서 문을 잡고 고객을 통과시키도록 한다.<br>• 수동 회전문은 손님을 먼저 들어가게 하고 손님의 걸음 속도에 맞추어 뒤에서 문을 밀어 준다. |
| 상석의 기준 | • 가장 편한 자리<br>• 입구에서 먼 곳<br>• 경치가 좋은 자리나 그림이 보이는 곳<br>• 소음이 적은 곳 등 심리적으로 안정을 줄 수 있는 곳<br>• 상사의 자리가 정해져 있는 경우, 상사와 가까운 자리나 오른쪽이 상석 |
| 조문 시 유의사항 | • 가까운 친지나 친구가 상을 당했을 때는 빨리 가서 장례 준비를 함께하는 것이 좋다.<br>• 반가운 친지나 친구를 만나더라도 큰 목소리로 말하거나, 웃고 떠들지 않는다.<br>• 정신적으로 힘든 유족에게 말을 너무 많이 시키지 않는다.<br>• 궂은일은 돕되, 장례 절차 등에 대해서는 간섭하지 않는다.<br>• 조의금은 문상을 마친 후 호상소에 접수하거나 부의함에 직접 넣고, 상주에게 직접 건네는 것은 결례이다.<br>• 조의금은 형편에 맞게 성의를 표하는 정도로 한다.<br>• 지나친 음주나 도박 등은 삼간다.<br>• 고인의 사망 원인이나 경위 등을 자세히 묻는 것은 유족의 마음을 불편하게 할 수 있으므로 삼간다.<br>• 업무상의 조문일 경우 너무 이른 시간이나 늦은 시간은 피하는 것이 좋다. |

## 3장 전화 응대 매너

| | |
|---|---|
| 상황별 전화 응대 | ① **전화 연결을 요청하는 경우**<br>• 지명인을 확인하고 연결한다.<br>• 연결 중 끊어질 경우를 대비해서 상대방에게 지명인의 직통 번호를 알려 준다. 이때 지명인의 개인 번호를 알려 줘서는 안 된다.<br>② **지명인과 바로 연결해 줄 수 없는 경우**<br>• 지명인이 바로 전화를 받을 수 없는 상황을 알려 주고, 기다릴 것인지에 대한 여부를 확인한다.<br>• 전화를 걸어야 하는 상황이라면 메모를 정확히 해서 지명인에게 바로 전달해야 한다.<br>③ **지명인이 부재중이라 연결해 줄 수 없는 경우**<br>• 부재중인 사유와 언제 돌아올 예정인지에 대해 알려 준다.<br>• 전화한 용건에 대해 묻고메모를 남겨 놓기 원하면 정확히 메모하여 지명인에게 가능한 한 빨리 전달한다.<br>• 부재중인 이유에 대해 지명인의 개인적인 사유에 대해서는 말하지 않는다.<br>④ **전화를 걸었을 때 찾는 사람이 부재중일 경우**<br>• 지명인이 언제 돌아올 예정인지를 확인한다.<br>• 다시 전화할 것인지, 지명인이 전화해 줄 것인지를 정한다.<br>• 메모를 정확히 남기고, 전화 받은 사람의 이름을 확인한다.<br>⑤ **전화가 잘 들리지 않는 경우**<br>• 전화 상태가 좋지 않음을 알리고, 다시 통화할 수 있도록 한다.<br>• 전화를 먼저 건 쪽에서 다시 하는 것이 맞으나, 상대방이 상사이거나 고객일 경우 연락처를 알고 있다면 내가 다시 거는 것이 바람직하다.<br>• "뭐라고요?", "잘 안 들리는데요."와 같은 표현은 쓰지 않도록 하고, "좀 멀게 들립니다."와 같은 완곡한 표현을 사용한다.<br>⑥ **회사의 위치를 묻는 경우**<br>• 상대방이 현재 있는 위치와 이용할 교통편을 묻는다.<br>• 전화 건 사람의 위치에서 전후좌우로 방향을 정확히 안내한다.<br>• 되도록 간단히, 중심이 되는 길이나 지하철 출구, 건물을 이용하여 알려 준다.<br>• 상황에 따라 약도를 핸드폰이나 팩스, 이메일로 전송하도록 한다. |
| 전언 메모의 내용 | • 전화를 받은 날짜와 시간, 전화받은 사람의 소속과 이름<br>• 전달받을 사람의 부서와 이름<br>• 전화 건 사람의 회사, 부서 및 직급, 이름, 연락처<br>• 전달할 내용은 When/Where/Who/What/Why/How로 정확히 메모<br>• 차후 연락할 방법(상대방이 다시 걸 예정인지, 담당자가 걸어 주어야 할 것인지의 여부) |

## 4장 글로벌 매너

| | |
|---|---|
| 레스토랑<br>이용 매너 | • 예약 시 이름, 연락처, 일시, 인원, 식사의 목적(例 생일, 환갑 등)을 미리 알려 준다.<br>• 예약한 시간은 반드시 지키고, 늦어질 경우나 못 지킬 경우에는 미리 연락한다.<br>• 도착하면 입구에서 예약자명을 확인하고 자리를 안내받도록 한다.<br>• 주문은 여성과 초대 손님이 먼저 하고, 남성을 동반한 여성은 남성에게 주문한 요리를 알려 주어 남성이 직원에게 주문한다.<br>• 초대를 받은 경우 중간이나 중상 정도 가격의 음식을 주문하는 것이 무난하다.<br>• 여유를 가지고 대화하며, 어렵거나 민감한 주제는 가급적 피하는 것이 좋다.<br>• 식사 중에 너무 큰소리를 내거나 크게 웃는 것은 삼가도록 한다.<br>• 직원을 부를 때는 오른손을 가볍게 들고, 나이프나 포크로 무언가를 가리키지 않는다.<br>• 테이블에서 화장을 고치는 것은 매너에 어긋나므로 화장실을 이용한다. |
| 팁(Tip) 매너 | • 팁이란 제공받는 서비스에 대한 조그만 감사의 표시이다.<br>• 팁을 줄 때 팁을 주는 장소나 금액 등을 고려해야 한다.<br>• 보통 15% 정도가 적당하나 서비스의 질에 따라 가감할 수 있다. |

## PART 02 이미지 메이킹

**1장** 이미지

| | |
|---|---|
| 이미지의 의미 | • 마음속에 그려지는 사물의 감각적 영상, 또는 심상을 의미한다.<br>• 개인이 어떠한 대상에 대해 가지는 일련의 신념, 아이디어 및 인상의 총체를 말한다.<br>• 개인의 지각적인 요소와 감성적인 요소가 결합되어 나타나는 이미지는 주관적인 것이라 할 수 있다.<br>• 이미지는 직접적인 경험 없이도 형성된다.<br>• 이미지는 인간이나 사물 등에 품고 있는 정서성을 동반하는 주관적인 평가이다.<br>• 이미지는 시각적인 요소 이외의 수많은 감각에 의한 이미지도 포함된다.<br>• 이미지는 본질적으로 인간의 커뮤니케이션 행위에 의해 형성, 수정, 변화되어 간다. |
| 이미지 관리 과정 | • **1단계 이미지 점검하기** : 자신의 이미지를 객관적으로 바라보고 자신의 장점과 단점의 이미지를 정확히 파악한다.<br>• **2단계 이미지 콘셉트 정하기** : 자신이 희망하는 이미지를 정한다.<br>• **3단계 좋은 이미지 만들기** : 자신이 희망하는 이미지를 형성하기 위하여 자신의 장점을 강화하고 단점을 보완한다.<br>• **4단계 이미지 내면화하기** : 일시적인 이미지가 아니라 진실된 이미지가 되도록 노력한다. |
| 지각의 특성 | • **주관성** : 개인의 사고 체계의 차이로 인하여 소비자들은 같은 상품에 대해 다르게 지각하게 된다. 소비자는 자기의 사고 체계, 감정, 신념에 부합하는 정보를 더 잘 받아들인다.<br>• **선택성** : 모든 자극을 받아들일 수 없기 때문에 관심이 있는 자극만을 지각하려고 한다. 지각의 과부하, 선별적 감지, 지각적 방어 작용이 지각의 선택성을 결정한다.<br>• **일시성** : 자극의 대부분은 오래 기억 속에 남아 있지 않는다. 일시적인 장시간의 광고보다 일정한 간격으로 반복되는 광고가 더 오래 지각될 수 있다.<br>• **총합성** : 소비자는 감각 기관으로 들어오는 자극을 총합하여 지각한다. 기업의 광고, 로고, 디자인 등 개별적인 자극을 통합하여 기업 전체의 이미지로 지각한다. |

## 2장 이미지 메이킹

| | |
|---|---|
| 이미지 메이킹의 개념 | • 이미지 메이킹이란 개인이 추구하는 목표를 이루기 위해 자기 이미지를 통합적으로 관리하는 행위이다.<br>• 자신이 속한 사회적 지위에 맞게 내적 이미지와 외적 이미지를 최상의 모습으로 만들어 가는 것<br>• 외적 이미지를 강화해서 긍정적인 내적 이미지를 끌어내는 시너지 효과를 일으키는 것이다. |
| 이미지 메이킹의 6단계 | • **1단계 자신을 알라(Know yourself)** : 자신에 대하여 정확히 파악하여 장점을 살리고 단점을 보완해 나간다.<br>• **2단계 자신의 모델을 선정하라(Model yourself)** : 자신이 선택한 모델을 모방하는 과정을 통해 자신의 개성이 드러날 수 있도록 노력한다.<br>• **3단계 자신을 계발하라(Develop yourself)** : 자신만이 가진 개성이나 장점을 더욱 가치 있게 만들어 상대방에게 긍정적인 관심을 갖도록 한다.<br>• **4단계 자신을 포장하라(Package yourself)** : 상황과 대상에 맞도록 표현하는 것이다.<br>• **5단계 자신을 팔아라(Market yourself)** : 자신을 살 수 있는 상대방을 만나 자신의 가치를 인식시키고 높은 평가를 받을 수 있도록 한다.<br>• **6단계 자신에게 진실하라(Be yourself)** : 상대방을 진실한 마음으로 대하여 신뢰 관계를 형성한다. |
| 이미지 형성과 관련한 효과 | ① **초두 효과**<br>• 처음 제시된 정보가 나중에 제시된 정보보다 기억에 훨씬 더 큰 영향을 주는 현상을 의미한다.<br>• 만남에서 첫인상이 중요한 것은 먼저 제시된 정보가 나중에 들어온 정보보다 전반적인 인상 형성에 강력한 영향을 미치기 때문이다.<br>• 첫인상이 나쁘면 나중에 아무리 잘해도 긍정적인 이미지로 바꾸기 어렵다는 것을 설명하는 효과이다.<br>② **최근 효과**<br>• 초두 효과와 반대의 의미로 시간적인 흐름에서 가장 마지막에 제시된 정보가 인상 판단에 중요한 역할을 한다는 것이다.<br>③ **후광 효과**<br>• 어떤 대상이나 사람에 대한 일반적인 견해가 그 대상이나 사람의 구체적인 특성을 평가하는 데 영향을 미치는 현상이다.<br>• 광배 효과(光背效果)라고도 하며, 어떤 사람이 갖고 있는 한 가지 장점이나 매력 때문에 다른 특성들도 좋게 평가되는 것이다.<br>④ **악마 효과**<br>• 후광 효과와 반대의 의미로, 외모로 모든 것을 평가하여 다른 모습을 보기도 전에 부정적으로 판단해 버리는 현상을 말한다. |

⑤ 부정성 효과
• 부정적인 특징이 긍정적인 특징보다 인상 형성에 더 강력하게 작용하는 것을 말한다.
• 사람들은 타인의 인상을 평가할 때 긍정적인 정보보다 부정적인 것에 더 큰 비중을 두고 인상을 평가한다.

⑥ 맥락 효과
• 맥락 효과는 처음에 인지된 이미지가 이후 형성되는 이미지의 판단 기준이 되고, 전반적인 맥락을 제공하여 인상 형성에 영향을 주게 되는 효과를 말한다.
• 온화한 사람이 머리가 좋으면 지혜로운 사람으로 보이고, 이기적인 사람이 머리가 좋으면 교활한 것으로 해석되기도 한다.

⑦ 빈발 효과
• 첫인상이 좋지 않게 형성되었다고 할지라도, 반복해서 제시되는 행동이나 태도가 첫인상과는 달리 진지하고 솔직하다면 점차 좋은 인상으로 바뀌는 현상을 말한다.

⑧ 호감 득실 효과
• 자신을 처음부터 계속 좋아해 주던 사람보다 자신을 싫어하다가 좋아하는 사람을 더 좋아하게 되고, 반대로 자신을 처음부터 계속 싫어하던 사람보다 자신을 좋아하다가 싫어하는 사람을 더 싫어하게 된다는 이론이다.

## 3장 인상/표정 및 기본 자세

| | |
|---|---|
| 첫인상의 특징 | • **신속성** : 첫인상이 전달되는 시간은 2초 내지 3초로 순간적으로 각인된다.<br>• **일회성** : 처음 한 번에 전달되고 각인되어진 정보는 평생 기억에 남고 변화되기 어렵다.<br>• **일방성** : 첫인상은 보이는 모습만을 통해, 평가하는 사람의 판단과 가치관에 따라 일방적으로 인식되고 형성된다.<br>• **연관성** : 첫인상은 개인의 연상을 통해 형성되므로 불확실하다. 실재 인물과 다른 사람을 떠올리거나 평소 머릿속에 인지되어 있던 정보와 혼동하여 첫인상으로 입력될 수 있다.<br>• **영향력** : 첫인상은 머릿속에 오래 남으며 좋지 않은 첫인상을 바꾸는 데에는 많은 시간과 노력이 필요하다. |

| 표정에 대한<br>상대방의 해석 | 나의 표정 | 상대방의 해석 |
|---|---|---|
| | 환하게 미소 짓는다. | 반가움, 호감 등의 긍정 |
| | 곁눈질로 본다. | 불만, 의심, 두려운 마음 상태 |
| | 미소를 갑작스럽게 멈춘다. | 말 또는 행동에 대한 불쾌함 |
| | 특별한 반응 없이 무표정을 유지한다. | 거부, 귀찮음 |
| | 눈을 마주치지 않는다. | 거부, 부담감, 숨기는 느낌, 집중하지 않는 상태 |
| | 눈을 크게 뜨고 계속 바라본다. | 흥미, 관심 |
| | 위아래로 훑어본다. | 불신, 경멸 |
| | 잠깐 미소를 짓다가 다시 무표정을 유지한다. | 자기에게 유리한 무언가를 계산하고 있음. |
| | 눈살을 찌푸린다. | 거절, 반대 |
| | 눈을 치켜뜨고 본다. | 거부, 항의 |
| | 눈을 내리뜨고 본다. | 거만한 자세 |

| | |
|---|---|
| 방향 안내 동작 | • 밝은 표정과 상냥한 음성으로 대화한다.<br>• 시선은 상대방의 눈을 먼저 보고, 가리키는 방향을 손과 함께 본 후 다시 상대방의 눈을 본다(삼접법 : 상대의 눈 ⇨ 지시 방향 ⇨ 상대의 눈).<br>• 손가락을 모으고 손목이 꺾이지 않도록 가리키는 방향을 유지한다.<br>• 손바닥이나 손등이 정면으로 보이지 않도록 45도 각도로 눕혀서 가리킨다.<br>• 오른쪽을 가리킬 때에는 오른손을, 왼쪽을 가리킬 때에는 왼손을 사용한다.<br>• 상대방의 입장에서 구체적이고 정확하게 위치를 안내한다.<br>• 한 손가락이나 고갯짓으로 지시하거나 상대방을 보지 않고 안내하는 무례한 행동은 피한다. |
| 물건 수수 자세 | • 물건을 건넬 때에는 양손으로 가슴과 허리 사이의 위치에서 주고받도록 한다.<br>• 반드시 양손으로 건네고 받는다.<br>• 작은 물건을 주고받을 때에는 한 손을 다른 한 손으로 받쳐서 공손히 건네도록 한다.<br>• 글자의 방향이 상대방을 향하도록 하고, 펜 등은 바로 사용하기 편하도록 건넨다. |

## 4장 용모 · 복장 이미지 메이킹

| | |
|---|---|
| 공공 기관, 서비스업의 이미지 | • 단정하고 편안한 이미지를 연출하는 것이 좋고, 너무 유행을 따르거나 반대로 유행에 뒤떨어진 스타일은 피해야 한다.<br>• 다양한 고객을 응대할 수 있도록 부담 없고 깔끔한 스타일을 연출한다.<br>• 정장의 색상은 베이지, 감색, 회색 등이 무난하고, 셔츠는 아이보리, 연한 핑크, 스카이블루 등 밝은 색이 좋다.<br>• 재킷과 바지 등 기본 스타일로 빈틈 없어 보이되, 부드럽게 연출한다.<br>• 액세서리는 단순한 것으로 1~2개 정도 착용하고, 지나친 화장은 피한다. |
| 유니폼 착용 기준 | • 유니폼은 회사에 대한 소속감과 동료 의식을 갖게 하고, 동시에 자부심과 프로 의식을 가지게 한다.<br>• 회사의 이미지를 고려하여 유니폼은 항상 단정하게 규정에 맞게 착용한다.<br>• 항상 청결을 유지해야 하고 구김 없이 착용한다.<br>• 명찰이나 신분증은 정위치에 부착해야 하고, 주머니에 볼펜 이외의 것은 넣지 않는다.<br>• 스커트 길이는 너무 짧지 않게 무릎 바로 위 길이 정도로 한다.<br>• 단추가 떨어지지 않았는지 옷에 구멍이나 이상은 없는지 신경 점검한다.<br>• 개인적인 액세서리는 가능한 피하도록 한다.<br>• 소매와 바지를 접어 입지 않는다.<br>• 개인의 취향에 따라 길이나 형태를 변형하여 입지 않는다.<br>• 유니폼 블라우스나 셔츠의 속이 비치지 않도록 주의한다. |
| 퍼스널 컬러의 의미 | • 자신이 가지고 있는 신체색과 조화를 이루어 생기가 돌고 활기차 보이도록 하는 개개인의 컬러를 의미한다.<br>• 컬러 진단(color creation)은 주로 퍼스널 컬러에서 개인의 피부, 머리카락, 눈동자 등의 색과 이미지에 따라 어울리는 색채 계열을 찾아 의상이나 헤어 컬러링, 메이크업을 하는 데 응용할 수 있다. |

## 5장 Voice 이미지

| | | |
|---|---|---|
| 음성의 구성 요소 | 음질 | • 목소리가 맑고 깨끗한지, 답답하고 탁한지에 대한 정도<br>• 음질이 좋지 않은 사람은 유음 'ㄹ'의 연습이 필요하다. |
| | 음량 | • 음량은 목소리의 크고 작음을 말하는 것<br>• 음량이 약하면 갈라지거나 쉰 음을 낼 수 있기 때문에 복식 호흡과 고성 발성의 연습이 필요하다. |
| | 음폭 | • 소리의 높낮이를 말하는 것으로 음폭이 넓으면 맑고 선명하고 힘이 있는 소리가 나온다.<br>• 음폭이 좁은 사람은 파열음 'ㄱ, ㄲ, ㅋ, ㄷ, ㄸ, ㅂ, ㅃ, ㅍ'의 연습이 필요하다. |
| | 음색 | • 음색이란 음질의 색으로 듣기 좋고 나쁨을 구별하는 것<br>• 음색을 좋게 하려면 어미 처리에 많은 연습을 해야 한다. |
| 좋은 목소리를 위한 관리 | | • 성대의 피로를 풀고 에너지를 보충하기 위하여 잠을 충분히 잔다.<br>• 목을 아끼기 위하여 말을 많이 하지 않는다.<br>• 속삭이듯 너무 작은 소리나 큰 소리를 내지 않도록 한다.<br>• 헛기침은 성대에 무리를 주므로 삼간다.<br>• 감기 기운이나 몸에 이상이 있는 경우 가능한 한 말을 하지 않는다.<br>• 성대가 편안한 위치에서 발성이 되기 쉽도록 복식 호흡을 한다.<br>• 건강한 몸에서 좋은 목소리가 나오므로 운동을 꾸준히 한다.<br>• 물을 자주 마시고, 탄산음료나 카페인 음료는 피한다.<br>• 술, 담배, 건조한 환경은 되도록 피하도록 한다.<br>• 밤에 음식을 섭취하고 누우면 위산이 역류하여 식도에 무리를 주므로 야식을 삼간다. |

# PART 03 고객 심리의 이해

## 1장  고객에 대한 이해

| | | |
|---|---|---|
| 고객의 개념 | • 일반적인 정의는 상품과 서비스를 제공받는 사람들로, 광의의 해석에서 고객은 기업의 상품을 습관적으로 구매하는 소비자뿐만 아니라 기업과 직간접적으로 거래하고 관계를 맺는 모든 사람들이다.<br>• 고객은 다양한 욕구를 가지고 있으며, 많이 구매한 고객일수록 요구 사항이나 바라는 것이 많다.<br>• 한 번 마음이 떠난 고객이 돌아오기는 매우 어렵지만 불만을 잘 관리하면 단골이 될 수 있다. | |
| 고객의 기본심리 | 환영 기대 심리 | 고객은 언제나 환영받기를 원하므로 항상 밝은 미소로 맞이해야 한다. |
| | 독점 심리 | 고객은 모든 서비스에 대하여 독점하고 싶은 심리가 있다. |
| | 우월 심리 | 고객은 서비스 직원보다 우월하다는 심리를 갖고 있으므로 서비스 직원은 직업 의식을 가지고 고객의 자존심을 인정하고 자신을 낮추는 겸손한 자세가 필요하다. |
| | 모방 심리 | 고객은 다른 고객을 닮고 싶은 심리를 갖고 있다. |
| | 보상 심리 | 고객은 비용을 들인 만큼 서비스를 기대하고, 손해를 보고 싶지 않은 심리를 갖고 있다. |
| | 자기 본위적 심리 | 고객은 각자 자신의 가치 기준을 가지고, 항상 자기 위주로 모든 상황을 판단하는 심리를 가지고 있다. |
| | 존중 기대 심리 | 중요한 사람으로 인식되고, 기억해 주기를 바란다. |
| 고객의 기대에 대한 영향 요인 | • **내적 요인** : 개인적 욕구, 관여도, 과거의 서비스 경험<br>• **외적 요인** : 고객이 이용할 수 있는 경쟁력 대안들, 구전 커뮤니케이션<br>• **상황적 요인** : 고객의 정서적 상태, 환경적 조건, 시간적 제약<br>• **기업 요인** : 서비스 의사 결정에 영향을 미치는 촉진 전략, 가격, 유통 구조에 의한 관리 성과 서비스 수준 기대, 서비스 직원의 역량, 유형적 단서의 제공, 기업 이미지, 브랜드 이미지 | |

## 2장 고객의 구매 행동 이해

| | | |
|---|---|---|
| 관계 진화 과정에 따른 분류 | 잠재 고객 | 기업의 제품을 구매하지 않은 사람들 중에서 향후 고객이 될 수 있는 잠재력을 가진 집단이나 아직 기업에 관심이 없는 고객 |
| | 가망 고객 | 기업에 관심을 보이는 신규 고객이 될 가능성이 있는 고객 |
| | 신규 고객 | 처음 거래를 시작한 고객 |
| | 기존 고객 | 2회 이상 반복 구매를 한 고객으로 안정화 단계에 들어간 고객 |
| | 충성 고객 | 제품이나 서비스를 반복적으로 구매하고 기업과 강한 유대 관계를 형성하는 고객 |
| 참여 관점에서의 고객 | 직접 고객 (1차 고객) | 제품이나 서비스를 구입하는 사람 |
| | 간접 고객 | 최종 소비자 또는 2차 소비자 |
| | 내부 고객 | 회사 내부의 직원 및 주주 |
| | 의사 결정 고객 | 직접 고객의 선택에 커다란 영향을 미치는 개인 또는 집단 |
| | 의견 선도 고객 | 제품의 평판, 심사, 모니터링 등에 참여하여 의사 결정에 영향을 미치는 사람 |
| | 경쟁자 | 전략이나 고객 관리 등에 중요한 인식을 심어 주는 고객 |
| | 단골 고객 | 기업의 제품이나 서비스는 반복적, 지속적으로 애용하는 고객이지만, 추천할 정도의 충성도가 있지는 않은 고객 |
| | 옹호 고객 | 단골 고객이면서 고객을 추천할 정도의 충성도가 있는 고객 |
| | 한계 고객 | 기업의 이익 실현에 방해가 되는 고객으로 고객 명단에서 제외하거나 해약 유도를 통해 고객의 활동이나 가치를 중지시킨다. |
| | 체리 피커 | • 신포도 대신 체리만 골라 먹는다고 해서 붙여진 명칭으로, 기업의 상품이나 서비스를 구매하지 않으면서 자신의 실속 차리기에만 관심을 두고 있는 고객<br>• 기업의 서비스나 유통 체계의 약점을 이용해, 잠시 동안 사용하기 위해 상품이나 서비스를 주문했다가 반품하는 등의 행동을 하는 고객 |
| 그레고리 스톤 (Gregory Stone, 1945)의 고객 분류 | 경제적 고객 (절약형 고객) | • 자신이 투자한 시간, 돈, 노력에 대해 최대의 효용을 얻으려는 고객<br>• 기업으로부터 자신이 얻을 수 있는 효용을 면밀히 조사하고 계산함. |
| | 윤리적 고객 | • 구매 의사 결정에 있어 기업의 윤리성이 큰 비중을 차지하는 고객<br>• 사회적 기부 또는 환경을 위해 노력하는 이미지를 강조하는 마케팅이 필요함. |

| | | |
|---|---|---|
| | 개인적 고객 (개별화 추구 고객) | • 일괄된 서비스보다 자기를 인정해 주는 맞춤형 서비스를 원함.<br>• 고객 관계 관리(CRM) 등을 통한 고객 정보 활용이 선행되어야 함.<br>예 VIP창구에서 맞춤형 상담을 받기 원하는 고객<br>  친절한 태도를 중요하게 생각하는 고객 |
| | 편의적 고객 | • 서비스를 받는 데 있어서 편의성을 중시하는 고객<br>• 편의를 위해서라면 추가 비용을 지불할 의사가 있음.<br>예 실시간 배달서비스 선호하는 고객 |
| 사회 계층 구조의 유형 | 폐쇄적 계층 구조 | • 사회에서 한 개인의 지위가 귀속적으로 결정되기 때문에 다른 계층으로 상승 또는 하강할 수 있는 기회가 극히 제한되어 있는 구조를 말한다.<br>• 고대의 노예제나 봉건 사회, 카스트제 등에서 나타나는데, 부모의 지위가 자녀의 지위로 변함없이 이어지고, 구성원 간의 혼인도 대부분 계층 내에서 이루어진다. |
| | 개방형 계층 구조 | • 개인의 능력이나 노력에 따라서 다른 계층으로 상승과 하강의 기회가 열려 있는 구조를 말한다.<br>• 근대 사회와 현대 사회는 성취 지위가 지배적인데, 계층 간의 엄격한 장벽이 없어서 사회 이동이 비교적 자유롭다. |
| | 피라미드형 계층 구조 | • 상층에서 하층으로 갈수록 그 비율이 높아지는 피라미드 형태<br>• 소수의 상층이 다수의 하층을 지배하고 통제<br>• 전근대적인 봉건 사회가 대부분 피라미드형 계층 구조의 형태 |
| | 다이아몬드형 계층 구조 | • 상층과 하층에 비해 중간층의 양적 비율이 월등히 높은 형태<br>• 산업 사회로 접어들면서 전문직, 사무직, 관료 등과 같은 직종이 늘어나면서 중간 계층의 구성원 비율이 급격히 증가<br>• 두터운 중층이 상층과 하층 사이의 완충제 역할을 하기 때문에 전체적으로 안정된 사회 모습 |
| | 타원형 계층 구조 | • 위아래로 길쭉한 타원형의 구조로 중층의 비율이 하층과 상층에 비해 매우 높은 경우<br>• 정보가 모든 계층에서 활용되어, 상층과 하층의 소득 격차가 줄어들며 중층이 증가하는 계층 구조 |
| | 모래시계형 계층 구조 | • 모래시계인데 윗부분이 작고 아랫부분은 큰 모양의 계층 구조<br>• 정보가 한 계층에 편중되어 정보를 활용하는 계층의 소득만 증가<br>• 뒤처지는 중층은 점점 하층으로 이동하여 중층의 비율이 줄어들어 불안정한 상태<br>• 20% 부유층과 80% 빈곤층으로 구성 |
| | 'ㅣ'형 계층 구조 | • 모든 국민들의 계층이 모두 다른 구조<br>• 모든 구성원이 일직선상에서 상하로 배열되는 형태로 현실에서 존재하기 어려운 계층 구조 |
| | 'ㅡ'형 계층 구조 | • 모든 구성원이 같은 계층을 이루고 있어서 가로로 배열되는 형태<br>• 북한과 같은 사회주의에서 모두 똑같이 일하고 똑같이 분배하자는 목표로 생긴 계층 구조 |

## 3장 고객의 성격 유형에 대한 이해

| | |
|---|---|
| MBTI의 의의 | • MBTI는 인식하고 판단할 때 각자 선호하는 경향을 찾고, 이러한 선호 경향들이 인간의 행동에 어떠한 영향을 미치는가를 파악하여 실생활에 응용할 수 있도록 제작된 심리 검사이다.<br>• 서비스 경영에서 MBTI적 접근의 목적은 성격 유형별 구매 행동의 특성을 밝히는 것이다.<br>• 고객의 다양한 성향에 따른 적절한 응대로 서비스의 질적 향상을 꾀하고자 한다.<br>• 고객뿐 아니라 서비스 종사자로서의 자신의 성격을 이해하여 고객과의 갈등 요소를 좀 더 잘 이해하고 해결할 수 있도록 한다. |
| 외향형의 특징 | • 폭넓은 대인 관계를 유지하며 사교적이며 정열적이고 활동적이다.<br>• 자기 외부에 주의 집중하고, 외부 활동에 적극적이다.<br>• 경험한 다음에 이해하는 경향이 있고, 말로 표현하는 것을 선호한다. |
| 내향형의 특징 | • 깊이 있는 대인 관계를 유지하며 조용하고 신중하며 이해한 다음에 경험한다.<br>• 자기 내부에 주의 집중하고, 글로 표현하는 것을 선호한다. |
| DISC의 의미 | • 일반적으로 사람들은 자기 나름대로의 독특한 동기 요인에 의해 일정한 방식으로 행동을 취하는 행동 패턴(Behavior Pattern)이 있다.<br>• 자기 주장의 표현 정도인 사고 개방도(Assertiveness)와 감정의 표현 정도인 감정 개방도(Responsiveness)에 따라 각각 주도형, 사교형, 안정형, 신중형으로 구분하였다.<br>• 서비스 경영에 있어서 DISC는 서비스 직무 종사자가 접점에서 고객의 성향을 빠르게 4가지 유형으로 파악하고 성향에 맞게 좋은 응대를 함으로써 고객 만족을 높일 수 있는 중요한 기반이 된다. |

| | 사고형인 사람들 | 감정형인 사람들 |
|---|---|---|
| 사고형과<br>감정형의<br>단서들 | 감정을 조절한다. | 감정을 나타낸다. |
| | 냉철하다. | 따뜻하다. |
| | 업무 지향적이다. | 인간관계 지향적이다. |
| | 사업적이다. | 친근하다. |
| | 제스처를 잘 사용하지 않는다. | 제스처를 잘 사용한다. |
| | 정장을 즐긴다. | 자유복을 즐긴다. |
| | 시간 관념이 철저하다. | 시간에 비교적 구애받지 않는다. |
| | 얼굴에 감정이 나타나지 않는다. | 얼굴에 감정이 나타난다. |
| | 목소리가 일정하다. | 목소리가 다양하다. |
| | 말씨가 부드럽다. | 말씨가 강하다. |

| 교류 분석의 의미 | • TA는 인간 자신 또는 타인 그리고 관계의 교류를 분석하는 심리학으로서 개인의 성장과 변화를 위한 체계적인 심리 치료법이다.<br>• TA는 성격 기능의 강화를 통한 성격 변화에 초점을 맞춘 치료 방법으로 인간의 긍정성을 확인하고, 자신이 책임을 질 수 있도록 하며, 사고, 감정, 행동을 조화롭게 통합할 수 있도록 하고 있어서 자기 분석을 해 나갈 수 있는 효과적인 심리 치료이다. |
|---|---|
| 자아 상태의 특성 | ① **비판적 어버이**(Critical Parent ; CP)<br>• 양심이나 이상과 깊은 관련이 있고 책임감, 정의감, 도덕관, 공사를 구분하는 경향을 나타낸다.<br>• CP가 지나치게 강하면 지배적인 태도, 명령적인 말씨, 칭찬하기보다는 나무라는 경향 등이 특징이다.<br>② **양육적 어버이**(Nurturing Parent ; NP)<br>• NP는 친절, 동정, 관용적인 태도를 나타내는 부분이다.<br>• NP가 지나치게 강하면 간섭, 자율성 박탈, 과보호적인 것으로 되는데 주의해야 한다.<br>③ **어른 자아 상태**(Adult ; A)<br>• A는 지성, 이성과 깊이 관련되어 있고, 합리성, 생산성, 적응성을 가지며, 냉정한 계산에 입각해서 그 기능을 발휘한다.<br>• A가 지나치면 자기중심적이고 기계적인 인간과 같은 모습으로 나타난다.<br>④ **자유로운 어린이**(Free Child ; FC)<br>• FC가 작용하고 있을 때는 사람은 울고 싶을 때 울고, 웃고 싶을 때 웃는 등 자연적인 감정을 솔직히 표현하는 것이 가능하다.<br>• FC가 지나치면 장소와 때를 생각하지 않고 행동하거나 무책임한 모습이 나타난다.<br>⑤ **순응하는 어린이**(Adapted Child ; AC)<br>• AC는 순종적이고 겸손한 모습을 보인다.<br>• AC는 싫은 것을 싫다고 말 못하고 간단하게 타협해 버리며, AC가 지나치면 우울, 원한, 죄악감, 슬픔, 자기혐오 등의 모습이 나타난다. |

## 4장 고객의 의사 결정 과정

| | | |
|---|---|---|
| 전통적 구매 결정 프로세스 모델 AIDMA | 주의(Attention) | 고객들의 주의를 끌어 제품을 인지시키는 단계이다. |
| | 관심(Interest) | 제품을 인지한 고객들이 제품의 장점과 단점을 파악하는 단계이다. |
| | 욕구(Desire) | • 제품을 인지하고 관심이 생겨 제품을 구매하고 싶은 욕구가 생기는 단계이다.<br>• 판매 촉진 활동이나 홍보 등으로 제품을 사용하고 싶은 욕구를 불러일으키게 만든다. |
| | 기억(Memory) | 제품의 장단점을 파악하여 사용하고 싶은 욕구가 생긴 후 구매 여부를 결정하도록 하는 단계이다. |
| | 행동(Action) | 해당 제품에 대한 좋은 기억을 바탕으로 실제 구매라는 행동을 하는 단계이다. |
| 인터넷의 활성화로 변화한 구매 결정 프로세스 모델 AISAS | 주의(Attention) | 고객들의 주의를 끌어 제품을 인지시키는 단계이다. |
| | 관심(Interest) | 제품을 인지한 고객들이 제품에 대해 관심을 갖는 단계이다. |
| | 검색(Search) | 인터넷으로 해당 제품을 검색하고 경쟁사의 제품과 비교·분석하는 단계이다. |
| | 행동(Action) | 제품을 구매하는 단계로, 해당 제품에 대한 검색 결과를 바탕으로 실제 구매라는 행동을 하는 단계이다. |
| | 공유(Share) | ㉠ SNS(블로그, 페이스북 등)를 통해 제품에 대한 다양한 정보를 공유하는 것으로, 자연스럽게 구전 마케팅이 진행된다. |
| 마케팅에서 일반적인 고객 의사 결정 과정 | 문제 인식 → 정보 탐색 → 대안의 평가 → 구매 → 구매 후 행동 | |
| 매슬로우의 욕구 5단계 이론 (Maslow's theory) | • 1단계 생리적 욕구 : 의식주 등 생활의 기본적인 안정<br>• 2단계 안전의 욕구 : 위험, 고통, 불확실로부터의 회피<br>• 3단계 사회적 욕구 : 애정, 친화, 소속감, 만족<br>• 4단계 존경의 욕구 : 존경, 지위, 성공, 명예<br>• 5단계 자아길현의 욕구 : 능력 발휘, 자아 성취, 자기 완성, 삶의 보람 | |
| 정보의 원천 | 기업 정보 원천 | • 기업이 제공하는 정보<br>• 광고, 기업 홈페이지, 서비스 직원, 포장 등 |
| | 개인적 원천 | • 가족, 친지, 직장 동료 등<br>• 구전의 영향력 발생 |
| | 경험적 원천 | • 고객이 직접 서비스를 경험함으로써 얻는 정보<br>• 가장 확실하고 신뢰할 수 있는 정보 |
| | 중립적 원천 | • 각종 신문, 방송, 인터넷 등 언론 매체를 통한 보도 자료, 소비자 원이나 정부 기관의 발행물 등을 통한 정보<br>• 고객은 중립적 원천을 통한 정보를 기업 제공 원천보다 신뢰 |

| | | |
|---|---|---|
| 대안 평가 및 상품 선택에 관여하는 요인들 | 후광 효과 | 상품 평가 시 일부 속성에 의해 형성된 전반적 평가가 그 속성과는 직접적인 관련이 없는 다른 속성의 평가에 영향 |
| | 유사성 효과 | 새로운 상품 대안이 나타난 경우, 그와 유사한 성격의 기존 상품을 잠식할 확률이 유사성이 떨어지는 기존 상품을 잠식할 확률보다 높은 현상 |
| | 유인 효과 | 고객이 기존 대안을 우월하게 평가하도록 기존 대안보다 열등한 대안을 내놓음으로써 기존 대안을 상대적으로 돋보이게 하는 방법 |
| | 프레밍 효과 | 대안들의 순거점에 따라 평가가 달라지는 효과 |
| | 손실 회피 | 동일한 수준이 혜택과 손실이 발생하는 상황이면 손실에 더 민감하게 반응하여 이를 회피하는 선택을 하는 경우 |
| | 심리적 반발효과 (로미오와 줄리엣 효과) | 자신의 자유를 침해당하면 원상태로 회복하기 위해 더 강하게 저항하는 심리로 사람들의 보고 싶은 자유를 억제하여 오히려 더 판매를 자극하는 효과 |
| | 대비 효과 | 어떤 재품을 먼저 보여주는지에 따라 평가가 달라지는 효과로 고가의 상품을 먼저 보여주고 저렴한 상품을 권하면 상대적으로 저렴하여 구매하려는 경향 |
| | 최고 효과, 최초 효과 | 한정품이나 신상품 등 최고 또는 최초의 상품이 고객의 평가에 영향을 미치는 효과 |
| 관여도(Involvement) | | • 관여도란 상품 구매나 소비 상황에 대해 개인이 지각하는 중요도나 관심도를 의미한다.<br>• 소비자가 어떤 대상이 자신에게 중요한 영향을 미친다고 지각하면 그것에 대해 더 많은 생각과 추론을 하고 더 많은 정보를 추구하고 탐색한다.<br>• 관여도가 낮은 경우에는 소극적이거나 최소 비용의 정보 처리를 하는 반면, 관여도가 높은 경우에는 적극적이고 고비용의 정보 처리를 하여 제품이나 서비스를 구매한다. |
| 구매 행동의 영향 요인 | | • 사회적 환경<br>• 물리적 환경<br>• 소비 상황<br>• 구매 상황<br>• 커뮤니케이션 상황 |
| 기대 불일치 이론 | | • 고객이 느끼는 서비스에 대한 만족과 불만족은 고객이 제품이나 서비스를 경험하기 전의 기대와 실제 경험한 후의 성과와의 차이에 의해 형성된다는 이론이다.<br>• 실제 성과가 기대보다 못한 것으로 판단된 경우 부정적 불일치라 하며, 성과가 기대보다 나았을 경우 긍정적 불일치, 기대했던 정보이면 단순한 일치라 한다. |

| 구매 후 부조화 발생 상황 | • 구매 결정을 취소할 수 없을 때<br>• 선택한 대안에 없는 장점을 선택하지 않은 대안이 갖고 있을 때<br>• 마음에 드는 대안이 여러 개 있을 때<br>• 관여도가 높을 때<br>• 전적으로 고객 자신의 의사 결정일 때 |
|---|---|
| 기업의 '구매 후 부조화' 감소 전략 | • 강화 광고<br>• 거래 후 서신, 안내 책자, 전화 등으로 올바른 선택이라는 확신 부여<br>• 제품 보증, 친절한 A/S, 불만 관리 등 고객 서비스를 강화<br>• 수리, 보수, 반품의 요구가 없는 수준으로 품질 향상 |

PART
**04** 고객 커뮤니케이션

**1장** 커뮤니케이션의 이해

| | |
|---|---|
| 커뮤니케이션의<br>기능 | • **행동의 통제** : 조직은 직원들이 따라야 할 권력 구조와 공식 지침이 있고 다양한 커뮤니케이션이 이를 통제<br>• **동기 부여 강화** : 특정 목표의 설정, 목표 쪽으로의 진행에 관한 피드백, 바라는 행동의 강화 모두 동기 부여를 자극하는 커뮤니케이션을 요구<br>• **감정 표현과 사회적 욕구 충족의 표출구** : 조직 내에서 발생하는 커뮤니케이션은 구성원들의 좌절과 만족감을 보여 주는 근본적인 메커니즘<br>• **정보 제공** : 커뮤니케이션은 의사 결정 시 대안을 확인하고 평가하기 위한 자료를 전달 |

| | | |
|---|---|---|
| 커뮤니케이션<br>과정의 기본 요소 | 전달자(source) | 메시지를 주는 사람 |
| | 메시지(message) | 전달하고자 하는 내용을 언어, 문자, 몸짓 등 기호로 바꾼 것 |
| | 코드화(coding) | 말하고자 하는 내용을 수신자가 이해할 수 있도록 구체적으로 만드는 작업 |
| | 채널(channel) | ① 메시지 전달의 통로나 매체<br>② 매스컴의 경우 TV나 라디오, 인터넷 등<br>③ 직접 대면하는 경우에는 목소리 해당 |
| | 수신자(receiver) | 메시지를 받는 사람 |
| | 효과(effect) | 커뮤니케이션의 결과 |
| | 피드백(feedback) | ① 수용자의 반응<br>② 피드백은 커뮤니케이션의 과정을 계속 반복, 순환하게 하는 요소 |
| | 잡음(noise) | 의사전달 과정에서 계획되지 않은 현상이나 왜곡 |
| | 해독(decoding) | 받은 메시지를 해석하는 과정 |

| | |
|---|---|
| 언어적<br>커뮤니케이션의<br>의미 | • 언어는 사회적으로 제정된 기호 체계로 커뮤니케이션의 주요 요소이다.<br>• 언어는 사람이 생각이나 느낌을 소리나 글자로 나타내는 것으로 인간은 언어를 통해 자기가 생각한 바를 표출하고, 타인의 의사를 수신하여 이해하고자 한다.<br>• 기업의 마케팅 활동에 있어 기업에 대한 신뢰를 형성하는 중요한 역할을 한다.<br>• 수신자가 정확히 받아들일 수 있도록 정확한 언어적 메시지, 쉬운 어휘를 사용한다.<br>• 제품 및 서비스에 대해 이해하기 쉽고 명확하게 설명한다. |

| 비언어적 커뮤니케이션의 의미 | • 몸짓이나 시각 또는 공간을 상징으로 하여 의사를 표현하는 커뮤니케이션 방법이다. |
|---|---|
| | • 언어의 사용 없이 이루어지는 생각이나 감정 소통의 상태이다. |
| | • 커뮤니케이션의 93%가 비언어적 채널로 구성되어 의미 전달에 많은 영향을 미친다. |
| | • 무의식적으로 드러나는 경우가 많으므로 신뢰성이 높은 의사 전달 수단이 된다. |

| 신체적 외양 | 신체적 매력 | 우호적인 이미지 전달과 고객의 태도 변화에 영향 |
|---|---|---|
| | 복장 | 긍정적인 복장은 신뢰감 전달 |
| | 두발 | 사람의 태도와 마음가짐, 업무, 수행상의 개성 등의 표현 |

| 신체 언어 | 얼굴 표정 | 개인의 인상을 결정하는 중요한 요소 |
|---|---|---|
| | 눈의 접촉 | 대인 관계의 질에 결정적인 역할 |
| | 고개 끄덕이기 | 경청하고 있음을 알리는 수단 |
| | 몸의 움직임 | 표현을 도와주는 역할 |
| | 자세 | 사람의 상태를 알 수 있는 단서로 작용 |

| 의사 언어 | 공식적 언어가 아닌 인간이 발생시키는 갖가지 소리를 의미 | |
|---|---|---|
| | 말투 | 사람을 신뢰하는 데 도움 |
| | 음조의 변화 | 다양한 메시지를 판단하는 데 영향 |
| | 음고(pitch) | 듣는 사람이 상대방의 능력과 사회성을 인지하는 데 도움 |
| | 음량 | 음량의 정도 |
| | 말의 속도 | 감정과 태도를 반영 |
| | 발음 | 정확한 의사 전달에 도움. |

| 전달자(말하는 사람)의 문제 | • 목적의식의 부족 <br> • 미숙한 메시지 전달 능력 <br> • 오해와 편견 | • 미숙한 대인 관계 <br> • 혼합 메시지의 사용 <br> • 정보의 여과 |
|---|---|---|
| 수신자(듣는 사람)의 문제 | • 경청의 문제 <br> • 왜곡된 인지와 감정적 반응 <br> • 신뢰도의 결핍 | • 부정확한 피드백 <br> • 평가적 경향 <br> • 선입견 |
| 커뮤니케이션의 상황에 따른 장애 요인 | • 어의상의 문제 <br> • 비언어적 메시지 오용 (예 시계를 보거나, 옷매무새를 다듬는 행동) <br> • 과중한 정보 <br> • 시간 압박 <br> • 커뮤니케이션 분위기 | |

## 2장 효과적인 커뮤니케이션 기법/스킬

| | |
|---|---|
| 커뮤니케이션 이론 | • **피그말리온 효과(Pygmalion effect)** : 누군가에 대한 사람들의 믿음이나 기대, 예측이 그 대상에게 그대로 실현되는 경향을 말한다.<br>• **낙인 효과(Stigma effect)** : 다른 사람으로부터 부정적인 낙인을 찍힘으로써 실제 그렇게 되는 현상을 말한다.<br>• **플라시보 효과(Placebo effect)** : 긍정적인 심리적 믿음이 신체를 자연 치유하는 데 큰 역할을 한다는 것이 플라시보 효과이다.<br>• **노시보 효과(Nocebo effect)** : 좋은 효능이 있는 약이지만 부정적인 생각으로 약의 효능을 믿지 못한다면 상태가 개선되지 않는 현상을 노시보 효과라 한다.<br>• **호손 효과(Hawthorne Effect)** : 다른 사람들이 지켜보고 있다는 사실을 의식함으로써 그들의 전형적인 본성과 다르게 행동하는 현상을 의미한다.<br>• **바넘 효과(Barnum effect)** : 사람들이 일반적으로 가지고 있는 성격이나 특징을 자신만의 특성으로 여기는 심리적 경향이다.<br>• **링겔만 효과(Ringelmann effect)** : 집단에서 개인의 수가 증가할수록 성과에 대한 개인(1인당)의 공헌도가 현격히 저하되는 현상이다.<br>• **잔물결 효과(ripple effect)** : 물방울을 떨어뜨리면 그 지점에서 멀리 떨어질수록 파장이 커지는 것처럼 부정적 효과가 점차 확산되는 현상을 의미한다. |
| 경청 기법 | • **1, 2, 3기법** : 경청 1, 2, 3 기법은 1번 말하고, 2번 듣고 3번 맞장구치는 것이다.<br>• **B.M.W. 기법** : Body(자세), Mood(분위기), Word(말의 내용)를 활용하여 진정으로 듣기 원하는 것을 보여 주는 것이다.<br>• **F.A.M.I.L.Y.법칙** : 친절, 집중, 공감, 관심을 갖고 바라보며 상대를 중심으로 경청한다. |
| 서비스화법 | • **긍정 화법** : 긍정적인 내용과 부정적인 내용을 함께 말해야 할 때 긍정적인 것을 먼저 이야기하고 나중에 부정적인 것을 말한다.<br>• **레이어드 화법** : 상대방이 내 부탁을 듣고 스스로 결정해서 따라올 수 있도록 상대방의 의견을 구하는 표현을 사용한다.<br>• **개방적인 표현** : 대화를 진행하면서 상대방의 이야기를 많이 듣기 위해서는 '네, 아니요.'의 대답만 가능한 폐쇄적인 질문은 가급적 지양한다.<br>• **완곡한 표현** : 대화를 부드럽게 이끌어 가기 위해서는 '안 됩니다', '모릅니다', '이것, 아니면 저것'식의 직설적이고 강압적인 표현은 피하는 것이 좋다.<br>• **쿠션 언어** : 상대방이 원하는 것을 들어주지 못하거나 상대방에게 부탁을 해야 할 경우 기분이 나빠지는 것을 최소화할 수 있는 표현을 사용한다.<br>• **I-메시지 사용** : 대화의 주체가 '너'가 아닌 '내'가 되어 전달하고자 하는 표현법이다.<br>• **신뢰 화법** : 말 어미의 선택에 따라 상대방에게 신뢰감을 줄 수 있는 대화법으로 다까체로 끝나는 정중한 화법을 70%, 요죠체로 끝나는 부드러운 화법을 30% 정도 사용하는 것이 바람직하다.<br>• **맞장구 화법** : 상대방의 이야기에 관심이 있다는 것을 표현하기 위해 귀담아 들어 주고 반응해 주는 화법이다.<br>• **질문 기법** : 질문 이후 다양한 정보를 알 수 있고 대화가 이어질 수 있는 질문으로 해야 한다. |

## 3장  감성 커뮤니케이션

| 감성 지능과 조직 성과 | 직무 만족도 향상, 리더십 발휘, 조직 효율성 증대, 직무 몰입, 긍정적 감성으로 전환 | |
|---|---|---|
| 감성 지능의 하위 구성 요소 | 자기 인식<br>(self-awareness) | 자신의 감성을 빨리 인식하고 알아차리는 능력 |
| | 자기 조절<br>(self-management) | 자신의 감성을 적절하게 관리하고 조절할 줄 아는 능력 |
| | 자기 동기화<br>(self-motivating) | 어려움을 찾아내고 자신의 성취를 위해 노력하며 자신의 감정을 다스리고 자기 스스로 동기 부여하는 능력 |
| | 감정 이입<br>(empathy) | 자기 주위 다른 사람들의 감정을 인식하고 이해하는 능력 |
| | 대인 관계 기술<br>(social skill) | 대인 관계에서 타인의 감성에 적절하게 대처할 수 있고 관계를 조정할 수 있는 능력 |

## 4장  설득 및 협상 기법 익히기

| 설득의 의미 | • 듣는 사람이 자신의 의견에 공감하도록 이유를 붙여 말하는 것으로 설득은 듣는 사람이 자신의 입장이 되게 만드는 것이다.<br>• 설득을 할 때에는 충분한 이유를 함께 말해야 하고, 믿을 수 있는 이유, 타당한 이유, 객관성이 확보된 이유 등이어야 한다. |
|---|---|
| 설득의 6가지 기술 | • **이심전심**(以心傳心) : 부드럽지만 강한 전달력과 호소력이 담긴 손짓과 미소, 자연스러운 시선 처리 등 비언어적 커뮤니케이션 요소는 어떤 말보다 많은 메시지를 전달할 수 있다.<br>• **역지사지**(易地思之) : 상대방에 대한 따뜻한 배려는 상대방의 마음을 열게 하고 내 편으로 만들 가능성이 높아진다.<br>• **감성 자극** : 다양한 채널로 접근하여 감성을 자극해야 한다.<br>• **촌철살인**(寸鐵殺人) : 상대방의 의도를 간파하는 짧은 한마디는 상대방의 마음을 한순간 무너뜨릴 수 있는 강력한 설득의 기법이다.<br>• **은근과 끈기** : 설득은 한 번에 끝내려고 하지 말고, 여러 번 설득의 기회를 갖는 것이 중요하다.<br>• **차분한 논리** : 나의 이야기에 반대하는 타인을 외면하지 않고 논리적으로 설득하려고 노력하는 것이다. |

| BATNA의 의미 | • 협상자가 합의에 도달하지 못할 경우 택할 수 있는 다른 좋은 대안을 의미한다.<br>• 협상에 착수하기 전 자신이 가진 대안을 충분히 검토하고 준비하고, 상대방의 바트나를 분석해야 한다.<br>• 바트나에 미치지 못하는 제안은 거부하고 결정을 미뤄야 한다. | |
|---|---|---|
| 협상의 4단계 | 시작 단계 | 상대방에게 좋은 첫인상을 주고 상대방이 친근함과 편안함을 느끼도록 한다. |
| | 탐색 단계 | 상대방에 대한 정보와 파악 정도를 확인하고, 제시하려는 조건이나 내용에 대한 상대측의 허용 범위와 반응을 확인한다. |
| | 진전 단계 | 각자 거래 조건을 제시하고 자기편에 필요한 사항을 최대한 확보한다. |
| | 합의 단계 | 협상 성립의 단계로 합의 내용을 구두로 확인하면 협상이 성립된다. |
| 효과적인 주장을 위한 'AREA의 법칙' | • 주장(Assertion) : 우선 주장의 핵심을 먼저 말한다.<br>• 이유(Reasoning) : 주장의 근거를 설명한다.<br>• 증거(Evidence) : 주장의 근거에 관한 증거나 실례를 제시한다.<br>• 주장(Assertion) : 다시 한 번 주장을 되풀이한다. | |
| 효과적으로 반론하는 방법 | • 1단계 : 반론 기회를 탐색한다.<br>• 2단계 : 긍정으로 시작한다.<br>• 3단계 : 반론 내용을 명확히 한다.<br>• 4단계 : 반대 이유를 설명한다.<br>• 5단계 : 반론을 요약해서 말한다. | |

# 회의 기획 및 의전 실무

**1장** 회의 운영 기획/실무

| 회의의 기능 | • 문제 해결의 기능<br>• 자문의 기능<br>• 의사소통의 기능<br>• 교육 훈련의 기능 | |
|---|---|---|
| 회의의 원칙 | • 회의 공개의 원칙<br>• 정족수의 원칙<br>• 발언 자유의 원칙<br>• 폭력 배제의 원칙<br>• 참석자 평등의 원칙<br>• 다수결의 원칙<br>• 소수 의견 존중의 원칙<br>• '일사부재의(一事不再議)'의 원칙<br>• 1의제의 원칙(1동의의 원칙)<br>• 회기 불계속의 원칙 | |
| 회의 형태에 의한 분류 | 컨벤션<br>(Convention) | 가장 일반적인 회의로 정보 전달을 주 목적으로 하는 정기 집회에 많이 사용하는 용어이다. |
| | 포럼<br>(Forum) | 제시된 주제에 대해 상반된 견해를 가진 동일 분야의 전문가들이 사회자의 주도하에 청중 앞에서 벌이는 공개 토론회로 청중의 참여 기회가 많다. |
| | 콘퍼런스<br>(Conference) | 두 명 이상의 사람들이 모여 특정 주제를 구체적으로 다루는 회의로, 컨벤션에 비해 토론회가 많고 참가자에게 토론 기회가 주어진다. |
| | 심포지엄<br>(Symposium) | 포럼과 유사한 심포지엄은 제시된 안건에 관해 전문가들이 다수의 청중들 앞에서 벌이는 공개 토론회로서, 포럼에 비해 다소 형식에 구애되며 청중들의 질의나 참여 기회가 적게 주어진다. |
| | 세미나<br>(Seminar) | 교육 및 연구 목적을 가진 소규모적 회의로 한 사람의 주도하에 정해진 주제에 대한 각자의 지식, 경험을 발표하고 토론하는 회의이다. |

| 워크숍<br>(Workshop) | 각 전문 분야의 주제에 대한 아이디어, 지식, 기술 등을 서로 교환하여 새로운 지식을 창출하고 개발하는 것이 목적으로, 소수 인원이 특정 이슈에 대해 지식을 공유하는 회의이다. |
|---|---|
| 콩그레스<br>(Congress) | 주로 유럽 지역에서 많이 쓰는 용어로, 보통 국제적으로 열리는 실무 공식 회의를 지칭한다. |
| 렉처<br>(Lecture) | 1~2명의 전문가가 일정한 형식에 따라 특정 주제를 청중들에게 강연한다. |
| 클리닉(Clinic) | 소집단을 대상으로 교육하거나 훈련시키는 것이다. |
| 패널 토론<br>(Panel Discussion) | 청중 앞에서 여러 명의 연사가 서로 다른 분야에서 전문가적 견해를 발표하는 공개 토론회다. |
| 전시회(Exhibition) | 본 회의와 병행하여 개최되는 것이 일반적이다. |

| 회의 개최지<br>선정 시 고려<br>사항 | • 교통의 편의성<br>• 제반 시설 접근성<br>• 숙박 시설과 회의장<br>• 도시 브랜드 및 이미지<br>• 전시장 이용 가능성<br>• 인적 자원의 우수성<br>• 기후의 적정성<br>• 이벤트 프로그램 |
|---|---|
| 회의실 선정 시<br>고려 사항 | • 회의실 규모와 수용 능력<br>• 회의실의 유형별 배치와 기능<br>• 전시장 활용성<br>• 회의실 임대료<br>• 위치 및 접근성과 브랜드<br>• 서비스 종사원의 능력 및 제반 규정 |
| 숙박 장소 선정<br>시 고려 사항 | • 회의장과의 편리한 접근성<br>• 참가자들의 수준에 적합한 숙박 장소 선정<br>• 충분한 부대시설의 확보<br>• 행사 진행을 위한 적정 수준의 인적 자원 확보<br>• 교통의 편리성 확보<br>• 안전 관리 체계 확립<br>• 회의 개최에 관한 업무 노하우의 충분한 확보 |

## 2장 의전 운영 기획/실무

| 의전의 의미 | • 예를 갖추어 베푸는 각종 행사 등에서 행해지는 예법이라는 뜻으로, 조직이나 기업, 국가 간에 이루어지는 예절이다.<br>• 국가 원수 및 고위급 인사, 기업의 임원 및 사외 이사 등의 방문과 영접 시 행해지는 국제적 예의이다. |
|---|---|
| 의전의 5R 요소 | • **Respect(상대방에 대한 존중)** : 의전은 상대 문화, 상대방에 대한 존중과 배려에 바탕을 둔다.<br>• **Reciprocity(상호주의 원칙)** : 상호주의는 상호 배려의 측면으로 내가 배려한 만큼 상대방으로부터 배려를 기대하는 것이다.<br>• **Reflecting Culture(문화의 반영)** : 의전의 격식과 관행은 특정 시대, 특정 지역의 문화를 반영하므로 시대적, 공간적 제약을 갖는다.<br>• **Rank(서열)** : 의전에서 가장 기본이 되는 것은 참석자들 간에 서열을 지키는 것이다.<br>• **Right(오른쪽 우선)** : 'Lady On The Right' 원칙이라고도 한다. |
| 의전 준비 시 확인할 사전 정보 | • 상대방의 직급과 이름, 기호, 선호 음식 및 음료, 건강 상태 등 확인<br>• 일별, 시간대별 스케줄 확인<br>• 방문 예정 및 소요 일정 확인<br>• 방문지 이동에 따른 사전 정보<br>• 통역이 필요한 경우 통역자 확인<br>• 필요시 경호원 확인<br>• 차량 탑승자 및 차량 이동 경로 확인<br>• 선물교환 관계 |
| 공항에서의 영접 준비사항 | • 공항 VIP 라운지 예약<br>• 환영 인사 대상과 인원수 결정<br>• 이동 차량 및 필요시 경호 차량 확보<br>• 카메라 기사 동반<br>• 출입국 수속을 위해 공항 출입국 관리 사무소 및 공항 세관과 협조 |
| 기본적인 관례상 서열의 기준 | • 부부 동반의 경우 부인의 서열은 남편과 동급<br>• 연령 중시<br>• 여성이 남성보다 상위. 단, 대표로 참석한 남성의 경우 예외<br>• 여성 간의 서열은 기혼 여성, 미망인, 이혼한 부인, 미혼 여성 순<br>• 외국인 상위<br>• 높은 직위 쪽의 서열 상위<br>• 주빈 존중 |

## 3장 프레젠테이션

| 프레젠테이션의 3P 분석 | • **People 분석** : 청중은 누구이고, 모인 이유는 무엇인지, 청중은 무엇을 듣고 싶어 하는가에 대한 정확한 대답을 먼저 분석하는 것이다.<br>• **Purpose 분석** : 발표자는 프레젠테이션을 하는 이유를 명확하게 정리해야 한다.<br>• **Place 분석** : 장소의 형태와 참여하는 청중의 수에 따라 좌석 배열과 프레젠테이션 위치, 자세 등이 달라져야 한다. |
|---|---|
| 프레젠테이션 전달력 | • 프레젠테이션 발표는 음성으로 전달하는 요소와 자세, 표정, 시선과 같은 비언어적 요소가 적절한 조화를 이루어야 한다.<br>• 청중에게 잘 들릴 정도의 성량과 발음, 속도, 톤을 적절히 조절해야 한다.<br>• 발표 자세는 손동작이나 걸음걸이, 몸짓, 시선 관리, 표정 관리, 움직이는 동선 등으로, 신뢰감과 메시지를 전달하고 집중시키는 역할을 한다. |

## 4장 MICE의 이해

| MICE의 의미 | | • Meeting(회의), Incentive Tour(포상 관광), Convention(국제회의), Exhibitions / Events (전시/이벤트)를 유치해 서비스를 제공하는 과정과 관련 시설을 통칭하는 용어이다.<br>• MICE 산업은 많은 사람들의 이동이 요구되며 이에 따라 숙박과 식음료, 교통·통신과 관광 등 다양한 산업이 연관되어 발생한다.<br>• 기존 관광이 B2B(Business to Business)라면 MICE 산업은 B2C(Business to Consumer)의 형태를 이룬다. |
|---|---|---|
| MICE 산업의 특징 | 공공성 | • MICE 산업의 개최에 있어 정부와 지역사회의 적극적인 참여가 필요함을 의미)<br>• MICE 산업을 활성화시킬 수 있는 교통이나 통신, 법적인 지원 등이 필요 |
| | 지역성 | MICE 산업이 그 지역의 고유한 관광, 문화, 자연 자원 등의 특성을 바탕으로 지역의 다른 산업들과의 연계를 통하여 이루어짐을 의미 |
| | 경제성 | • MICE 산업의 개최가 경제적으로 높은 파급 효과를 가져오는 것을 의미)<br>• 1차적 경제적 파급 효과는 관련 시설의 건설과 투자, 생산 및 고용 유발 등이고, 2차적으로는 고용 및 소득 증대, 지역의 세수 증대 등 지역 경제 활성화를 도모 |
| | 관광 연계성 | 일반 관광객에 비하여 경제력이 높은 참가자들이 관광을 하면서 관광 관련 산업의 수익 창출과 활성화를 일으킨다는 것을 의미 |

| 포상 관광의<br>의미 | • 조직이 구성원의 성과에 대한 보상 및 동기 부여를 위해 비용의 전체 혹은 일부를 조직이<br>부담하는 관광으로 상업용 숙박 시설에서 1박 이상의 체류를 하는 것이다.<br>• 포상 관광의 내용은 휴양 및 교육을 포함하고, 오락적 부분이 강조되면서 목적지·개최<br>지 선택에 있어 중요한 결정 요인이 되기도 한다.<br>• 포상 관광은 한 번에 대규모의 관광단이 이동한다는 점에서 수익이 보장되는 상품이고,<br>비수기를 타개할 수 있는 좋은 기회가 된다. |
|---|---|
| 컨벤션 산업의<br>효과 | • **경제적 효과** : 컨벤션 참가자 및 주최자가 지출하는 소비액에 의한 직간접적 경제 승<br>수 효과<br>• **사회, 문화적 효과** : 도시화, 근대화 등 지역 문화의 발달과 고유문화의 세계 진출<br>기회와 국가 이미지 향상의 기회<br>• **정치적 효과** : 개최국의 국제 지위 향상과 문화 및 외교 교류의 확대, 국가 홍보의 극<br>대화<br>• **관광 산업 진흥 효과** : 관광 비수기 타개 효과, 대량 관광객 유치 및 양질의 관광객<br>유치 효과 |
| 컨벤션 뷰로<br>(CVB :<br>Convention<br>and Visitors<br>Bureau) | • 국제회의 유치에 필요한 모든 업무를 지원하는 전담팀이다.<br>• 국제회의 유치 추진 절차에서부터 행사장 선정, 소요 예산 분석, 유치 제안서 작성,<br>현지 설명회 개최, 마케팅, 국제기구 임원을 대상으로 한 홍보 활동까지 모든 업무를<br>지원한다.<br>• 비영리 목적으로 운영되고 있다. |
| PCO | 국제회의 개최와 관련한 다양한 업무를 행사 주최 측으로부터 위임받아 부분적 또는 전<br>체적으로 대행해 주는 영리 업체이다. |
| 전시/이벤트의<br>의미 | • 마케팅 활동의 하나로 제품 생산자 및 판매업자들이 전문 전시시설에서 관람객과 잠<br>재적 바이어에게 제품의 전시, 홍보, 거래 등의 활동을 하는 것이다.<br>• 전시회는 참가 업체나 관람객들에게 매우 효율적이고, 역동적인 판매 및 마케팅 기회<br>를 제공하는 공간적 장점을 가지고 있다. |
| 전시회의 분류 | • **무역 전시회(Trade Show)** : 기업이 다른 기업 혹은 도·소매업자를 대상으로 세일즈<br>및 마케팅 활동을 펼치는 전시회를 뜻한다.<br>• **일반전시회(Public show/Consumer Show)** : 전문 바이어들이 관람객으로 초대<br>되어 방문을 하기는 하지만 기본적으로 일반 소비자들을 대상으로 제품의 홍보와 마케팅<br>하는 것을 주목적으로 개최되는 전시회이다.<br>• **무역·일반 전시회(Combined or Mixed show)** : 무역 전시회와 일반 전시회의 두<br>가지 기능이 혼합된 전시회를 지칭한다. |